Basiswissen Multimedia
Band 1: Technik

Technologische Grundlagen multimedialer Informationssysteme

Modul 0: Einführung

Einige Fragen zuerst: Was ist Multimedia? Wer braucht „Wissen" über Multimedia? Warum? Wozu Multimedia? Wozu Multimedia über das Internet?

Modul 1: Information und Kommunikation (IuK)

Information (Signale – Daten – Information – Wissen) – Informationstheorie (Informationsgehalt – Entropie – Redundanz – Informationsfluss – Kanalkapazität – Informationsquader) – Kommunikation (Semiotik als Basis – Kommunikationsprozesse – Kommunikationsarten)

Modul 2: Signale und Codierung

Signale (Signalarten – Digitale Signalverarbeitung – Abtastung und Quantisierung) – Codierung (Allgemeines – PCM – DPCM)

Modul 3: Audiotechnik

Audio-Grundlagen (Von der Akustik zur Audiotechnik – Psychophysik – Audiotechnische Grundlagen) – Unser Ohr als akustischer Sensor (Psychophysik des Hörens – Auditive Wahrnehmung) – Menschliche Sprache (Sprachausgabe - Spracherkennung) – Computerrepräsentation von Audio (Rohsound – PCM – ADPCM – GSM – MU-Law) – Audio-File Formate (WAV – MIDI – AU – MPEG) – Schnittstelle zwischen Mensch und Computer (Lautsprecher – Mikrofone – Soundkarten)

Modul 4: Bildtechnik und Kompression

Das Auge als Bildaufnehmer (Auge und Sehsinn – Bilderzeugung – Das Sehen – Farbensehen) Bild und Grafik (Bildarten – Farbtiefe – Farbmodelle – Indizierung und Dithering – Auflösung) Bild-File-Formate (Vektorgrafiken – PS – EPS – DXF – Bitmapbilder – BMP – MAC – RAS – TIFF – Metafiles – WMF – CGM – PICT) Konzept Kompression (Nicht-verlustbehaftete Verfahren – RLE – LZW – Huffman – Verlustbehaftete Verfahren – JPEG – Fraktale – Wavelet – Komprimierte Dateiformate – JPEG – GIF – PNG) Schnittstelle Mensch und Computer (Monitore – Grafikkarten)

Modul 5: Videotechnik

Video-Grundlagen (Analoge Aufzeichnungsformate – Digitale Aufzeichnungsverfahren – Übertragungsstandards – Videosignale – Digitales Video) – Multimedia Architekturen – Codecs – Videoformate (MPEG – M-JPEG – MPEG-1 – MPEG-2 – MHEG – AVI – QuickTime) Video-Speichermedien (Band – CD-ROM – DVD – FMD)

Modul 6: Multimedia via Internet

Internet-Grundlagen (Ursprung, Netzwerk-Schichtenmodell, Netzwerkkomponenten – Netzarchitekturen – Dienste – Domain-Konzept – Protokolle) Multimedia im WWW (Bandbreitenproblem und Lösungen: Breitbandtechnologien – xDSL, ADSL, TV-Kabel, Powerline, ATM, Richtfunk, Mobilfunk, Satellitenverbindungen) Text im Web – Audio im Web (RealAudio, MP3) Bilder im Web – Video im Web (Streaming, RealVideo, MPEG, SMIL – Virtual Reality im Web – VRML – Interaktion im Web)

Andreas Holzinger

Basiswissen Multimedia Band 1: Technik

Meiner Frau Angela
und meinen
Töchtern Katharina und Barbara
herzlichst gewidmet

Ing. MMag. Dr. Andreas Holzinger

Basiswissen Multimedia
Band 1: Technik

Technologische Grundlagen
multimedialer Informationssysteme

2., überarbeitete und erweiterte Auflage

Vogel Buchverlag

Andreas Holzinger, geb. 1963 in Graz. Radio- und Fernsehtechniker, Industrietätigkeit in der Informationstechnik, Werkmeister für Industrielle Elektronik und Lehrlingsausbilderprüfung. College of Further Education Bournemouth, England, 1985/1986 mit Schwerpunkt Computertechnik. Höhere Lehranstalt für Nachrichtentechnik und Elektronik. 1987 bis 1991 Assistent für Elektrotechnik. Verleihung der Standesbezeichnung „Ingenieur" für Nachrichtentechnik, 1991. Diplom als Lehrbeauftragter in der Erwachsenenbildung, 1992. Studien der Nachrichtentechnik, Physik und Psychologie sowie Medienpädagogik und Soziologie an der TU und Uni Graz. Arbeiten über computergestützten Mathematikunterricht. EDV-Beauftragter an der Universität. Promotion mit „summa cum laude" auf dem Gebiet der Kognitionswissenschaft. Seit 1998 Lektor am Institut für Informationsverarbeitung und computergestützte neue Medien der TU-Graz. Seit 1999 Vorstandsassistent am Institut für medizinische Informatik, Statistik und Dokumentation der Uni Graz. Konsulent des österreichischen Wissenschaftsministeriums. Mitglied im wissenschaftlichen Beirat des Mediendidaktikpreises 2000. Österreichischer Experte in der Europäischen Union im Bereich Multimedia (eEurope). Zahlreiche Publikationen und Vorträge im In- und Ausland. Organisator von Fachkongressen. Mitglied u.a. der IEEE Computer Society (USA), Association of Computing Machinery (ACM), American Association for the Advancement of Computers in Education (AACE), DGP (Deutsche Gesellschaft für Psychologie), der GMW (Deutsche Gesellschaft für Medien in der Wissenschaft) und Vorstandsmitglied der OCG (Österreichische Computer Gesellschaft).

Dr. Holzinger forscht, arbeitet und lehrt derzeit in den Gebieten:
Informationssysteme – Multimedia – Human-Computer-Interaction – Internet/Intranet – Intelligente Tutorielle Systeme.

Homepage zum Buch: http://www.basiswissen-multimedia.at
eMail: andreas.holzinger@uni-graz.at

Die Deutsche Bibliothek – CIP-Einheitsaufnahme

Holzinger, Andreas:
Basiswissen Multimedia / Andreas Holzinger. – Würzburg : Vogel
(Vogel Fachbuch)

Bd. 1. Technik : technologische Grundlagen multimedialer Informationssysteme. – 2. Aufl. 2002
ISBN 3-8023-1914-1

ISBN 3-8023-1914-1
2. Auflage. 2002

Printed in Germany

Umschlaggrafik: Michael M. Kappenstein, Frankfurt/M.
Satz: Reproduktionsfertige Vorlagen des Autors

„Adults worry a lot these days. Especially, they worry about how to make other people learn more about computers. They want to make us all "computer-literate". Literacy means both reading and writing, but most books and courses about computers only tell you about writing programs."

MARVIN MINSKY, *1984, Media Lab, Massachusetts Institute of Technology*

Marvin Minsky, geb. 1927, internationaler Computerpionier am Media Lab und Gründer (mit John McCarthy) des AI Lab am MIT (Massachusetts Institute of Technology), ehemaliger Präsident der American Association for Artificial Intelligence

Geleitwort

Multimedia und Internet, Hypertext und Hypermedia – spannende Begriffe an der Schwelle zum nächsten Jahrtausend. Ähnlich wie vor 2500 Jahren zu Beginn der Schriftkultur stehen wir heute am Beginn der Einführung neuer Informations- und Kommunikationsmittel, die unsere Kultur nachhaltig beeinflussen und verändern.

Multimedia besteht gegenwärtig aus der Verbindung von Ton, Bild und Interaktion. Hinter diesen Begriffen verbirgt sich mehr, als oft gesehen wird: Es geht nicht nur um Text, Sprache, Musik, Bilder und Videoclips, sondern auch um andere Arten von Darstellungsformen wie Diagramme, technische Zeichnungen, kartografische Materialien, grafische Formelwerke aus so verschiedensten Gebieten von der Mathematik bis zur Chemie, um dreidimensionale Modelle und Umgebungen, um die Visualisierung auch hoch-dimensionaler Vorgänge und um grundsätzliches Neues: das Arbeiten mit abstrakten Bildern und Filmen, das – obwohl heute noch kaum sichtbar – eine neue Qualität der Archivierung von Information und Emotion ergeben wird. Auch an Techniken zur Verarbeitung von Geruchs-, Geschmacks- und Tastinformationen wird bereits gearbeitet. Multimedia umfasst schlussendlich alle Medien, die von den menschlichen Sinnen erfasst werden können.

Multimedia als Teilgebiet des Faches Informationssysteme hat innerhalb der Informatik einen besonderen Stellenwert: Einerseits durch die Wichtigkeit im praktischen Einsatz, andererseits durch den hohen interdisziplinären Charakter. In diesem Bereich ist es nicht nur möglich, sondern notwendig, alles zusammenzufassen, was die Produktivität und den Inhalt menschlicher Arbeit und menschlichen Wissens in der Interaktion zwischen Mensch und Computer verbessern kann.

Einmal mehr wird dadurch die Bedeutung der Informatik als Basis für unsere moderne Informationsgesellschaft offensichtlich. Rasante Entwicklungen führen zu immer einfacherem und schnellerem Zugang zu Information. Kleine mobile Geräte, die Informationen immer und überall verfügbar machen, sind bereits auf dem Markt. Doch das ist erst die Spitze des Eisberges. Das Handy, das in Wahrheit ein vollwertiger Computer, ein Bildtelefon, eine Kamera, ein Zahlungsmittel, ein ortskundiger Führer und vieles mehr ist, wird in wenigen Jahren aus unserem Leben nicht mehr wegdenkbar sein.

Manchmal erheben sich auch kritische Stimmen gegen die Einführung dieser „Neuen Medien". Einige Argumente sind stichhaltig: Es gibt keine Entwicklung ohne zumindest potentielle Nachteile. Faktum ist aber, dass wir bereits von diesen Medien umgeben sind und noch sehr viel mehr auf uns zukommt.

Mit dem Einsatz dieser „Neuen Medien" entstehen aber prinzipiell neue Chancen, neue Berufe, neue Industriezweige – neues Wachstum!

Die nachfolgenden Generationen müssen dadurch bereits an der Basis entsprechend breit – entsprechend interdisziplinär ausgebildet werden.

Oft ist in unserem Europa der Informationsgesellschaft von „lebenslangem Lernen" die Rede. Für Dr. Holzinger ist „lebenslanges Lernen" kein Schlagwort. 1978 als Radio- und Fernsehtechnikerlehrling (Auszubildender) in die Informationstechnik eingestiegen, arbeitet, forscht und lehrt er derzeit erfolgreich an der Universität Graz und der TU Graz. In seiner europaweiten Tätigkeit als Experte auf dem Gebiet Multimedia, als Mitglied internationaler Fachgesellschaften und durch seine vielfältige Präsenz auf internationalen Fachkongressen schaut er auch über seinen „Tellerrand" hinaus.

Beim Bau eines Hauses beginnt man üblicherweise mit dem Fundament. Je fester und stärker dieses Fundament ist, desto größer und höher kann dieses Haus gebaut werden. Dr. Holzinger beschäftigt sich stets mit den neuesten Entwicklungen auf dem Gebiet Multimedia und „Neue Medien", ohne aber das Fundament, das „Basiswissen" zu vernachlässigen – wie wir in diesem Buch sehen.

Mit klaren Lernzielangaben, didaktisch sorgfältig aufbereitetem Lernmaterial und Prüfungsfragen mit Lösungen in jedem Modul eignet sich das Buch nicht nur zur Begleitung von Unterrichtseinheiten, Kursen und Vorlesungen, sondern auch zum Selbststudium und auch als Nachschlagewerk. Im deutschen Sprachraum gibt es bis dato kein vergleichbares fächerübergreifendes Werk.

Das Buch wendet sich an alle, die mit den „Neuen Medien" zu tun haben. Wir wünschen ihm – im Interesse einer interdisziplinären Informatik – eine große Verbreitung und gratulieren Dr. Holzinger zu diesem weiteren Meilenstein auf seiner beachtenswerten Karriere.

O.Univ.Prof. DDr. Hermann Maurer, Vorstand, Institut für Informationsverarbeitung und Computergestützte Neue Medien (IICM), TU Graz,
O.Univ.Prof. Dr. Günther Gell, Vorstand, Institut für medizinische Informatik, Statistik und Dokumentation (IMI)), Uni Graz,
O.Univ.Prof. Dipl.Ing. Dr. A Min Tjoa, Präsident, Österreichische Computer Gesellschaft (OCG), Vorstand, Institut für Softwaretechnik (IFS), TU Wien.

„In den letzten 30 Jahren stand innerhalb der Informatik vor allem die Maschine im Vordergrund wissenschaftlicher Forschung. Der Mensch musste sich an die technischen Gegebenheiten anpassen. In Zukunft wird es aber immer wichtiger den Menschen, der mit dieser Maschine arbeitet, in den Vordergrund wissenschaftlicher Arbeit zu rücken. Die Informatik wird sich deshalb immer interdisziplinärer entwickeln."

O.UNIV.PROF.DDR. HEINZ ZEMANEK,
bei seiner Ansprache im Festsaal der Akademie der Wissenschaften in Wien, anlässlich seines achtzigsten Geburtstages.

Heinz Zemanek, geb. 1920, österreichischer Computerpionier, Gründer der österreichischen Computergesellschaft (OCG), IBM-Fellow, ehemaliger Präsident der International Federation for Information Processing (IFIP)

Vorwort

„Multimedia" als Teilgebiet des Faches Informationssysteme hat faszinierende Eigenschaften, die mich seit 1978 – seit Beginn meiner beruflichen Tätigkeit in der Informationstechnik – stets beeindruckt haben. Dabei herrscht in Europa die einstimmige Meinung, dass wir erst am Beginn der „Informationsgesellschaft" stehen. Multimedia und Internet – die neuen Medien – werden in Zukunft in allen Bereichen immer einflussreicher. Vor allem in der Basisausbildung wird folglich eine interdisziplinäre Ausbildung immer wichtiger, um Europas Jugend für das „Digitalzeitalter" bestmöglich vorzubereiten. Die Engländer sprechen zutreffend von „computer literacy". Bestrebungen dieser Art sind enorm wichtig, um ein gemeinsames Europa stark, kompetent und wettbewerbsreif zu machen. Beispielsweise ist ein erklärtes Ziel der Initiative „eEurope", dass bis zum Jahr 2003 alle Schülerinnen und Schüler bereits beim Verlassen ihrer Schule „digital literate" sein sollen. Darüber hinaus sollte jede Hochschule und jede Universität ein „Multimediales Lernzentrum" sein. Von vielen Ländern gibt es schon aktive Bestrebungen, diese ehrgeizigen Ziele zu erreichen, beispielsweise in Österreich die Aktivitäten des Bundesministeriums für Bildung, Wissenschaft und Kultur (bm:bwk), des Bundesministeriums für Wirtschaft und Arbeit (bm:wa) mit der Initiative Multimedia Business Austria (www.mba.at) oder in Deutschland die „Initiative Informationsgesellschaft Deutschland" (www.iid.de) des Bundesministeriums für Bildung und Forschung (bmb+f) und das Aktionsprogramm (www.bmwi.de/multimedia.html) des Bundesministeriums für Wirtschaft und Technologie (bmwi). Solche Initiativen sind grundsätzlich zu befürworten, denn mit einem Fachgegenstand „Multimedia" – so abgedroschen dieses Wort einigen auch erscheinen mag – besteht prinzipiell die Möglichkeit, Basiswissen für die zukünftige Informationsgesellschaft unter diesem Titel fächerübergreifend zusammenzufassen. Dieses Buch ist aus einer interdisziplinären Lehrveranstaltung an der TU Graz entstanden. Der modulare Aufbau erlaubt einen individuellen Einsatz in verschiedensten Lehrveranstaltungen verschiedenster Bildungseinrichtungen – für alle Berufe, die mit „neuen Medien" zu tun haben.

eEurope: http://europa.eu.int/comm/information_society/eeurope

Ein Vorwort ist auch eine gute Gelegenheit Dank auszusprechen. Mein Dank gilt vielen: Den Professoren Günther Gell, A Min Tjoa und Peter Baumgartner. Ganz besonders Professor Hermann Maurer, nicht nur für die Ermöglichung der Durchführung meiner neuen Vorlesung und für das dabei in mich gesetzte Vertrauen, sondern vor allem für seine vorbildhafte wissenschaftliche Unterstützung. Gerne denke ich daran zurück, wie Hermann Maurer mich das erste Mal auf eine Konferenz in den „internationalen Ring" geschickt hat. Weiters gilt mein Dank meinen direkten Kolleginnen und Kollegen, den Kolleginnen und Kollegen an anderen Instituten und natürlich allen meinen Studentinnen und Studenten. Insbesondere danke ich den vielen Menschen in verschiedenen Ländern, die mich auf irgendeine Weise unterstützt haben. Seien es fruchtbare Diskussionen, kritische Rezensionen, sorgfältige Durchsicht von Manuskriptteilen (wie beispielsweise Hedwig Lang, Alexander Hofer, Siegfried Holzinger ...), hilfreiche Hinweise, reger eMail-Wechsel oder einfach nur spannende Gespräche, in denen die Wichtigkeit und die Zukunft dieser Thematik offenkundig wurde. Schließlich bedanke ich mich beim Vogel Buchverlag in Würzburg für die angenehme Zusammenarbeit. Interessant fand ich auch Kommentare von „Nicht-Informatikerinnen" und „Nicht-Informatikern", die mir didaktische Probleme von Lernenden aus nichttechnischer Profession aufzeigten. Eine einzelne Aufzählung würde den Rahmen eines Vorwortes sprengen. Ihnen allen gilt mein aufrichtigster Dank. Der größte Dank gilt meiner Frau Angela und meinen kleinen Töchtern Katharina und Barbara, die mich unterstützt haben, während meiner Arbeiten einiges entbehren und mich stets zwischen meterhohen Bücherstapeln und Computern hervorholen mussten. Was auch immer gemacht wird, zeitüberdauerndes Basiswissen bildet das Fundament. Das will dieses Buch ermöglichen!

Vorwort zur zweiten Auflage

In der zweiten Auflage wurde, aktuellen Trends folgend – neben Ergänzungen und Verbesserungen in allen Modulen – vor allem das Modul „Video" stark erweitert. Das Konzept der Internet-Links im Modulanhang wurde vollständig geändert: Alle Links „leben" nun „anklickbar" und vor allem redaktionell rasch änder- und ergänzbar auf den begleitenden Buchwebseiten „www.basiswissen-multimedia.at". Ein Glossarium in jedem Modul hilft nun bei der Aneignung des notwendigen Fachvokabulars. Zu den Prüfungsfragen mit Antworten sind nun auch Übungen und Diskussionsfragen hinzugekommen. Für wertvolle Hinweise, Ergänzungen und Korrekturvorschläge möchte ich mich wieder bei vielen Leuten herzlichst bedanken. Genannt seien u.a. Herr Univ.Prof. DDr. Heinz Zemanek, Herr Dipl.Inf. Thomas Kleinberger, Frau Natascha Andrä, Herr Prof. Dr. Andreas Gräßer und Herr Ing. Berndt Sevcik. Ganz besonderen Dank wieder an meine Frau Angela und meinen zwei kleinen Assistentinnen Katharina und Barbara.

Graz — Andreas Holzinger

Inhaltsverzeichnis

Modul 0: Einführung Basiswissen Multimedia

Modul 1: Information und Kommunikation (IuK)

Modul 2: Signale und Codierung

Modul 3: Audiotechnik

Modul 4: Bildtechnik

Modul 5: Videotechnik

Modul 6: Multimedia via Internet

Modul 0: Einführung Basiswissen Multimedia

„It's a PC. It's a TV. It's Multimedia!" **Business Week, October 9, 1989**

Liebe Leserin, lieber Leser, vor Ihnen liegt der erste von insgesamt drei Bänden der Vogel-Lehrbuchreihe „Basiswissen Multimedia".
Band 1 beschäftigt sich primär mit dem „Computer", Band 2 mit dem „Menschen" und Band 3 mit der Interaktion „Mensch – Computer".
Die folgende Einführung gibt einen kurzen Überblick über den logischen Aufbau und den didaktischen Hintergrund. Dabei stellen wir zunächst einige Fragen: Was ist Multimedia, wer braucht „Wissen" über Multimedia, wozu Multimedia und wozu Multimedia über das Internet?

1: Computer –
2: Human –
3: Human-Computer

Was?
Wer?
Wozu?

1 Was ist Multimedia?

An der Schwelle zum 21. Jahrhundert ist ein Wort in aller Munde: Multimedia. Was verbirgt sich aber hinter diesem Wort?

Alter Wein in neuen Schläuchen? Bereits in den 50er Jahren wurde bei Diavorträgen mit neuartigen Überblendtechniken mehrerer Projektoren und Begleitton der Begriff „Multimedia" populär. 1995 wurde dieses Wort von der Gesellschaft für deutsche Sprache zum „Wort des Jahres" in Deutschland gewählt ([2], [W1]). Das Wort ist praktisch in alle Lebensbereiche vorgedrungen – auch wenn es ganz unterschiedlich verwendet wird.
Und darin liegt auch ein Problem, denn Multimedia ist eines der am häufigsten missbrauchten Schlagworte.

Bild 0.1 Das Zauberwort Multimedia ... (aus [W1])

Die wörtliche Bedeutung ergibt sich aus dem lateinischen multus = „viel, vielfach, mehrer..." und medium = „Einrichtung zur Vermittlung von Informationen" (Informationssystem).

Obgleich das Wort „Multimedia" aufgrund der Überstrapazierung dieses Begriffes bei vielen verpönt ist und müdes Abwinken bewirkt, verbirgt sich doch hinter diesem Begriff eine unheimlich große Fülle an Basiswissen, fundamental und wichtig für die Ausbildung in allen Bereichen, die sich mit „Neuen Medien" – und dem Internet – beschäftigen.

Basiswissen in Multimedia ist für viele neue Berufe grundlegend

Wirklich spannend wird Multimedia durch den Einsatz leistungsfähiger und preiswerter Computer. Das Bild des Computers als digitale Rechenmaschine hat sich nachhaltig verändert.

Extrem preisgünstige multimediale Software verwandelt heute das Wohnzimmer beispielsweise in ein interaktives Lernzentrum. Weltweit kommt laufend neue Software (davon ein großer Teil Lernsoftware) auf CD-ROM auf den Markt. Bereits 1993 wurden in Deutschland damit über 100 Millionen DM umgesetzt.

Multimedia – zukünftig ein starker Wachstumsbereich

Als Umsatz im Multimedia-Bereich in Deutschland wurden seriöse Schätzungen von 270 Milliarden (!) DM für das Jahr 1998 angegeben – und die übereinstimmende Auffassung, dass es sich um einen starken Wachstumsbereich handelt:

„Der Markt, der sich mit dem Zauberwort Multimedia verbindet, wächst exponentiell und wird weiter wachsen. Eine Unternehmensberatungsfirma hat bis zum Jahre 2000 allein für Deutschland die Entstehung von 2 Millionen neuen Arbeitsplätzen prognostiziert. Ob man den Optimismus in diesem Maße teilt oder nicht: sicher werden viele Berufe künftig mit Multimedia zu tun haben ([1]).“

Multimedia umfasst den Einsatz von Audio (Sprache, Klänge, Musik, ...), Video (Text, Grafik, Standbilder, Animationen, Filme, ...) und Interaktivität (über Tastatur, Maus, Touchpad, Screentouch, ...).

Bild 0.2 Verschiedene Möglichkeiten medialer Angebote

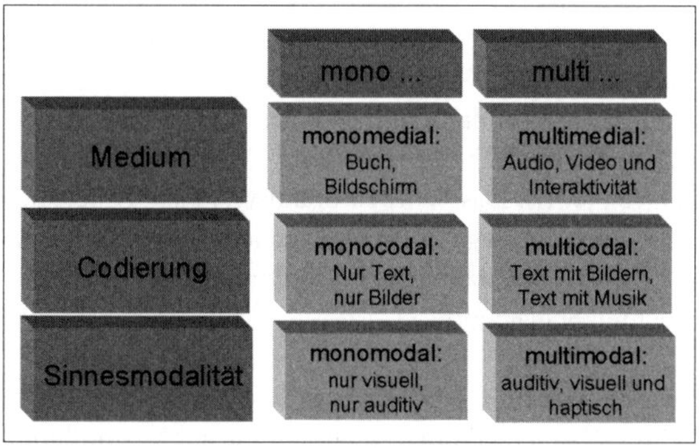

Multimedia: Chance zur fächerübergreifenden Arbeit

Multimedia ist wahrscheinlich auch deshalb so spannend, weil es per se die Chance auf **Interdisziplinarität** und **fächerübergreifende Kooperation** eröffnet.

In der Informatik beispielsweise standen Fragen der Didaktik, Pädagogik und Lernpsychologie nur selten im Mittelpunkt des Interesses.

Auf wissenschaftlichen Kongressen trifft man auch heute noch dynamische Informatik-Professoren, die Lernprogramme entwickeln, die Frage der didaktisch-pädagogisch-psychologischen Basis ihres Schaffens aber achselzuckend an Pädagogen, Psychologen und Soziologen weiterreichen ([2]).

Allerdings haben reine Psychologen und Pädagogen oftmals keinen Zugang zur technologischen Basis – oder wollen diesen auch gar nicht haben.

Interdisziplinarität: Verbindung von Informatik und Kognitionswissenschaft

> Forschung und Lehre auf dem Gebiet „Multimedia" muss demnach interdisziplinär erfolgen.

2 Wer braucht „Wissen" über Multimedia? Warum?

Die Ausbildung von InformatikerInnen, TelematikerInnen (das Studium der Telematik wurde Mitte der 80er Jahre dank einer Initiative der Professoren HERMANN MAURER und HANS LEOPOLD an der Technischen Universität Graz begründet als Kombination aus Informatik, Nachrichtentechnik und Elektronik) und Software-IngenieurInnen an Fachhochschulen und Technischen Universitäten ist grundsätzlich ausgezeichnet – aber hauptsächlich auf „technische Inhalte" konzentriert. Das ist eine Tatsache. Jede Software – nicht nur ausschließlich Lernsoftware – wird aber von Menschen benutzt. Das ist auch eine Tatsache.

Software wird von Menschen benutzt!

HCI – Human Computer Interaction

> Technikerinnen und Techniker sollen auch ein Basiswissen zum Thema **Mensch-Maschine-Interaktion**, insbesondere ein Grundverständnis für den Menschen selbst, für sein Gedächtnis, seine Wissensorganisation, sein Lernverhalten und deren bestmögliche Implikationen für den Einsatz des Computers als Lern- und Arbeitsmedium, haben.

Dieses Grundwissen muss aber erst einmal angeboten werden.

Modularer Aufbau ermöglicht individuellen Einsatz in Lehrveranstaltungen

Diese Buchreihe ist aus einer interdisziplinären (modular aufgebauten) Lehrveranstaltung im Ausmaß von 2+1 Wochenstunden am IICM (Institut für Informationsverarbeitung und computergestützte neue Medien) an der TU Graz entstanden [W2].

Multimedia erfährt dabei prinzipiell eine Dreiteilung in

1) Multimedia-**Technik**

2) Multimedia-**Lernen**

3) Multimedia-**Design**

Diesem logischen Aufbau folgt dieses Buch (Bild 0.3):

Bild 0.3 Aufbau der Buchreihe „Basiswissen Multimedia“

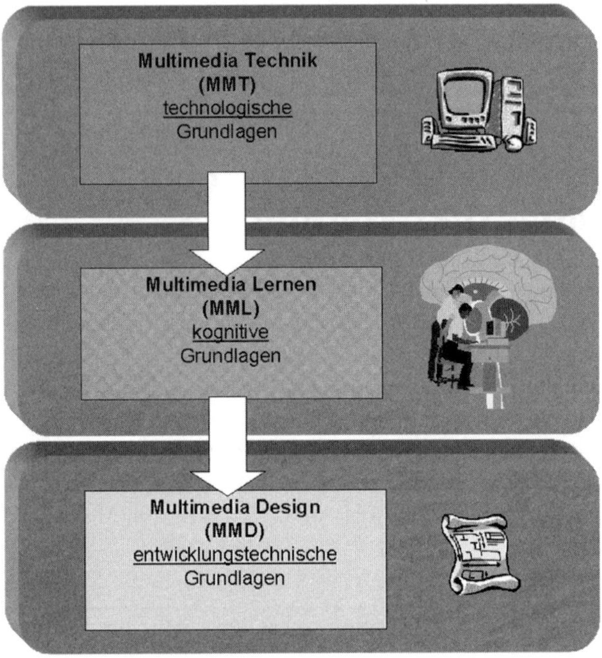

Multimedia Technik **(MMT)** behandelt **technologische Grundlagen** multimedialer Informationssysteme. Die Themen umfassen Grundlagen von Information und Kommunikation (IuK), Signale, Audio-, Bild- und Videotechnik (unter besonderer Berücksichtigung der Psychophysik der Sinne) und technologische Grundlagen von Multimedia via Internet.

Multimedia Lernen **(MML)** behandelt **kognitive Grundlagen** multimedialer Informationssysteme. Die Themen umfassen Grundlagen der Informationsorganisation im menschlichen Gedächtnis, Wissensorganisation, Lerntheorien, historische Entwicklung des computerunterstützten Lernens, Mediendidaktik und das Arbeiten mit Lernsoftware (Einflüsse wie Motivation, Aufmerksamkeit und Arousal (Anregung)).

Multimedia Design **(MMD)** behandelt schließlich **entwicklungstechnische Grundlagen** multimedialer Informationssysteme. Die Themen umfassen Grundlagen des Software-Engineering und Projektmanagement, Gestaltungsgrundlagen (Mensch-Maschine-Dialog, Typografie, Bildgestaltung, Audiogestaltung, Interaktion) und schließlich das enorm wichtige Gebiet der Beurteilung von Software (Evaluation).

Die Aufteilung dieser Schwerpunkte in der konkreten Vorlesung (mit MML als Kern) erfolgt ungefähr in 20-60-20, weil gerade im Bereich des „multimedialen Lernens" die größte Ausbildungslücke zu finden ist. Andererseits erlaubt der hohe interdisziplinäre Charakter des Gegenstandes nicht die Weglassung von konkreten Themen aus Technik und Software-Engineering.

Für eine Basisausbildung sollten für MMT, MML und MMD jeweils 2+1 Wochenstunden vorgesehen werden

Wichtig ist die Vermittlung von möglichst zeitüberdauerndem **Basiswissen** und die Vermeidung von – zwar interessantem, aber manchmal äußerst kurzlebigem – Spezialwissen.

eEurope – eLearning

Europaweit herrscht eine einstimmige Meinung, dass der Bereich Multimedia in unserer Informationsgesellschaft immer wichtiger werden *wird* – wir sind erst am Anfang dieser Entwicklung. Neue Berufe benötigen neue Ausbildungsgrundlagen – neues Basiswissen.

Der modulare Aufbau dieses Lehrbuches erlaubt ein Höchstmass an Flexibilität, um Studierende und Lehrende optimal zu unterstützen.

Jedes Modul kann einzeln und bedarfsorientiert eingesetzt werden. Der grosse Vorteil liegt aber in der hohen Interdisziplinarität. Mit den drei Bänden wird praktisch das gesamte Basiswissen über Multimedia abgedeckt, das derzeit verstreut in vielen einzelnen Büchern und Artikeln mühsam zusammengesucht werden muss.

Bei Bedarf kann über die ausführlichen Literaturangaben und die begleitenden Seiten im Internet spezielle und tiefergehende Information beschafft werden.

Basiswissen Multimedia soll in der Ausbildung *aller* Berufe, die mit den „Neuen Medien" zu tun haben als **Grundlage** dienen.

3 Wozu Multimedia?

Eine weit verbreitete Annahme lautet:

„Multimedia spricht mehrere Sinneskanäle des Menschen an ... und darum verbessert sich das Behalten".

Folgendes Bild 0.4 zeigt die populärste Darstellung aus dem Bereich der Medienpädagogik und Instruktionspsychologie. Viele Publikationen und Vorträge stützen sich gerne (unreflektiert) auf diese naive Annahme:

Bild 0.4 Diese naive Annahme wird oft als „Beweis" für die Wirksamkeit von Multimedia verwendet

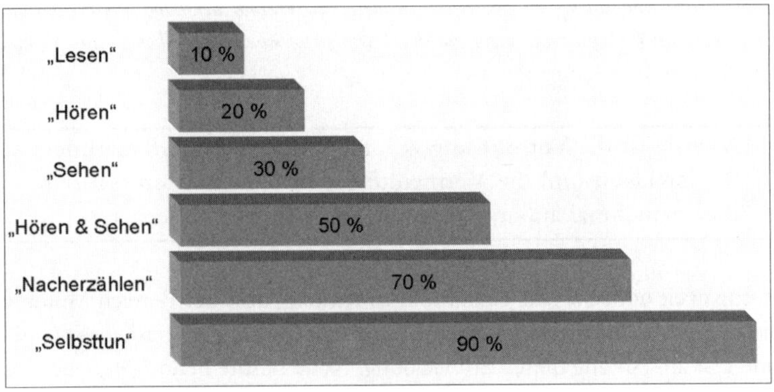

Allerdings ist eine solche Darstellung problematisch. Wahrscheinlich sind deshalb auch keine wissenschaftlichen Quellen für diese Abbildung auffindbar. In Bild 0.4 geraten nämlich Sinnesmodalität und Codierung durcheinander: Sehen und Hören sind **modalitätsspezifische Aktivitäten**, Lesen und Nacherzählen jedoch **codespezifische Aktivitäten** [3].

Summierungstheorie Realismustheorie

Diese Annahme basiert auf einer naiven Summierungstheorie der Beteiligung der Sinneskanäle, die sich wiederum auf eine historische einfache Realismustheorie stützt. In dieser Theorie wird einfach angenommen, dass der reale Gegenstand höherwertig gegenüber seiner symbolischen Darstellung ist.

In „Basiswissen Multimedia Band 2: Lernen" werden diese Phänomene grundlegend behandelt.

Ein Faktum ist, dass die Zahlenangaben in Bild 0.4 zu relativieren sind.

Es muss kritisch hinterfragt werden, was genau gemeint ist mit „Lesen", „Sehen", usw. – unterschiedliche Wahrnehmungssituationen lassen kaum vergleichbare Werte zu.

Beim Einsatz von Multimedia ist der Kommunikationsablauf komplizierter, da die kommunikative Kompetenz bei den Benutzerinnen und Benutzern höher sein muss.

Nürnberger Trichter ist auch durch Multimedia nicht realisierbar

Für den Bereich des mulitmedialen Lernens muss gleich vorweg gesagt werden, dass Multimedia den „Lernerfolg" nicht *direkt* verbessern kann.
Der – vielgesuchte – Nürnberger Trichter ist auch duch Einsatz von Multimedia nicht realisierbar.

Aber durch verstärkte **Motivation**, verbesserte **Aufmerksamkeit** und höheres **Arousal** (Anregung) kann durch Einsatz von Multimedia eine intensivere Beschäftigung mit dem Lerninhalt erzielt und damit – über diesen Umweg – doch ein direkter Erfolg für das Lernen und Behalten erreicht werden [5].

Chancen durch Motivation, Aufmerksamkeit und Arousal

Außerdem können durch Simulationen am Bildschirm – beispielsweise im Bereich der Mathematik – Dinge sichtbar gemacht werden, die im traditionellen „Kreide-Unterricht" an der klassischen Tafel einfach nicht darstellbar sind [4].

4 Wozu Multimedia über das Internet?

Der momentan – und insbesondere in Zukunft – spannendste Ansatz ist Multimedia via **Internet**, d.h. die Darbietung von Text, Grafik, Audio, Video und Interaktion (!) in einer **Hypermedia-Applikation** innerhalb eines Standard-Browsers (Bild 0.5).

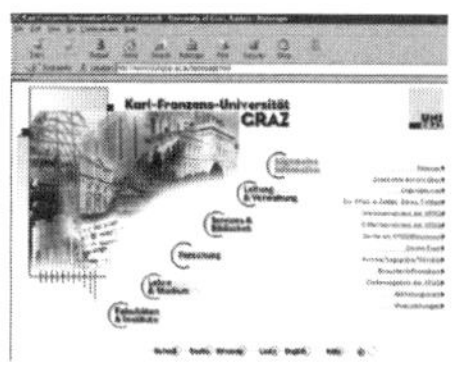

Bild 0.5 Ein Browser ermöglicht den Umgang mit Hypermedia-Daten

---

Das WWW (World Wide Web) ist wahrscheinlich das erfolgreichste **vernetzte Informationssystem** in der Geschichte der Menschheit. Einer der zentralen Vorteile ist sicherlich die leichte Bedienbarkeit des Interfaces.

Durch die Einführung von WWW-Browsern wurde das „Anklicken" als Konzept von Hypermediasytemen (Hypermedia-Informationssysteme) unter nahezu allen Computer-Anwendern weltweit bekannt.

Die Konzepte erscheinen neu und einzigartig. Wir sollten jedoch nicht vergessen, dass Systeme wie Memex, Augment, Xanadu, Zog, Owl, MUPID und andere Prä-WWW-Hypertext-Systeme viel zur Erforschung und Entwicklung heutiger Hypermedia- und Multimediasysteme beigetragen haben.

Durch die Bedeutung des Internets ist naturgemäß auch der Bedarf an neuen Technologien in der **Telekommunikation** gestiegen. Beispielsweise wird mit moderner ADSL-Technologie (Asymmetric Digital Subscriber Line) die Nutzung herkömmlicher Zweidraht-Telefonleitungen für Multimedia-Anwendungen im Hochgeschwindigkeitsbereich unterstützt. Ebenso wird die Nutzung von vorhandenen Kabel-TV-Netzen als Breitbandmedium für multimediale Anwendungen überlegt. ATM (Asynchronous Transfer Mode) stellt völlig neue Lösungsansätze für die Realisierung universeller Breitbandnetze dar.

Die Zukunft der Telekommunikation wird durch Multimedia über Breitbandnetze bestimmt

Bild 0.6 Die Bedeutung von Satellitenkommunikation steigt

Ebenso steigt durch das rasante Wachstum des Internets die Bedeutung von Nachrichtensatelliten. Multimedia wird künftig via Satelliten effizient verteilt werden. Das ist insbesondere für Bereiche wie Tele-Medizin, Tele-Ausbildung und Videokonferenzen von großer Bedeutung, denn die Übertragungsgeschwindigkeit ist auf extraterrestrischen Nachrichtenwegen höher als derzeit in „verstopften" konventionellen Leitungen.

Zitierte und weiterführende Literatur zu dieser „Einführung":

[1] LEHNER, FRANZ; BRAUNGART, GEORG; HITZENBERGER, LUDWIG, ED. (1999): *Multimedia in Lehre und Forschung: Systeme - Erfahrungen - Perspektiven (Gabler Edition Wissenschaft: Information-Engineering und IV-Controlling).* Wiesbaden: Gabler. 108f.

[2] OBERLE, THOMAS; WESSNER, MARTIN (1998): *Der Nürnberger Trichter: Computer machen lernen leicht!? (Forum Beruf und Bildung; Bd. 10).* Alsbach: LTV-Verlag Leuchtturm.

[3] ISSING, LUDWIG J.; KLIMSA, PAUL (1997): *Information und Lernen mit Multimedia.* 2. Auflage. Weinheim: Psychologie Verlags Union. 68f.

[4] HOLZINGER, ANDREAS (1997): Computer-aided Mathematics Instruction with Mathematica 3.0. *Mathematica in Education and Research, Vol.6, No.4,* 37-40. Santa Clara (CA): Telos-Springer.

[5] HOLZINGER, ANDREAS (1999): Multimedia - eine interdisziplinäre Disziplin innerhalb des Faches Informationssysteme. *GMW FORUM, Zeitschrift der Gesellschaft für Medien in der Wissenschaft,* 4/99, 18-20. Siegen: Gesellschaft für Medien in der Wissenschaft GMW e.V., Universiät Siegen.

Internet-Links zur Einleitung:

[W1] http://www.geist.de/gfds/verlag-D.html (Leitseite der „Gesellschaft für deutsche Sprache", Wiesbaden, D)

[W2] http://www-ang.kfunigraz.ac.at/~holzinge/mml (Startseite der Lehrveranstaltung „Multimedial Learning" an der TU Graz, A)

[W3] http://www.basiswissen-multimedia.at (Startseite des vorliegenden Lehrbuches mit aktualisierten Literatur- und Linkssammlungen zu jedem Modul)

Modul 1: Information und Kommunikation (IuK)

„The word information, in this theory, is used in a special sense that must not be confused with its ordinary usage. In particular, information must not be confused with meaning."

Claude E. Shannon auf Seite 8 in seiner „Mathematical Theory of Communication"

Lernziele

Multimedia-Systeme sind **Informationssysteme**. In solchen Systemen werden *alle* Arten von auditiven und visuellen Informationen angeboten. Zum Verständnis verschiedener Arten von Information und der Informationsverarbeitung ist ein solides Basiswissen notwendig. Die Grundlagen der **Informations- und Kommunikationstheorie** stellen dieses Wissen dar.

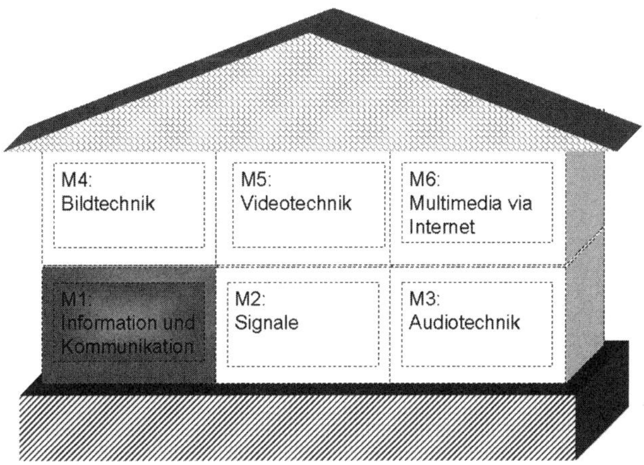

Information und Kommunikation sind nicht nur in der Informatik wichtig, sondern von zentraler Bedeutung für das gesamte Leben in unserer Welt, denken wir beispielsweise an die Weitergabe der Erbinformation oder die Kommunikation von Lebewesen untereinander.

Die jeweils genutzte Information und die Informationssysteme zum Austausch von Information werden dabei immer komplexer und abstrakter.

Mit dem Übergang in eine **digitale Welt** der Informationsverarbeitung, mit Multimedia – verteilbar über weltweite Netze – verfügen wir über völlig **neue Medien**. Wir leben zunehmend in einer **Informationsgesellschaft**. Die technischen Möglichkeiten von Information und Kommunikation (IuK) haben sich dabei mit Satellitentechnik, Glasfasertechnologie und den Millionen vernetzten Computern in einem unvorstellbaren Maße gesteigert. Das alles zusammen bildet die Voraussetzungen für den Übergang in eine weltweite **Wissensgesellschaft**.

Bild 1.1 Die Informatik und Informationstechnik stellen die Basis für die moderne Informationsgesellschaft dar

Informatik und Informationstechnik durchbrechen dabei laufend vermeintliche Grenzen. Mit Datentransportflüssen jenseits von 10 Gigabits pro Sekunde wird die **postmoderne Informationsgesellschaft** Wirklichkeit. Das Internet drängt mit einer beinahe unendlichen Fülle an Information in unseren Alltag. Information bekommt einen immer wichtigeren Stellenwert.

In der Industrie arbeiten 75% der Mitarbeiter nicht mehr mit Material, sondern mit Informationen. Bis zu 50% der Produktkosten sind Informationskosten. Mehr als 50% der indirekten Kosten sind Informationskosten.

Signale im nächsten Modul, Wissen im Band 2

Aber gerade in einer Zeit, in der (nahezu) alle Menschen die Möglichkeit haben, auf eine fast unbegrenzte Menge von Information zuzugreifen, ist es notwendig, ein zeitüberdauerndes **Grundlagenwissen** über Signale, Daten, Information, Wissen und Kommunikation zu vermitteln.

1 Information

Der Mensch als informations-verarbeitendes System

Menschen können als informationsverarbeitende Systeme (IPS, information processing systems) gesehen werden. Jedes IPS besteht aus

- Eingangskanälen (Rezeptoren und Sensoren),
- Verarbeitungselementen (Prozessoren und Speichern) sowie
- Ausgangskanälen (Effektoren und Aktoren).

Menschen sind aber mehr als bloße informationsverarbeitende Systeme: Sie sind Informationsinterpreten, Mehrdeutigkeitslöser und „Hochrechner“.

Bild 1.2 Der „Rubin-Pokal“, benannt nach dem dänischen Psychologen Edgar Rubin, macht sehr deutlich, dass nur einer der beiden Bildeindrücke verarbeitet werden kann – nicht beide gleichzeitig

Was stellt beispielsweise die „Schattenfigur“ im Bild 1.2 dar: Zwei Gesichtsprofile oder einen Pokal? Was wurde als erstes erkannt?

Die **Interpretation** einer Information – im obigen Beispiel einer visuellen Information – ist immer von der Person abhängig, die diese Information aufnimmt und subjektiv weiterverarbeitet.

Multimedia-Systeme sind **interaktive Informationssysteme**. Es gelten die Grundlagen der **Informationsverarbeitung**.

Vor der Beschäftigung mit Informationsverarbeitung müssen aber einige zentrale Fragen beantwortet werden: Was sind Signale? Was sind Daten? Was ist eigentlich Information? Was ist Wissen?

„Signale“ werden nachfolgend im Modul 2 grundlegend behandelt und „Wissen“ im Modul 2 des zweiten Bandes „Basiswissen Multimedia“.

1.1 Begriffe und Definitionen

Begriffe wie Signal, Daten, Information und Wissen sind in unserem alltäglichen Sprachgebrauch selbstverständlich. Wir „setzen Signale“, wir „geben Daten weiter“, wir „holen Information ein“, wir „eignen uns Wissen an“. Im Zusammenhang mit Informationssystemen benötigen wir allerdings klare Definitionen für diese Begriffe.

1.1.1 Signale

Signale als Träger von Informationen

Signale stellen nach DIN 44 300 die **physikalischen Träger** für Daten dar, die wiederum als Träger von Information wirken. Wie wir in Modul 2 sehen werden, unterscheiden wir zwischen zwei prinzipiell verschiedenen Arten von Signalen:

- **analoge Signale**, bestehend aus **kontinuierlichen Funktionen**, und
- **digitale Signale**, bestehend aus **diskreten (einzelnen) Zeichen**.

Signale sind durch akustische, optische oder andere physikalisch-technische Mittel (Signalmittel) gegebene Funktionen oder Zeichen zur Übermittlung von Daten.

Beispielsweise sind die Worte von Sprechern in einer Multimedia-Produktion die den Hörerinnen und Hörern zugedachte Information. Ein Mikrofon wandelt die Schallsignale in elektrische Signale. Diese werden digitalisiert und z.B. auf CD-ROM abgespeichert. Über Digital-Analog-Wandler, Verstärker und Lautsprecher wird wieder die Information „Sprache" reproduziert (siehe Modul 3).

1.1.2 Daten

Daten sind Fakten. Nach DIN 44 300 werden unter diesem Begriff „Zeichen oder kontinuierliche Funktionen, die zum Zweck der Weitergabe Information auf Grund bekannter oder unterstellter Abmachungen darstellen", verstanden.

In der Informatik sind Daten codierte Informationen, die in Computersystemen gespeichert sind. Die Informationen können dabei durch Zeichenfolgen (**digitale Daten**) oder kontinuierliche mathematische Funktionen (**analoge Daten**) dargestellt und maschinell verarbeitet werden.

Daten sind codierte Informationen

Da wir uns innerhalb der Buchreihe „Basiswissen Multimedia" nicht nur auf technische Grundlagen beschränken, müssen wir Daten weiter einteilen:

Quantitative Daten sind Informationen, denen definierte **numerische Werte** zugeschrieben werden können (z. B. 1, 2, 3 ...).

Qualitative Daten sind Informationen in Form von **nichtnumerischen Merkmalen**, die eine Gliederung in unterschiedliche Klassen ermöglichen (z. B. „weiblich", „männlich" oder „sächlich").

Qualitative Daten können teilweise in quantitative Daten übergeführt (codiert) werden (z.B. „weiblich = 1", „männlich = 2").

1.1.3 Information

Der Begriff Information (lat. informatio = „Vorstellung", „Unterweisung", „Belehrung") wird in den verschiedensten Disziplinen von Wissenschaft und Technik unterschiedlich verwendet:

Für die Natur beispielsweise wurde als Information „jeder Unterschied, der einen Unterschied macht" definiert (BATESON), oder etwas spezieller: „Information ist der Veränderungsprozess, welcher zu einem Zuwachs an Wissen führt" (SCHUCAN) oder noch spezieller: „Information ist nutzbare Antwort auf eine konkrete Fragestellung" (ZEHNDER).

In der Nachrichtentechnik wird die Informationstheorie von SHANNON & WEAVER zur Definition herangezogen (siehe Kapitel 2).

Im Prinzip sind Informationen nur Aussagen bzw. Nachrichten, die etwas Neues bringen. Informationen müssen also einen Informationsgehalt , eine Bedeutung besitzen (Kapitel 2.2). Einfach ausgedrückt bieten häufige, gleich ablaufende, monotone Ereignisse in diesem Sinne nichts Neues.

Die „Neuigkeit", nicht die „Inhaltsschwere" einer Nachricht wird definiert

Überraschende, seltene oder neue Vorgänge sind (nachrichtentechnisch) informativ.
In der Änderung eines Signals liegt die Information.

Versuch: Stimme, einmal gleichförmig monoton, z.B. Aussprechen des Buchstabens „aaaaaa......" über lange Zeit, dann mit Sprachinformation moduliert, beispielsweise durch lautes Vorlesen dieses Textes.

Information ist eine raum- oder zeitvariante (veränderliche) Folge physikalischer Signale, bestehend aus dem physikalisch-materiellen **Träger** und dem **Informationsinhalt**.

Bild 1.3 Norbert Wiener (1894-1964) führte Information als dritte Grundkomponente ein – neben Materie und Energie! [W7]

NORBERT WIENER, Begründer der Kybernetik (Lehre von Kommunikations- und Regelungssystemen in lebenden Organismen, gesellschaftlichen Organisationen und technischen Systemen), führt Information sogar als dritte **Grundkomponente** in seiner Systemwelt ein.

Eine interessante Definition gibt schließlich KUHLEN (1999): „Information ist eine Teilmenge von Wissen, die aktuell in Handlungssituationen benötigt wird und vor der Informationsverarbeitung nicht vorhanden ist. Information ist demnach entscheidend von den Kontextfaktoren der Benutzer und der Nutzungssituation abhängig". Die Abhängigkeit vom Kontext wird vor allem in der Kommunikation augenscheinlich (siehe Kapitel 3).

1.1.4 Wissen

Wissen ist angewandte Information

Wissen (engl. knowledge; lat. scientia; grch. episteme) ist das Ergebnis – das Ziel einer (menschlichen) Informationsverarbeitung.

> Denken und Wissen sind untrennbar mit dem menschlichen Geist verbunden: Wissen ist (im menschlichen Gedächtnis) organisierte, verfügbare und anwendbare Information.

Bild 1.4 Heinz Zemanek (geb. 1920), der Computerpionier, während seiner Ansprache zu seinem achtzigsten Geburtstag [W6]

Nach Heinz Zemanek gehört gespeicherte Information gewiss zum Wissen, aber Wissen wird diese *erst mit dem Kontext,* den der unvergleichliche Verbund unserer Sinnesorgane – und diesem dient die Multimedia-Technik – liefert, wenn die Information vom menschlichen Verstand verarbeitet wird.

Weder Telefonbuch noch Datenbank sind Wissen – aber mit Wissen holt man aus beiden wesentlich Gescheiteres heraus (Heinz Zemanek).

Heinz von Foerster (1998) meint, ganz im Sinne des Konstruktivismus (siehe Band 2), dass Wissen *gar nicht vermittelbar* ist: Es lässt sich nicht als eine Art Gegenstand, eine Sache oder ein Ding begreifen, das man – wie Zucker oder Kaffee – von A nach B transportieren kann, um in einem Organismus eine bestimmte Wirkung zu erzeugen.

Bild 1.5 Zusammen mit Warren McCulloch, Norbert Wiener, John von Neumann u.a. war Heinz von Foerster (geb. 1911 in Wien) der „Architekt" der Kybernetik [W10]

Wissen ist vorausschauend und **probabilistisch:** der Wert eines Wissens ist hoch, wenn die Voraussagen, bezogen auf den Übertragungskanal, korrekt sind.

Das steht im Gegensatz zur Information, die **possibilistisch** ist, da die unwahrscheinlichsten Zeichen den höchsten Informationsgehalt tragen (siehe Kapitel 2.1).

Mehr darüber im Modul „Wissen" im Band 2.

Signale	physikalische Träger
Daten	codierte Information
Information	Änderung von Signalen
Wissen	angewandte Information

Bild 1.6 Zusammenfassung der verwendeten Begriffe

Bild 1.7 Claude E. Shannon (geb. 1918 in Michigan) begründete 1948 die Informationstheorie. Er starb am 24. Februar 2001 [W2]

2 Informationstheorie

Die Informationstheorie entstand aus den Arbeiten von CLAUDE ELWOOD SHANNON und stellt eine grundlegende **Basis für die Informatik** dar.

Die Informationstheorie dient der mathematischen Beschreibung von Informationssystemen und ist eng an die Nachrichtentechnik angelehnt. Mit Hilfe einer *einheitlichen Theorie* ist es möglich, verschiedene Nachrichtenübertragungsverfahren zu vergleichen und die einzelnen Komponenten eines Übertragungssystems zu optimieren.

Ein Informationssystem unterliegt den Gesetzen der Nachrichtentechnik und kann durch das Kommunikationsmodell von SHANNON & WEAVER gemäß Bild 1.8 dargestellt werden.

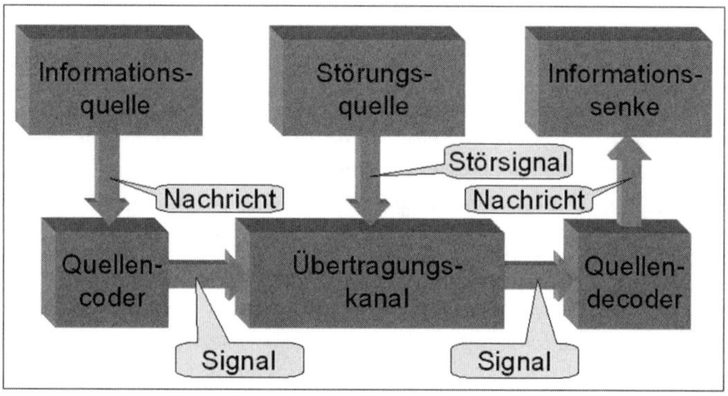

Bild 1.8 Das nachrichtentechnische Kommunikationsmodell von Shannon & Weaver beschreibt den Informationsfluss zwischen Sender und Empfänger

Die Informationstheorie stellt auch die Grundlage für die Psychophysik (siehe Modul 3) und die psychologische Analyse von Kommunikation (siehe Kapitel 3) dar.

2.1 Informationsgehalt

Der Informationsgehalt (information content) einer Nachricht wird in der Informationstheorie nach SHANNON & WEAVER aus rein mathematischer Sicht definiert. Die Bedeutung der Nachricht wird dabei völlig ignoriert. Unter Bezug auf unsere (nachrichtentechnische) Definition des Begriffes Information (Kapitel 1.1.3) muss der Informationsgehalt einer Nachricht folgende drei Eigenschaften erfüllen:

- Der Informationsgehalt I_x einer Nachricht x muss umso größer sein, je kleiner die Wahrscheinlichkeit p_x ihres Auftretens ist (je größer der „Überraschungswert" ist).

- Eine Nachricht mit der Wahrscheinlichkeit $p_x = 1$ muss den Informationsgehalt $I_x = 0$ haben.
- Der Informationsgehalt von voneinander unabhängigen Nachrichten soll sich addieren.

Allerdings muss, wenn wir von Informationsgehalt sprechen, zunächst unterschieden werden, ob diskrete Zeichen mit gleicher Auftretenswahrscheinlichkeit oder diskrete Zeichen mit unterschiedlicher Auftretenswahrscheinlichkeit verwendet werden.

2.1.1 Informationsgehalt diskreter Zeichen mit gleicher Auftretenswahrscheinlichkeit

Der Informationsgehalt I ergibt sich aus dem gesamten Zeichenvorrat s. Wenn wir beispielsweise die ersten ganzen Zahlen von 0 bis 15 nehmen, so ergibt sich ein Zeichenvorrat von $s = 16$. Stellen wir diese Zahlen im Dualcode dar, so erhalten wir:

$15 = 1 \cdot 2^3 + 1 \cdot 2^2 + 1 \cdot 2^1 + 1 \cdot 2^0 = 1111$

$14 = 1 \cdot 2^3 + 1 \cdot 2^2 + 1 \cdot 2^1 + 0 \cdot 2^0 = 1110$

... usw. bis

$0 = 0 \cdot 2^3 + 0 \cdot 2^2 + 0 \cdot 2^1 + 0 \cdot 2^0 = 0000$

lb = binärer Logarithmus zur Basis 2, auch als ld (logarithmus dualis) bzw. $\log_2$ bezeichnet

Um unseren Zeichenvorrat von $s = 16$ digital darzustellen, brauchen wir also eine vierstellige Dualzahl in der Größe von 4 bit, da 4 = lb(16).
Der Informationsgehalt ergibt sich somit folgendermaßen:

$$I = lb(s)$$

I Informationsgehalt in bit
s Anzahl der verschiedenen Zeichen (Zeichenvorrat)

Die Verwendung des Logarithmus zur Basis 2 ist nur eine Frage des Maßstabes. Die Basis 2 wurde deshalb gewählt, weil für den einfachsten Fall einer symmetrischen, binären Nachricht mit $p_x = 0{,}5$ der Informationsgehalt eines Zeichens $I_x = 1$ bit wird.

binary digit, die Einheit der Informationsmenge

Der Begriff **bit** („binary digit“) hat zwei verschiedene Bedeutungen, die in der Praxis aber nicht konsistent eingehalten werden:

- Kleingeschrieben handelt es sich um die **Einheit für den Informationsgehalt** einer Nachricht.
- Großgeschrieben handelt es sich um den **Namen** für eine „binäre Stelle oder binäre Ziffer“.

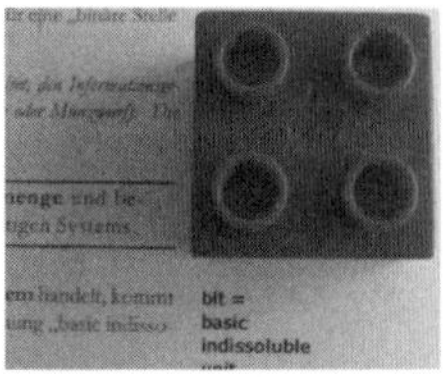

Bild 1.9 Ein Binärelement ist sozusagen der „kleinste Baustein“

Prinzipiell enthält irgendetwas, das zwei Möglichkeiten beinhaltet, den Informationsgehalt von einem bit (Versuch: Lichtschalter ein- und ausschalten oder Münzwurf). Die Binärelemente „0“ und „1“ dienen dazu als Grundbausteine.

Ein bit ist die **kleinste binäre Informationsmenge** und beschreibt den **logischen Zustand** eines zweiwertigen Systems.

Die Tatsache, dass es sich dabei um ein minimales System handelt, kommt in der von SHANNON *eingeführten Bezeichnung „basic indissoluble unit“ zum Ausdruck.*

bit = basic indissoluble unit

Achtung: Um die Einheit des (nachrichtentechnischen) Informationsgehaltes (die durchaus eine Bruchzahl sein kann) von der kleinsten binären Informationsmenge zu unterscheiden, wird in der Informationstheorie (zumindest im englischen Raum) die Bezeichnung **Shannon (Sh)** verwendet.

Im Englischen kommen auch häufig die Einheiten Hartley (Hart) und Natural Unit (nat) vor. 1 Hart = log2 10 = 3.321 928 Sh oder log e 10 = 2.302 585 nats.

1 Shannon (Sh) = 1 bit

Dazu ein Beispiel aus dem „Informationsalltag“: Wie groß ist der Informationsgehalt eines 7-stelligen Tresorcodes (1234567)?
s = 10 (für die Ziffern von 0 ... 9), daraus ergibt sich:
I = 7 lb(10) bit = 7 × 3,32 bit = 23,26 bit *bzw. korrekter* 23,26 Sh

Zur Erklärung: lb 10 = ^{2}lg10

$$2^x = 10 \Rightarrow x\log(2) = \log(10)$$

$$x = \frac{\log(10)}{\log(2)} = \frac{1}{0,30103} = 3,3219281$$

2.1.2 Informationsgehalt diskreter Zeichen mit unterschiedlicher Auftretenswahrscheinlichkeit

In unseren bereits genannten Beispielen wird vorausgesetzt, dass die Wahrscheinlichkeit p_x für das Auftreten aller Zeichen gleich ist.

Die p_x eines Zeichens bei s möglichen Zeichen ist dann

$$p_x = \frac{1}{s}$$

Laplace-Wahrscheinlichkeit

wobei dieser Ausdruck – wie aus der Wahrscheinlichkeitsrechnung bekannt – die Anzahl der günstigen durch die Anzahl der möglichen Fälle darstellt.

Damit gilt für den Informationsgehalt:

$$I_x = lb(s) = lb\left(\frac{1}{p_x}\right)$$

Wenn jedes Zeichen eine individuelle Wahrscheinlichkeit p_{xi} besitzt, so lautet die Gleichung:

$$I_{xi} = lb\left(\frac{1}{p_{xi}}\right)$$

Stellen wir diesen Sachverhalt grafisch dar, erhalten wir folgendes Bild:

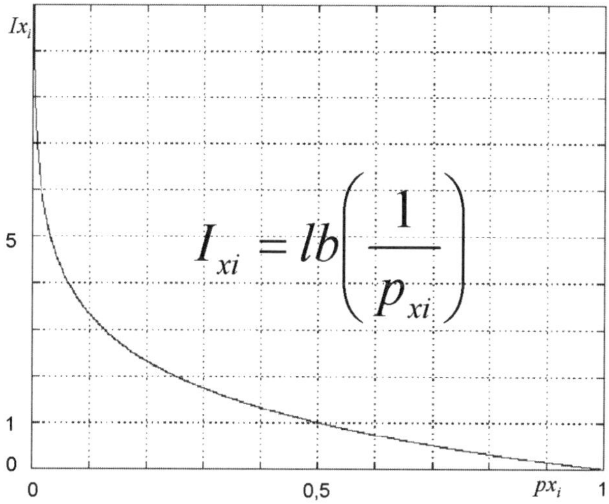

Bild 1.10 Informationsgehalt (bei unterschiedlicher Zeichenwahrscheinlichkeit)

Bild 1.11 Völlig gleichförmige Ordnung von 12 Legosteinen

Bild 1.12 Völlige Unordnung

Bild 1.13 Dieser Ordnung liegt ein definierter Bauplan zugrunde

Der Informationsgehalt soll *unabhängig* von der Form der Codierung sein und ausschließlich von der Wahrscheinlichkeit abhängen, mit der der Empfänger diese Nachricht erwartet.

Nachrichten, die mit *hoher Wahrscheinlichkeit* erwartet werden, haben einen *niedrigen* Informationsgehalt, solche, die mit *geringer Wahrscheinlichkeit* erwartet werden, hingegen einen *hohen Informationsgehalt.* Einige Beispiele mit Lego-Bausteinen (Bilder 1.11 bis 1.13) sollen diesen Sachverhalt verdeutlichen und folgende Fragen illustrieren: In welcher Anordnung steckt der größte Informationsgehalt?

Bild 1.11 zeigt eine *völlig gleichförmige Ordnung* aus 12 Lego-Bausteinen: Der *Informationsgehalt ist gering.* In Bild 1.12 sind diese 12 Lego-Bausteine *in völliger Unordnung:* Das Auftreten einer bestimmten Anordnung ist zufällig, daher sehr unwahrscheinlich und hat damit *höchsten Informationsgehalt.* In der Regel ist es ein „Mittel“: Eine definierte Ordnung, z.B. das „Haus“ in Bild 1.13.

2.2 Entropie

Entropie ist der Grad der Unordnung in einem System

Der Begriff Entropie (entropy) wurde aus der Wärmelehre (Thermodynamik) entlehnt. Dort ist die Entropie ein Maß für die statistische Unordnung (Unsicherheit) in einem thermodynamischen System.

Nun können wir für den **mittleren Informationsgehalt** einer Nachricht den arithmetischen Mittelwert als Summe aller mit p_{xi} multiplizierten Einzelinformationsgehalte I_i nehmen:

Ein höherer Entropiewert H bedeutet eine größere Unsicherheit darüber, was die Nachricht besagt

$$H = \overline{I_x} = \sum_{i=1}^{s} p_{xi} lb\left(\frac{1}{p_{xi}}\right)$$

H bezeichnet dabei die **nachrichtentechnische Entropie**, den mittleren Informationsgehalt einer Nachricht.

2.3 Redundanz

Die **maximale** nachrichtentechnische Entropie wird auch als **Entscheidungsgehalt** H_0 bezeichnet. Diese ist dann gegeben, wenn die einzelnen Nachrichtenelemente gleich verteilt und damit statistisch unabhängig sind.

Eine Abweichung von der Gleichverteilung bewirkt eine Verringerung des mittleren Informationsgehaltes einer Nachricht. Diese Verringerung wird als **Redundanz** R bezeichnet.

Es gelten:

$$R = H_0 - H$$

und

$$r = \frac{H_0 - H}{H_0}$$

Redundanz ist nicht nur keine Information in unserem Sinn, sie ist vielmehr Verlust an Information

R Redundanz
H_0 Entscheidungsgehalt (mittlere Entropie)
r relative Redundanz

Beispiel: Würde in der deutschen Sprache die Auftretenswahrscheinlichkeit aller Buchstaben (s = 26) gleich sein ($p_x = 1/26$) und wären die Buchstaben auch noch unabhängig voneinander, wäre der Informationsgehalt eines Buchstabens (und ebenso der Mittelwert) $H_0 = I_x = \text{lb}(26) = 4{,}7$ bit.

In der Praxis ist es aber so, dass der Buchstabe „e“ weit häufiger auftritt als der Buchstabe „x“. Unter Berücksichtigung dieser Buchstabenhäufigkeit ist die Entropie H = 4,1 bit/Symbol.

Es muss aber auch berücksichtigt werden, dass beispielsweise mit höherer Wahrscheinlichkeit auf ein „a“ ein „n“ als ein „o“ folgt. Unter Berücksichtigung dieser bedingten Wahrscheinlichkeiten wird H = 3 bit/Symbol.

Werden zusätzlich noch die Abhängigkeiten der bedingten Wahrscheinlichkeit von allen längeren Buchstabenfolgen und auch die Unmöglichkeit des Auftretens bestimmter Buchstabenfolgen berücksichtigt, ergibt sich ein Wert von H = 1,3 bit/Symbol.

Informations-theoretische Werte der deutschen Sprache

Damit können folgende Werte für die deutsche Sprache angesetzt werden:

H = 1,3 bit/Symbol
R = 3,4 bit/Symbol
r = 0,73

---

73 % der deutschen Sprache sind redundant („überflüssig“), nur 27 % sind informationstragend.

Information ohne Redundanz ist völlig wertlos, da sie keine Verlässlichkeit mitbringt

Diese Redundanz der Sprache ist **nicht** unerwünscht. Obwohl diese zwar die eigentliche Nachricht verlängert und den Informationsfluss verlangsamt, wird dadurch eine Fehlererkennung und Fehlerkorrektur bei gestörten Nachrichten ermöglicht.

2.4 Informationsfluss

Die Übertragungsgeschwindigkeit einer Information wird eine immer wichtigere Größe. Diese Geschwindigkeit wird Informationsfluss genannt und folgendermaßen definiert:

$$F = \frac{H}{t_m}$$

wobei:

$$t_m = \sum p_x t_x$$

F Informationsfluss in bit/s
t_{m} mittlere Zeitdauer für die Übertragung eines Symbols in s/Symbol

2.5 Kanalkapazität

Für verteilte Informationssysteme (z.B. netzbasierende Multimedia-Systeme) ist es besonders wichtig, die obere Grenze der Leistungsfähigkeit der verwendeten Übertragungskanäle zu kennen.

Unter „Kanal" verstehen wir einen beliebigen Weg, den eine Nachricht vom Sender zum Empfänger nehmen kann.

Die Kanalkapazität (channel capacity) ist der **maximale Informationsfluss,** der über einen Nachrichtenkanal (channel) fehlerfrei übertragen werden kann.

Der Informationsfluss ist abhängig von der Informationsquelle und vom Übertragungskanal.

Die Kanalkapazität ist ein wichtiges Gütekriterium für Informationssysteme

Die Kanalkapazität ist hingegen unabhängig von den Eigenschaften der Informationsquelle und hängt nur vom Übertragungskanal selbst ab.

Es handelt sich um eine absolute obere Leistungsgrenze; sie kann folgendermaßen berechnet werden:

$$C = F_{max} = \left(\frac{H}{t_m}\right)_{max}$$

C Kanalkapazität in bit/s

Für einen durch Rauschen (auch Rauschen ist – allerdings in diesem Fall unerwünschte – Information) gestörten Übertragungskanal mit einer vorgegebenen Bandbreite B gilt:

$$C = B\,lb\left(1 + \frac{P_S}{P_N}\right)$$

B Bandbreite in Hz (1/s)
P_S Signalleistung in W (S = Signal)
P_N Rauschleistung in W (N = Noise)

In der Praxis bleibt der Informationsfluss in einem Übertragungskanal weit unter der Kanalkapazität. Gehen wir unter Berücksichtigung von

$$lb(x) = \frac{lg(x)}{lg(2)}$$

auf den Logarithmus zur Basis 10 über, erhalten wir mit lg(2)~0,3:

$$C \approx \frac{B}{3} 10 lg\left(1 + \frac{P_S}{P_N}\right)$$

wobei

$$10 lg\left(1 + \frac{P_S}{P_N}\right) = \rho$$

Dieses ρ stellt das **Signal-Rausch-Verhältnis** (in dB) dar, und wird in der Praxis als **Störabstand** bezeichnet.

---

dB = Dezi-Bel, siehe Modul 3, Kapitel 2.3.2

In den meisten Fällen ist das Signal sehr viel größer als das Rauschen, dann wird mit

$$P_S \gg P_N$$

$$\rho \approx 10 lg\left(\frac{P_S}{P_N}\right)$$

Die Kanalkapazitäten von Übertragungskanälen sind sehr unterschiedlich:

Übertragungskanal	B	r	C
Telegrafie	25 Hz	15 dB	75 bit/s
Analoges Telefon	3,1 kHz	40 dB	50 kbit/s
UKW-Radio	15 kHz	60 dB	300 kbit/s
Fernsehen	5 MHz	45 dB	75 Mbit/s
ISDN	64 kHz	60 dB	64 kbit/s
Breitband (ATM)	10 MHz	45 dB	155 Mbit/s
Vergleich: Auge	285 THz	-	10 Mbit/s

Bild 1.14 Kanalkapazitäten einiger typischer Übertragungskanäle
B = Bandbreite
r = Störabstand
C = Kanalkapazität

Die Bandbreitenproblematik wird im Modul 6 „Multimedia via Internet" genau besprochen

Durch die Zunahme der Internet-Nutzer und das wachsende Angebot im Multimedia-Bereich ist ein steigender Bedarf an Kanalkapazität bei stetig steigender Datenrate an den Schnittstellen zu den Nutzern entstanden. Datenraten im Gbit/s- und Tbit/s-Bereich werden heute nur mehr über optische Übertragungskanäle (Glasfaser) über weite Strecken transportiert. Die Glasfaser kommt immer näher zum Nutzer (FTTH)).

FTTH = „fiber to the home"

2.6 Informationsquader

Die übertragbare Informationsmenge (das „Informationsvolumen") kann anschaulich als Quader – manchmal auch „Nachrichtenquader" genannt – dargestellt werden (Bild 1.15).

Die Kantenlängen dieses Quaders (die Parameter) hängen ab

- von der verfügbaren Bandbreite B,
- vom Störabstand ρ und
- von der zur Verfügung stehenden Übertragungszeit t_m.

Ein Informationsquader kann grafisch dargestellt werden:

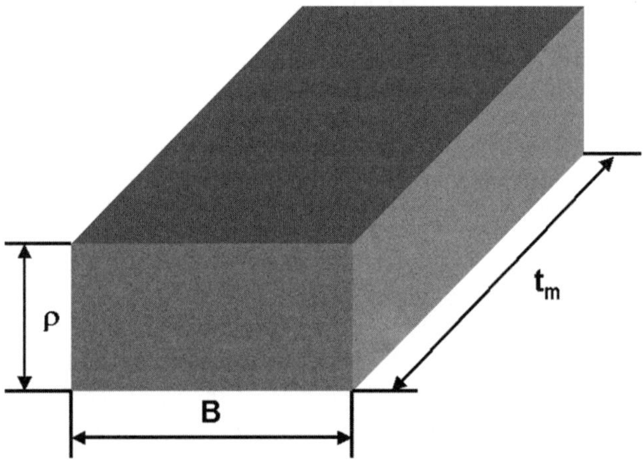

Bild 1.15 Informationsquader, mit Bandbreite B, Störabstand ρ und Übertragungszeitfenster t_m

Die richtige Dimensionierung dieser drei Parameter ist notwendig für eine optimale Übertragung der Information.

Beispiel: Für einen Internet-Service-Provider (ISP) sind besonders die Bandbreite und die Übertragungszeit wichtige Größen zur Bemessung der Anbindungen (Kanalkapazitäten) seiner Kunden an das externe Netzwerk (Internet).

Nach SHANNON ist das Volumen des Informationsquaders gleich der theoretischen Grenze für die maximal übertragbare Informationsmenge.

---

3 Kommunikation

Die Ausarbeitung einer *mathematischen Theorie der Kommunikation* durch SHANNON & WEAVER – nach Vorarbeiten von NYQUIST, HARTLEY und KÜPFMÜLLER – stellte den Fall diskontinuierlicher (diskreter) Signale ausführlich dar.

Der Informationsbegriff nach SHANNON & WEAVER konzentriert sich nur auf die technisch-mathematische Informationsübertragung. Die **Bedeutung** der Zeichen wurde ausgeklammert.

Bedeutung (meaning)

Schon sehr bald wurden Psychologen, Pädagogen, Soziologen und vor allem Kognitionswissenschaftler zur Anwendung dieser Theorie auf (menschliche) Kommunikationsprozesse im weiteren Sinne angeregt.

Wenn wir die Mensch–Computer-Kommunikation verstehen wollen, müssen wir zuerst die Kommunikation Mensch–Mensch verstehen

Kommunikation (aus lat. communicatio = „Mitteilung, Unterredung") ist allgemein die Verständigung (Informationsaustausch) zwischen Menschen, Menschen und Maschinen oder zwischen Maschinen.

Kommunikation dient dem einseitigen oder wechselseitigen Austausch von Informationen. Treten diese Informationen in Form von Text, Sprache, Bildern und Videos auf, wird von **Telekommunikation** gesprochen. Wird die Telekommunikation dazu noch um die Möglichkeit einer Interaktion erweitert, dann liegt eine „echte" **Multimedia-Kommunikation** vor.

Telekommunikation

Multimedia-Kommunikation

Von **offener Kommunikation** sprechen wir, wenn Systeme internationale Regeln (OSI) implementiert haben und dadurch mit anderen Systemen, die die gleichen Standards unterstützen, kommunizieren.

OSI Open Systems Interconnection – eine Arbeitsgruppe der ISO

Kommunikation ist jeder Austausch von inhaltlich bestimmbaren Informationen (Nachricht).

Kommunikation ist ein **Prozess,** an dem folgende Elemente beteiligt sind:

- Sender,
- Nachricht (Mitteilung) und
- Empfänger.

Die Mitteilung wird durch Symbole in einem Medium ausgedrückt und durch einen Kanal übermittelt. Eine erfolgreiche Kommunikation ist dann möglich, wenn die verwendeten Symbole beiden Instanzen zugänglich sind.

3.1 Semiotik als Basis

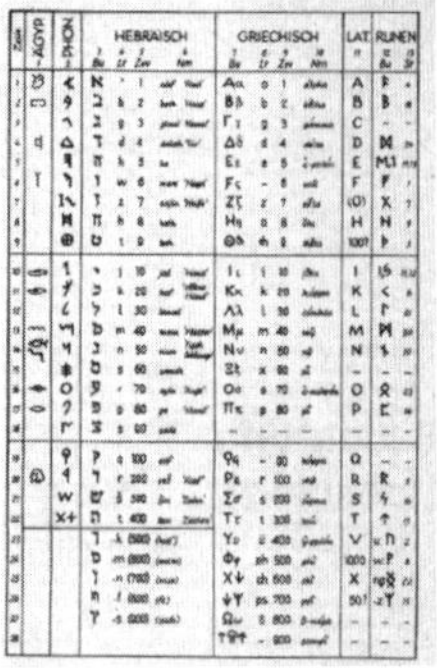

Bild 1.16 Eine Informationsübertragung wird erst möglich, wenn Sender und Empfänger im Besitz eines geeigneten Zeichenvorrates sind

Wichtige Voraussetzung für die Übertragung von Informationen war die Entwicklung und vor allem die Verbreitung von eindeutigen **Zeichen** (signs), wie z.B. Gebärden, Sprache, Schriftzeichen, Lichtzeichen usw.

Das früheste und bis heute wichtigste „Symbolsystem" der Menschen sind gesprochene Laute (Sprache). Bilder waren die frühen Vorformen der Schrift. Durch Höhlenbilder (rock drawings) drückten die Menschen ihre ersten Vorstellungen aus. Aus diesen bildhaften Zeichen entwickelten sich zuerst die Ziffernsysteme und dann die ältesten bekannten Schriftsysteme in Mesopotamien, Ägypten und China.

Die Semiotik ist als die **Lehre von den Zeichen** definiert. Als eigenständige wissenschaftliche Disziplin konnte sie sich am Anfang des 20. Jahrhunderts auf der Basis der Werke von CHARLES SANDERS PEIRCE (1839–1914) und FERDINAND DE SAUSSURE (1857–1913) durchsetzen.

Nach PEIRCE (1931) ist die Grundlage des Kommunikationsprozesses eine **sprachlich** und **kulturell** determinierte (festgelegte), jedoch *nicht* abgeschlossene **Interpretation von Zeichen.**

Bild 1.17 Charles Morris (1903–1979) teilte die Semiotik in die Disziplinen Syntaktik, Semantik und Pragmatik ein

Die Semiotik ist Grundlage zur Erforschung der Gegenstände und Funktionsweisen von Kommunikationsvorgängen. Die Semiotik unterteilt sich in Syntaktik, Semantik und Pragmatik.

Aufbauend auf Arbeiten von PEIRCE entwickelte CHARLES WILLIAM MORRIS eine Zeichentheorie (Semiotik) vor dem Hintergrund des Behaviorismus (siehe Band 2) und mit sozialpsychologischem Schwerpunkt. Er teilt die Semiotik in drei Disziplinen ein: Syntaktik, Semantik und Pragmatik.

Die **Syntaktik** beschreibt und analysiert die inneren formalen Beziehungen zwischen den verschiedenen Zeichen eines Zeichensystems und versucht sinnvolle und **zulässige Zeichenketten** festzustellen.

Die **Semantik** untersucht die Beziehungen zwischen den Zeichen und den Objekten – also jenen Gegenständen, für die sie Zeichen sind. Jedes Zeichen hat eine **Bedeutung**. Das Zeichen *„bezeichnet"* ein Objekt. Ein Objekt ist in diesem Fall nicht nur ein physikalischer Gegenstand, sondern insbesondere Begriffe, Gedanken, Vorstellungen usw.

Die **Pragmatik** untersucht die Beziehungen zwischen Zeichen und ihren Benutzern. Ein Zeichen wird ja verwendet, um etwas zu bewirken. Pragmatik beschäftigt sich also mit der Anwendung und **Wirkung** von Zeichen.

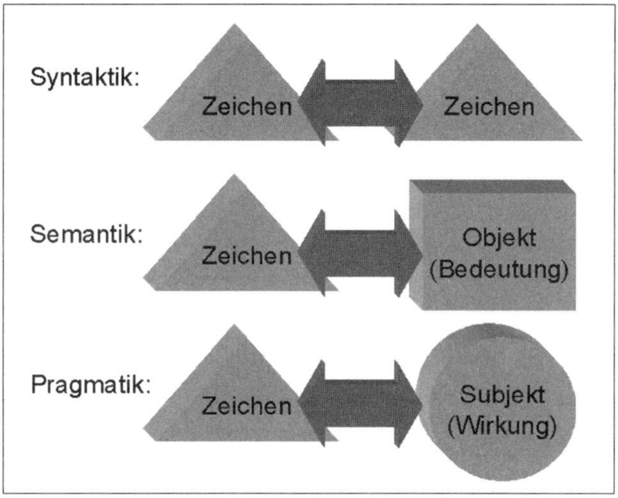

Bild 1.18 Die Semiotik unterteilt sich in Syntaktik, Semantik und Pragmatik

3.2 Kommunikationsprozesse

3.2.1 Drei Ebenen der Kommunikation

Alle Kommunikationsprozesse zwischen Sender und Empfänger laufen auf drei Ebenen ab. Die unterste Basis stellt die reine syntaktische Ebene dar, die physikalische Übermittlung von Zeichen. Die mittlere Ebene umfasst bereits die Bedeutung dieser Zeichen und in der obersten Ebene wird auch die Wirkung mit einbezogen:

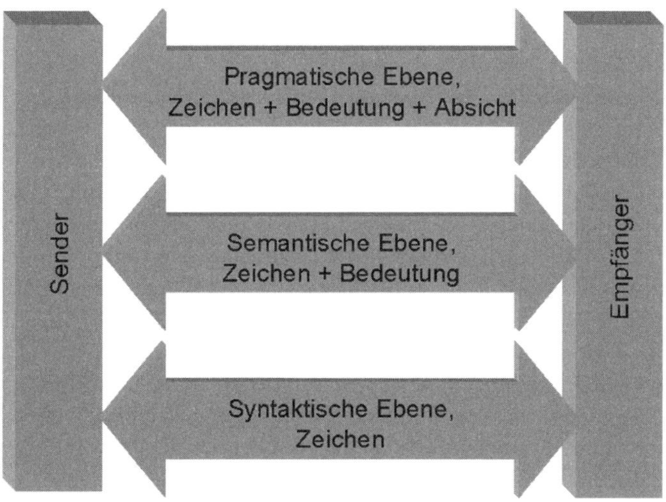

Bild 1.19 Die drei Ebenen der Kommunikation zwischen Sender und Empfänger

3.2.2 Axiome der Kommunikation

Folgende fünf Thesen bilden den Kern der Theorie von WATZLAWICK:

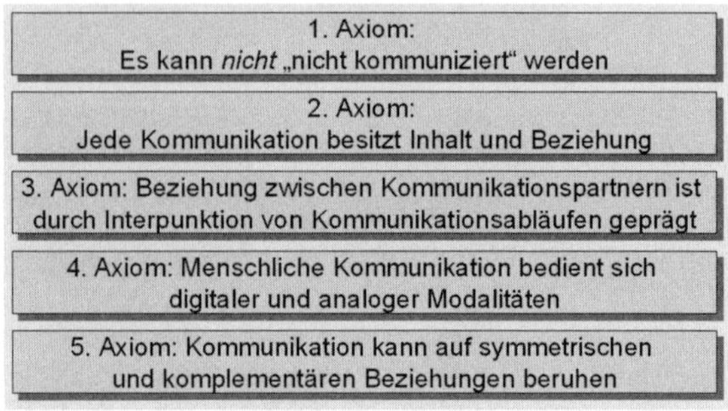

Bild 1.20 Die fünf pragmatischen Axiome von Watzlawick

Bild 1.21 Watzlawick (geb. 27. 7. 1921 in Villach), seit 1960 Mitglied des Mental Research Institute (Palo Alto), seit 1967 Lehrender an der Stanford University [W4]

- Man kann *nicht* „nicht kommunizieren": Wer gegenüber Gesprächspartnern zum Ausdruck bringen will, mit ihnen nicht kommunizieren zu wollen – hat damit bereits kommuniziert.
- Kommunikation hat einen Inhalts- und einen Beziehungsaspekt: Nicht nur der Inhalt einer Aussage, sondern die Art und Weise, wie sie zum Ausdruck gebracht wird – durch positive oder negative Gefühlsäußerungen – ist entscheidend für ihre Interpretation durch den Adressaten. Insbesondere wenn beide „Kanäle" der Aussage nicht übereinstimmen (wenn z. B. ein freundlicher Inhalt unfreundlich übermittelt wird), kann dies beim Adressaten zu Interpretationsproblemen oder zu einer sogenannten „Beziehungsfalle" führen.
- Die (unterschiedliche) Interpunktion von Ereignisfolgen definiert die Natur der Beziehung: Das eigene Verhalten wird wechselseitig als Reaktion auf das Verhalten des anderen definiert, was zu pathologischen Kreisprozessen mit zunehmender Entfremdung führen kann.
- Es ist zwischen digitaler und analoger Kommunikation zu unterscheiden. Digital heißt im Sinne von WATZLAWICK: die Bedeutung der sprachlichen Zeichen (Begriffe, Sätze) ist *unabhängig* von dem Inhalt, den sie bezeichnen. Analog sind dagegen Kommunikationsformen, die eine direkte Beziehung zu dem aufweisen, was sie bezeichnen (gilt für Körpersprache, Mimik, Gestik: Ein Lächeln drückt z.B. meist einen positiven Gefühlszustand aus).

Jede Beziehungsform hat für die Kommunikation jeweils Vor- und Nachteile

- Die Beziehung der Kommunikationspartner ist symmetrisch *oder* komplementär. Zwischen Studierenden und Professoren besteht eine vertikale soziale Beziehung (komplementäre Kommunikation). Symmetrisch ist Kommunikation bei Gleichrangigkeit der sozialen Position, etwa unter Freunden oder bei Ehepartnern in modernen Gesellschaften.

Digitale Kommunikation hat eine komplexe, vielseitige logische Syntax, aber eine auf dem Gebiet der Beziehungen unzulängliche Semantik. **Analoge Kommunikation** dagegen besitzt dieses semantische Potential, ermangelt aber die für eindeutige Kommunikationen erforderliche logische Syntax.

WATZLAWICK vertritt eine Systemtheorie, die davon ausgeht, dass jede Kommunikation einen ganzheitlichen Zusammenhang darstellt. Ein lineares Sender- und Empfänger-Schema wird diesen Anforderungen nicht gerecht: Es existiert auch eine Umwelt, die in wechselseitiger Beziehung zu den Kommunikanten steht, und innerhalb des Systems existieren „Rückkopplungen" (Feedback), die im negativen Fall zu pathologischen Kreisprozessen der Kommunikation führen können.

WATZLAWICK ist auch Vertreter des so genannten „radikalen Konstruktivismus". Das ist eine Erkenntnistheorie, die davon ausgeht, dass es objektive Wirklichkeit nicht gibt: Was wir als „Wirklichkeit" zu erkennen glauben, sei vielmehr Ergebnis unserer eigenen subjektiven Zuschreibungen.

Das Verstehen anderer Menschen ist ein eher unwahrscheinlicher Fall, viel wahrscheinlicher ist, dass sie sich nicht verstehen, selbst wenn jeder meint, den anderen verstanden zu haben

Der praktische Ausgangspunkt für die Kommunikationstheorie WATZLAWICK*s war die gestörte Kommunikation von Geisteskranken, von schizophrenen Patienten und ihren Familien.* WATZLAWICK *wendet die dort von ihm gefundenen Paradoxien sprachlicher Interaktionsformen auf die Alltagskommunikation an und kommt zu dem überraschenden Ergebnis, dass solche Paradoxien der Kommunikation auch im Alltag ganz normaler Menschen stattfinden – mit dem Ergebnis des Nichtverstehens.*

Nach WATZLAWICK lebt jeder in seiner eigenen, selbst konstruierten Welt, von der er annimmt, dass dies die Wirklichkeit sei und jeder andere diese Wirklichkeit ebenso auffasse.

Falls die unterschiedlichen Wirklichkeitsannahmen der Kommunikanten (die man selbst nicht bemerkt) zu einem Kommunikationskonflikt führen, versteht man die Welt nicht mehr oder geht davon aus, dass irgend etwas am Verhalten des anderen nicht stimmen könne. Diese Konfliktlage kann von den Kommunikanten selbst nicht gelöst werden, weil sie ihrer eigenen differenten Wirklichkeitsauffassung zu sehr verhaftet sind.

WATZLAWICK übertreibt natürlich mit überlegter Absicht. Ohne seine genauen Hintergründe und Zusammenhänge zu kennen, müssen wir vorsichtig mit seinen Theorien umgehen. Doch ist es gerade für Multimedia sinnvoll, sich einmal mit seiner Sichtweise vertraut zu machen.

3.3 Kommunikationsarten

Es können vier Kommunikationsarten unterschieden werden:

- Mensch-Mensch-Kommunikation mit dem Spezialfall einer
- Mensch-Maschine-Mensch-Kommunikation,
- Mensch-Maschine-Kommunikation und
- Maschine-Maschine-Kommunikation.

3.3.1 Mensch-Mensch-Kommunikation

Mensch-Mensch-Kommunikation ist eine Kommunikationsart, bei der Menschen unmittelbar miteinander kommunizieren. Dazu gehören beispielsweise der direkte Austausch von Informationen, Diskussion bestimmter Vorstellungen, Verhandlungen bei Konflikten usw.

Bild 1.22 Die Struktur der Mensch-Mensch-Kommunikation

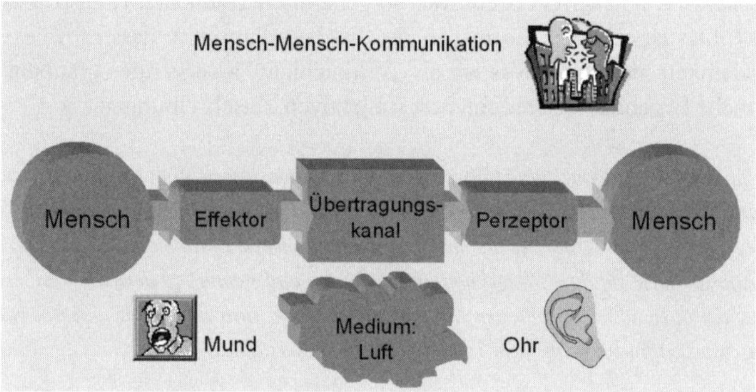

interpersonal = zwischenmenschlich

Mensch-Mensch-Kommunikation wird als **interpersonale Kommunikation** bezeichnet und stellt eine für den Menschen wichtige und grundlegende **soziale Interaktion** dar.

Interpersonale Kommunikation kann durch zwei unterschiedliche Arten von (miteinander vereinbarten) Zeichensystemen erfolgen:

Proxemics, Beispiel: Bei uns tragen bei einem Begräbnis die Trauernden schwarze Kleidung – in Japan aber weiße

- **verbal-sprachlich** (vocal), z.B. Sprache, Laute, Geräusche (Lachen, Schnarchen, ...) und
- **nonverbal-nichtsprachlich** (nonvocal), z.B. Signale (Lichtsignale mit Taschenlampe), Zeichen (signs), Symbole und Bilder (icons), Gebärden, Mimik und Gestik (kinesics, gestures), Proxemics (kommunikative Dimension des menschlichen Raumverhaltens, das von der Kultur abhängig ist (cultural dependent), z.B. mourning (Trauer).

Kommunikation von Mensch zu Mensch erfolgt unmittelbar durch interaktive Gestik, Mimik, Laute und Sprache. Sowohl Sender als auch Empfänger müssen aus dem gleichen Zeichenvorrat schöpfen – sich verstehen können.

Wird eine „Maschine“ (Telefon, Computer, ...) zwischen die Kommunikation von Mensch zu Mensch geschaltet, erhalten wir eine Mensch-Maschine-Mensch-Kommunikation.

3.3.2 Mensch-Maschine-Mensch-Kommunikation

Diese Art von Kommunikation wird **indirekte Kommunikation** genannt. Der wesentliche Unterschied zur Mensch-Mensch-Kommunikation ist, dass die Information vom Sender zum Empfänger einen Übertragungsweg über eine zwischengeschaltete Maschine nimmt.

Computer haben sich durch ihre *universelle Einsetzbarkeit* in der Mensch-Maschine-Mensch Kommunikation etabliert.

Diese Art der Kommunikation ist beispielsweise im Internet sehr verbreitet. Beispiele dafür sind eMail, IRC (Internet Relay Chat), Internet-Telefonie (IP-Telefonie) oder Telekonferenzen.

eMail, Chat, IP-Telefonie, Telekonferenz

Klassische Beispiele für diese Kommunikationsart außerhalb des Internet, sind das (Fern-) Gespräch via Telefon („Fernsprecher“), das Telefax und natürlich auch der klassische Brief, wobei sogar hier der Computer „zwischengeschaltet“ wird (wer schreibt noch Briefe mit der Hand?).

Es geht nicht so sehr um das Medium, das die Kommunikationsinhalte übermittelt, als vielmehr um die eigentlichen Kommunikationspartner.

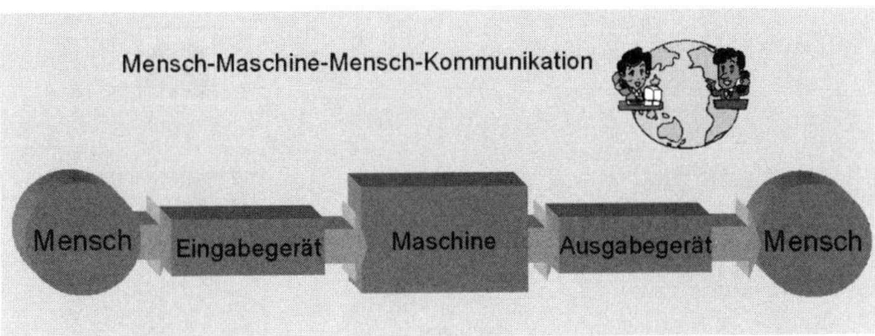

Bild 1.23 Die Informationen von Mensch zu Mensch durchlaufen die „Zwischenstation“ Maschine

3.3.3 Mensch-Maschine-Kommunikation

Mensch-Maschine-Kommunikation ist eine Art der Kommunikation, bei der ein Mensch mit einer Maschine (Computer) kommuniziert. Diese Art der Kommunikation ist auch im Internet und Intranet sehr verbreitet.

HCI Human-Computer Interaction ist ein immer wichtiger werdender Bereich und wird im Band 3 ausführlich behandelt

In der Informatik wird allgemein von HCI (Human-Computer Interaction) gesprochen. HCI beschäftigt sich mit der

- Gestaltung,
- Implementierung und
- Evaluation

interaktiver Informationssysteme und stützt sich auf **Software-Ergonomie** und **Usability**.

Typische Beispiele hierfür sind Datenbank-Abfragen (query-answer) oder ITS (Intelligente Tutorielle Systeme). Der Mensch formuliert seine Frage auf eine geeignete Weise (etwa durch Eintragung von Suchbegriffen in eine Suchmaske), und der Computer „beantwortet" die Anfrage.

Kommunikation von Mensch zu Maschine ist aufwendiger, weil die kommunikative Kompetenz bei Sender und Empfänger sehr hoch sein muss. Der Mensch muss zusätzliche Fertigkeiten besitzen (Bedienung der Maschine), um Nachrichten entschlüsseln zu können.

Die Mensch-Maschine-Schnittstelle (Benutzerschnittstelle) wird CHI (Computer-Human-Interface) genannt und definiert die „Benutzersicht" (Für die Benutzer ist das User-Interface das System) und sollte möglichst an menschliche Arbeits- und Denkweisen angepasst werden.

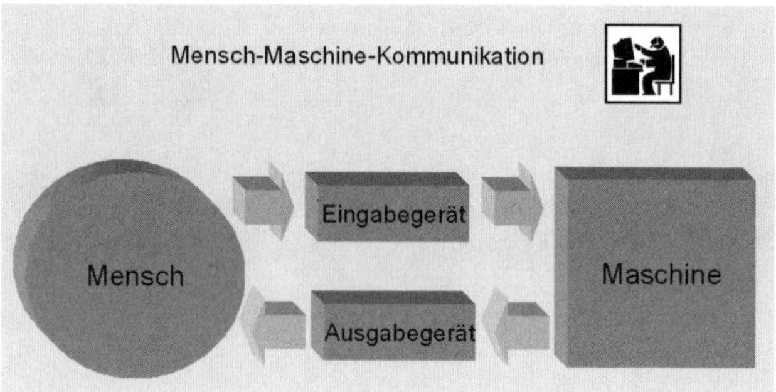

Bild 1.24 Bei der Mensch-Maschine-Kommunikation kommt es vor allem auf kognitive Prozesse wie Wahrnehmen, Denken, Lernen und Problemlösen an

Menschen sind z.B. in folgenden Bereichen den Computern überlegen:

- Empfindlichkeit für schwache visuelle und auditorische Reize.
- Erkennen von zeitveränderlichen, komplexen und unscharfen Reizen (z.B. Sprache).
- Fähigkeit zu eigenständigem kreativen Problemlösen.

Computer sind z.B. in folgenden Bereichen den Menschen überlegen:

- Entdecken eindeutig definierter Signale.
- Messen, Zählen, Rechnen und formale logische Operationen.
- Ermüdungsfreie Performanz auch bei hoher Signaldichte und Ablenkreizen.

Performanz = Geschwindigkeit und Qualität, mit der ein Auftrag von einem Computer bewältigt wird

3.3.4 Maschine-Maschine-Kommunikation

Maschine-Maschine-Kommunikation schließlich ist eine Kommunikationsart, bei der ausschließlich zwei oder mehrere Computer untereinander Daten austauschen (ohne direktes menschliches Zutun).

Der Begriff darf allerdings nicht darüber hinwegtäuschen, dass auch eine derartige Kommunikation letztlich dem Menschen dient.

EDI, Electronic Data Exchange

Typisches Beispiel für Maschine-Maschine-Kommunikation ist EDI, bei dem Computer untereinander ohne unmittelbaren menschlichen Eingriff kaufmännische Dokumente (z.B. Angebote, Lieferscheine, Rechnungen usw.) austauschen. Die Daten haben dabei ein einheitliches Format, das einem vorher vereinbarten Standard entspricht. Damit sind sie maschinenlesbar, und die Geschäftsdaten können ohne manuelle (menschliche) Eingriffe ausgetauscht werden.

EDI ist eine Anwendung des **Electronic Commerce,** bei der *formalisierte* und *strukturierte Daten* zwischen Geschäftspartnern ausgetauscht werden.

Formalisierte Daten sind Daten, bei denen genau festgelegt ist, in welcher Reihenfolge bestimmte Informationen erscheinen. Ein Vorteil von EDI besteht darin, dass durch die Automatisierung und Vereinfachung von bestimmten Abläufen der Workflow optimiert werden kann. Ursprünglich wurden EDI-Standards für einzelne Unternehmen entwickelt, was bald zu Kompatibilitätsproblemen führte. Eine Reihe international vereinbarter Normen bietet z.B. der Standard EDIFACT: Electronic Data Interchange for Administration, Commerce and Transport (Elektronischer Datenaustausch für Verwaltung, Wirtschaft und Transport).

4 Modulkurzzusammenfassung

Multimedia-Systeme sind interaktive Informationssysteme. Es gelten die Grundlagen der **Informationsverarbeitung:** Information ist eine raum- oder zeitvariante Folge physikalischer Signale. Die Signale sind die physikalischen Träger. In der *Änderung* eines Signals liegt die Information. Wissen ist angewandte Information. Ein bit ist die *kleinste* binäre Informationsmenge.

Der mittlere Informationsgehalt einer Nachricht wird als **Entropie** bezeichnet. **Redundanz** ist zwar Verlust an Information, erhöht aber die Verlässlichkeit. Die **Kanalkapazität** ist der maximale **Informationsfluss,** der über einen **Nachrichtenkanal** fehlerfrei übertragen werden kann (z.B. hat das analoge Telefon eine Kanalkapazität von rund 50 kbit/s).

Der **Informationsbegriff** nach SHANNON konzentriert sich *nur auf die technisch-mathematische Informationsübertragung:* Die Bedeutung der Zeichen wurde dabei vernachlässigt. Für das Verständnis und vor allem die Gestaltung von multimedialen Informationssystemen ist es enorm wichtig, die Grundlagen der menschlichen Kommunikation zu kennen. Kommunikation ist jeder Austausch von inhaltlich bestimmbaren Informationen (Nachrichten). Es handelt sich dabei um einen *Prozess,* in dem ein **Sender** und ein **Empfänger** eine Mitteilung (Nachricht) über einen Nachrichtenkanal übermitteln. Eine erfolgreiche Kommunikation ist nur möglich, wenn die verwendeten Symbole *beiden* Instanzen (Sender und Empfänger) zugänglich sind.

Die **Semiotik** ist die Lehre der Zeichen und unterteilt sich in **Syntaktik** (Zeichen ↔ Zeichen), **Semantik** (Zeichen ↔ Bedeutung) und **Pragmatik** (Zeichen ↔ Wirkung).

Alle Kommunikationsprozesse zwischen Sender und Empfänger laufen auf *drei Ebenen* ab. Die unterste Ebene stellt die **syntaktische Ebene** dar: die *Übermittlung* der Zeichen. Die mittlere **semantische Ebene** umfasst die *Bedeutung* dieser Zeichen, und in der obersten **pragmatischen Ebene** wird die *Wirkung* dieser Zeichen (auf den Empfänger) mit einbezogen.

Es können *vier Kommunikationsarten* unterschieden werden: **Mensch-Mensch-Kommunikation** (z.B. unmittelbar durch Gestik, Mimik, Laute, Symbole, Sprache) mit dem *Spezialfall* einer **Mensch-Maschine-Mensch-Kommunikation** (z.B. eMail, chat, IP-Telefonie, Telekonferenz), **Mensch-Maschine-Kommunikation** (Human-Computer Interaction, besonders wichtig zur Gestaltung interaktiver Multimedia-Systeme) und **Maschine-Maschine-Kommunikation** (z.B. Electronic Data Exchange (EDI)).

5 Modulanhang

5.1 Literatur

5.1.1 Bücher

BATESON, GREGORY (1984): *Geist und Natur: eine notwendige Einheit.* 2. Auflage. Frankfurt am Main: Suhrkamp.

BEUTH, KLAUS; HANEBUTH, RICHARD; KURZ, GÜNTER; LÜDERS, CHRISTIAN (2000): *Nachrichtentechnik (Elektronik 7).* Würzburg: Vogel.

CHARWAT, HANS JUERGEN (1992): *Lexikon der Mensch-Maschine-Kommunikation.* München, Wien: Oldenbourg.

GEISER, GEORG (1990): *Mensch-Maschine-Kommunikation.* München, Wien: Oldenbourg.

GOERTH, JOACHIM (1982): *Einführung in die Nachrichtentechnik (Teubner-Studienskripten, 91).* Stuttgart: Teubner.

HASEBROOK, JOACHIM (1995): *Multimedia-Psychologie: eine neue Perspektive menschlicher Kommunikation.* Heidelberg, Berlin, Oxford: Spektrum. 1-17.

HENZE, ERNST; HOMUTH, HORST (1974): *Einführung in die Informationstheorie.* Braunschweig: Vieweg.

HERCZEG, MICHAEL (1994): *Software-Ergonomie: Grundlagen der Mensch-Computer-Kommunikation.* Bonn, Paris, Reading (MA): Addison-Wesley.

HERTER, EBERHARD; LÖRCHER, WOLFGANG (1994): *Nachrichtentechnik: Übertragung, Vermittlung und Verarbeitung (Studienbücher der technischen Wissenschaften).* 7. Auflage. München, Wien: Hanser.

HESSELMANN, NORBERT (1983): *Digitale Signalverarbeitung: rechnergestützte Erfassung, Analyse und Weiterverarbeitung analoger Signale.* Würzburg: Vogel.

JOHANNSEN, GUNNAR (1993): *Mensch-Maschine-Systeme.* Boston (MA): Kluwer.

KRESS, DIETER (1977): *Theoretische Grundlagen der Signal- und Informationsübertragung.* Braunschweig: Vieweg.

MITTENECKER, ERICH; RAAB ERICH (1973): *Informationstheorie für Psychologen: Eine Einführung in Methoden und Anwendungen.* Göttingen: Hogrefe.

OBERLIESEN, ROLF (1982): *Information, Daten und Signale: Geschichte technischer Informationsverarbeitung.* Reinbek bei Hamburg: Rowohlt.

SCHÖNRICH, GERHARD (1999): *Semiotik (Reihe: Zur Einführung)*. Hamburg: Junius.

UECKERT, H.; RHENIUS, D. (1994): *Komplexe menschliche Informationsverarbeitung*. Bern, Stuttgart: Huber.

WATZLAWICK, PAUL (1969): *Menschliche Kommunikation: Formen, Störungen, Paradoxien.* München, Zürich: Piper.

WATZLAWICK, PAUL (1976): *Wie wirklich ist die Wirklichkeit?* 3. Auflage. München, Zürich: Piper.

WATZLAWICK, PAUL; BEAVIN, J.; JACKSON, D.D.: (1990): *Menschliche Kommunikation.* 8. Auflage. Bern: Huber.

WOSCHNI, EUGEN G. (1988): *Informationstechnik: Signal, System, Information.* 3. Auflage. Berlin: Verlag Technik.

ZEHNDER, CARL A. (1998): *Informationssysteme und Datenbanken (Leitfäden der angewandten Informatik).* 6. Auflage. Stuttgart: Teubner.

5.1.2 Artikel

HOLZINGER, ANDREAS (1999): Information und Licht: Der Mensch als Informationsverarbeitungssystem. *Wissenschaftliche Nachrichten,* 109, 1/99, 34-39. Wien: BMUK.

UMSTÄTTER, WALTHER (1998): Über die Messung von Wissen. *Nachrichten für Dokumentation,* 49 (4), 222-224.

5.1.3 Books in English

BERGER, T. (1971): *Rate Distortion Theory.* Englewood Cliffs (NJ): Prentice Hall.

GALLAGER, R. G. (1968): *Information Theory and Reliable Communication.* New York: Wiley.

HAMMING, R. W. (1986): *Coding and Information Theory.* London: Prentice Hall.

PIERCE, J. R. (1980): *An Introduction to Information Theory: Symbols, Signals and Noise.* 2nd Ed. New York: Dover.

SHANNON, CLAUDE E.; WEAVER, WARREN (1963): *The Mathematical Theory of Communication.* 2nd Ed. Urbana, Chicago, London: University of Illinois Press.

SWETS, JOHN A. (1964): *Signal Detection and Recognition by Human Observers.* New York, London, Sydney: Wiley.

5.1.4 Articles in English

HUFFMAN, D. A. (1952): A Method for the Construction of Minimum Redundancy Codes. *Proceedings of IRE,* No. 40, 1098-1101.

MAX, J. (1960): Quantizing for Minimum Distortion. *IRE Transactions of Information Theory,* Vol. IT 6, 7-12.

SHANNON, C. E. (1949): A Mathematical Theory of Communication. *Bell System Tech. Journal,* Vol. 27, 379-423 (Part I), 623-656 (Part II).

SHANNON, C. E. (1959): Coding Theorems for a Discrete Source with a Fidelity Criterion. *IRE Conv. Rec.,* Part 4, pp. 142-163.

5.1.5 Journals

IEEE Transactions on Information Theory | ISSN 0018-9448; electronic: 0018-9448 | IEEE Institute of Electrical and Electronics Engineers

Information and Computation | ISSN 0890-5401; electronic: 1090-2651 | Academic Press Inc.

Information and Software Technology | ISSN 0950-5849; electronic: 0950-5849 | Elsevier Science Ltd.

Information Communication and Society | ISSN 1369-118X; electronic: 1369-118X | Taylor & Francis Ltd.

Information Retrieval | ISSN 1386-4564; electronic: 1386-4564; combined: 1386-4564 | Kluwer Academic Publishers Group

Information Society | ISSN 0197-2243; electronic: 1087-6537 | Taylor & Francis Ltd.

Information Systems Journal | ISSN 1350-1917; electronic: 1365-2575 | Blackwell Science Ltd

Information Systems Research | ISSN 1047-7047; electronic: 1047-7047; combined: 1047-7047 | INFORMS Institute for Oprations Research

Information Technology and People | ISSN 0959-3845 | MCB University Press Ltd

International Journal of Cooperative Information Systems | ISSN 0218-8430 | World Scientific Publishing Co

JIT – Journal of Information Technology | ISSN 0268-3962 | Taylor & Francis Ltd.

Journal of Information Science | ISSN 0165-5515; electronic: 0165-5515; combined: 0165-5515 | World Wide Subscription Service - Bowker Saur

Journal of Information Technology for Teacher Education | ISSN 0962-029X | Triangle Journals Ltd.

Journal of Intelligent Information Systems | ISSN 0925-9902 | Kluwer Academic Publishers

Multimedia Information and Technology | ISSN 1466-190X | Association for Information Management

Multimedia Systems | ISSN: 0942-4962; electronic: 1432-1882) | Springer Verlag KG

Multimedia Tools and Applications | ISSN: 1380-7501 | Kluwer Academic Publishers Group

New Review of Hypermedia and Multimedia – Applications and Research | ISSN: 1361-4568 | Taylor Graham Publishing – Journal Department

Problems of Information Transmission | ISSN 0032-9460 | Plenum Publishing Corporation

5.2 Internet-Links

Aktualisierte Internet-Links zu diesem Modul sind auf der Buchhomepage www.basiswissen-multimedia.at unter Technik – Modul 1: IuK verfügbar!

5.3 Prüfungsfragen

Fragen-Typ 1: Dichotome Ja/Nein-Entscheidungen:

01	Überraschende, seltene oder neue Vorgänge haben geringen Informationsgehalt.	❒ Ja ❒ Nein	
02	Eine Nachricht mit der Wahrscheinlichkeit 1 hat den Informationsgehalt 0.	❒ Ja ❒ Nein	
03	Redundanz ist Verlust an Information und daher prinzipiell immer unerwünscht.	❒ Ja ❒ Nein	
04	Die Kanalkapazität ist abhängig von der Informationsquelle und vom Übertragungskanal.	❒ Ja ❒ Nein	
05	Die Theorie der Kommunikation von Shannon nimmt auch Rücksicht auf die Bedeutung der Zeichen.	❒ Ja ❒ Nein	
06	Die Syntaktik beschreibt und analysiert die Beziehungen zwischen verschiedenen Zeichen.	❒ Ja ❒ Nein	
07	Nach Watzlawick besitzt jede Kommunikation einen Inhalt und einen Beziehungsaspekt.	❒ Ja ❒ Nein	
08	Kommunikation via eMail wird der Mensch-Maschine-Mensch-Kommunikation zugerechnet.	❒ Ja ❒ Nein	
09	Mensch-Maschine-Kommunikation ist leichter, weil die kommunikative Kompetenz geringer sein kann.	❒ Ja ❒ Nein	
10	Software-Ergonomie und Usabliliy sind wichtige Forschungsbereiche innerhalb von HCI.	❒ Ja ❒ Nein	

Fragen-Typ 2: Mehrfachauswahlantworten (Multiple Choice):

01	In unserer modernen Informationsgesellschaft ... ❒ a) ... arbeiten 75 % der Mitarbeiter mit Information, nicht mit Material. ❒ b) ... sind 50 % der Produktionskosten bereits Informationskosten. ❒ c) ... stellen Informatik und Informationstechnik die Basis dar. ❒ d) ... leben wir zunehmend in einer Wissensgesellschaft.	
02	Information ist ... ❒ a) ... eine Aussage oder Nachricht, die etwas Neues bringt. ❒ b) ... eine raum- oder zeitvariante Folge von physikalischen Signalen. ❒ c) ... gleich wie Wissen – vorausschauend und probabilistisch. ❒ d) ... ein Veränderungsprozess, der zu einem Zuwachs an Wissen führt.	
03	Der Informationsgehalt einer Nachricht ... ❒ a) ... nach Shannon inkludiert die Bedeutung der Nachricht. ❒ b) ... ist umso kleiner, je größer der Überraschungswert ist. ❒ c) ... mit diskreten Zeichen ergibt sich aus dem gesamten Zeichenvorrat *s*. ❒ d) ... ist abhängig von der Auftretenswahrscheinlichkeit der Zeichen.	
04	In der Informationstheorie bedeutet ... ❒ a) ... ein höherer Entropiewert eine größere Unsicherheit. ❒ b) ... Redundanz einen erwünschten Informationszuwachs. ❒ c) ... Redundanz eine unerwünschte Reduzierung der Information. ❒ d) ... Redundanz eine Verringerung des mittleren Informationsgehaltes.	
05	Die Kanalkapazität ... ❒ a) ... ist der maximale – über einen Kanal übertragbare – Informationsfluss *F*. ❒ b) ... eines analogen Telefons beträgt rund 300 kbit/s. ❒ c) ... wird durch die Bandbreite *B* angegeben. ❒ d) ... ist unabhängig von den Eigenschaften der Informationsquelle.	
06	Semiotik ... ❒ a) ... beschäftigt sich ausschließlich mit menschlicher Sprache. ❒ b) ... untersucht im Teilgebiet Pragmatik die Beziehung zwischen Zeichen. ❒ c) ... untersucht Zeichen und ihre Bedeutung auf semantischer Ebene. ❒ d) ... ist die Grundlage zur Erforschung von Kommunikation.	
07	Nach Watzlawick ... ❒ a) ... hat jede Beziehungsform einen Einfluss auf menschliche Kommunikation. ❒ b) ... besitzt jede Kommunikation Inhalt und Beziehung. ❒ c) ... gibt es keine „objektive Wirklichkeit". ❒ d) ... ist ein lineares Sender-Empfänger-Modell die Basis der Kommunikation.	
08	HCI ... ❒ a) ... ist grundsätzlich aufwendiger als andere Kommunikationsformen. ❒ b) ... beschäftigt sich mit Usability und Software-Ergonomie. ❒ c) ... behandelt kognitive Prozesse. ❒ d) ... konzentriert sich auf maschineninterne Kommunikation.	

5.4 Lösungen

Lösungen zu Fragen-Typ 1:

01 Nein; 02 Ja; 03 Nein; 04 Nein; 05 Nein; 06 Ja; 07 Ja; 08 Ja; 09 Nein; 10 Ja;

Lösungen zu Fragen-Typ 2:

Richtig sind: 01 a) b) c) d); 02 a) b) d); 03 c) d) ; 04 a) d); 05 a) c) d) 06 c) d); 07 a) b) c); 08 a) b) c)

5.5 Übungen

- Stellen Sie die Theorie von SHANNON und die Theorie von WATZLAWICK tabellarisch gegenüber. Gibt es Gemeinsamkeiten/Unterschiede?
- Suchen Sie im Web Informationen über den Begriff „Information"! Stellen Sie die unterschiedlichen Sichtweisen und Definitionen gegenüber!
- Schauen Sie sich um: Welche Informationsquellen befinden sich in Ihrer Umgebung? Ermitteln Sie deren Kanalkapazitäten und Bandbreiten!

5.6 Diskussionsfragen

- Einer übernimmt die Rolle von SHANNON, ein anderer die Rolle von WATZLAWICK. Nun diskutieren Sie die Vor- und Nachteile Ihrer Ansätze. Das „Publikum" soll dabei Fragen stellen!
- Diskutieren Sie über die informationstheoretischen Aspekte der deutschen Sprache! Was würde passieren, wenn alle Zeichen bedeutungstragend wären und keine Redundanz vorhanden wäre?
- Spekulieren Sie über die Zukunft der Kommunikation! Welche neuen Informations- und Kommunikationsarten könnte es in Zukunft geben und wo liegen momentan die Probleme?

5.7 Timeline: Information und Kommunikation

800 v. Chr.: Fackeltelegrafie als Informationsübertragung bei den Griechen.

500 v. Chr.: AISCHYLOS beschreibt die griechische Feuertelegrafie.

490 v. Chr.: Persien verfügt über eine organisierte Informationsübertragung (Fackeltelegrafie)

350 v. Chr.: AENEAS beschreibt einen hydraulischen Synchrontelegrafen.

100 n. Chr.: Die Römer haben ein funktionierendes „Internet", den cursus publicus: Informationen werden in 24 Stunden über 300 km weit übertragen (Relaissystem).

1450: GUTENBERG: Beginn des Informationszeitalters.

1665: Erste periodische Zeitschrift in Paris.

1794: Schnelle Informationsübertragung: Optische Telegrafie (Gebrüder CHAPPE).

1837: COOKE und WHEATSTONE erproben Nadeltelegrafen.

1844: SAMUEL MORSE entwickelt den Morsecode zur Telegrafenkommunikation.

1876: GRAHAM BELL erhält ein Patent für die Sprachübertragung (Telefon).

1897: MARCONI gelingt die erste funktelegrafische Informationsübertragung.

1920: Erste öffentliche Rundfunkübertragung der Welt in Königs-Wusterhausen.

1935: Erster regelmäßiger, öffentlicher Fernsehprogrammdienst der Welt in Berlin.

1941: Erster programmgesteuererter Rechner (Computer) der Welt von ZUSE.

1956: Erste Bildungsfernsehkurse in Chicago (mit Abschlussprüfung)

1962: Der erste Kommunikationssatellit Telstar I wird gestartet.

1970: Informationsübertragung via Lichtwellenleiter (Glasfaser).

1980: Bildschirmtext (BTX).

1981: Zunehmende Verbreitung des Personalcomputers.

1982: Informationssystem MUPID.

1983: Start des ersten europäischen Nachrichtensatelliten (ECS).

1984: Erste elektronische Zeitschrift.

1985: Erste Videokonferenz.

1990: Beginn des digitalen Mobilfunks.

1992: Multimedia-Systeme auf CD-ROM.

1995: Das Web als größtes Informationssystem in der Geschichte der Menschheit beginnt exponentiell zu wachsen.

2000: Breitband-Satellitenkommunikation.

5.8 Glossar

ASCII **A**merican **S**tandard **C**ode for **I**nformation **I**nterchange (amerikanischer Standard-Code für den Informationsaustausch), Codierung von insgesamt 128 Zeichen (Buchstaben, Zahlen, Satz- und Sonderzeichen) in einem Code, der die ersten sieben Bit eines Byte benutzt (die ersten 32 Zeichen werden als Kontrollzeichen benutzt; Umlaute z.B. sind aber nicht vorhanden – daher wird der ISO definierte Zeichensatz ISO Latin-1 (offiziell: ISO 8859-1) für die Anzeige von westeuropäischen Sonderzeichen verwendet).

Alphabet Menge von Zeichen, die einer bestimmten Ordnung unterliegen. Beispiele sind: das lateinische Alphabet (ABC), Morsealphabet (Funkverkehr), ASCII-Text (Computertext), Flaggenalphabet (Seefahrt), Gebärdensprache (Gehörlose), Brailleschrift (Blinde).

Baud Ursprünglich die Einheit der Schrittgeschwindigkeit in der Telegrafie (1 Bd = 1 Schritt/s). Nach dem französischen Telegrapheningenieur BAUDOT benannt. Achtung: sagt ohne Angabe der Codierung nichts über die *Datenübertragungsgeschwindigkeit (Einheit: bit/s)* aus. Nur wenn pro Schritt genau zwei Zustände codiert werden (0 oder 1), entspricht die Baudrate der Bitrate.

bit **bin**ary dig**it**, kleinste Informationseinheit in der Digitaltechnik (0 oder 1).

bps **b**its **p**er **s**econd, Übertragungsgeschwindigkeit: bit/s.

Byte **b**inar**y** digi**t** **e**ight, Informationseinheit (1 Byte = 8 bit).

CCITT Comité **C**onsultatif **I**nternationale de **T**élégraphie et **T**éléphonie; Internationales Beratungskomittee, das Kommunikationsstandards empfiehlt und festlegt.

EDI **E**lectronic **D**ata **I**nterchange.

Entropie Ein Begriff aus der Thermodynamik. Er besagt, dass ein System unter gegebenen Bedingungen nie von selbst in einen wesentlich unwahrscheinlicheren Zustand übergeht. Auch den Informationsgehalt von Zeichen (und damit von Texten) kann man messen. Entropie berechnet sich aus den Wahrscheinlichkeiten des Auftretens einzelner Zeichen. Je unwahrscheinlicher ein Zeichen, desto höher die Entropie, also der Informationsgehalt.

HCI **H**uman-**C**omputer **I**nteraction (Mensch-Maschine-Kommunikation), manchmal auch als CHI bezeichnet (Computer-Human Interaction), doch sollte eigentlich der Mensch zuerst kommen.

ISO **I**nternational **S**tandards **O**rganization.

Pragmatik Beziehung zwischen Zeichen und deren Wirkung.

Redundanz Mehrfach vorhandene Information bzw. Information mit einem bestimmten Gehalt an Wiederholung („Weitschweifigkeit"). Redundanz kann auch zur Ausfallsicherheit und Fehlererkennung dienen.

Semantik Beziehungen zwischen Zeichen und deren Bedeutung.

Semiotik Lehre von den Zeichen, unterteilt sich in Syntaktik, Semantik und Pragmatik.

Signal Träger von Nachrichten. Signale sind physikalische Größen, z.B. Lichtimpulse, Spannungsschwankungen usw. Signale werden stets durch einen energetischen Vorgang übertragen.

Symbol Ein Zeichen oder eine Gruppe von Zeichen mit verabredeter Bedeutung.

Syntaktik Formale Beziehung zwischen Zeichen.

Workflow Ablauf von Arbeitsprozessen in EDI-Systemen.

Zeichen Elementare syntaktische Einheit.

Modul 2: Signale und Codierung

„The recent development of various methods of modulation such as PCM and PPM which exchange bandwidth for signal-to-noise ratio has intensified the interest in a general theory of communication."

Claude E. Shannon auf Seite 1 in seinem berühmten Werk [10]

Lernziele

Jetzt wissen wir, was Information und Kommunikation ist, und sind mit den Grundlagen der Informationstheorie vertraut. Mit diesem Wissen wenden wir uns nun den eigentlichen **physikalischen Trägern der Information** – den Signalen – zu. Wir klären die Unterschiede **analog – digital**, sehen warum beispielsweise **PCM**-Codierung fundamental ist, und beschäftigen uns mit Grundlagen der **digitalen Signalverarbeitung** – soweit diese für unser weiteres Studium von Multimedia-Systemen relevant sind.

Analog/Digital

PCM-Codierung

Digitale Signalverarbeitung

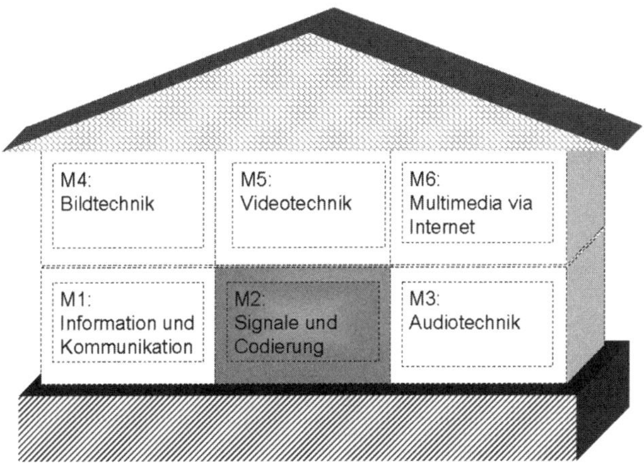

Die **Digitaltechnik** machte in den letzten zwanzig Jahren einen ungeahnten Siegeszug. Obwohl die Analogtechnik nach wie vor an Schnittstellen wichtig ist – denken wir nur an die Tonausgabe – gibt es kaum einen Bereich, der mittlerweile nicht von der Digitaltechnik dominiert wird.

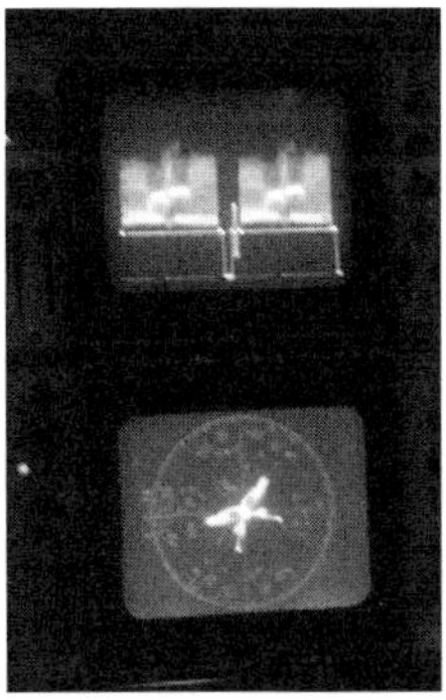

Bild 2.1 Signale sind die physikalischen Träger von Informationen (oben: Oszilloskop, zeigt ein Fernsehbildsignal, unten: Vektorskop, zeigt die Farbsignale)

Für „Computer" wird oft einfach der Begriff **Digitalrechner** verwendet. In Abgrenzung zum Analogrechner (z.B. Operationsverstärker) verarbeitet ein (binärer) Digitalrechner nur digitale Werte, die durch zwei diskrete, strikt unterscheidbare Signale dargestellt werden. Alle Daten und Programme werden rechnerintern als Signalfolgen von 0 und 1 verschlüsselt (Code). Ein Digitalrechner besteht prinzipiell aus der Zusammenschaltung vieler einfacher Funktionseinheiten (Gatter und Flip-Flops).

Auch multimediale Informationssysteme basieren auf Digitalrechnern. Aber gerade durch die Verwendung von Multimedia sind bei diesen Systemen Analog- **und** Digitaltechnik wichtig.

Um *beide* Technologien zu verstehen, müssen zunächst die Unterschiede zwischen **analog** und **digital** klar erkannt werden.

Ein Basiswissen über Signale ist notwendig, um schließlich den Weg vom Analogsignal zum Digitalsignal zu verstehen.

---

1 Signale

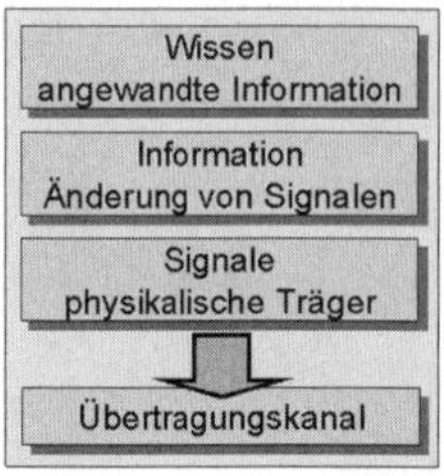

Bild 2.2 Signale sind die Träger von Information

Wie schon in Modul 1 definiert, wird unter einem „Signal“ der physikalische Träger von Information verstanden. In Multimedia-Systemen haben wir es mit analogen und digitalen Signalen zu tun.

Signale enthalten informationsabhängige und informationsunabhängige Merkmale.

Die informationsabhängigen Merkmale eines Signals nennen wir **Signalparameter**.

Parameter = kennzeichnende Größe in Prozessen

Alle Signale sind zeitabhängig, die **Zeit t** ist eine wesentliche Größe in der Informationstechnik.

Das der Information eindeutig zugeordnete Signal wird **Nutzsignal** genannt (desired signal) – in Abgrenzung von **Störsignalen** (drop-in, interference signal).

Signale können nach deren äußerer Form klassifiziert werden. Da Signale sowohl hinsichtlich des **Signalparameters (Wert)** als auch hinsichtlich der **Zeitabhängigkeit (Zeit)** eingeteilt werden können, ergeben sich *vier* Möglichkeiten:

kontinuierlich = stetig durchlaufend; diskret = in einzelne Punkte zerfallend, abzählbar

- wert- und zeitkontinuierlich („reines“ analoges Signal),
- wertdiskret und zeitkontinuierlich (quantisiertes Signal),
- wertkontinuierlich und zeitdiskret (abgetastetes Signal),
- wert- und zeitdiskret (ein „reines“ digitales Signal).

Ein analoges Signal ist ein Signal, das einen **kontinuierlichen Vorgang kontinuierlich** abbildet. Ein digitales Signal ist ein Signal, das nur aus (codierten) **diskreten Zeichen** besteht.

Das Gebiet, das die Vorgänge bei der Verarbeitung und Übermittlung von Signalen beschreibt, wird **Systemtheorie** (signals and systems) genannt.

Ein **„System“** besteht dabei aus einer Menge von „Elementen“, die durch gegenseitige Kopplungen miteinander verbunden sind. Durch Abgrenzung können Ein- und Ausgangssignale von bzw. zur Systemumgebung unterschieden werden.

An dieser Stelle wird nochmals darauf hingewiesen, dass in der Informationstechnik hauptsächlich nichtdeterminierte (zufällige) Signale eine Rolle spielen. Die Grundlage zur Behandlung dieser Signale bildet die Wahrscheinlichkeitstheorie.

1.1 Signalarten

1.1.1 Wert- und zeitkontinuierliche Signale

Wird ein kontinuierlicher Vorgang über einen kontinuierlichen Zeitraum abgebildet, sprechen wir von einem „reinen“ analogen Signal.

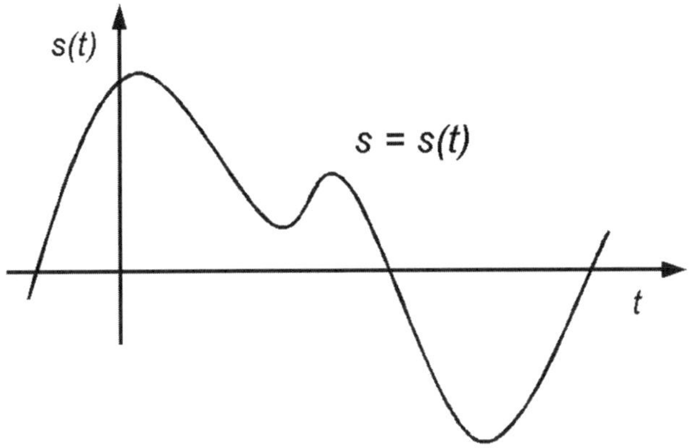

Bild 2.3 Ein analoges Signal hat einen kontinuierlichen Verlauf *s* über die Zeit *t*

Der Begriff „analog“ kommt aus dem Altgriechischen analogos = „verhältnismäßig, übereinstimmend“. Signal kommt aus dem lateinischen signalis = „dazu bestimmt, ein Zeichen zu geben“. Da analoge Signale wichtig in Multimedia-Systemen sind (Audio und Video), müssen wir uns noch etwas näher damit beschäftigen.

Allgemein werden analoge Signale mathematisch dargestellt durch:

$$s = s(t)$$

s (beliebiger) Signalparameter (kann z.B. eine Spannung u(t) sein)
t Zeit

Im Signal $s = s(t)$ ist die Zeit t die **unabhängige** Veränderliche und die Amplitude s die **abhängige** Veränderliche.

Das s steht für beliebiges Signal, s(t) (sprich: „s von t“), und deutet auf die Abhängigkeit von der Zeit t hin.

In der Informationstechnik kann s eine elektrische Spannung u(t), ein elektrischer Strom i(t), oder ein mechanischer Schalldruck p(t) sein.

s_{max} = Amplitude
$s_{(t1)}$ = Augenblickswert

Der Ausdruck s_{max} wird **Amplitude** genannt, der Ausdruck $s(t = t_1)$, oder kurz $s(t_1)$ **Augenblickswert** (sprich: s an der Stelle t_1).

Da Signale insbesondere in Multimedia-Systemen praktisch immer über einen begrenzten Zeitraum aufgezeichnet werden, läuft die Zeit t über ein reelles Intervall als Definitionsbereich des jeweiligen Signals:

$$t \in [t_0, t_n] \subset \Re$$

Da naturgemäß auch Amplituden (elektrische Spannung, mechanischer Druck usw.) immer begrenzt sind, gilt das gleiche für den Wertebereich des Signals:

$$s \in [s_{min}, s_{max}] \subset \Re$$

Analoge Signale können weiter in unterschiedliche **Signalklassen** eingeteilt werden. Eine übergeordnete Unterscheidung erfolgt zwischen

- determinierbaren (vorhersehbaren) Signalen und
- nicht determinierbaren (nicht vorhersehbaren, zufälligen) Signalen.

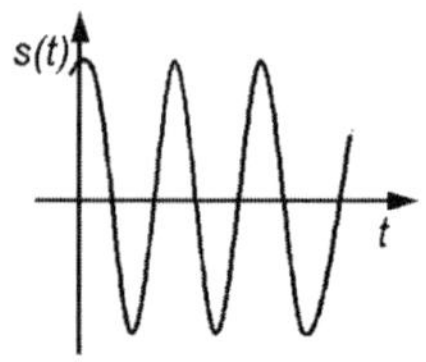

Bild 2.4 Ein periodisches Signal in Form einer harmonischen Schwingung

---

Ein Signal ist **determinierbar**, wenn der Werteverlauf für jeden Zeitpunkt mathematisch **vorausberechenbar** ist.

Die determinierbaren Signale werden weiter eingeteilt in

- periodische Signale und
- nicht periodische Signale.

Periodische Signale sind beispielsweise harmonische Schwingungen. Ein bestes Beispiel dafür ist die bekannte Sinusschwingung, definiert durch:

$$s(t) = s_{msx} \cdot \sin((\omega t) + \varphi)$$

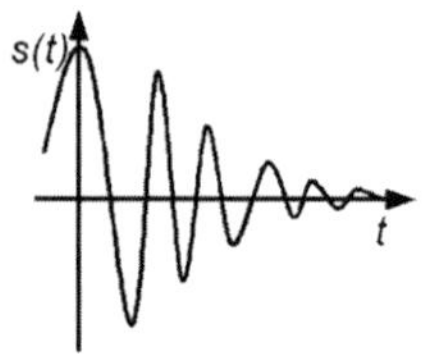

Bild 2.5 Ein nicht periodisches Signal in Form einer transienten Ausschwingfunktion (Übergangsvorgang)

ω Kreisfrequenz ($\omega = 2\pi f$)
φ Phasenverschiebung (Abweichung vom Ursprung)

Nach JEAN BAPTISTE JOSEPH FOURIER (1768–1830) *können periodische Signale als Summe harmonischer Schwingungen, d.h. als Summe von sinus- bzw. cosinusförmigen Teilschwingungen (in einer mathematischen Reihe, der sog. Fourierreihe) zusammengesetzt werden (Fourierzerlegung).*

EKG Elektrokardiogramm (Herzstromkurve)

Nicht periodische Signale können sein:

- **quasiperiodisch** (z.B. EKG) oder
- **transient** (z.B. ausschwingendes Pendel, siehe Bild 2.5).

Die nicht determinierbaren Signale sind für uns (vom informationstheoretischen Standpunkt aus) die wichtigsten. Durch ihr „zufälliges Verhalten“ werden sie als **stochastisch** bezeichnet.

Bild 2.6 Stationäres Breitbandrauschen

Das zufälligste Signal, das wir kennen, nennen wir **Rauschen** (noise).

Bild 2.7 Das statistisch zufälligste Signal können wir auf einem TV-Gerät sichtbar machen

Experimentell kann Rauschen am Fernsehgerät bei abgezogenem Antennenstecker hörbar (Rauschen) und sichtbar (Grieseln) gemacht werden.

Bei einer Zusammenfassung ergeben sich folgende Möglichkeiten:

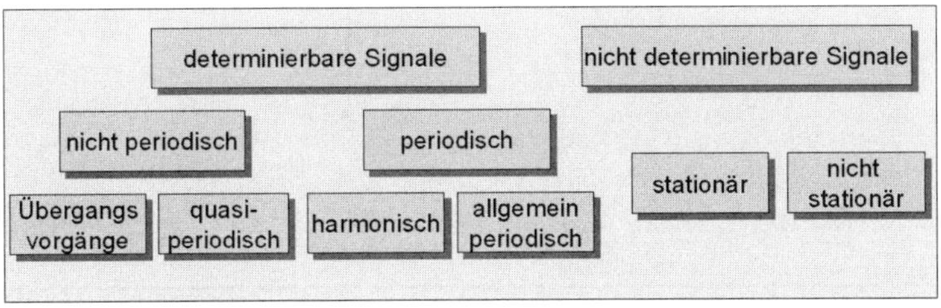

Bild 2.8 Einteilung der analogen Signale

1.1.2 Wertdiskrete und zeitkontinuierliche Signale

Werden nicht unendlich viele Funktionswerte zugelassen, sondern wird der Signalparameter in eine endliche Anzahl diskreter Intervalle unterteilt, erhalten wir aus einem analogen Signal ein amplitudenquantisiertes Signal.

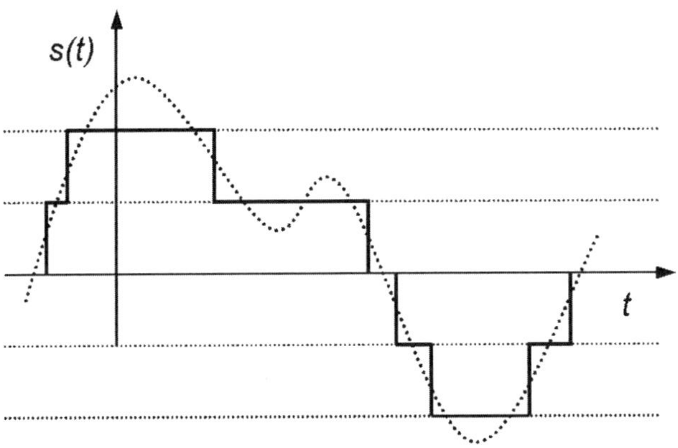

Bild 2.9 Ein amplitudenquantisiertes Signal ist zwar noch zeitkontinuierlich, aber wertdiskret

Ein gutes Beispiel dafür ist die Aussteuerungsanzeige bei Magnetbandgeräten zur Tonaufzeichnung (Casettenrecorder).

1.1.3 Wertkontinuierliche und zeitdiskrete Signale

Wenn ein analoges Signal zu bestimmten, diskreten Zeitpunkten **abgetastet** wird, erhalten wir ein Abtastsignal.

Bild 2.10 Durch Abtastung zu bestimmten Zeitpunkten erhalten wir ein „Abtastsignal“

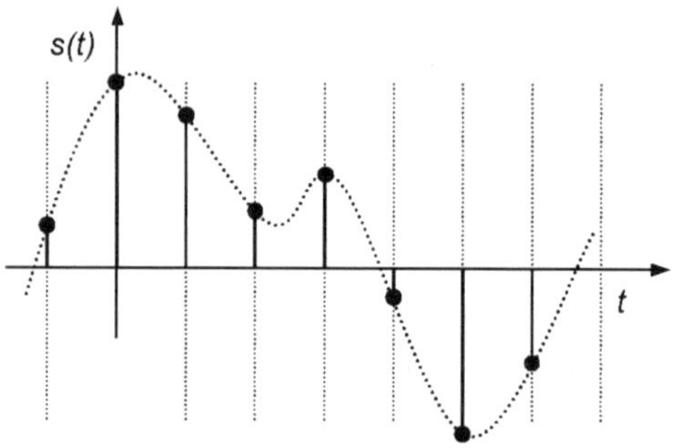

Bei der Abtastung ergeben sich Schwierigkeiten, auf die wir in noch zu sprechen kommen.

Ein wertkontinuierliches, zeitdiskretes **Abtastsignal** wird **Pulsamplitudenmodulation (PAM)** genannt, das sehr empfindlich gegen Störungen ist und nur als Zwischenstufe vor der Codierung auftritt.

Mathematisch erfolgt eine Zeitdiskretisierung, indem das analoge Signal

$$s = s(t)$$

durch Abtastung an diskreten Zeitpunkten t_1 ... t_n Amplitudenwerte annimmt, die kontinuierlich innerhalb des Signalwertebereichs sein dürfen.

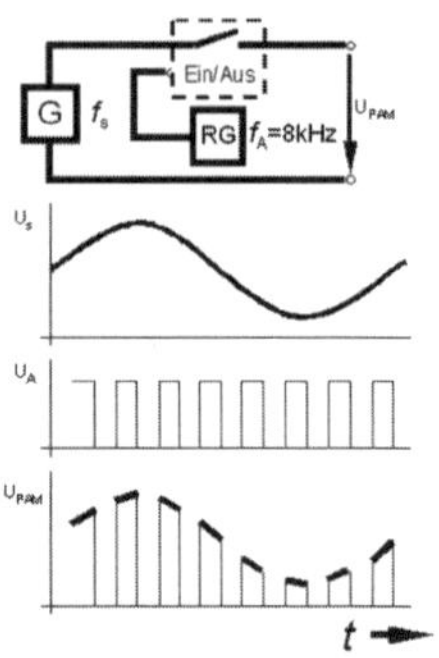

Bild 2.11 Eine Möglichkeit zur technischen Realisierung einer PAM (siehe Text)

Technisch kann die Erzeugung eines PAM-Signals über einen von einem Rechteckgenerator (RG) gesteuerten **Analogschalter** erfolgen (Bild 2.11). Der Schalter öffnet und schließt entsprechend der Abtastfrequenz f_a.

Eigenschaften der Pulsamplitudenmodulation:

- NF-Signalquellen können gemultiplext werden,
- hohe Bandbreite für das Signal notwendig,
- störanfällig (Information liegt in der Amplitude).

Die Pulsamplitudenmodulation (PAM) dient in der Praxis als Vorstufe für ein anderes Pulsmodulationsverfahren.

1.1.4 Wert- und zeitdiskrete Signale

Wird ein analoges Signal abgetastet, amplitudenquantisiert und die Abtastwerte binär verschlüsselt (codiert), erhalten wir ein digitales Signal.

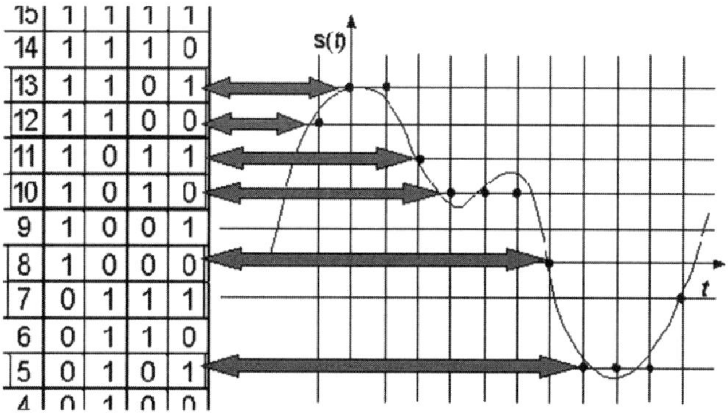

Bild 2.12 Durch die Codierung der Abtastwerte in binäre Datenwörter entsteht ein Digitalsignal

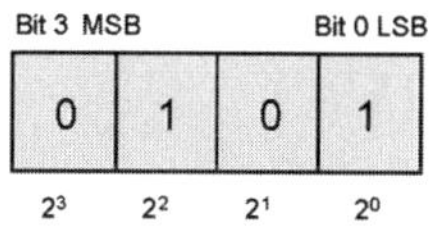

Bild 2.13 Ein 4-bit-Datenwort: die höchste Stelle ist das most und die niedrigste das least significant bit

Die binäre Digitaltechnik basiert auf **zweiwertiger Logik:** Werte werden durch Binärziffern „0“ und „1“ dargestellt.

In unserem Beispiel sind die Abtastwerte durch Datenwörter mit einer Wortlänge von 4 bit dargestellt. Bei Beschränkung auf ganzzahlig positive Zahlen ist der größte realisierbare Zahlenwert für eine Binärziffer (Dualzahl) der Wortlänge w bit durch folgenden Ausdruck gegeben:

$$Z_{max} = 2^{w} - 1$$

In unserem Beispiel (4-bit-Datenwort) ist die Anzahl der darstellbaren Zeichen $2^4 = 16$ *und damit der größte realisierbare Zahlenwert* $16 - 1 = 15$.

Die Anzahl der darstellbaren Zeichen ist 2^{w}

Unter **Digitalisierbarkeit** wird die Möglichkeit zur Überführung in wert- und zeitdiskrete Signale (Digitalsignale) verstanden; sie ist als Grundphänomen des 21. Jahrhunderts zu verstehen (digital age): jegliches akustisches und optisches Element in eine (zweiwertig) binäre „0/1-Sprache“ übersetzen („codieren“, siehe Kapitel 2) zu können und damit maschinell verarbeitbar zu machen.

Diese „0/1-Sprache“ ist als (vielleicht letzter) gemeinsamer Nenner aller Medienphänomene die Basis für eine totale Konvertierbarkeit sämtlicher denkbarer Daten und der sich schon heute abzeichnenden „Konvergenz“ der Medien und damit auch die Basis für z.B. die Erzeugung „virtueller Wirklichkeiten“ (siehe Virtual Reality, Modul 6).

1.2 Digitale Signalverarbeitung

Bevor analoge Signale (z.B. aus einem Mikrofon) in einem Digitalrechner weiterverarbeitet werden können, muss dieses analoge Signal in ein digitales Signal umgesetzt werden. Diese Digitalisierung erfolgt durch Abtastung, Quantisierung und Codierung.

Analogsignal → Abtastung (taktgesteuert) → Halteglied → Quantisierer → Codierer → Digitalsignal

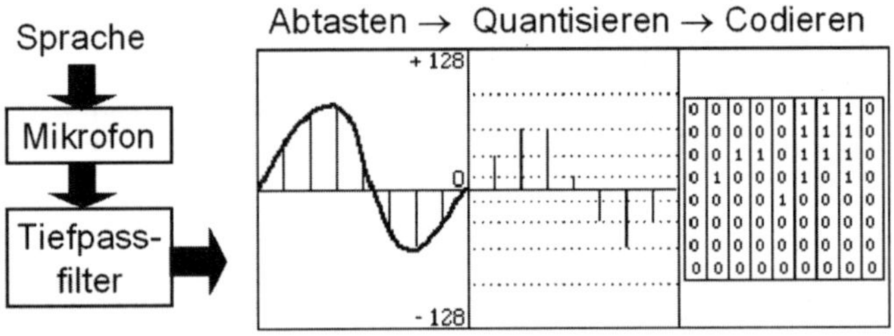

Bild 2.14 Die Schritte Abtasten – Quantisieren – Codieren, am Beispiel einer Audioanwendung

1.3 Abtastung und Quantisierung

Das Umwandeln in zeitdiskrete Werte erfolgt durch Abtastung (sampling) des Eingangssignals $s(t)$ im Zeitbereich von $n \times T_s$, wobei T_s den Abstand zwischen zwei Abtastwerten angibt. Beispielsweise bei einer Abtastfrequenz von 16 kHz bedeutet dies einen jeweiligen Abstand der nächsten Abtastpunkte (Samples) von 62,5 µs.

Abtastung: Es werden dem Signal in gleichmäßigen Zeitabständen „Signalproben" (Abtastwerte) entnommen.

Das abgetastete Signal existiert nun nur noch an den Abtastzeitpunkten. Wichtig bei dem Abtastverfahren ist, dass das Abtasttheorem von SHANNON eingehalten wird.

Quantisierung: Es erfolgt eine Einteilung des Amplitudenbereiches in N Intervalle, und jeder Abtastwert wird durch die Nummer desjenigen Intervalls gekennzeichnet, in das er fällt.

1.3.1 Abtasttheorem

Das Abtasttheorem von SHANNON besagt, dass die Abtastfrequenz **mehr als doppelt so groß** sein muss als die maximal auftretende Frequenz des abzutastenden Signals.

Es muss also gelten:

$$f_a > 2 \cdot f_{max}$$

f_a Abstastfrequenz
f_{max} höchste im Signal enthaltene Frequenz

Die Abtastzeitdauer T_s ergibt sich somit zu:

$$Ts = \frac{1}{2 \cdot f_{max}}$$

Falls das Abtasttheorem nicht eingehalten wird, kommt es im Signal zu ungewollten **Verzerrungen** während der Abtastung, somit auch zu einer Signalverfälschung (Verfremdung).

Diese ungewollten Verzerrungen stellen „falsche (alias) Frequenzen" dar und sind die Ursache für Bildstörungen (edges) oder Tonstörungen (buzz).

false (alias) frequency

Beispiel Musik-CD: Da die maximale Hörfrequenz (Modul 3) des Menschen bei etwa 20 kHz liegt, muss – um optimale Musikqualität zu gewährleisten – die verwendete Abtastrate doppelt so groß sein: 44 100 Hz bei 16 Bit (= 65 536 mögliche Abtastwerte).

1.3.2 Aliasing

Wird nun ein Signal unterabgetastet (siehe Bild 2.15), tritt der **Aliasing-Effekt** auf. Dies kann dazu führen, dass es zu Überlappungen des sich periodisch wiederholenden Spektrums kommt, dann wenn:

Unterabtastung → Aliasing (Verfremdung)

$$f_s < 2 \cdot f_{max}$$

Die zeitdiskreten Werte von Abtastsignalen können nur in Datenwörter endlicher Wortlänge abgebildet werden. Dies bedeutet natürlich, dass jeder Amplitudenwert nur mit einer *endlichen Genauigkeit* aufgelöst werden kann, die unmittelbar mit der Datenwortlänge verbunden ist. Der zulässige Amplitudenbereich wird in eine endliche Anzahl diskreter Amplitudenintervalle aufgeteilt (Amplitudenquantisierung).

Tiefpass = lässt tiefe Frequenzen passieren, schwächt hohe Frequenzen ab

In der Praxis werden Signale mit Frequenzanteilen oberhalb der halben Abtastfrequenz durch einen **Tiefpass** vorgefiltert.

Ein solches Filter hat deshalb den Namen **Antialiasing-Filter**, manchmal auch **Presampling-Filter**.

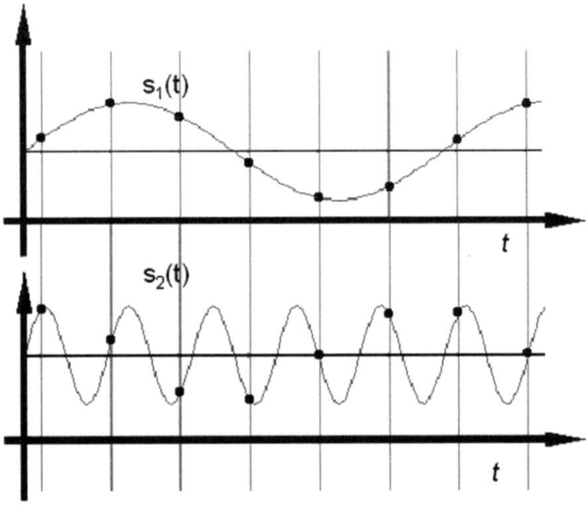

Bild 2.15 Bei zu kleiner Abtastrate ergibt die gedachte Verbindungslinie durch die Abtastpunkte ein falsches Abbild des Signals (unten)

1.3.3 Quantisierungsrauschen

Da das wertkontinuierliche Analogsignal bei der Digitalisierung auf Werte einer endlichen Wertemenge abgebildet wird, kommt es zwangsläufig zu **Rundungsfehlern**. Da die Fehlerbeträge im Zeitverlauf statistisch gleich verteilt auftreten, können sie als Rauschen interpretiert werden (Quantisierungsrauschen).

Mit Rauschen wurde ursprünglich der durch statistische Schwankungen des Luftdrucks hervorgerufene Schalleindruck bezeichnet. Allgemein wird mit Rauschen jede statistische Störung von Signalen bezeichnet.

Insbesondere bei Signalen, die in einem geradzahligen Verhältnis zur Abtastfrequenz stehen, ergibt sich ein unangenehmes „tonales" Rauschen. Die Fehlerrate ist nicht mehr zufällig, sondern folgt dem Phasenverhalten des Signals.

Die für die Abtastung gewählte Frequenz (Bit-Anzahl der Digitalisierung) bestimmt die Größe des Quantisierungsrauschens. Je höher die Bit-Anzahl desto höher der Signal-Rauschabstand und desto niedriger das Quantisierungsrauschen.

2 Codierung

Bild 2.16 Samuel Morse (1791–1872) der Pionier der Codierungstechnik

Wozu „Codierung"? Signale und Codierung sind die Grundlagen für die gesamte digitale Signalverarbeitung. Audio- und Videosignale, also die Basis der Multimedia-Technik, müssen verarbeitet und codiert werden. In diesem Kapitel werden zunächst nur allgemeine Grundlagen zur Codierung besprochen. Konkrete Anwendungen (ADPCM, GSM usw.) erfolgen im Modul 3, Kapitel 4 „Computerrepräsentation von Audio" und im Modul 4, Kapitel 4 „Konzept Kompression".

Codierung wird umgangssprachlich meistens mit *Verschlüsselung* gleichgesetzt. Allgemein wird darunter aber jegliche durch **feste Regeln** bestimmte Ausdrucksweise (z.B. Morsecode, Bild 2.17) verstanden.

Codierung ist ein allgemeiner Begriff der digitalen Signalverarbeitung und umfasst auch das Konzept Kompression (siehe Modul 4, Kapitel 4).

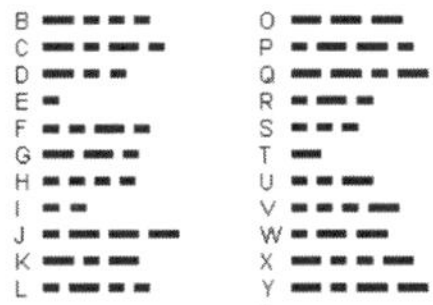

Bild 2.17 Der klassische Morsecode ist ein Code mit variabler Wortlänge, der die Buchstaben durch kurze und lange Stromimpulse codiert

In der Informatik ist der Code die Form eines Programms, in der seine Erstellung stattfindet, d.h. die Formulierung in der jeweiligen „Programmiersprache" (z.B. Fortran, Java, C++...). Es wird von Quellcode gesprochen.

Die analogen Signale werden zu diskreten Zeitpunkten abgetastet, dann amplitudenquantisiert und codiert (aus lat. codicillus = „geheimer Brief").

Formal wird unter Codierung eine **Abbildung** von einer Sprache auf eine andere verstanden, d.h., Zeichen eines Quellalphabetes werden auf Zeichen (Zeichenfolgen) eines Zielalphabetes abgebildet (z.B. 15 → 1111). In diesem Fall nennt man die so erhaltene Zeichenfolge **Wort.** Die Menge aller Wörter eines Zielalphabetes – die durch diese Abbildung verwendet werden – wird **Code** genannt.

Ist die Wortlänge des Codes für alle Wörter gleich, wird von fester Wortlänge gesprochen. Ist die Wortlänge variabel (veränderlich), wird von variabler Wortlänge gesprochen (z.B. Morsecode, Bild 2.16). Codes mit variabler Wortlänge haben den Vorteil, dass Zeichen, die öfter vorkommen, auf kürzere Wörter abgebildet werden können. Dadurch kann die übertragene Datenmenge reduziert werden.

Nach DIN 44 300 ist der Begriff Codierung folgendermaßen definiert:

> Codierung ist eine Vorschrift für die *eindeutige Zuordnung* eines Zeichenvorrats zu dem eines anderen Zeichenvorrats.

Es gibt unzählige Codierungsmöglichkeiten, wie beispielsweise BCD (binärcodierte Dezimalziffern), 8-4-2-1-Code, Aiken-Code, Stibitz-Code, ...

Die **PCM-Codierung** (Pulse code modulation) hat grundlegende und zunehmende Bedeutung in der gesamten digitalen Übertragungstechnik.

Die Einführung großflächiger digitaler Netze (ISDN) und des digitalen Mobilfunks (Handy) haben die PCM zum wichtigsten wertdiskreten Codierungsverfahren gemacht.

Grundlegende Vorteile der PCM sind:

- Durch die ausschließliche Übertragung von Impulsen ist eine nahezu vollständige **Unterdrückung von Störungen** möglich (die in der Amplitude natürlich nicht größer als das PCM-Signal sein dürfen),
- durch die Verwendung ausschließlich digitaler Basistechnologie ist die Produktion von PCM-Schaltkreisen **preisgünstig**, und
- die digitalen Ausgangssignale stehen zur Weiterverarbeitung in digitalen Schaltkreisen **direkt** zur Verfügung.

Als einziger Nachteil wäre die große Übertragungsbandbreite zu erwähnen.

Technisch können vier Arten unterschieden werden:

Details der PCM Codierung im Modul Audio

- **Lineare PCM** – gleiche Quantisierungsschritte, höhere Auflösung, geringes Rauschen, aber höhere Datenrate
- **Dynamische PCM** – nicht konstante Quantisierungsschritte, bei kleinen Signalen kleine Schrittweite, z.B. logarithmisch
- **DPCM** (Differential-Pulse-Code-Modulation) – meist nur geringe Änderung zwischen den Abtastwerten, Differenzcodierung mit weniger Bits, Referenzpunkte in festen Abständen; Problem: krasse Wechsel des Signalpegels (slope overload)
- **ADPCM** (Adaptive DPCM) – Ausweg: „vorausschauende" Codierung: bei Bedarf mehr Bits für Differenzen zur Verfügung stellen, danach wieder verringern = adaptiv)

Prinzip der PCM: Ein PAM-Signal (Kapitel 1.1.3) gehört zu den zeitdiskreten, aber wertkontinuierlichen Signalen: Es existieren unendlich viele Amplitudenwerte. Durch Amplitudenquantisierung wird jeder Wert in eine Amplitudenklasse eingeordnet (diskretisiert).

Da es eine endliche Anzahl dieser Klassen gibt, kann jede Klasse durch Binärzahlen ausgedrückt (codiert) werden.

Wird dieser Code jetzt seriell über eine Übertragungsstrecke geschickt, braucht der Empfänger nur mehr zwischen zwei Amplitudenwerten zu unterscheiden: „0" und „1".

Beispiel: Bei einer Abstastfrequenz von f_a = 8 kHz kann einem Sprachkanal alle 125 µs (also alle 1/8000 Hz) ein Amplitudenwert entnommen werden. Bei 2^8 (=256) Amplitudenstufen ergeben sich 8-Bit-Codewörter mit einer Datenrate von 8000 1/s · 8 bit = 64 kbit/s. Da die Bandbreiten der verfügbaren Übertragungswege größer sind, kann die Dauer eines Bits kleiner gewählt werden. Dadurch entsteht ein freier Zeitraum bis zur Übertragung des nächsten Codewortes. Innerhalb dieser „Zeitlücke" können Codeworte von anderen Kanälen übertragen werden. Das System PCM 30 der europäischen Postverwaltungen (1975) beispielsweise nutzte 32 Kanäle: Bei Unterbringung von 32 Kanälen innerhalb eines „Rahmens" von 125 µs, ergibt sich eine Datenrate von 8000 1/s · 8 bit · 32 = 2,048 Mbit/s.

Idee des DPCM-Formats: Bei einer Abtastfrequenz von 8 kHz steht eine sehr „dichte" Folge von Abtastwerten zur Verfügung, denn für f_s = 8 kHz ergibt sich ein Abtastabstand von T_s = 125 µs. Es kann also davon ausgegangen werden, dass sich aufeinanderfolgende Abtastwerte nur geringfügig voneinander unterscheiden. Die Idee liegt daher nahe, anstelle der Abtastwerte nur **ihre Differenzen** zu übertragen. Die Differenz braucht dann nur noch mit verringerter Auflösung übertragen zu werden. Dies führt zur Differenz Puls-Code-Modulation = DPCM.

Idee des ADPCM-Formats: Da sich die statistischen Eigenschaften eines Signals (z.B. eines Sprachsignals) ständig ändern können, ist der „Gewinn" beim DPCM-Verfahren relativ gering. Daher kam die Idee auf, die Prädiktorkoeffizienten in bestimmten Zeitabständen (in kurzen Abständen von etwa 10 ms) immer wieder neu zu berechnen, so dass sich diese jeweils an das aktuellste Signal „anpassen" (adapt). Daher nennt man diese Technik **Adaptive Differenz-Pulscodemodulation** = ADPCM.

Bei der Auswahl der richtigen Codierungsmethode kommt es sehr auf die Art der Anwendung an. In der Audiotechnik (siehe Modul 3) beispielsweise ist man sehr auf den subjektiven Höreindruck des Menschen angewiesen. Die Zufriedenheit der Hörer steht dabei im Vordergrund. Mathematische Berechnungen sind zwar grundlegend und hilfreich, aber nicht immer ganz zuverlässig: Für manche Anwendungen z.B. spielt die Sprachqualität keine große Rolle, stattdessen aber eine niedrigere Datenrate.

3 Modulkurzzusammenfassung

Signale sind die Träger von Informationen. Alle Signale sind zeitabhängig – die **Zeit** *t* ist eine wesentliche Größe in der Multimediatechnik.

Multimedia-Systeme basieren auf Digitalrechnern und arbeiten mit einem **Digitalsignal,** verarbeiten aber auch **Analogsignale** (z.B. Audiosignale, Toneingabe/Mikrofon und Tonausgabe/Lautsprecher).

Wird ein kontinuierlicher Vorgang über einen kontinuierlichen Zeitraum aufgezeichnet, erhalten wir ein **analoges Signal.** Ist der Wertebereich in die Zukunft vorausberechenbar, so ist das Signal *determinierbar.* Allerdings sind für informationstechnische Zwecke **nicht deterministische** Signale am wichtigsten. Durch ihr nicht vorausberechenbares Verhalten werden sie auch **stochastisch** genannt.

Wird ein analoges Signal in eine *endliche Anzahl diskreter Intervalle* unterteilt, erhalten wir ein **amplitudenquantisiertes Signal** (z.B. die Aussteuerungsanzeige bei Kassettenrecorder).

Wird ein analoges Signal zu bestimmten diskreten Zeitpunkten abgetastet, so erhalten wir ein zeitdiskretes **Abtastsignal.** Dieses wertkontinuierliche und zeitdiskrete Signal wird **Pulsamplitudenmodulation (PAM)** genannt und dient als Vorstufe für Pulsmodulationsverfahren (z.B. im Mobilfunk).

Erst wenn ein analoges Signal *abgetastet* und *amplitudenquantisiert* wird und dann die Abtastwerte *codiert* werden, erhalten wir ein *„echtes"* **Digitalsignal.**

Dabei ist das **Abtasttheorem** einzuhalten: Die Abstastfrequenz muss mehr als doppelt so groß sein wie die maximale Signalfrequenz. Falls das Abtasttheorem nicht eingehalten wird, kommt es im Signal zu ungewollten Verzerrungen (z.B. Aliasing).

Ein **Code** ist eine Menge aller Wörter eines Zielalphabetes, die bei einer Abbildung von einer Sprache auf eine andere verwendet werden.

Codierung ist eine Vorschrift für die eindeutige Zuordnung eines Zeichenvorrats zu dem eines anderen Zeichenvorrats (z.B. Morse-Code).

Die **PCM-Codierung** hat grundlegende und zunehmende Bedeutung in der *digitalen Übertragungstechnik* (z.B. mobiles Multimedia). Durch ausschließliche *Übertragung von Impulsen* ist eine nahezu vollständige **Störunterdrückung** möglich.

4 Modulanhang

4.1 Literatur

4.1.1 Bücher

BORUCKI, LORENZ (1977): *Grundlagen der Digitaltechnik (Leitfaden der Elektrotechnik; Bd. 10.* Stuttgart: Teubner.

HERTER, EBERHARD; LÖRCHER, WOLFGANG (1994): *Nachrichtentechnik: Übertragung, Vermittlung und Verarbeitung (Studienbücher der technischen Wissenschaften).* 7. Auflage. München, Wien: Hanser. 164-195.

HESSELMANN, NORBERT (1983): *Digitale Signalverarbeitung: rechnergestützte Erfassung, Analyse und Weiterverarbeitung analoger Signale.* Würzburg: Vogel.

SCHUMNY, HARALD (1978): *Signalübertragung: Lehrbuch der Nachrichtentechnik und Datenfernverarbeitung.* Braunschweig: Vieweg. 132-151.

4.1.2 Artikel

BAUER, FRIEDRICH L. (1998): Historische Notizen: Zuse, Aiken und der einschrittige Übertrag. *Informatik-Spektrum,* Volume 21, Issue 5, 279-281.

FRANZ, ELKE; PFITZMANN, ANDREAS (1998): Einführung in die Steganographie und Ableitung eines neuen Stegoparadigmas, *Informatik-Spektrum,* Volume 21, Issue 4, 183-193.

ZAISER, W. (1963): Pegelangaben in der Übertragungstechnik. In: *NTZ, Nachrichtentechnische Zeitschrift,* 16, 1963, 137-142 & 461-463.

4.1.3 Books in English

ALKIN O. (1994): *Digital Signal Processing: A Laboratory Approach Using PC-DSP.* London: Prentice-Hall.

GLISSON, T. H. (1987): *Introduction to System Analysis (McGraw-Hill series in electrical engineering, networks and systems).* New York: McGraw-Hill.

HAMMING, R. W. (1986): *Coding and Information Theory.* London: Prentice Hall.

OPPENHEIM, ALAN V.; SCHAFER, RONALD W. (1975): *Digital Signal Processing.* London: Prentice Hall.

OPPENHEIM, ALAN V., ED. (1989): *Applications of Digital Signal Processing (Prentice-Hall Signal Processing Series.* Englewood Cliffs (NJ): Prentice-Hall.

OPPENHEIM, ALAN V. ; SCHAFER, RONALD W. (1989): *Discrete-time signal processing.* Englewood Cliffs (NJ): Prentice-Hall.

SOLIMAN, SAMIR S.; SRINATH, MANDYAM D. (1998): *Continous and discrete signals and systems.* 2nd Ed. Upper Saddle River (NJ): Prentice-Hall.

SWETS, JOHN A. (1964): *Signal Detection and Recognition by Human Observers.* New York, London, Sydney: Wiley.

4.1.4 Articles in English

DEL CORSO, D.; C. SANSOE (1999): Exploiting new technology for education: teaching signal integrity in computer science curricula. *Microprocessors and Microsystems,* Volume 23, Issue 5, 25 October 99, 265-279.

HUFFMAN, D. A (1952): A Method for the Construction of Minimum Redundancy Codes. *Proeedings of IRE,* No. 40, 1952, 1098–1101.

TESCHER, ANDREW G. (1999): Multimedia is the message. *IEEE Signal Processing Magazine,* Volume 16, Issue 1, January 99, 44-54.

4.1.5 Journals

Analog Integrated Circuits and Signal Processing | ISSN 0925-1030 | Kluwer

Applied Signal Processing | ISSN 0941-0635 | Springer-Verlag

Digital Signal Processing | ISSN 1051-2004 | Academic Press

IEEE Transactions on Signal Processing | ISSN 1053-587X; electronic:1053-587X | IEEE Institute of Electrical and Electronics Engineers

IEEE Signal Processing Magazine | ISSN 1053-5888; electronic 1053-5888 | IEEE Institute of Electrical and Electronics Engineers

Multidimensional Systems and Signal Processing | ISSN 0923-6082 | Kluwer

Signal Processing | ISSN 0165-1684 | Elsevier

4.2 Internet-Links

Aktualisierte Internet-Links zu diesem Modul sind auf der Buchhomepage www.basiswissen-multimedia.at unter Technik – Modul 2: Signale und Codierung verfügbar!

4.3 Prüfungsfragen

Fragen-Typ 1: Dichotome Ja/Nein-Entscheidungen

01	Ein reines analoges Signal bildet kontinuierliche Vorgänge kontinuierlich ab.	❒ Ja ❒ Nein	
02	In einem Signal $s = s(t)$ ist die Zeit t die abhängige Variable und die Amplitude s die unabhängige Variable.	❒ Ja ❒ Nein	
03	Ein Signal ist dann determinierbar, wenn der Informationsgehalt am größten ist.	❒ Ja ❒ Nein	
04	Determinierbare Signale sind für Informationssysteme wichtiger als nichtdeterminierbare Signale.	❒ Ja ❒ Nein	
05	Stationäres Breitbandrauschen ist ein stochastisches Signal und kann nach Fourier in Teilsignale zerlegt werden.	❒ Ja ❒ Nein	
06	Pulsamplitudenmodulation (PAM) ist ein wertkontinuierliches und zeitdiskretes Abtastsignal und empfindlich gegen Störungen.	❒ Ja ❒ Nein	
07	Bei einem Digitalsignal werden die Abtastwerte durch Datenwörter in zweiwertiger Logik codiert.	❒ Ja ❒ Nein	
08	Das Abstasttheorem von Shannon besagt, dass die Abstastfrequenz genau doppelt so groß sein muss als die maximale Signalfrequenz.	❒ Ja ❒ Nein	
09	Bei Unterabtastung tritt der Aliasing-Effekt auf, was zu Überlappungen im Spektrum führt.	❒ Ja ❒ Nein	
10	Ein großer Vorteil von PCM ist, dass durch die ausschließliche Übertragung von Impulsen eine gute Störunterdrückung erzielt wird.	❒ Ja ❒ Nein	

Fragen-Typ 2: Mehrfachauswahlantworten (Multiple Choice)

01	Ein digitales Signal ... ❒ a) ... ist wert- und zeitdiskret. ❒ b) ... besteht nur aus codierten, diskreten Zeichen. ❒ c) ... ist praktisch immer determinierbar. ❒ d) ... hat als Signalparameter die Zeit t.	
02	Nichtdeterminierbare Signale ... ❒ a) ... sind für die Informationsübertragung wertlos. ❒ b) ... werden durch ihr zufälliges Verhalten stochastisch genannt. ❒ c) ... sind z. B. stationäres Rauschen. ❒ d) ... können auf Sichtgeräten dargestellt werden.	
03	Ein wertkontinuierliches, zeitdiskretes Abtastsignal ... ❒ a) ... wird auch Pulscode-Modulation (PCM) genannt. ❒ b) ... ist störanfällig, weil die Information in der Amplitude liegt. ❒ c) ... kann einfach durch einen Analogschalter realisiert werden. ❒ d) ... wird durch Abtastung und Amplitudenquantisierung erzeugt.	
04	Fehlermöglichkeiten bei Digitalsignalen entstehen durch ... ❒ a) ... Verletzung des Abtasttheorems. ❒ b) ... Unterabtastung. ❒ c) ... Überabtastung. ❒ d) ... die Abbildung der Datenwörter in endlicher Genauigkeit.	

05	Codierung in Informationssystemen erfolgt vorwiegend ... ❒ a) ... durch spezielle Codes, z.B. Aiken, Stibitz usw. ❒ b) ... durch PCM. ❒ c) ... durch PAM. ❒ d) ... durch PDM.	
06	Eigenschaften der PCM sind ... ❒ a) ... nahezu vollständige Unterdrückung von Störsignalen. ❒ b) ... nahezu vollständige Unterdrückung von Spitzenimpulsen. ❒ c) ... Verwendung analoger Basistechnologie. ❒ d) ... Abtasttheorem darf verletzt werden.	
07	PCM ... ❒ a) ... beruht auf einer PAM mit nachfolgender Codierung. ❒ b) ... ist das wichtigste wertdiskrete Codierungsverfahren. ❒ c) ... benötigt hohe Datenraten. ❒ d) ... wird in vielen Variationen angewendet.	
08	PAM ... ❒ a) ... dient in der Praxis als Ersatz für PCM. ❒ b) ... ist technisch schwierig zu realisieren. ❒ c) ... benötigt dafür nur geringe Bandbreiten. ❒ d) ... ist nicht störanfällig.	

4.4 Lösungen

Lösungen zu Fragen-Typ 2:
01 Ja; 02 Nein; 03 Nein; 04 Nein; 05 Nein; 06 Ja; 07 Ja; 08 Nein; 09 Ja; 10 Ja;

Lösungen zu Fragen-Typ 2:
Richtig sind: 01 a) b); 02 b) c) d); 03 b) c); 04 a) b) d); 05 b) 06 a); 07 a) b) c) d); 08 a) b) c)

4.5 Übungen

- Stellen Sie verschiedene Codierungsmöglichkeiten gegenüber! Stellen Sie Gemeinsamkeiten/Unterschiede und Vor- und Nachteile gegenüber!
- Suchen Sie im Web Informationen über den Begriff „Codierung“! Stellen Sie die unterschiedlichen Sichtweisen und Definitionen gegenüber!
- Schauen Sie sich um: Welche Geräte in Ihrer Umgebung verwenden analoge, welche digitale Signale?

4.6 Diskussionsfragen

- Diskutieren Sie – ausgehend von den Überlegungen von Samuel Morse – Bedeutung und zukünftigen Stellenwert verschiedener Codierungen!
- Diskutieren Sie das Abtasttheorem von Shannon! Gibt es Möglichkeiten zur Umgehung des Problems?
- Spekulieren Sie über die Zukunft der Signaltechnik! Welchen Stellenwert werden digitale Signale in der Zukunft haben? Werden wir gänzlich in eine digitale Welt „eintauchen“?

4.7 Timeline: Signale und Codierung

200 v.Chr.: Die Römer verwenden Feuercodes als Alarmsignale.

180 v.Chr.: POLYBIOS entwickelt eine differenzierte Feuertelegrafencodierung.

1844: MORSE setzt seine Codierung zur Informationsübertragung in der Telegrafenlinie Washington – Baltimore ein.

1854: BOURSEUL formuliert technische Problemstellungen zur Übertragung von elektrischen Audiosignalen.

1872: Multiplex-Verfahren nach BAUDOT.

1874: Zeitmultiplexverfahren durch Zweifachtelegraf von EDISON.

1909: Vier Telefonsignale über eine Leitung (Phantomschaltung).

1925: Bildtelegraf.

1929: Erste Übertragung von Fernsehsignalen.

1937: PCM-Codierung von REEVES (ITT) als Revolution für die Signalübertragung.

1945: Erster elektronischer digitaler Rechner ENIAC am MIT (USA).

1957: Sputnik-Schock: Das Interesse an digitaler Signalverarbeitung steigt.

1965: Erster Minicomputer PDP-8 von DEC (Digital Equipment Corp.).

1970: INTELs erster Mikroprozessor zur digitalen Signalverarbeitung.

1971: Glasfasersystem mit Multimode-Glasfaser.

1975: Einatz des PCM 30 E Systems bei der deutschen Post.

1980: Beginn der digitalen Übertragungstechnik im Fernsprechnetz.

1981: Paketvermittlung DATEX-P in Deutschland.

1987: Beginn mit ISDN-Pilotprojekten in Deutschland.

1989: ISDN in 79 deutschen Städten.

1992: GSM-Signalstandard für digitalen Mobilfunk (Handys).

1996: Digitale Signalübertragung für das Fernsehen (HDTV).

2000: Signalübertragung über Breitbandinformationsnetze.

4.8 Glossar

Aliasing Störungen, die durch Abtastung eines Signals auftreten und die Frequenzkomponenten oberhalb der halben Abtastrate enthalten.

Analog Ein Signal ist analog, wenn es seinen Wertebereich kontinuierlich abdeckt – also unendlich fein abgestufte Werte annehmen kann. Diese unendlich feine Abstufung analoger Signale ist in der Technik gleichzeitig Vor- und Nachteil.

Digital Ein Signal ist digital, wenn es in seinem Wertebereich nur eine endliche Anzahl von Werten annehmen kann (wertdiskret) und zeitdiskret ist.

NF **N**ieder**f**requenz (bis 20kHz).

PAM **P**uls**a**mplituden**m**odulation.

PCM **P**uls**c**ode**m**odulation.

Quantisierung Umsetzung analoger in diskrete Werte.

Quantisierungsrauschen Durch die Auflösungsverringerung verursachte Rundungsfehler.

Signal-to-Noise Ratio Rauschabstand (in der Audiotechnik: Dynamik).

stationär Ein System (Signal) ist dann stationär, wenn die zeitliche Veränderung der Systemgrößen konstant ist und zu jedem beliebigen endlichen Zeitabschnitt Gleichförmigkeit existiert (nicht verwechseln mit statisch – ein System ist statisch, wenn sich sein Zustand innerhalb des Definitionsbereiches nicht verändert).

stochastisch Zufallsabhängige Ereignisse.

Modul 3: Audiotechnik

„Die Idee in meinen Kompositionen für Orchester mit Computer ist folgende: Das Begreifen der Musik soll ein Element in einer psychologischen Reise sein, bei der es um die Frage geht, was Musik ist. Ich versuche, Erfahrungen zu machen mit verschiedenen Beziehungen."

TOD MACHOVER am Ersten European Software Festival 1991 in München

Lernziele

Jetzt sind wir mit den Grundlagen von Information und Kommunikation vertraut, wissen was Signale sind und kennen uns bei Codierungen aus. Nun wenden wir uns dem ersten „interessanten" Medium in einem Multimedia-System zu: Audio. Es werden Grundlagen der **Psychophysik**, des menschlichen **Hörens** und der **Audiotechnik** vermittelt und verschiedene **Audio-File-Formate** besprochen.

Hören

Tontechnik

Audio-File-Formate

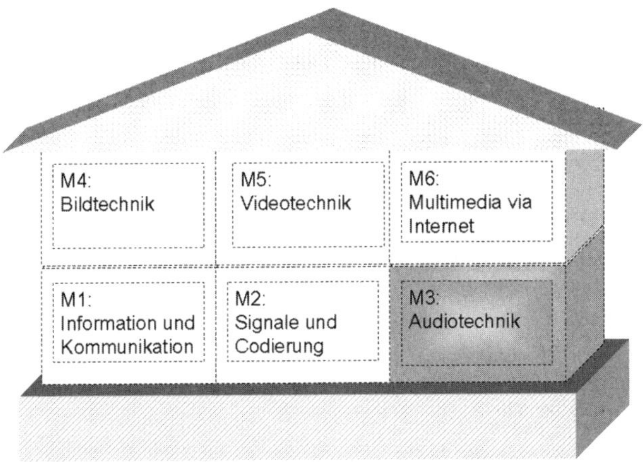

Eine erste wesentliche und technisch relativ leicht realisierbare Erweiterung multimedialer Informationssysteme (z.B. multimediale Lernprogramme) gegenüber klassischer Informationssysteme (z.B. Hypertext-Bücher) ist die Wiedergabe von Tönen, Geräuschen, Soundeffekten und insbesonders von Sprache und Musik. Dies bezeichnen wir zusammenfassend als **Audio**.

Bild 3.1 Audio macht Computerprogramme motivierend

Beispielsweise erlaubt Audio, durch das Unterlegen verschiedener „auditiver Hintergründe" zu bestimmten Bildschirminhalten bestimmte Stimmungen zu suggerieren (z.B. Dynamik, Entspannung usw.). Unter besonderer Berücksichtigung medienspezifischer Besonderheiten sind diese Effekte auch auf Multimedia-Systeme übertragbar.

Bild 3.2 „Das Hören der Welt"

Um den Einsatz solcher auditiver Komponenten bestmöglich zu verstehen, benötigen wir allerdings fundierte Grundkenntnisse über die Natur dieser Phänomene, natürlich auch Kenntnisse darüber, wie diese vom Menschen wahrgenommen werden, und insbesondere – aufbauend auf das vorhergehende Modul 2 „Signale und Codierung" –, wie diese in Bits und Bytes umgewandelt und in einem Digitalcomputer repräsentiert werden.

Gestaltung und Didaktik in Band 3

Wir besprechen hier nur die technologischen und psychophysikalischen Grundlagen der Audiotechnik und werden im Band 3 „Multimedia Design" diese Kenntnisse auf didaktische und softwaretechnische Gestaltungsprinzipien ausdehnen.

1 Audio-Grundlagen

1.1 Von der Akustik zur Audiotechnik

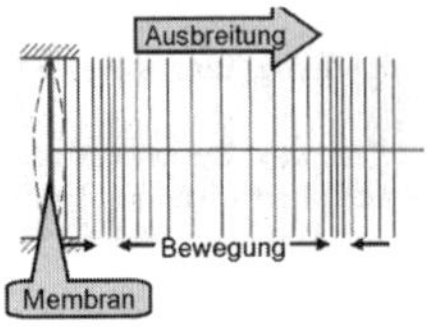

Bild 3.3 Schall breitet sich als Longitudinalwelle (Längswelle) aus

Akustik (acoustics) ist allgemein die Lehre von den mechanischen Schwingungen (Schall). In Luft breitet sich Schall mit rund 1200 km/h (330 m/s) aus, das ist 1 Mach (auf Meereshöhe).

Schall (sound) besteht aus **mechanischen Schwingungen**, die sich in Form von Longitudinalwellen ausbreiten (Bild 3.3).

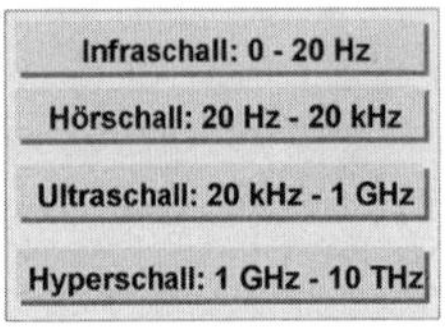

Bild 3.4 Für Multimedia-Systeme ist nur der Hörschall interessant

Schall lässt sich in verschiedene Frequenzbereiche unterteilen (Bild 3.4): Infraschall von 0 ... 20 Hz, Hörschall von 20 Hz ... 20 kHz, Ultraschall von 20 kHz ... 1 GHz und Hyperschall von 1 GHz ... 10 THz. Für Multimedia-Systeme ist natürlich nur der Hörschallbereich von Bedeutung.

Akustische Signale sind Druckwellenschwankungen (Schalldruckänderungen), die sich in Festkörpern, Flüssigkeiten und Gasen ausbreiten können. Im Vakuum können sich keine akustischen Signale ausbreiten.

Audio (lat audire = „hören“) ist eine Sammelbezeichnung für alle akustischen Signale im Frequenzbereich des Hörschalles, wie beispielsweise Geräusche, Töne, Klänge und Musik. Natürlich gehört auch menschliche Sprache und Gesang dazu. Die meisten Multimedia-Systeme verwenden das Medium Audio in Form von Musik oder Sprachinformation.

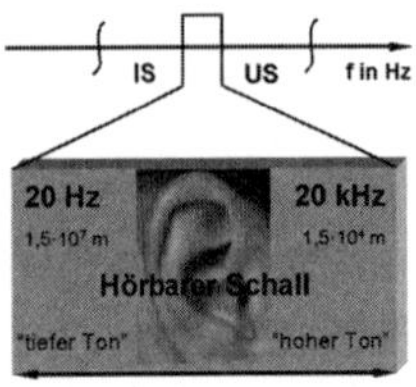

Bild 3.5 Schall ist für den Menschen im Bereich von 20 Hz bis 20 kHz hörbar. Unterhalb des Hörbereiches grenzt der Bereich von Infraschall (IS), oberhalb der Bereich von Ultraschall (US) an

Audiosignale sind die akustischen Signale im Hörschallbereich (Bild 3.5), die von Menschen wahrgenommen werden können.

Physikalisch handelt es sich um **hörbaren Schall** im Frequenzbereich zwischen etwa 20 Hz bis 20 000 Hz (20 kHz).

Audiotechnik beschäftigt sich mit der Verarbeitung von Audiosignalen. Wichtige Aspekte sind dabei Grundlagen der Akustik, Psychophysik, Digital Audio und beispielsweise die Verarbeitung von Musik mit MIDI (Music Instrument Digital Interface). Ein immer wichtigerer Bereich wird die synthetische und analytische Sprachverarbeitung.

1.2 Psychophysik

Objektive Außenwelt versus subjektive Innenwelt

Psychophysik ist ein interdisziplinäres Teilgebiet der Wahrnehmungspsychologie, das sich mit den Beziehungen zwischen der objektiven (physischen) und der subjektiven (psychischen) Welt beschäftigt (Bild 3.6).

Dabei geht es um den Zusammenhang zwischen physikalisch messbaren Reizen (z.B. Schalldruck) und den dazu gehörenden menschlichen Empfindungen (z.B. Schallempfindung) und subjektiven Wahrnehmungen (z.B. Schallwahrnehmung).

Es existieren für verschiedene Arten von physikalischen Reizen spezialisierte Sinnesorgane des Menschen: die Ohren beispielsweise für **Schallreize** (akustische Signale), die Augen für **Lichtreize** (optische Signale). In jedem dieser Sinnesorgane befinden sich spezialisierte Rezeptoren.

Die **Rezeptoren** dienen als Signalwandler und wandeln die physikalischen Reize (Schall, Licht) in chemisch-elektrische Signale (Hörsignal, Sehsignal).

Die elektrischen Erregungssignale werden über Nervenfasern in das Gehirn weitergeleitet. Für die verschiedenen Sinne gibt es **spezialisierte Areale** (Hirnbereiche). Erst dort entstehen die Empfindungen und daraus die Wahrnehmungen.

> Die Sinnesorgane dienen nur als Signalwandler. Empfindungen entstehen in jeweils spezialisierten Gehirnteilen (Arealen).

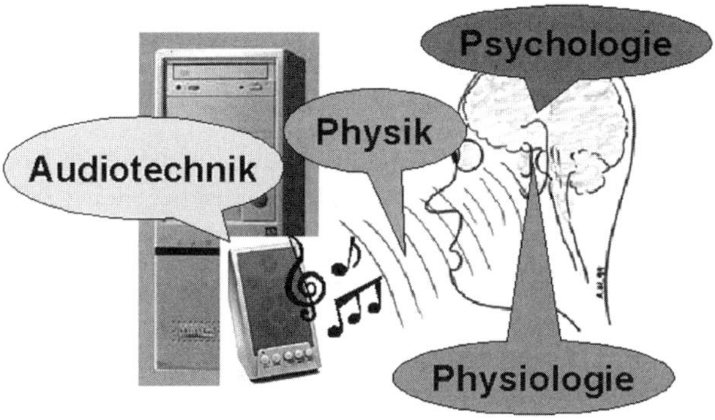

Bild 3.6 Audio ist das Zusammenspiel von Audiotechnik und Psychophysik, die Elemente der Physik, Psychologie und Physiologie zusammenfasst

Wichtig ist die sorgfältige Unterscheidung zwischen Reiz, Empfindung und Wahrnehmung:

Reiz (stimulus)

Reiz (stimulus) ist eine physikalische Erregung eines Sinnesorganes und bewirkt eine **Reaktion** (response). Jeder Reiz braucht eine bestimmte Schwelle, die Reizschwelle (stimulus threshold), um überhaupt wirksam zu werden. Bei Überschreiten einer bestimmten Schwelle (Schmerzschwelle) werden Schmerzrezeptoren mitgereizt.

Empfindung (sensation)

Empfindung (sensation) ist ein neurophysiologischer Prozess (Hören, Sehen, Riechen usw.), der erst aufgrund eines Reizes ausgelöst wird.

Wahrnehmung (perception)

Wahrnehmung (perception) schließlich ist als Erkenntnisprozess die Zusammenfassung der Empfindungen als ein Abbild einer objektiv-realen Umwelt und der eigenen Person (Innenwelt). Mit Wahrnehmungen werden wir uns intensiv im Band 3 „Multimedia-Design" beschäftigen.

Drei fundamentale Gesetze der Psychophysik sind für uns wichtig:

1.2.1 Webersches Gesetz

Das Gesetz von WEBER (1834) ist grundlegend und besagt, dass ein Reizzuwachs immer ein bestimmter Bruchteil des Ausgangsreizes sein muss:

$$\frac{\Delta I}{I} = c$$

I Reizintensität
c Webersche Konstante

Die relative Unterschiedsschwelle ist konstant, während die absolute Unterschiedsschwelle mit der Reizintensität zunimmt: Ein Reiz muss um einen bestimmten konstanten Wert (Prozentsatz) vergrößert oder verkleinert werden, damit ein eben merklicher Unterschied empfunden wird.

Audio-Frequenz (Tonhöhe) c = 0,003 (0,3 %)
Audio-Intensität (Lautstärke) c = 0,09 (9 %)
Video-Luminanz (Helligkeit): c = 0,016 (1,6 %)

Bild 3.7 Webersche Konstanten für den Hörsinn und Sehsinn

Bild 3.7 zeigt Beispiele von für uns interessanten Weberschen Konstanten. Zum Vergleich: Der Geschmack von Salzlösungen hat ein c = 0,25 (25%).

1.2.2 Fechnersches Gesetz

FECHNER (1860) ging vom Weberschen Gesetz aus: Er setzte voraus, dass die einzelnen eben merklichen Empfindungsunterschiede (**just noticeable difference, JND**) untereinander gleich sind:

$$\frac{\Delta I}{I} = \frac{\Delta E}{E}$$

I Reizintensität
E Empfindungsstärke

Ersetzen wir in dieser Gleichung Δ durch d, so erhalten wir:

$$\frac{dI}{I} = \frac{dE}{E}$$

Wächst die Reizintensität *I* quadratisch (geometrische Reihe), so steigt die Empfindungsstärke *E* in gleichen Intervallen (arithmetische Reihe)

Eine Integration beider Seiten dieser Gleichung ergibt:

$$E = c \cdot \ln(I) + C$$

C ... Integrationskonstante

Das ist das berühmte Fechnersche Gesetz (Fechner's law), oft auch (nicht ganz zutreffend) als **Weber-Fechner-Gesetz** bezeichnet. Es besagt:

> Eine logarithmische Zunahme der Reizintensität führt zu einer linearen Zunahme der Empfindungsstärke.

Allerdings ist dieses Gesetz nicht allgemeingültig, da es nicht für extrem kleine und extrem große Reizintensitäten zutrifft.

1.2.3 Stevens' Gesetz

STEVENS geht (erst 100 Jahre später) noch weiter als FECHNER: Er nimmt nicht Unterschiedsschwellen und bestimmt so indirekt die Empfindungsstärke, sondern er misst die Empfindung direkt.

Das Stevens-Gesetz (power-law) ist damit allgemein gültig und beschreibt den Zusammenhang zwischen Reiz- und Empfindungsgrößen:

$$E = I^k$$

k Sinneskonstante
(z.B. Lautstärke $k = 0{,}67$; Helligkeit $k = 0{,}33$)

k-Werte gelten als internationaler Standard

Die k-Werte gelten als Standard für die Gestaltung von Arbeitsplätzen, wo es auf die genaue Beachtung von minimalen Intensitätsschwankungen der Signale ankommt.

Genaueres im Band 3 „Design"

Die psychologische Bedeutung dieser Gesetze wird im Band 3 noch genauer besprochen, nun wenden wir uns wieder der eigentlichen Audiotechnik zu.

1.3 Audiotechnische Grundlagen

1.3.1 Ton

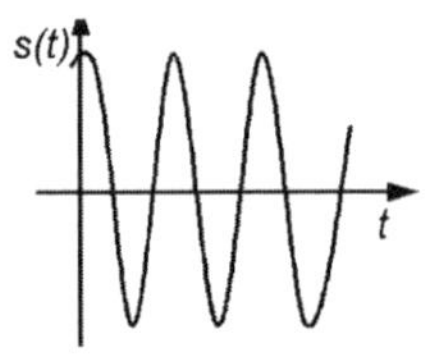

Bild 3.8 Eine einzige harmonische Schwingung bezeichnen wir als „Ton"

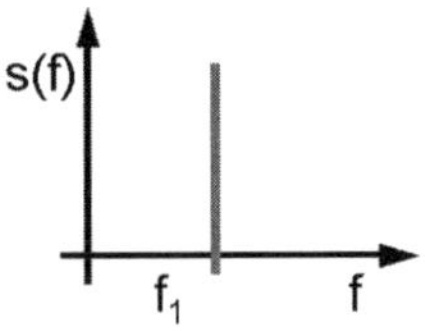

Bild 3.9 Der gleiche Ton im Frequenzspektrum: nur eine Frequenz

Ein Ton (tone) kann durch Vibration eines Materials (z.B. Geigensaite, Lautsprechermembran, Bild 3.3) entstehen, wodurch **Luftschwankungen** ausgelöst werden und als longitudinale Druckwellen in der Luft fortgeleitet werden. Durch einen elektroakustischen Schallwandler (Mikrofon, siehe Kapitel 6) können diese Schalldruckänderungen in entsprechende elektrische analoge Signale umgewandelt und schließlich für Multimedia-Systeme in digitale Signale umgesetzt werden.

Bei einem Ton handelt es sich um eine **harmonische Schwingung** einer einzigen Tonfrequenz (Bilder 3.8 und 3.9).

Die Qualitäten eines Tones sind die Frequenz (Tonhöhe) und die Amplitude (Lautstärke).

In der Musik wird auch eine Addition von Grundton und Obertönen als Ton bezeichnet.

Ein Ton ist seiner Natur nach nicht sofort „da", sondern benötigt eine gewisse **Einschwingzeit** (Bild 3.10).

Die Einschwingzeit besteht aus zwei Teilen: **Attack**, bis der Ton seine maximale Lautstärke erreicht hat, und **Decay**, bis der Ton auf einen quasistationären Zustand eingeschwungen ist (**Sustain-Pegel**). Auch klingt ein Ton nach dem Ende der Anregungsphase nicht sofort aus, sondern benötigt eine gewisse Ausschwingzeit (**Release**): Bild 3.10 zeigt den prinzipiellen Zeitverlauf einer Tonamplitudenstärke.

Bild 3.10 Ein Ton ist nicht sofort da und hört auch nicht sofort wieder auf: Zeitverlauf der Amplitudenstärke

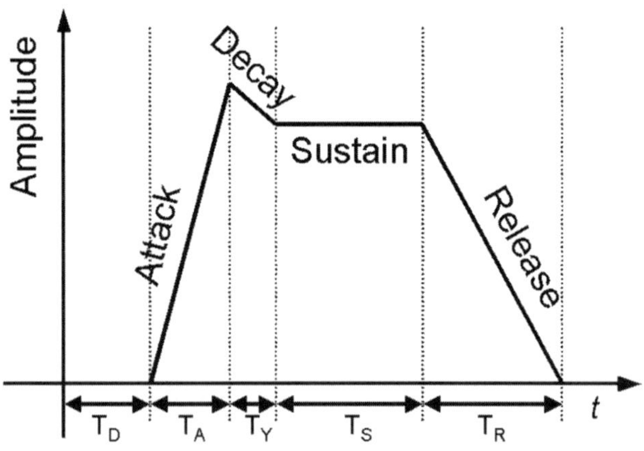

1.3.2 Klang

Reine Töne kommen in der Natur selten vor. Bei zusammengesetzten Schwingungen sprechen wir physikalisch von einem Klang (sound), der in eine **Grundschwingung** und in **Oberschwingungen** zerlegt werden kann (Bild 3.11). Für die psychophysikalische Empfindung eines Klanges (musikalisch gesehen eines Tones) ist die **Struktur der Obertöne** entscheidend.

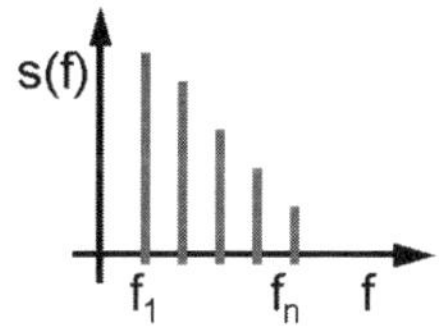

Bild 3.11 „Klang"

Bei einem „Geräusch" ist das Intensitätsspektrum nicht linienförmig, sondern breitbandig mit stark schwankendem Amplitudenverlauf (Bild 3.12). Bei einem „Knall" ist der Intensitätsverlauf breitbandig und über einen großen Frequenzbereich konstant (Bild 3.13).

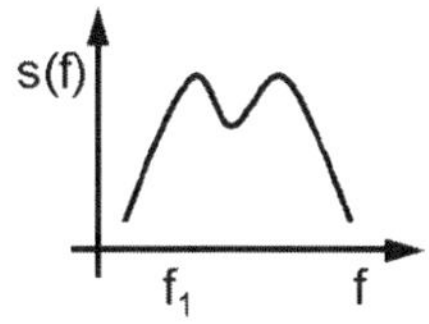

Bild 3.12 „Geräusch"

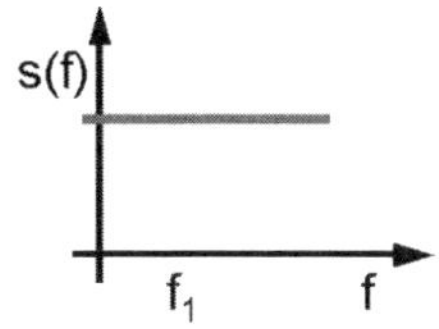

Bild 3.13 „Knall"

1.3.3 Partitur

Die festgelegte Abfolge von Noten, Notenwerten und Takten nennen wir eine Partitur. Das ist eine wichtige **Informationsdarstellung** in der Musik. Auch für moderne Multimedia-Anwendungen wird ein System – das um 1650 eingeführt wurde – verwendet. Die wichtigsten Bestandteile der Partitur sind aus folgendem Bild ersichtlich:

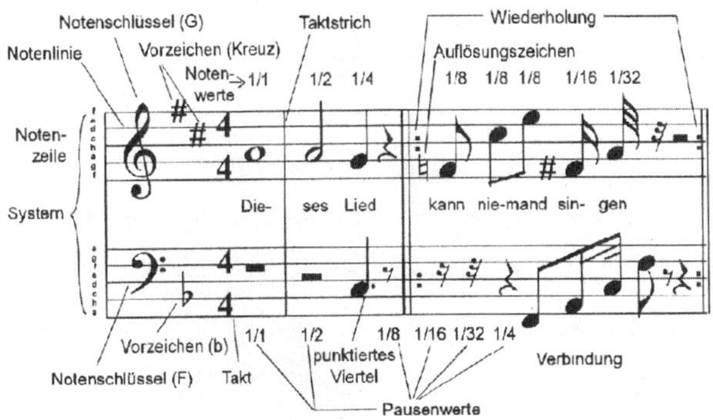

Bild 3.14 Die 1650 eingeführte Partitur ist auch für Multimedia-Systeme gültig (aus Jarz (97), 200)

Bild 3.15 Die Partitur ist eine wichtige Informationsdarstellung

Die **Tonleiter** (scale) ist eine festgelegte Abfolge von Tönen innerhalb eines Intervalls (Bild 3.16). Es gibt verschiedene Tonleitern mit unterschiedlicher Tonanzahl und Schrittfolge. **Harmonie** entwickelt sich aus dem zeitlichen Miteinander von einzelnen Tönen. Nacheinander erklingende Töne heißen **Tonreihe**, zwei Töne gleichzeitig werden als **Intervall** und drei Töne als **Akkord** bezeichnet.

Das **Tempo** bestimmt die Geschwindigkeit der zeitlichen Abfolge von Tönen und damit auch die Dauer einzelner Töne. Der **Takt** (beat) legt das numerische Verhältnis von betonten und unbetonten Zählzeiten fest. Die **Dynamik** ist der Kennwert für den Verlauf der Lautstärke in der zeitlichen Abfolge der Einzeltöne. Die Stufen der Dynamik werden in der Musik mit italienischen Begriffen bezeichnet (ppp – pianissimo possibilie, so leise wie möglich, bis fff – forte fortissimo, so laut wie möglich).

Bild 3.16 Klaviertastatur mit C-Dur-Tonleiter. Schwarze Tasten kennzeichnen die Halbtöne (aus Veit (96), 37)

2 Unser Ohr als akustischer Sensor

2.1 Ohr und Hörsinn

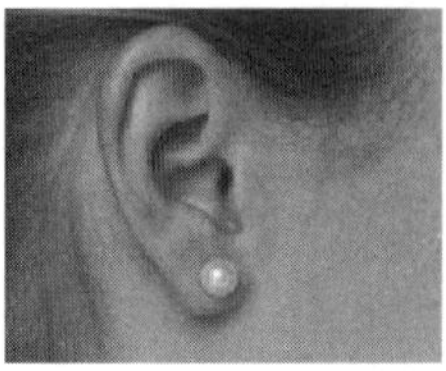

Bild 3.17 Uber die Ohrmuschel (auricle) erreichen die akustischen Signale das Innenohr

Mechanische Schwingungen werden über das **akustische System** Ohr an Haarzellen im Innenohr geleitet, dort in elektrische Signale umgewandelt und dann über den Gehörnerv an das entsprechende Gehirnareal weitergeleitet. Dort werden Empfindungen ausgelöst und dort erfolgen Hörwahrnehmungen (Bild 3.18).

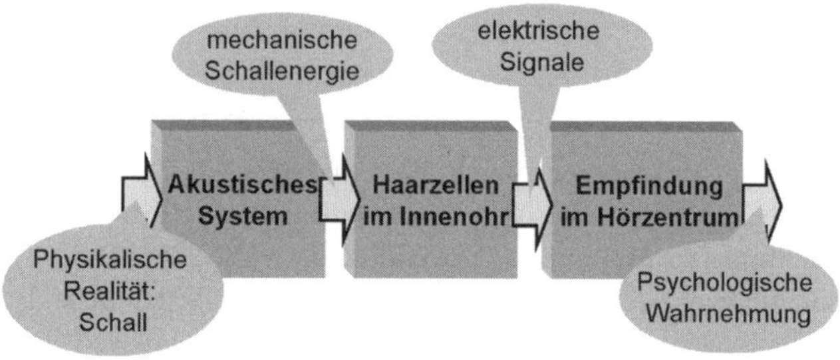

Bild 3.18 Von der physikalischen Realität zur psychologischen Wahrnehmung

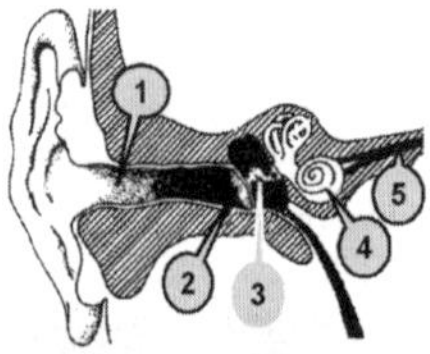

Bild 3.19 Schnitt durch das Ohr (Erklärung im Text)

Bild 3.19 zeigt uns einen Schnitt durch das Ohr: Die Audiosignale erreichen unser Hörorgan hauptsächlich über die Ohrmuschel (Bild 3.17) und den **Gehörgang** (1 in Bild 3.19). Dieser Teil wird auch als äußeres Ohr bzw. auris externa bezeichnet (external auditorial canal).

Die Schalldruckänderungen versetzen das **Trommelfell** (membrana tympanica, eardrum, 2) in Schwingungen, die sich über **Gehörknöchelchen** (3) im Mittelohr (Paukenhöhle, tympanum) auf das Innenohr übertragen.

Dabei dient das Mittelohr als **mechanischer „Impedanzwandler“:** Der Schall wird von einer großen Fläche (Trommelfell) auf eine kleine Fläche (ovales Fenster) übertragen. Die Hebelkonstruktion der Gehörknöchelchen (Hammer, Amboss und Steigbügel) erhöht die Kraftübertragung auf die Membran des ovalen Fensters. Das Optimum wird im Frequenzbereich zwischen 1 bis 2 kHz erreicht.

Durch diese Schwingungen entsteht eine „Wanderwelle“ in der **Gehörschnecke** (Cochlea, 4). In dieser Schnecke befinden sich die **Haarzellen** (Hörsinneszellen). Die Wanderwelle führt zu einer mechanischen Verschiebung (Abscherung) dieser Haarzellen (im nm-Bereich) und damit zur Auslösung von elektrischen Aktionspotentialen in den jeweils zugehörenden Fasern des **Hörnervs** (nervus acusticus, auditory nerve 5).

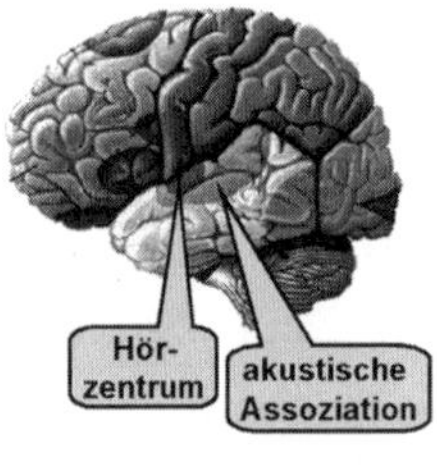

Bild 3.20 Das Hörzentrum liegt im Zentrum des Gehirns

Dieses Nervensignal reizt das entsprechende Areal (area) im Gehirn, das so genannte **Hörzentrum**, das im oberen Teil des Temporallappens (Bild 3.20) liegt. Hier erst entstehen Hörempfindungen und Hörwahrnehmungen.

2.2 Psychophysik des Hörens

Für das spätere Design von Multimedia-Systemen sind folgende Fragen von Interesse:

Empfindlichkeit

- Wie empfindlich ist eigentlich das Sinnesorgan Ohr? Können wir beliebig schwache Schallreize wahrnehmen?

Wahrnehmung

- Wie genau ist die Wahrnehmung unseres Hörorgans? Können wir beliebig kleine Unterschiede zwischen Schallreizen wahrnehmen?

Aufmerksamkeit

- Welchen Schallreizen wenden wir unsere Aufmerksamkeit am stärksten zu? Können wir beliebig viele Schallreize wahrnehmen oder nur einige?

Zunächst besprechen wir folgende **Schallqualitäten**, die zur Weiterleitung ins Gehirn durch den Hörnerv von den Haarzellen codiert werden:

- Schallfrequenz (Tonhöhe, pitch),
- Schalldruckpegel (sound pressure level),
- Schallintensität (Lautstärke, loudness),
- Schallrichtung (Lokalisation), Entfernung der Schallquelle (Abstand) und
- Klangfarbe (Oberschwingungen, timbre).

2.3 Subjektivität und Selektivität der Wahrnehmung

objektiv versus subjektiv

Die objektive (physikalische) Welt besteht aus Atomen, Molekülen und elektromagnetischen Schwingungen. Unsere Wahrnehmung aber ist subjektiv. Wir empfinden keine Atome oder Schwingungen, sondern Farben, Gerüche oder eben Töne – Dinge, die eigentlich in unserer äußeren, physikalischen Welt gar nicht existieren.

Jeder Art von physikalischen Reizen entspricht eine bestimmte Art von psychologischen Empfindungen. Für jede Art dieser Reize gibt es spezialisierte Sinnesorgane – das Ohr für Schallwellen.

Empfindungen entstehen nicht in den Sinnesorganen, sondern im Gehirn. Diese sind von Erregungen in bestimmten Gehirnteilen abhängig und bei Fehlen dieser Teile nicht möglich.

Die Selektivität macht sich bemerkbar, indem eine Schallwahrnehmung nur innerhalb eines Frequenzbereiches von 20 Hz bis ca. 20 000 Hz erfolgt. Die obere Hörgrenze kann mit zunehmendem Alter bis auf Werte von 5000 Hz absinken (Presbyakusis).

Die Selektivität der Wahrnehmung bezieht sich auch auf die Reizstärke: Die Reize innerhalb dieser Qualitätsschwellen müssen natürlich eine gewisse Mindeststärke haben, damit wir diese überhaupt empfinden. Die Reize dürfen andererseits aber eine gewisse Maximalstärke nicht überschreiten, sonst empfinden wir Schmerz (siehe Schallintensität, Kapitel 2.3.2).

2.3.1 Schallfrequenz (Tonhöhe, Pitch)

Der Hörbereich des menschlichen Gehörsinnes umfasst theoretisch 20 Hz bis 20 kHz. Gleiche Frequenzverhältnisse empfindet man als gleiche Tonhöhenunterschiede (Beispiel: Das Frequenzverhältnis 2:1 wird in allen Frequenzlagen als Oktave empfunden).

Die Einstufung der Tonhöhen durch das menschliche Gehör ist weitgehend proportional zur Schallfrequenz.

Die Wahrnehmbarkeitsschwelle von relativen Tonhöhenschwankungen ist abhängig von der Frequenz und der Intensität. Diese beträgt bei mittleren Schallpegeln etwa ± 0,3% der Tonfrequenz.

Zur Skalierung der Tonhöhenempfindung wird der Frequenzbereich der Schallempfindung logarithmisch in **Oktaven** unterteilt. Eine Verdoppelung der Tonfrequenz ergibt einen Oktavschritt.

Die Oktave (bei der chromatischen Tonleiter) wird in zwölf Tonintervalle mit konstanten Frequenzverhältnissen unterteilt.

Der Tonhöhenunterschied benachbarter Tonintervalle beträgt einen Halbtonschritt 1: 1,0595 (12. Wurzel aus 2); für einen Ganztonschritt 1: 1,1222 (6. Wurzel aus 2)

Bild 3.21 Die Halbtonschritte c1 bis c2 mit Kammerton a1 (zum Stimmen von Instrumenten)

Ton	c1	cis1	d1	dis1	e1	f1	fis1	g1	gis1	**a1**	b1	c2
Frequenz Hz]	262	277	294	311	330	349	370	392	415	**440**	466	464

Bild 3.22 Die Halbtonschritte c1 bis c2 in der Notendarstellung

Zum Stimmen von Musikinstrumenten wird auf den **Kammerton a1 (*f* = 440 Hz)** Bezug genommen.

2.3.2 Schalldruckpegel (sound pressure level)

Bild 3.23 Ursprünglich wurde das „Bel" nach Alexander Graham Bell (1847–1922) festgelegt; als Akustiker jedoch feststellten, dass das subjektive Unterscheidungsvermögen von Schall bei rund 1/10 dieses Wertes lag, wurde das dB eingeführt

Zur Behandlung von Verstärkungen und Dämpfungen (Abschwächungen) wurde als nützliches Hilfsmittel die „Pseudo-Einheit" **Dezibel (dB)** eingeführt. Die Grundidee dabei ist es, Verhältnisse nicht direkt, sondern logarithmisch anzugeben. Werte mit der Einheit dB werden **Pegel** genannt.

Dezibel ist keine echte Einheit, sondern ein Hinweis, dass der angegebene Zahlenwert den dekadischen Logarithmus eines Verhältnisses ausdrückt. Ein dB-Wert kann kann aber zur „echten Einheit" werden, wenn ein Bezugswert fest vereinbart wird und eine physikalische Größe in Vielfachen dieses Bezugswertes angegeben wird.

Die Einführung eines Logarithmus hat viele Vorteile: Signalpegel bewegen sich in der Regel über viele Größenordnungen (Bild 3.24). Durch die Logarithmierung werden diese sehr weiten Zahlenbereiche auf Zahlenwerte abgebildet, die wesentlich *einfacher zu handhaben* sind.

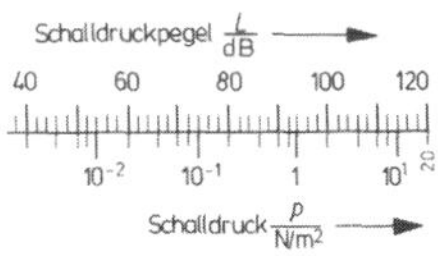

Bild 3.24 Beispiel für die Umrechnung des Schalldrucks in den Schalldruckpegel durch ein Nomogramm, vgl. Veit, 96, 30

Das **Dezibel (dB)** gibt als **Pegelmaß** nur das **Verhältnis** zweier Größen an. Es ist daher *ohne Dimension.* Wird jedoch eine Bezugsgröße vereinbart, dann können auch dimensionsbehaftete Größen logarithmisch angegeben werden.

In Anlehnung an das Weber-Fechnersche Gesetz (vgl. Kapitel 1.2.1) wird der Schalldruckpegel folgendermaßen definiert:

$$L_s = 20 \cdot \log\left(\frac{p}{p_0}\right)$$

p_0 Bezugsschalldruck $2 \cdot 10^{-5}$ Pa
L_s Schalldruckpegel in dB

1 Pascal (Pa) = 1 N/m^2

Der Bezugsschalldruck von $2 \cdot 10^{-5}$ Pa entspricht dem Schalldruck eines Sinustones mit einer Frequenz von 1000 Hz, den das menschliche Gehör gerade noch wahrnehmen kann. Dieser Wert wird **Hörschwelle** genannt.

Ab einem Schalldruckpegel von rund 120 dB wird der Schall unerträglich laut (Schmerzschwelle). Eine Schädigung des Gehörs ist aber nicht nur vom Schalldruck, sondern auch von der Einwirkdauer abhängig.

Durch den Übergang von der Einheit [Pa] zur Pseudoeinheit [dB] ist bereits eine relativ gute Anpassung an das nichtlineare menschliche Hörvermögen möglich. Allerdings wurde zur Berücksichtigung der subjektiven Lautstärkeempfindung des Menschen die spezielle Größe Lautstärkepegel (Schallintensität, Lautstärke) eingeführt (siehe nächste Seite).

2.3.3 Lautstärkepegel (Schallintensität)

Die (subjektiv) empfundene **Lautstärke** (volume) eines Schallereignisses ist nicht nur abhängig vom Schalldruckpegel (Kapitel 2.3.2), sondern auch von dessen Frequenzzusammensetzung.

Zwei Töne (sinusförmiges Signal) mit gleichem Schalldruckpegel, aber unterschiedlicher Frequenz rufen eine unterschiedliche Lautstärkeempfindung hervor.

Der Zusammenhang zwischen Lautstärke und Schalldruckpegel für den Hörbereich (sog. Hörkurven bzw. „Kurven gleicher Lautstärkepegel“) wurde von FLETCHER & MUNSON (1933) angegeben (Bild 3.25) und 1961 als ISO-Empfehlung (DIN 45 630) international eingeführt:

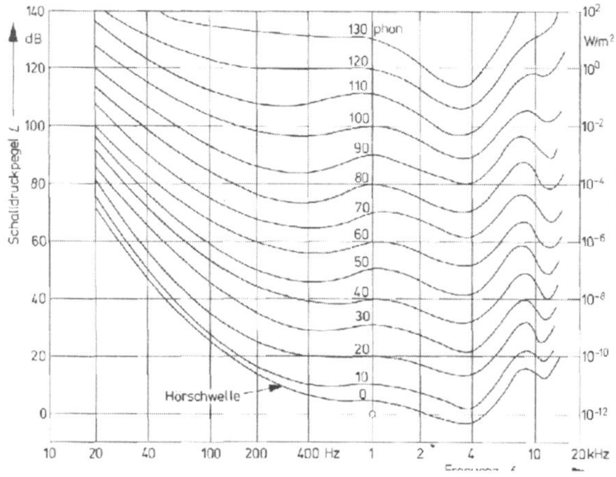

Bild 3.25 Kurven gleichen Lautstärkeeindruckes (Isophone) von Fletcher und Munson (x-Achse: Frequenzgang, y-Achse: Schalldruckpegel), aus Veit, 96, 124

Um diese subjektiven Lautstärkeempfindungen auch quantitativ beurteilen zu können, wurden neben den rein physikalischen Größen einige spezielle psychophysikalische Größen eingeführt:

Lautstärkepegel in Phon

Die Einheit „Phon“ versucht, das Lautstärkeempfinden abzubilden

Als Maß für den subjektiven Lautstärke-Eindruck wird der Lautstärkepegel L_N in **Phon** verwendet. Dabei wird die Ermittlung der Lautstärke auf einen subjektiven Vergleich mit einem Normschall von 1 kHz zurückgeführt.

Mit der Einheit Phon wird versucht, das Lautstärkeempfinden nachzubilden. Eine einzelne Kurve der „Kurven gleicher Lautstärkepegel“ (curves of equal loudness) hat einen festen Phon-Wert.

Bei der Frequenz 1 kHz entspricht z.B. ein 40-Phon-Ton einem Schalldruckpegel von 40 dB; aber bei einer Frequenz von z.B. 50 Hz entspricht der 40-Phon-Ton einem Schalldruckpegel von 65 dB.

Der Schalldruckpegel in dB (Kapitel 2.3.2) ist physikalisch eindeutig messbar. Das ist bei einem durch *menschliche Vergleichsmessungen* zustande gekommenen Lautstärkepegel nicht so eindeutig. Es handelt sich ja um einen (subjektiven) Mittelwert von an (verschiedenen) Menschen vorgenommenen Messungen. Daher werden bei entsprechenden Schallmessinstrumenten elektronische Filter eingebaut, die mit A, B und C bezeichnet werden.

Der **Filter A** ist so gebaut, dass er der Phonkurve entspricht.

Moderne Schallmessgeräte benutzen fast nur noch diesen Filter. Der damit gemessene Lautstärkepegel besitzt den Namen **dB(A).** Auch für den Umweltschutz oder die Lärmmessung bei Autos (Lautstärkepegel für bestimmte Fahrbedingungen) werden die Werte in dB(A) angegeben.

Der Lautstärkebereich des Ohres liegt zwischen 20 µPa (Hörschwelle, 0 Phon) und 20 Pa (Schmerzschwelle, 130 Phon). Das Gehör hat von allen Sinnesorganen die *höchste Empfindlichkeit:* an der Hörschwelle genügt eine Energie von $5 \cdot 10^{-18}$ W.

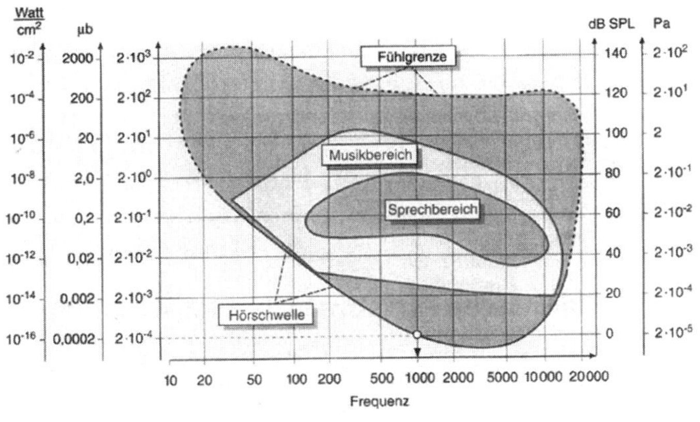

Bild 3.26 Die Hörfläche normal hörender Personen

Die Empfindlichkeit des Ohres ist bei 3500 Hz am größten.

Die **Lautheit** wird in **sone** angegeben. Als Bezugswert wurde 1 sone ein Sinuston (f = 1 kHz) und der Schalldruckpegel von 40 dB zugeordnet.
Ein *doppelt* so laut empfundener Schallvorgang hat die Lautheit 2 sone (+10 phon), ein vierfach so laut empfundener 4 sone usw.

Die Einheit sone spielt in der Tonstudiotechnik kaum eine Rolle, dafür aber in der akustischen Messtechnik. Z.B. wird in Qualitätstests von Computerfestplatten oft der Störschall in sone angegeben.

2.3.4 Schallrichtung (Lokalisation und Abstand)

Akustische Gestalt siehe Band 3

Räumliches Hören wird ermöglicht durch Nachhall, Schallabsorption, Schallschatten, Signallaufzeiten und die Richtungsempfindlichkeit der Außenohren. Daraus sind auch Informationen über die Größe des umgebenden Raumes zu gewinnen und ob ein Hindernis in der Nähe ist.

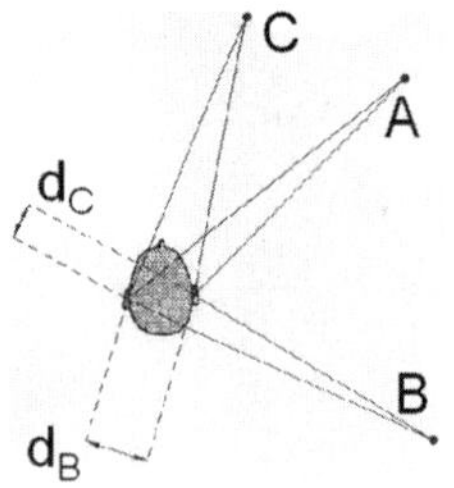

Bild 3.27 Eine Klangquelle wird durch Laufzeitunterschiede, Lautstärke und Schallschatten lokalisiert (Erklärung im Text; verändert nach Herkner (92), 77)

Blinde sind in der Lage, Hindernissen auszuweichen, wenn sie reflektierte selbst erzeugte Laute hören („Fledermaus-Effekt").

Nur durch Reizinformationen **an beiden Ohren** (binaurales Hören) sind Schallquellen im Raum lokalisierbar.

Beispielsweise liegt die Genauigkeit von Klickgeräuschen bei etwa 3° (Nutzung von Laufzeitunterschieden, Lautstärke und Schallschatten).

Um den *Laufzeitunterschied des Schallreizes* zu ermitteln, müssen die Signale im Gehirn miteinander verglichen werden. Berechnen wir diese Zeitdifferenz, kommen wir auf recht erstaunliche Ergebnisse. Um Richtungsinformationen zu erhalten, muss der Kopf *bewegt* werden. Die Schallquellen A und B in Bild 3.27 verursachen gleiche Zeitdifferenzen d_C zwischen den Ohren. Nur wenn der Hörer den Kopf z.B. nach links dreht, verschiebt sich scheinbar die Schallquelle A weiter zur Seite und d_C wird größer: Erst dadurch merkt der Hörer, dass Quelle A rechts vorne und nicht rechts hinten ist.

Lautstärkeunterschiede werden bei Stereoanlagen benutzt, um einen räumlichen Höreindruck zu vermitteln. Je größer der Lautstärkeunterschied zwischen den Lautsprechern ist, desto weiter auf der Seite des lauteren Reizes scheint die Schallquelle zu liegen.

2.3.5 Klangfarbe (Timbre) Oberschwingungen

Schallreize unterscheiden sich nicht nur in Tonhöhe und Lautstärke, sondern auch durch das Verhältnis der Amplituden von Oberschwingungen (Obertöne) zur Grundschwingung (Grundton).

„Zum Glück kommen Sinustöne fast nur in Büchern über Musik oder Psychologie, in Akustiklabors und manchmal auch bei schlechten Synthesizern vor ... in der Natur jedenfalls nicht ..." John R. Pierce, 1989

Nur mit Hilfe der Klangfarbe ist es möglich, verschiedene Musikinstrumente (Oboe, Klarinette) und verschiedene Stimmen von Personen zu erkennen und zu unterscheiden.

Der „Charakter" eines Klanges ergibt sich aus seinem Obertongehalt. Klänge wirken hell oder gar schrill, wenn die hohen Frequenzkomponenten oder Partialtöne stärker vertreten sind als die niedrigen. Dominieren umgekehrt die tiefen Partialtöne, so wirkt die Klangfarbe dumpf und dunkel.

3 Menschliche Sprache

3.1 Grundlagen

Sprache ist eine auf auditiven Signalen basierende Informationsart. Über den auditiven Perzeptor (Aufnehmer) Ohr werden die Sprachsignale aufgenommen und vom Gehirn (Hörzentrum) als ein System von Zeichen interpretiert.

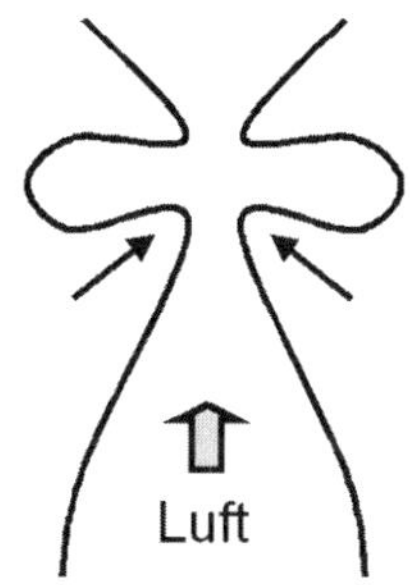

Bild 3.28 Wenn die Stimmbänder durch den Luftstrom in Schwingung geraten, schwingen die Stimmlippen (Pfeile) ebenfalls

Der Mensch ist an die **Sprache** als Kommunikationsmedium im Dialog seit Jahrtausenden gewöhnt. Als Kommunikationsorgan ist die **Stimme** direkt auf das Hörvermögen ausgerichtet. Ähnlich wie bei einem Blasinstrument (z.B. Trompete) gibt es einen Windraum (Trachea), von dem aus Luft durch einen Spalt der schwingungsfähigen Stimmlippen (Stimmbänder, ...) in einen Luftraum (Ansatzrohr) strömt (Rachen, Mundhöhle und Nasenhöhlen). Durch eine große Anzahl von Muskeln ergibt sich eine große Variationsbreite der Stimme (Stimmlagen). Durch Verformung des Ansatzrohres (Bild 3.28) werden (bei fast gleicher Grundfrequenz) hohe Töne (Formanten) beigemischt, die verschiedene Laute (z.B. Vokale, Bild 3.29) erzeugen.

Die Muskeln zur Einstellung der Stimmbänder und der Stimmritze werden durch Signale aus dem motosensorischen Kortex über den **nervus vagus** gesteuert. Den primären Sprachzentren innerhalb des motosensorischen Kortex sind sekundäre Areale der Hirnrinde übergeordnet: das Brocasche Sprachzentrum.

Siehe Band 2 Gehirnteile

Bei Ausfall des Brocaschen Areals kommt es trotz intakter primärer Sprachzentren zu Sprechunfähigkeit (motorische Aphasie). Bei Ausfall des sekundären Areals der Hörbahn (Wernickesches Areal) fehlt es an Sprachverständnis (sensorische Aphasie).

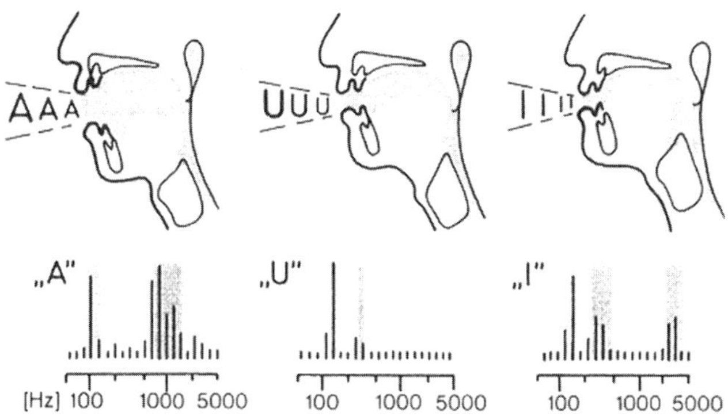

Bild 3.29 Gesprochene Vokale unterscheiden sich bei fast gleicher Grundfrequenz durch die „beigemischten" hohen Töne (Formanten), verändert nach Silbernagl & Despopoulus (83), 325

3.2 Sprachausgabe

Mit Digitalrechnern kann eine synthetische Spracherzeugung realisiert werden, wobei die resultierende Sprache zwar verständlich, aber oft unnatürlich klingt (Telefonauskunft).

Verständlichkeit ist eine Grundvoraussetzung. Natürlichkeit erhöht die Akzeptanz bei den Benutzern.

Auditive Parameter

Wenn wir uns mit Sprachsignalverarbeitung beschäftigen, müssen wir zunächst einige zentrale Begriffe (auditive Parameter) klären:

Sprachgrundfrequenz ist der niedrigste periodische Signalanteil bei stimmhaften Lauten im Sprachsignal.

Phonem ist die kleinste **bedeutungsunterscheidende** (nicht bedeutungstragende, siehe Morphem) sprachliche Einheit.
Im Deutschen werden 41 Phoneme unterschieden (mitgerechnet die Affrikate „tsch, ts, pf", den Halbvokal „Schwa", die Diphthonge „au, oi, ai" – ohne diese: 34).
Im (britischen) Englischen werden 44 Phoneme unterschieden.

Allophone kennzeichnen Varianten eines Phonems als Funktion seiner lautlichen Umgebung.

Morphem kennzeichnet die kleinste **bedeutungstragende** sprachliche Einheit (Haus ist ein Morphem, Behausung nicht).
Die beiden deutschen Wörter „Bein" und „Pein" unterscheiden sich nur in den Phonemen „b" und „p". Aus den 41 Phonemen können alle Wörter der deutschen Sprache zusammengesetzt werden.

Laut nennen wir die Ausprägung eines Phonems. Ein stimmhafter Laut wird durch Stimmlippenschwingungen erzeugt (m, w, l), die Ausprägung stimmhafter Laute hängt vom Sprecher ab.
Ein stimmloser Laut wird durch Öffnung der Stimmlippen erzeugt (f, s), die Ausprägung stimmloser Laute ist vom Sprecher unabhängig.

Gesprochen werden Laute, nicht Phoneme.

Bei den Lauten wird unterschieden zwischen:

- **Vokal** (z.B. „a“ in hatte),

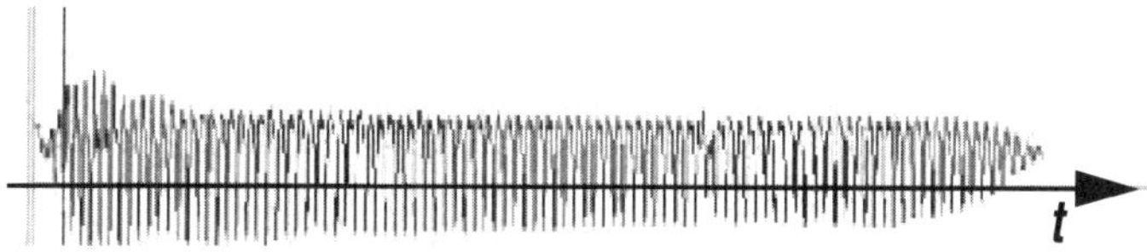

Bild 3.30 Der Vokal „a“ als Sprachsignal dargestellt

- **stimmhafter Konsonant** (z.B. m in Multi),
- **frikativer stimmhafter Konsonant** (z.B. w in Wurm),
- **frikativer stimmloser Konsonant** (z.B. s in Kasse),
- **explosiver Konsonant** (z. B. d in dort, oder k in Kasse, wie in Bild 3.29),

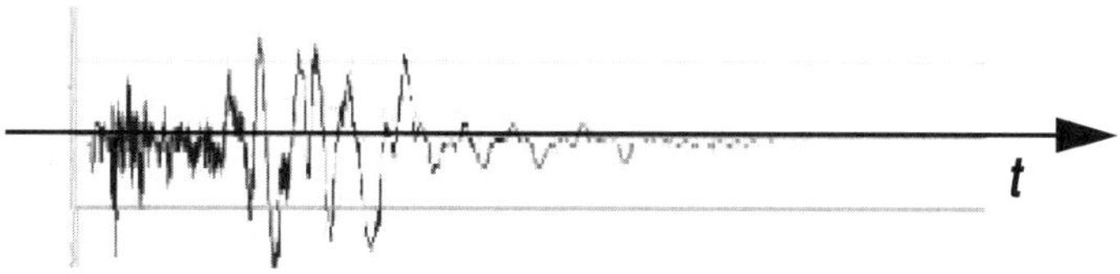

Bild 3.31 Der explosive Konsonant „k“

- **affrikater Konsonant** (pf in Pfund).

Diphon ist die Zusammenfassung von je zwei Phonemen. Im Deutschen sind etwa 1400 Diphone definiert.

Prosodie ist die „Sprachmelodie“ und hängt von der Semantik (Bedeutung) der Sprache ab. Die Aussprache eines Fragesatzes klingt ganz anders als derselbe Satz als Feststellung.

Gestalterische Parameter von Sprachsignalen in Band 3

Im Band 3 „Design“ werden wir die gestalterischen Parameter besprechen, die bei der Repräsentation von Sprachsignalen in Computern zu berücksichtigen sind. Wir beschäftigen uns hier zunächst nur mit den technischen Grundlagen.

Technisch können wir zwischen vier gängigen Arten der Sprachausgabe für Multimedia-Anwendungen unterscheiden:

- a) reproduzierende Sprachwiedergabe,
- b) Lautverkettung im Zeitbereich,
- c) Lautverkettung im Frequenzbereich und
- d) Sprachsynthese.

a) Die **reproduzierende Sprachwiedergabe** stellt das einfachste Verfahren dar. Die benötigten Sprachelemente für das jeweilige Multimedia-System werden einfach von einer Person gesprochen, aufgezeichnet, codiert (z. B. PCM-codiert) und zum Zeitpunkt der Ausgabe wiedergegeben.

b) Bei der Sprachausgabe über eine **Lautverkettung im Zeitbereich** werden einzelne Sprachkomponenten wie Bausteine zusammengesetzt.

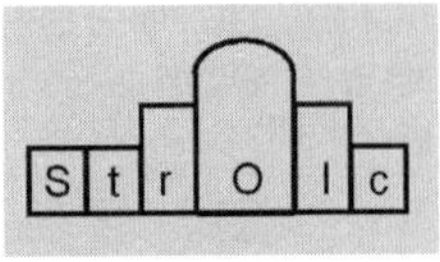

Bild 3.32 Lautverkettung aus einzelnen Phonemen

Bei der Lautverkettung im Zeitbereich wird versucht, Laute, Wörter und Sätze aus Silben oder Bruchteilen von Silben zusammenzusetzen.

Mit wenigen Phonemen (Bild 3.32) ist es dabei möglich, einen quasi unbegrenzten Wortschatz zu erzeugen. Allerdings erweisen sich die **Übergänge** zwischen den einzelnen Phonemen als problematisch. Aus diesem Grund werden die Phoneme in ihrer Umgebung – die Allophone – herangezogen. Aber auch durch die rund 230 Allophone wird das Problem der Übergänge nicht zufrieden stellend gelöst. Zwei Phoneme können weiters zu einem Diphon zusammengefasst werden. Mit rund 1400 Diphonen ist die Problematik der Übergange zwar etwas entschärft (Bild 3.33), eine naturgetreue Qualität erreicht man damit aber nicht.

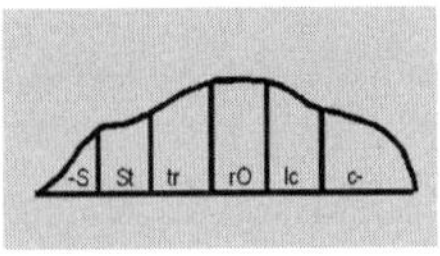

Bild 3.33 Lautverkettung aus Diphonen

Die beste Sprachausgabequalität wird erreicht, wenn das ganze gesprochene Wort gespeichert wird.

c) Bei der Sprachausgabe mittels **Lautverkettung im Frequenzbereich** wird oft die **Formantsynthese** angewandt. Ein Formant ist ein Teilton eines Lautes und eine Energiekonzentration im Spektrum des Sprachsignals. Durch eine Synthese (Zusammenfügung) wird der menschliche Sprachtrakt durch elektronische Filter simuliert. Kennzeichnende Kriterien sind dabei die **Filtermittenfrequenz** und die **Filterbandbreite**. Für die stimmhaften Laute wird ein Pulssignal mit der Sprachgrundfrequenz gewählt. Stimmlose Laute werden über einen Rauschgenerator angeregt.

Eine weitere Möglichkeit stellt das **Linear Predictive Coding** dar. Der menschliche Sprechtrakt wird dabei über einen mehrpoligen **Lattice-Filter** nachgebildet. Die Stimmbänder werden über einen Rauschgenerator und einen Tongenerator simuliert.

Der Sprechtrakt kann auch über ein **mechanisches Röhrenmodell** zusammen mit einem **Wellendigitalfilter** nachgebildet werden.

d) Die **Sprachsynthese** (Bild 3.34) stellt eine Möglichkeit dar, gedruckten Text in ein akustisches Signal zu transformieren.

OCR, optical character recognition

Es gibt eine Reihe von Anwendungsfällen, in denen das auszugebende Vokabular praktisch unbegrenzt sein muss. Ein Beispiel stellt eine „Vorlesemaschine“ für Blinde dar. Dabei wird zuerst der Schrifttext eingescannt und dann eine Schriftzeichenerkennung durchgeführt (OCR). Der so erhaltene Text wird in Sprache umgesetzt. Da die Schriftvorlage beliebigen Text enthalten kann, ist es nicht möglich, diesen vorher aufzusprechen. In diesem

Fall muss die Sprache aus **Lautelementen** zusammengesetzt werden, deren Anzahl wegen der physiologischen Gegebenheiten des menschlichen Artikulationstraktes begrenzt ist.

Eine Sprachsynthese erfolgt in zwei Schritten (Bild 3.34):

Sprachsynthese durch Software und Hardware

- Es erfolgt zunächst eine Übersetzung des Textes in eine Lautschrift (Transkription) unter Verwendung eines Lexikons (durch Software). Hier besteht die Möglichkeit, dass die Benutzer dieses Lexikon ständig verbessern und erweitern.
- Dann wird die Lautschrift in ein akustisches Sprachsignal umgewandelt (durch Hardware).

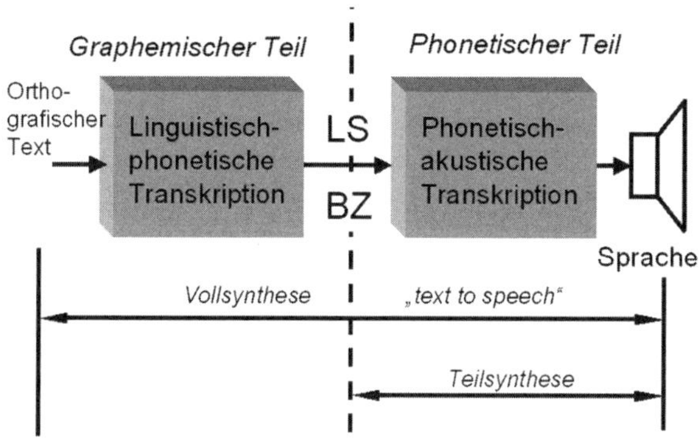

Bild 3.34 Prinzip der Sprachsynthese, LS = Lautschrift, BZ = Betonungszeichen

Ein großes Problem stellt dabei die Semantik dar: Eine korrekte Aussprache kann oft nur mit zusätzlichem Wissen über die Satzinhalte erfolgen. Ein klassisches Beispiel stellt das Wort „Wachstube" dar: Handelt es sich um eine „Stube mit Wachpersonal" oder um eine „Tube mit Wachs", die Aussprache ist völlig verschieden.

3.3 Maschinelle Spracherkennung

Der Mensch kann eine über das Gehör wahrgenommene Sprache sehr gut jeweiligen Sprechern und deren Eigenheiten anpassen. Selbst störende Hintergrundgeräusche werden herausgefiltert. Im Gehirn erfolgt eine unbewusste Korrektur von erkannten Sprachfehlern und von Störgeräuschen.
Dies ist möglich, weil viele Fehler aufgrund grammatikalischer und lexikalischer Regeln oder aus dem **Sinnzusammenhang** erkennbar sind. In einem System zur Spracheingabe muss ein beträchtlicher Aufwand getrieben werden, um eine akzeptable Erkennungsrate zu erreichen.

Der Mensch als Informationsinterpreter (vgl. Modul 1)

- Sprechererkennung: Inhalt des Gesprochenen ist unwichtig, individuelle Sprecherunterschiede werden ausgewertet.

- Spracherkennung: Inhalt des Gesprochenen ist wichtig, Sprechervielfalt ist erschwerend.
- Sprecheranalyse: Inhalt des Gesprochenen ist unwichtig; wichtig ist, WIE etwas gesagt wird (Analyse des Gemütszustandes und der Intentionen des Sprechers).

ASR automatic speech recognition

Wir beschränken uns hier auf die Spracherkennung. Unter maschineller Spracherkennung ASR (automatic speech recognition) verstehen wir die computerbasierende Umwandlung von gesprochener Sprache in Text.

Spracherkennung kann grob unterteilt werden
1) nach der Form (Komplexität) der Äußerung:

- a) nach Einzelwörtern („Stopp", „Weiter", „Jetzt", ...),
- b) nach Verbundwörtern („vierzehn", „Veränderungsmöglichkeit"),
- c) nach Kommandos („Framemaker starten"),
- d) nach einfachen Sätzen („ich will Word beenden"),
- e) nach komplexen Sätzen („ich sage euch später, dass ich, unter Umständen, vielleicht morgen oder auch später, das weiß ich noch nicht genau, die verifizierten Dateien nochmals überprüfen könnte").

2) nach der Sprecherabhängigkeit:

- a) sprecherabhängig (System erkennt bestimmte Sprecher),
- b) sprecheradaptiv (System adaptiert sich während der Spracherkennung an neue Sprecher),
- c) sprecherunabhängig (System erkennt beliebige Sprecher).

3) nach dem Störeinfluss:

- a) ungestört (Laborbedingungen),
- b) reale, normale Umgebungsgeräusche,
- c) hoher Geräuschpegel (Fabrikhalle, ...).

4) nach dem Vokabularumfang:

- a) klein (bis zu 100 Wörter),
- b) mittel (100 ... 2000 Wörter),
- c) hoch (2000 ... 100000 Wörter).

Am einfachsten realisierbar ist eine sprecherabhängige Einzelwort-Erkennung mit kleinem Vokabular und unter geringem Störpegel. Am schwierigsten ist eine sprecherunabhängige Spracherkennung von fließender Sprache mit großem Vokabular und unter starkem Störeinfluss.

Bei der Spracherkennung können verschiedene Fehler auftreten:

- Verwechslung: Auswahl eines falschen Wortes aus dem Vokabular,
- Zurückweisung: gesprochenes Wort wird keinem Wort des Vokabulars zugewiesen,
- Falscherkennung: ein nicht zum Vokabular gehörendes Wort oder ein Störgeräusch führen zur (falschen) Erkennung eines Wortes.

Aktuelle Spracherkennungsprogramme arbeiten mit einer Lernphase und einer Arbeitsphase:

In der **Lernphase** spricht der Benutzer das gewünschte Vokabular. Jedes Wort wird analysiert, um aus dem Sprachsignal Parameter abzuleiten, die in Aufwand sparender und „verschärfender" (besonders charakterisierender) Weise das Wort repräsentieren. Aus den Parametern wird dann ein **Merkmalsvektor** zusammengestellt. Jeder Merkmalsvektor ist damit ein Repräsentant für ein Wort und wird im Merkmalsspeicher abgelegt.

Merkmalsvektor im Merkmalsspeicher

In der **Arbeitsphase** (Bild 3.35) ermittelt die Spracherkennung aus der gesprochenen Sprache Worte und Sätze.

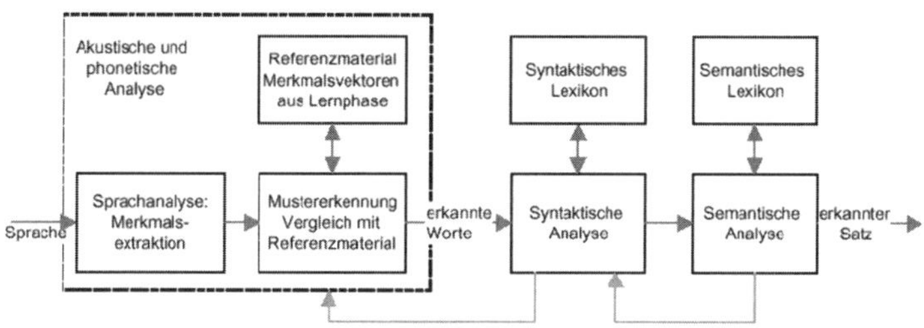

Bild 3.35 Arbeitsphase bei der Spracherkennung

In der akustischen und phonetischen Analyse werden die Merkmalsvektoren der gesprochenen Worte ermittelt: Anhand von gespeicherten Merkmalsvektoren wird entschieden, welchem Wort die gerade untersuchten Laute zuzuordnen sind.

Meist kann ein Wort nicht eindeutig bestimmt werden, sondern es kann nur eine nach Wahrscheinlichkeiten geordnete Liste möglicher Worte erstellt werden. Die syntaktische Analyse kann Fehler der vorangegangenen Stufe beheben und die Liste der möglichen Worte umordnen.

syntaktische Analyse

Auch die semantische Analyse hilft, noch verbliebene Fehler zu beheben. Anhand übergeordneter Regeln beeinflusst sie die syntaktische Analyse.

semantische Analyse

4 Computerrepräsentation von Audio

Nachdem wir im Modul 2 „Signale" die Grundlagen der digitalen Signalverarbeitung erarbeitet haben, können wir hier unsere Kenntnisse direkt auf den Bereich Audio anwenden und wollen diese zunächst um den Bereich „Codierung von Audiosignalen" erweitern. Dann besprechen wir die wichtigsten Audio-File-Formate.

4.1 Rohsound-Daten

Ein analoges, stetiges und kontinuierliches Audiosignal, wie z.B. von einem Musikinstrument erzeugt, kann in einem Digitalrechner nicht direkt repräsentiert werden. Daher muss das Signal zuerst abgetastet, quantisiert und codiert werden (siehe Modul 2 „Signale und Codierung").

Drei Komponenten sind bei der Digitalisierung von Audiosignalen zu beachten:

- Abstastfrequenz,
- Amplitude,
- Sound-Kanäle (Mono oder Stereo).

Für Multimedia kommen drei Standard-Abtastfrequenzen in Betracht:

- 11,025 kHz,
- 22,05 kHz,
- 44, 1 kHz.

Für Studioqualität wird 48 kHz und für High End DVD 96 kHz verwendet

Audio-CDs werden mit 44,1 kHz abgetastet. Dies liegt zwar auf den ersten Blick weit über dem Hörbereich des Menschen. Aufgrund des Abtasttheorems von SHANNON *und* NYQUIST *(siehe Modul 2) ist allerdings die übertragbare Bandbreite nur halb so groß wie die Abtastrate.*

> Mit einer Abtastrate von **44,1 kHz** können nur Frequenzen von 0 bis 22,05 kHz erfasst werden. Dieser Bereich liegt dem Hörbereich des Menschen (20 Hz bis 20 kHz) sehr nahe.

Ein wichtiges Thema ist die Größe der Audiodateien und damit das Konzept der Datenkompression (siehe Modul 4).

Die **Filegröße** (file size) kann durch folgende Gleichung errechnet werden:

$$F = c \cdot s \cdot t \cdot b$$

F Filegröße
c Anzahl der Kanäle (Mono c = 1; Stereo c = 2)
s Sampling-Rate in Hz
t Zeit in s
b Anzahl der Bytes (8 bit = 1 Byte; 16 bit = 2 Byte)

Folgendes Bild zeigt uns die wichtigsten verwendeten Möglichkeiten:

Qualität	b	c	*s* in kHz	*F*(*t*=60s)
Studio	2	4	48,00	23 MB
CD (ISO 10149)	2	2	44,10	10,5 MB
HQ Sprache	2	1	44,10	5,25 MB
PC-Qualität	1	2	44,10	5,25 MB
üblich in MM	2	2	22,05	5,25 MB
Low-End-PC	1	2	22,05	2,5 MB
LQ-Qualität	1	2	11,00	1,3 MB
LQ Sprache	1	1	11,00	650 KB

Bild 3.36 Der hohe Speicherbedarf von Audiodateien zeigt uns die Wichtigkeit des Themas Kompression

Bild 3.36 zeigt sehr eindrucksvoll die Größe von Sounddateien. Deshalb werden trotz ständig steigender Festplattenkapazitäten Verfahren zur Reduzierung der Datengrößen eingesetzt, beispielsweise:

- „Downsampling" auf 22 kHz oder 11 kHz,
- Reduzierung der Auflösung auf 1 Byte,
- Verzicht auf Stereo,
- Datenkompression (z. B. ADPCM, MPEG).

4.2 PCM bei Digital Audio

Wie im Modul 2 besprochen kommt der Name Pulse-Code-Modulation bei Digital Audio daher, dass das analoge Audiosignal zuerst in einzelne Zeitpakete (Pulse) zerhackt und dann digitalisiert wird. Zum Zeitpunkt der Entwicklung dieser Methode gab es außer Magnetbändern kein preiswertes Aufzeichnungsmedium. Deshalb wurden PCM-Tonsignale im 50- bzw. 60-Bilder/s-Takt von PAL bzw. NTSC als Audio-Frames mit Videorecordern auf normalem **Videoband** aufgezeichnet. Diese Methode wurde als PCM-1630-Standard auch für die Audio-CD übernommen.

PCM 1630

Auch die DAT-Aufzeichnung beruht auf PCM-Codierung. Im PC-Bereich ist PCM als „Sub-Dateiformat" unter WAV zu finden.

Achtung: Da sich PCM-Aufzeichnungen bezüglich Abtasttiefe und Abtastrate unterscheiden können, ist bei direktem digitalem Datenaustausch auf das Vorhandensein eines entsprechenden Wandlers zu achten.

Vom PCM-Format wird z.B. auch bei der ISDN-Telefonie Gebrauch gemacht. Dort wird mit einer Abtastfrequenz von 8 kHz und einer Auflösung von 8 bit gearbeitet. Damit erhält man für ISDN die Datenrate von 64 kbit/s oder 8 kByte/s. Mit den genannten Werten für Abtastrate und Auflösung lässt sich sehr gute Sprachverständlichkeit erreichen, allerdings ist die dafür benötigte Datenrate nicht mehr zeitgemäß.

Wie schon erwähnt, stellt ein weiteres Beispiel für die Anwendung von PCM das WAV-Format dar, das häufig im PC-Bereich eingesetzt wird. Obwohl im Wave-Format prinzipiell beliebige Abtastraten und Bittiefen gespeichert werden können, wird hier oft mit einer Abtastrate von 44,1 kHz und mit einer Auflösung von 16 bit gearbeitet. Wenn diese Möglichkeiten voll ausgenutzt werden, können hochqualitative Aufnahmen gemacht werden. Die dafür benötigte Datenrate und der dementsprechend anfallende Speicherbedarf sind aber erheblich: Für ein Stereosignal braucht man eine Datenrate von 172 kByte/s.

4.3 ADPCM bei Digital Audio

Die Reduktion der Bitrate bei DPCM (siehe Modul 2) ist für Sprachsignale enttäuschend. Der Grund liegt in den Eigenschaften des Sprachsignals. Wir haben uns ja einige Sprachsignale angesehen und festgestellt, dass die Signalformen je nach Laut ganz unterschiedlich aussehen. Aus dieser Tatsache kann man den Schluss ziehen, dass sich dadurch eine bessere Schätzung erreichen lässt, indem man sich immer wieder neu an die gerade vorhandene Signalform anpasst.

Die Empfehlung der CCITT G.721 beschreibt ein Verfahren zur Kompression von typischen 64-kbit/s-Audiosignalen (codiert in µ-law, a-law oder linear) auf 32 kbit/s. Es wird allgemein Adaptive Differential Pulse Code Modulation (ADPCM) genannt.

Das Verfahren bei ADPCM beruht auf der Ähnlichkeit (nicht Gleichheit!) benachbarter Signale. Es wird versucht aus dem bisherigen Signalverlauf durch Prädiktorkoeffizienten auf den zukünftigen zu schließen.

Alle 20 ms erfolgt eine Neuberechnung der Prädiktorkoeffizienten

In der Praxis nimmt man diese Anpassung (Adaption) so vor, dass jeweils für kurze (gleich lange) Zeitintervalle von üblicherweise 20 ms eine Neuberechnung der Prädiktorkoeffizienten vorgenommen wird.

Wegen der ständigen Adaption erhält dieses Codierverfahren die Bezeichnung **adaptive** Differenz-PCM = ADPCM.

Nun fallen die Werte deutlich besser aus: je Abtastwert kann man von 8 bit etwa 4 bit bzw. von 16 bit bis zu 12 bit einsparen. Die Bitrate für ein System mit einer Abtastrate von beispielsweise 8 kHz und einer Auflösung von 8 bit wird dann 32 kbit/s.

Viele Soundkarten unterstützen die Abspeicherung von WAV-Dateien im ADPCM-Format. Wenn wir wieder eine Abtastrate von 44,1 kHz und eine Auflösung von 16 bit annehmen, ergibt sich für ein Stereosignal eine Datenrate von 43 kByte/s. Im Vergleich zur ursprünglichen PCM wurde damit die Datenrate auf ein Viertel gesenkt. Die Qualität ist bei ADPCM allerdings nicht ganz so gut wie bei PCM.

Qualitätsverlust bei ADPCM

ADPCM-Encoder

Grundsätzlich benutzt der Encoder die Funktionen des Decoders, um den Signalverlauf „vorauszusagen". Zunächst werden eventuelle logarithmischen Eingangswerte in lineare umgewandelt (uniform PCM). Die so „requantisierten" Werte werden dann mit einem entsprechenden Offset (abhängig von der Implementierung des Quantisierers) gewichtet. Dieser Offset wird benutzt, um den uniformen PCM-Wert innerhalb des Quantisierungsbandes zu positionieren. Somit kann der ADPCM-Encoder die Charakteristik des Signals **adaptieren**, indem er die Anzahl der Quantisierungs- und/oder Vorhersagestufen (predictor steps) variiert. Die Ausgangssignale werden dann nur als Differenzen übertragen. Deshalb werden innerhalb des ADPCM-codierten Ausgangssignals manchmal diese Anzahlen mit codiert, um unabhängige Implementierung der benutzten Quantisierer und Predictoren kompatibel zu halten.

Adaptives Verhalten

Die entsprechende Implementierung des Quantisierers hängt zumeist von den zu erwartenden Eingangssignalen ab. Im Folgenden wird der IMA-Algorithmus kurz vorgestellt. Andere Algorithmen werden in der Recommendation G.721 oder G.723 bzw. durch den CD-I (Compact Disk Interactive Audio Compression Algorithm) beschrieben.

IMA
Interactive Multimedia Association

IMA-Algorithmus:

Dieser Algorithmus erreicht eine Kompression von 4:1. Seine Schnelligkeit resultiert aus der Einfachheit seines Predictors.

Der Vorhersagewert ist einfach das vorherige Audiosample. Deshalb ist dieser Schritt auch als **nicht adaptiv** zu bezeichnen.

Die Adaption geschieht erst im Quantisierungsblock. Dabei weisen die drei Bits der Anzahl der Quantisierungsstufen des gerade quantisierten Signals als Index in eine Tabelle. Der dort verzeichnete Wert wird davon abgezogen und fungiert als Index in einer zweiten Tabelle. Dieser wird für die nächste Iteration gespeichert.

Der Wert aus der zweiten Tabelle ist dann die neue Anzahl der Quantisierungsstufen des nächsten Samples. Dieses Verfahren ist komplett umkehrbar, und somit werden keine Zusatzinformationen innerhalb des resultierenden Bitstromes benötigt.

Zusätzlich bietet das ADPCM-Verfahren Möglichkeiten zu einer „Error Recovery": Bei Bitfehlern innerhalb des komprimierten Datenstromes werden einzelne Samples nur innerhalb der jeweiligen Quantisierungsstufe verfälscht.

ADPCM-Decoder:

Der Decoder wendet zunächst den Inverse Adaptive Quantizer auf das Ausgangssignal an und rekonstruiert dann das Differenzsignal. Das Sample wird dann mit Hilfe des Differenzsignals und dem Adaptive Predictor rekonstruiert und von dem uniformen Signal in ein normales PCM-Signal überführt.

ADPCM ist gut zur Sprachübertragung geeignet

ADPCM wird auch in der digitalen Telefonie (ISDN) benutzt, da es gut zur Übertragung von Sprache geeignet ist. Die Kompressionsmethoden sind dabei auf den bei der Telefonie vorherrschenden Frequenzbereich abgestimmt.

ADPCM wird auch direkt von der Audiohardware von Sun Computern verwendet. ADPCM und ADPCM verwendende Programme sind auch auf andere Plattformen zu portieren und auf heutigen Rechnern ohne Hardwareeinsatz codier- und decodierbar.

4.4 GSM-Standard

GSM (Global System for Mobile Communication) ist ein europaweiter (digitaler) Mobilfunkstandard, der internationales **Roaming** („Umherschweifen im Netz") erlaubt.

Die GSM-Norm definiert eine Funkmittenfrequenz bei 900 MHz (z.B. D-Netz). GSM 1800 (z.B. E-Netz) ist ein Standard, der auf dem GSM-Standard basiert, aber im Frequenzbereich bei 1,8 GHz liegt.

Im GSM-Netz sind verschiedene Sprach- und Datendienste integriert, die aber in unterschiedlichen Normungsstufen verabschiedet werden.

Unter ETSI GSM 06.10 werden die Festlegungen für das „paneuropäische Autotelefon" zusammengefasst.

ETSI European Standards Institute in Nizza

GSM basiert auf digitaler Übertragung im **Zeitvielfach** mit acht Kanälen je Radioträger, einer Bandbreite von 200 kbit/s und einer Sprachcodierung mit 13 kbit/s.

Zur Sprachübertragung nur 13 kbit/s notwendig

GSM ist eine Empfehlung der ETSI zur Komprimierung von Sprache und wird beispielsweise im D-Telefonnetz benutzt; es sind also hochintegrierte Schaltungen erhältlich. GSM lässt sich nämlich nur mit hohem Aufwand in Software realisieren.

GSM bietet bessere Sprachqualität als bei Vocoder-Verfahren und niedrigere Bitrate als ADPCM

Dem Verfahren der GSM-Codierung liegt die **Linear Prediction Coding** zugrunde, ist mathematisch komplex und kann in einer Basisdarstellung nur stark vereinfacht dargestellt werden *(siehe Literaturliste für tiefere Information, Beispiele gibt es unter [W18]).*

Bei LPC werden *stimmhafte Laute* anhand weniger Resonanzfrequenzen beschrieben. Einzelne Abtastwerte sind *linear abhängig* und werden *als gewichtete Summe* aus *früheren* Werten *vorausgesagt.*

Linear Prediction Coding (LPC) = „Codierung auf Basis linearer Vorhersage"

Viele Soundkarten unterstützen die Abspeicherung von WAV-Dateien im GSM-Format. Nehmen wir wieder eine Abtastrate von 44,1 kHz und eine Auflösung von 16 bit an, so ergibt sich für ein Stereosignal eine Datenrate von 18 kByte/s.

Stereosignal mit 18 kByte/s, Qualität ist allerdings schlechter als bei PCM oder ADPCM

Die Qualität ist bei GSM allerdings deutlich schlechter als bei PCM oder ADPCM.

4.5 µ-Law-Codierung

Die µ-law-Transformation ist eine Audiokompressionstechnik, die von der CCITT (Comité Consultatif Internationale de Télégraphique et Téléphonique) in der Recommendation G.711 bereits im Jahre 1969 beschrieben und international standardisiert wurde.

G.711 (CCITT) µ–law und a-law

Ausgegangen wird von einer logarithmischen Umsetzung und einer Wandlerauflösung von 13 bit, die nach der Wandlung auf 8 bit reduziert wird. Die Umwandlung selbst erfolgt über die in der Recommendation fest vorgeschriebenen, logarithmischen 13-zu-8-bit- und 8-zu-13-bit-Tabellen.

Durch diese Art der Umwandlung wird die Codierung an das logarithmische Hörvermögen des Ohres angepasst.

Eine geringere Codierungsauflösung entspricht damit qualitativ der höheren Quantisierungsauflösung.

Die Transformation lässt sich mathematisch folgendermaßen beschreiben:

$y = 255 - \ln(1+x)$ für alle $x = 0$

$y = 127 - \ln(1+x)$ für alle $x < 0$

wobei x einen normalisierten Signalwert zwischen 0 und 1 darstellt. Es ergeben sich also Werte zwischen 0 und 255.

μ-law in Nordamerika und Japan,

a-law in Europa

Die μ-law-Codierung wird allgemein in Nordamerika und Japan für die Übertragung über ISDN benutzt. Dort existieren Übertragungsstrecken, die eine dauernde Übertragung von Nullen nicht zulassen – da sonst der Bittakt verloren geht.

Die a-law-Codierung nach G.711 wird in Europa beispielsweise für das ISDN-Netz der Telekom verwendet. Diese benutzt nur andere 13-zu-8-bit-Umsetzungstabellen und Werte zwischen –128 und 127.

Bei einer ISDN-Verbindung gibt es jedoch nur eine Codierung und eine Decodierung, so dass die Beschränkung auf 8 bit bei 8 kHz nicht mehr sinnvoll erscheint. Dennoch halten die Hard- und Softwarehersteller aus den folgenden Gründen daran fest:

- 8-bit-PCM-Codecs sind als hochintegrierte Bausteine erhältlich,
- ADPCM soll ins ISDN integriert werden,
- Bestehende Hard- und Softwarelösungen (digitale Vermittlungstellen, vorhandene Hardware, installierte Software) lassen sich nicht mehr auf andere Datenbreiten und Samplingraten umkonfigurieren.

Für den Einsatz hochqualitativer Audiospeicherung, Audioverarbeitung und Audioübertragung eignet sich das Format G.711 allerdings nicht.

μ-law ist nicht geeignet für hochqualitative Audiodaten

Einerseits wird aber gar nicht daran gedacht, das bestehende Format zu ändern, andererseits ist eine Kompressionsrate von 8/13 einfach nicht ausreichend für hochvolumige Daten wie z.B. Musik auf einer CD.

Da es allerdings zumeist um die Übertragung von Sprache oder Datenflüsse, die ohnehin durch die Kapazität der vorhandenen Leitungen begrenzt sind, geht, wird dieses Format trotzdem oft verwendet (z.B. zur Codierung von Audiosignalen über Leitungen im ISDN und zur Übertragung der Audiodaten bei H.261 und SMP).

5 Audio-File-Formate

5.1 Überblick

Abhängig von den jeweils zur Verfügung stehenden Rechnersystemen wurden im Verlauf der Zeit sehr unterschiedliche Formate für Audiodateien entwickelt, wobei sich aber *nur wenige* durchgesetzt haben. Insbesondere für das Internet eignen sich nur die wenigsten.

Audio im Internet siehe Modul 6

Bei Audio-Files unterscheiden wir hinsichtlich der Übertragung prinzipiell zwischen *statischen Dateien,* die lokal auf dem PC gespeichert werden, und *gestreamten Dateien,* die sukzessive (nacheinander) übertragen, aber nahezu in Echtzeit abgespielt werden (insbesondere für das Internet wichtig - siehe Modul 6 „Multimedia über das Internet“). Bevor wir einzelne Audio-File-Formate im Detail besprechen, eine erste Gegenüberstellung der wichtigsten Formate, um einen ersten Überblick zu bekommen:

Bild 3.37 Übersicht über die wichtigsten Audio-File-Formate

Dateibe-zeichnung	Datei-endung	Ursprung	Vorteil	Nachteil
Apple Interchange File Format	.AIFF	Flexibles Sampling-Format von Apple	beliebig hohe Sampling-Rate	keine Tempo- und Taktangaben
Sun-Audio	.AU	Sampling-Format von Sun und NeXT	sehr gebräuchlich unter JAVA	sehr groß
Music Instrument Digital Interface	.MID .MIDI	für Musik am Computer „Postskript für Audio“	klein und plattform-unabhängig	synthetische Klangerzeugung
Diverse Amiga Formate	.MOD .NST .WOW .FTK .TT	Sampling-Formate von Amiga	sehr viele Klang-möglich-keiten	nicht sehr flexibel
MPEG Audio Layer I+II	.MPG .MP2	Moving Pictures Expert Group (ISO + IEC)	gute Qualität	hohe Rechenzeiten
MPEG Audio Layer III	.MP3	Fraunhofer Institut für Integrierte Schaltungen (IIS) Erlangen, D	gute Qualität im Internet, psychoakusti sche Kompression	vor dem Abspielen Decodierung erforderlich
Real Audio	.RA .RAM .RM	RealNetworks, Seattle, USA	echtes Streaming	Daten lassen sich nur mit Player abspielen
Wavelet	.WAV	Microsoft sampling format	Standard weit verbreitet	sehr groß
WMA	.wma	Windows Media Audio	niedrigere Bitrate als MP3	Daten lassen sich nur mit Player abspielen

Die beiden wichtigsten Audioformate für Multimedia im PC-Bereich sind **Wave** und **MIDI.** Gemeinsam ist beiden, dass in ihnen die *Klanginformationen* in codierter Form abgespeichert sind und die Wiedergabequalität prinzipiell recht gut ist.

Allerdings unterscheiden sich beide Formate fundamental in der Art, *wie* die Klanginformationen codiert werden.

Eine Wave-Datei speichert im Prinzip den Formverlauf des Klanges, eine MIDI-Datei dagegen den musikalischen Inhalt.

5.2 Wavelet (WAV) Files

Die Abkürzung WAV, gleichzeitig auch Dateiendung (datei.wav), steht für *Wavelet* („kleine Welle"), wurde ursprünglich in den 80er Jahren von Microsoft und IBM als binäre Audiodatei entwickelt und kann auch auf Apple-Rechnern verwendet werden. Mit dem Programm „playwav" ist beispielsweise eine Wiedergabe auch unter LINUX möglich.

Eine WAV-Datei ist eine „digitale Kopie" des Schalldruckes am Mikrofon während der Tonaufnahme, oder beim Überspielen einer Audio-CD (Rippen). WAV-Dateien können jedes beliebige Klangereignis beinhalten, sind also nicht wie MIDI-Dateien auf Musik beschränkt.

RIFF

Das WAV-Format (eigentlich RIFF WAVE) hält sich an das von Microsoft für das Betriebssystem Windows definierte RIFF (Resource Interchange Format).

Das RIFF-Format ist eine Abwandlung des IFF-Formats, weil der Standard nicht eingehalten wurde. Anders als bei IFF werden die Daten im „Little Endian"-Format der Intel-Prozessoren gespeichert. Die Aufteilung in Chunks entspricht jedoch dem IFF-Format. Der oberste Chunk jeder RIFF-Datei (der Chunk, der die ganze Datei umfasst) trägt immer die Kennung „RIFF" und die ersten 4 Bytes des Datenbereichs geben den Typ der Datei an. WAV-Dateien tragen die interne Kennung „Wave". Im allgemeinen wird von einer WAV-Datei erwartet, dass diese **unkommentierte Daten im PCM-Format** enthält.

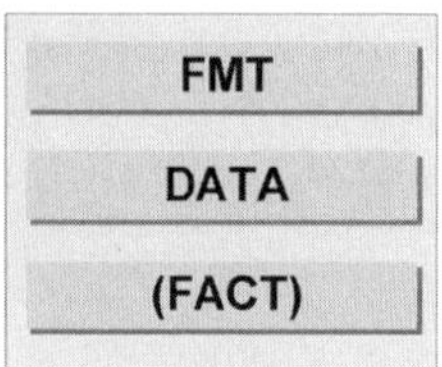

Bild 3.38 Die Chunks in einer WAV-Datei

Ein Standard-WAV-Format enthält in der Regel zwei Chunks (Bild 3.38): Einen **Format-Chunk** der die Parameter der Audiodaten enthält (Format-Typ, Kanalzahl (1 oder 2), Samplerrate, Byte-Rate, Bytes pro Sample und Bits pro Sample) und einen **Data-Chunk** der die Audiodaten im PCM-Format enthält.

Falls nicht PCM benutzt wird, enthält ein **FACT-Chunk** die Angaben zum verwendeten Aufzeichnungsformat (Bild 3.38).

5.3 MIDI-File-Format

MIDI Music Instrument Digital Interface

Bevor wir über MIDI sprechen, müssen wir drei Begriffe voneinander unterscheiden: MIDI ist

- ein standardisiertes Datenformat zur Steuerung elektronischer Musikinstrumente und Musikeffektgeräte,
- eine diesem Standard genügende Schnittstelle (Hardware),
- der Überbegriff für die Musik, die diesem Standard entspricht.

5.3.1 Allgemeines

Bereits seit 1983 wird von der Musikindustrie MIDI (Music Instrument Digital Interface) als Standard verwendet, das eine Übertragung codierter Musiksignale zwischen Computern und elektronischen Musikinstrumenten ermöglicht.

Bei dieser **Sequenzer-Technik** werden entweder kurze analoge Klangsequenzen (z.B. Drücken einer Klaviertaste, Zupfen einer Gitarrensaite) digitalisiert oder direkt digital (mit einem MIDI-Instrument) erzeugt.

Ein Sequenzer ist ein Editor für MIDI-Musikstücke. Damit kann ein MIDI-Musikstück als **Notenbild** oder als **MIDI-Ereignisliste** dargestellt und editiert werden. Es kann auch die Zuordnung der einzelnen Stimmen zu einem Instrument verändert werden. Natürlich sind auch klangliche Veränderungen möglich.

MIDI ist die kompakteste Darstellung von Musikdaten, die eine naturgetreue Wiedergabe ermöglicht.

MIDI zur Fernsteuerung von Musikinstrumenten

Genau genommen sollten wir anstelle von „MIDI ist speziell für Musik und Computer" die Definition „MIDI ist zur Fernsteuerung von Musikinstrumenten" verwenden, da genau dieser Punkt das Spezielle des MIDI-Formats darstellt. Daraus ergibt sich nämlich die „Kleinheit" dieser Dateien.

Statt der eigentlichen Abtastwerte wird bei MIDI eine *instrumentenbezogene* Darstellung verwendet. Die Codierung umfasst drei grundlegende Fakten:

- die Lautstärke,
- die Grundfrequenz und
- die Bezeichnung des Instruments.

Mit MIDI ist eine Codierung über 10 Oktaven (128 Noten) möglich.

Wird bei einem MIDI-Instrument eine Klaviertaste betätigt, dann werden

- der Beginn der Note,
- die Anschlagstärke und beim Loslassen der Taste
- das Ende der Note

übertragen.

Für 10 Minuten Musik nur rund 200 KB statt rund 100 MB

Als Richtwert für den Platzbedarf können für etwa 10 Minuten Musik rund 200 KB an MIDI-Daten veranschlagt werden. Diese Größenordnung liegt wesentlich unter der Datenmenge von 105 MB (!) bei einer Abtastung mit 44 kHz.

Klavier = 0
Trompete = 56

Im MIDI-Standard sind 128 verschiedene Instrumente definiert, wobei im **General-MIDI-Standard** jedem Instrument eine bestimmte Nummer zugeordnet ist. Beispielsweise ist dem Klavier die „0" zugeordnet, die Trompete wird mit „56" angesprochen.

Im MIDI-Standard können gleichzeitig 16 so genannte **Kanäle** aktiv sein. Ein Instrument benötigt je nach Art einen Kanal (z.B. Trompete) oder mehrere Kanäle (z. B. Gitarre). Pro Kanal wird jeweils ein Synthesizer benötigt.

5.3.2 Technische MIDI-Grundlagen

Die MIDI-Schnittstelle ist eine im Wesentlichen an die **RS 232 C** angelehnte Schnittstelle unter Verwendung einer fünfpoligen DIN-Buchse. Der Datentransfer erfolgt grundsätzlich in 8-Bit-Breite pro MIDI-Byte mit zwei zusätzlichen Steuerbits. Die MIDI-Schnittstelle muss laut Spezifikation einen **UART** (Universal Asynchronous Receiver Transmitter) besitzen, dessen Eingang nach Norm über einen Optokoppler galvanisch von der Eingangsbuchse getrennt wird.

5.3.3 Vorteile von MIDI

Insbesondere für den Musikbereich ergeben sich einige große Vorteile:

plattformübergreifend, relativ klein, ideal zum Komponieren

- MIDI-Dateien sind plattformübergreifend, d.h., diese können auf unterschiedlichen Betriebssystemen verwendet werden,
- MIDI-Dateien sind verhältnismäßig klein, und
- MIDI entspricht exakt der Vorgehensweise beim klassischen Komponieren (Aufzeichnung durch Noten und Wiedergabe mit unterschiedlichsten Instrumenten und mit deren spezifischen Klangqualitäten).

5.3.4 Nachteile von MIDI

Allerdings ergeben sich naturgemäß auch einige Nachteile:

Synthetischer Klang, keine Sprache, klingt auf jedem System anders

- Ohne wirklich gute Instrumente kein schöner Klang, da synthetische Klangerzeugung (FM-Synthese),
- keine Sprache oder sonstige Geräusche – wie z.B. bei WAV-Dateien – möglich, und
- MIDI-Dateien klingen auf unterschiedlichen Systemen, je nach eingesetzten Geräten, unterschiedlich (WAV-Dateien liefern hingegen immer das gleiche Ergebnis).

5.4 AU-Dateien

Die Audiodateien mit der Dateiendung „.au" wurden von der Firma Sun bereits 1986 für Sounds im Betriebssystem der Sun-3-Computer entwickelt und werden heute hauptsächlich unter Java eingesetzt.

Im Gegensatz zu Applikationen ermöglichen Java-Applets die Ausgabe von Sounds. Die Möglichkeiten der Ausgabe sind allerdings auf gesampelte Sounds beschränkt, die im AU-Format vorliegen müssen. Das AU-Format – aus der Sun-Welt – legt ein Sample im Format 8 Bit Mono, Sampling-Rate 8 kHz, µ-law-Kompression ab.

Das Abspielen von WAV-Files, wie sie unter Windows üblich sind, wird von Java derzeit leider nicht unterstützt. Allerdings gibt es eine Reihe von Freeware- oder Shareware-Tools zur Sound-Bearbeitung, mit denen Konvertierungen zwischen den verschiedenen Formaten vorgenommen werden können (z.B. GOLDWAVE von Chris Craig).

Die Ausgabe einer AU-Datei kann auf zwei unterschiedliche Arten erfolgen. Zum einen stellt die Klasse Applet die Methode play zur Verfügung, mit der eine Sound-Datei geladen und abgespielt werden kann:

- public void play (URL url);
- public void play (URL url, String name);

Hierbei kann entweder der URL einer Sound-Datei oder die Kombination von Verzeichnis-URL und Dateinamen angegeben werden (siehe Modul 6).

Üblicherweise wird zur Übergabe des Verzeichnis-URLs eine der Applet-Methoden getCodeBase oder getDocumentBase verwendet.
Diese liefern einen URL des Verzeichnisses, aus dem das Applet gestartet wurde bzw. in dem die aktuelle HTML-Seite liegt:

- public URL getCodeBase();
- public URL getDocumentBase();

Der Nachteil dieser Vorgehensweise ist, dass die Sound-Datei bei jedem Aufruf neu geladen werden muss. In der zweiten Variante wird zunächst durch einen Aufruf von getAudioClip ein Objekt der Klasse AudioClip beschafft, das dann beliebig oft abgespielt werden kann:

public getAudioClip(URL url, String name);

AudioClip stellt die drei Methoden play, loop und stop zur Verfügung:

public void play();

public void loop();

public void stop();

Play startet die zuvor geladene Sound-Datei und spielt sie genau einmal ab. Loop startet sie ebenfalls, spielt den Sound aber in einer Endlosschleife ab. Durch Aufruf von stop kann diese Schleife beendet werden. Es ist auch möglich, mehr als einen Sound gleichzeitig abzuspielen. So kann beispielsweise eine Hintergrundmelodie in einer Schleife immer wieder abgespielt werden, ohne dass die Ausgabe von zusätzlichen Vordergrund-Sounds beeinträchtigt würde.

5.5 MPEG

MPEG steht für Moving Pictures Expert Group (siehe Modul 2). MPEG beschließt Codec-Standards (Coder/Decoder) für Audio- und Videodaten (siehe Modul 5).

5.5.1 MPEG 1 für Audio

Für CD-Audio wird ein digitales Audiosignal mit einer Samplingrate von 44,1 kHz pro Kanal aufgezeichnet und in 16-bit-Samples (Paketen) gespeichert. Die Samplingrate ist damit nach dem Abtasttheorem größer als die doppelte Audiobandbreite von hochwertiger Audioqualität. Dafür sind aber mehr als 1,4 Mbit für nur eine Sekunde Stereoton erforderlich.

siehe in Modul 6 die Gegenüberstellung verschiedener Dateigrößen

MPEG-Audio-Kompression lässt die Sounddaten um den Faktor 12 ohne merkliche Qualitätseinbußen schrumpfen. Kompressionsfaktoren von 24 und mehr können immer noch eine Audioqualität bewahren, die wesentlich besser ist, als wenn nur die Bandbreite verringert wird (z.B. von 44,1 kHz auf 22,05 kHz). Dies wird durch so genanntes **„Perceptual Audio Coding"** erreicht, d.h., es werden für das menschliche Ohr nicht hörbare Elemente herausgefiltert.

5.5.2 Prinzip der MPEG-Audio-Codierung

Das Ziel dieses Standards ist es, mit einer von 1,5 Mbit/s im Studioformat auf 384 kbit/s reduzierten Datenrate eine der Compact Disc ebenbürtige Qualität zu erreichen – wobei auch bei noch niedrigeren Datenraten von 192 kbit/s bis hinunter zu 112 kbit/s eine akzeptable Qualität erzielt werden soll.

Das menschliche Gehör ist bei Störungen im Audiobereich *empfindsamer als im visuellen Bereich* – z.B. kurzzeitiges Rauschen und Knacken ist störender als z.B. Flimmern.

Innerhalb der Codierung sind vier Modi zu unterscheiden:

- **Single Channel Coding** für Monosignale,
- **Dual Channel Coding** beispielsweise zur Codierung von bilingualen Monosignalen (Zweikanalton z.B. Englisch/Deutsch),
- **Stereo Coding** zur Codierung eines Stereosignals, bei dem die beiden Kanäle separat codiert werden,
- **Joint Stereo Coding,** wobei die Datenredundanz und Datenirrelevanz zwischen den beiden Kanälen ausgenutzt und damit eine noch höhere Kompressionsrate erreicht wird.

Das digitale Eingangssignal wird in 32 gleichförmige Spektralkomponenten (Frequenzgruppen, Teilbänder) zerlegt. Dieses Grundprinzip entspricht dem Vorgang im menschlichen Gehör (Psychoakustik). Der Vorgang wird als **Zeit-Frequenzbereichs-Umsetzung** bezeichnet.

Psychoakustische Reduktion der Audio-Dateien durch Weglassung irrelevanter Signalteile

Die jeweiligen Spektralkomponenten werden in Abstimmung auf die Wahrnehmungseigenschaften des menschlichen Gehörs codiert. Die schlussendliche Codierung wird von einer von drei definierten Schichten (Layer) durchgeführt.

Maskierung – ein Signal wird durch ein anderes Signal überdeckt

Mit einer Fourier-Transformation wird ein Signal in die Frequenzdarstellung transformiert

Sowohl Quantisierung als auch Codierung werden unter Einbeziehung einer **Maskierungsschwelle** realisiert. Diese Maskierungsschwelle wird vom psychoakustischen Modell für jede Komponente individuell mit Hilfe der Diskreten-Fourier-Transformation (DFT) berechnet.
Dabei wird die maximal erlaubte Quantisierungsfehlerleistung angegeben, mit der gerade noch codiert werden darf – ohne dass eine Wahrnehmung

dieses Fehlers durch das menschliche Gehör befürchtet werden muss.

Bild 3.39 Funktion eines MPEG-Audiocodierers

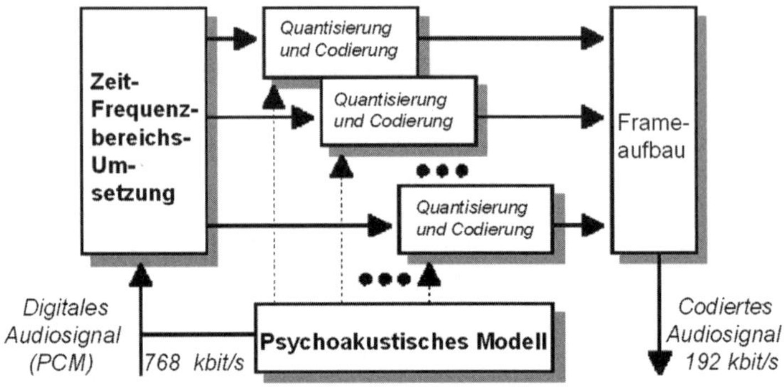

Es werden drei Schichten des MPEG-Audio-Formates unterschieden, wobei Effektivität und Kompressionsrate zunehmen – aber auch die Komplexität und der Aufwand steigt:

MDCT modifizierte diskrete Cosinus-Transformation

- Layer I: („einfache“ Implementierung) 384 Abtastpunkte je Frame; vor Quantisierung Skalierung; gleichförmige Quantisierung,
- Layer II: Frame mit 1152 Abtastpunkten (24 ms bei 48 kHz); gleichförmige Quantisierung entspricht MUSICAM-Standard,
- Layer III: Frame mit 1152 Abtastpunkten; modifizierte DCT; ungleichförmige Quantisierung.

5.6 MP 3

MP 3 ist die Kurzform von MPEG Layer 3 und nicht – wie oft verwendet – von MPEG 3 (das es gar nicht gibt)

MPEG Audio Layer III (kurz MP 3) ist ein Audioformat, das eine hohe Kompression von Audiodaten bei *sehr geringem Qualitätsverlust* ermöglicht. Der Frequenzumfang und der Rauschabstand bleiben quasi erhalten.

Eventuelle Verluste sind selbst auf „guten“ HiFi-Anlagen kaum hörbar – vorausgesetzt, die Dateien wurden entsprechend erstellt.

Das Kompressionsverfahren basiert auf der Grundlage, dass „unhörbare“ Audio-Informationen einfach entfernt werden. Viele Töne werden durch andere überlagert, andere werden vom Gehör gar nicht wahrgenommen, da sie außerhalb eines bestimmten Frequenzbereiches liegen.

Die Unterschiede des Komprimierten zum Original sind jedoch verschwindend gering und die Ersparnis an Datenmenge enorm – Stereomusik lässt sich um den Faktor 1:12 verkleinern.

Diese hohe Kompression bietet viele neue Möglichkeiten. Es ist damit sehr einfach, große Mengen von Musikdaten zu archivieren – z.B. passen ca. 11 Alben auf eine einfache CD!

Eine Minute Musik im MP-3-Format belegt nur rund 1 MB Speicherplatz – bei CD-Qualität!

MP-3-Dateien können erheblich schneller und damit auch viel kostengünstiger über das Internet versendet werden als z.B. die weitverbreiteten – aber um ein Vielfaches größeren WAV-Dateien (siehe Modul 6).

Ursprünglich wurde dieses Format von der Fraunhofer-Gesellschaft (FHG), als Kompressionsverfahren für Audiokanäle auf Video-CDs entwickelt – ähnlich wie das amerikanische AC-3 Format.

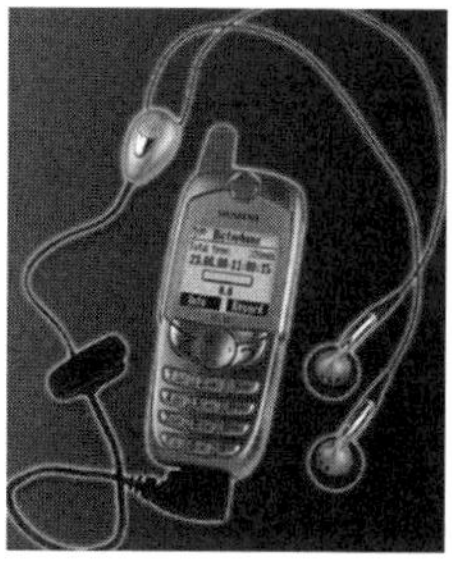

Bild 3.40 Ein Beispiel für MP-3-Player [W24]

Ein weiterer Vorteil des MP-3-Formats ist, dass es ein so genanntes Headerless-File-Format ist. MP-3-Dateien besitzen zwar einen Header, dieser ist jedoch nicht unbedingt nötig, um die Datei abzuspielen. Diese Tatsache hat zur Folge, dass durchaus ein Stück aus der Mitte einer Datei „herausgeschnitten" und abgespielt werden kann. Dadurch wird mit MP 3 Streaming möglich (siehe Modul 6).

MP-3-Dateien können mit dem Windows-Media-Player, Quicktime von Apple und unzähligen Tools und Share- und Freewareprogrammen abgespielt werden.

Mit mobilen MP-3-Playern (Zigarettenschachtelformat) können MP3-Dateien auch unterwegs abgespielt werden. Da MP 3 (momentan) keine Mechanismen zum Kopierschutz enthält ist dieses Format in der Musikindustrie sehr umstritten.

MP 3 verwendet eine MDCT (modifizierte diskrete Cosinus-Transformation) auf die Ausgabe der Filterbänke, womit die Auflösung erhöht wird. Gegenüber früheren Verfahren ergeben sich u.a. folgende Vorteile:

- Aliasing-Effekte der Filterbank können weggerechnet werden,
- die Skalierungsfaktoren werden in Bändern zusammengefasst (ein Band umfasst mehrere MDCT-Koeffizienten und hat etwa die Breite der Bänder des menschlichen Gehörs), und
- das Quantisierungsrauschen wird stark reduziert.

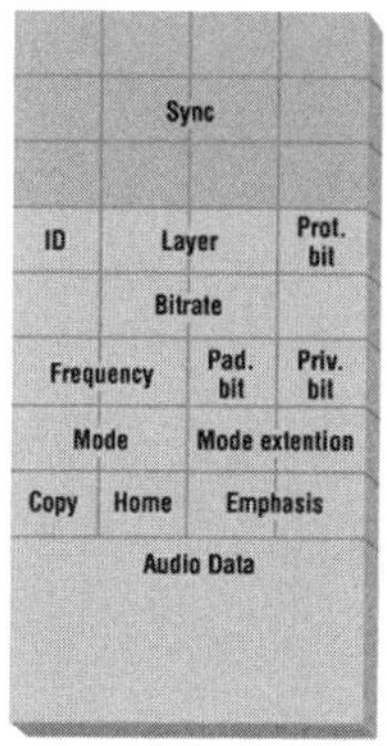

Bild 3.41 Der Aufbau eines MP-3-Files [W25], [W26]

Der Aufbau einer MP-3-Datei ist in Bild 3.41 visualisiert: Der Header ist 4 Byte (32 bit) groß und beginnt mit „sync". Dem „sync" folgt ein ID-bit (0 = MPEG-2 and 1 = MPEG-1).

6 Schnittstelle zwischen Mensch und Computer

Um mit einem Computer Audiosignale aufnehmen, bearbeiten und wiedergeben zu können, werden außer dem Computer eine Soundkarte, Lautsprecher, Mikrofon und gegebenenfalls ein CD-Laufwerk benötigt. Natürlich wird zu dieser Hardware auch Anwendungs- und Treiber-Software benötigt. Audiosignale können mit Hilfe eines Digitalcomputers grundsätzlich auf vier verschiedene Arten wiedergegeben werden:

- durch Digital-Analog-Umsetzung – die Signale sind bereits als Digital-Audio (auf der Festplatte) gespeichert,
- durch Synthesizer – die Informationen in einer MIDI-Datei werden an den Soundkarten-Synthesizer geschickt und dort exekutiert,
- durch die MIDI-Schnittstelle selbst – die Informationen in einer MIDI-Datei werden an einen externen Synthesizer gesendet oder
- durch ein CD-ROM Laufwerk.

Das System Soundkarte–Lautsprecher stellt praktisch die Schnittstelle zwischen Mensch (Ohren – Hörsinn) und Computer dar. Deshalb sind bei den technischen Parametern dieser Teile menschliche Aspekte zu berücksichtigen.

Da die Soundkarte und die Lautsprecher eine Einheit bilden, entscheidet die schlechtere der beiden Komponenten über die Qualität des Gesamtsystems. Auch wenn die technischen Komponenten dieser Systeme ständig weiterentwickelt werden, existieren Zeit überdauernde Grundlagen (Basiswissen), die wir im Nachfolgenden besprechen.

6.1 Lautsprecher

In den ersten PCs waren Piezosummer eingebaut, später auch Minilautsprecher, die akustische Signale ausgeben konnten. Zu dieser Zeit war Audio am PC noch kein Thema, und die akustische Ausgabe beschränkte sich auf Beep-Codes zur Fehlererkennung.

6.1.1 Aufbau und Funktion

Lautsprecher sind **elektroakustische Wandler**, die niederfrequente elektrische Schwingungen in hörbare mechanische Schwingungen umwandeln. Bei den meisten Lautsprechern wird der Schall durch eine bewegte Membran oder Kalotte erzeugt und erreicht das menschliche Ohr durch die dazwischenliegende Luft.

6.1.2 Kriterien von Lautsprechern

Der **Frequenzgang** gibt in einem Frequenzdiagramm an, welche Lautstärke bei verschiedenen Frequenzen und bei gleich bleibender Leistung abgegeben werden kann. Der Frequenzgang wird folgendermaßen aufgenommen: Ein Tongenerator speist die betreffende Box, und ein Messmikrofon zeichnet die bei den jeweiligen Frequenzen entstehende Lautstärke auf. Eine ideale Lautsprecherbox hätte ein nahezu lineares Frequenzdiagramm mit möglichst tiefer unterer Grenzfrequenz und möglichst hoher oberer Grenzfrequenz.

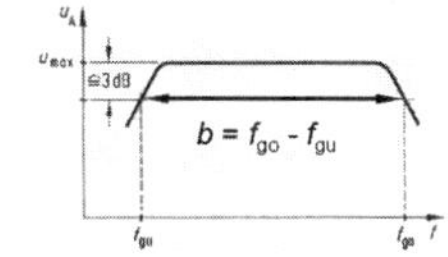

Bild 3.42 Frequenzdiagramm. Die Bandbreite *b* kennzeichnet – als Differenz von oberer (f_{go}) und unterer (f_{gu}) Grenzfrequenz – den Übertragungsbereich

Allerdings nimmt das menschliche Ohr erst Schwankungen von mehr als 3 dB wahr, so dass kleinere Abweichungen in der Praxis vernachlässigt werden können.

Unter **Klirrfaktor** verstehen wir den Unterschied zwischen Oberschwingungen zur Grundschwingung. Wird einem Lautsprecher ein Tonsignal zugeführt, so sollte er ausschließlich dieses Tonsignal abstrahlen (Klirrfaktor wäre in diesem Fall 0 %). In der Praxis werden jedoch unerwünschte Oberschwingungen abgestrahlt. Die stärksten Oberschwingungen liegen in der Regel bei dem Zwei- und Dreifachen der Grundfrequenz. Nach der alten HiFi-Norm DIN 45 500 darf der Klirrfaktor maximal 1 % betragen.

Der **Wirkungsgrad** eines Lautsprechers gibt an, welche Lautstärke die Box bei einer festgelegten Leistung erzeugt, und wird in dB-W/m gemessen. Normale HiFi-Boxen weisen einen Wirkungsgrad von 86 ... 90 dB-W/m auf. Dabei handelt es sich um einen relativ niedrigen Wirkungsgrad. Empfindliche HiFi-Boxen haben einen Wirkungsgrad zwischen 90 ... 95 dB-W/m.

Die **Schallleistung** sagt grundsätzlich nichts über die Wiedergabequalität einen Lautsprechers aus. Wichtig wird sie erst dann, wenn nur eine geringe Verstärkerausgangsleistung vorhanden ist oder wenn überdurchschnittlich große Räume zu beschallen sind.

Als **Impedanz** bezeichnet man den Innenwiderstand eines Lautsprechers bei Wechselstrom; sie wird in Ohm gemessen, soll aber nicht mit dem Gleichstromwiderstand verwechselt werden, der sich mit einem Multimeter messen lässt. Dieser liegt bei ca. 20 % unter dem Wechselstromwiderstand. Eine Box mit einer angegebenen Impedanz von 4 Ω weist also einen Gleichstromwiderstand von 3,2 Ω auf.

In der Praxis ist zu beachten, dass sich die Impedanz eines Lautsprechers mit zunehmender Frequenz erheblich verändert. Die Impedanz verwendeter Boxen darf nie geringer sein als die Mindestimpedanz des verwendeten Verstärkers. Beispielsweise sollte keine 4 Ω-Box an einen 8 Ω-Verstärkerausgang angeschlossen werden. Sollte die Impedanz einer Box höher sein als die angegebene Impedanz des Verstärkers, so verringert sich in der Regel nur die Ausgangsleistung des Verstärkers geringfügig.

Die **Sinusbelastbarkeit** ist die Dauerbelastbarkeit eines Lautsprechers. Sie wird geprüft, indem das System 48 Stunden lang in festgelegtem Rhythmus mit einem konstantem Signal belastet wird. Nach DIN 45 573 muss dieser Test ohne Schäden überstanden werden.

Unter der **Musikbelastbarkeit** eines Lautsprechers wird die Belastbarkeit verstanden, die er kurzfristig (z.B. 2 Sekunden lang) überstehen kann, ohne dass es zu hörbaren Verzerrungen oder zu einer Beschädigung kommt.

In jedem Musiksignal kommen Elemente vor, die eine kurzzeitig sehr hohe Belastung darstellen (z.B. Schlagzeugmusik). Die **Impulsbelastbarkeit** eines Lautsprechers bezieht sich meistens auf einen 10 Millisekunden dauernden Impuls.

Bezüglich der **Aufstellung** der Boxen sollte der Hochtöner möglichst in Ohrhöhe stehen und die Box etwas in Richtung der Ohren des Zuhörers angewinkelt werden.

6.2 Mikrofone

Dynamische Mikrofone arbeiten nach dem Tauchspulenprinzip. Eine Membrane, die von Schallwellen in Bewegung gesetzt werden kann, ist mit einer Spule verbunden. Diese Spule taucht in das ringförmige Magnetfeld eines starken Dauermagneten ein. Wird die Spule von den Schallwellen im Magnetfeld bewegt, wird eine Wechselspannung in der Spule induziert.

Die Wechselspannung ist ein Abbild der Schallwellen. Durch geeignete Konstruktion lassen sich dynamische Mikrofone herstellen, die im gesamten hörbaren Frequenzbereich eine relativ gleichmäßige Empfindlichkeit haben. Qualitativ hochwertige dynamische Mikrofone sind für Musikaufnahmen gut geeignet.

Bei einem **Elektretmikrofon** bildet die Membrane mit der Gegenelektrode einen Kondensator, der immer geladen ist. Unter dem Einfluss einer Schallwelle verbiegt sich die Membran, wodurch sich die Kapazität des Mikrofons ändert. Weil der Ausgang des Mikrofons nicht stark belastet werden darf, wird in das Mikrofon ein als Impedanzwandler geschalteter Verstärker mit eingebaut. Elektretmikrofone werden wegen ihrer kleinen Abmessungen als Ansteckmikrofone und als Einbaumikrofone in Geräten verwendet.

Kondensatormikrofone funktionieren nach einem ähnlichen Prinzip wie Elektretmikrofone, sind aber wesentlich aufwendiger. Kondensatormikrofone werden als hochwertige Studiomikrofone eingesetzt.

Mikrofone werden oft direkt in Bildschirmgehäuse eingebaut.

6.2.1 Kriterien von Mikrofonen

Mikrofone wandeln die mechanischen Schalldruckschwankungen in analoge Audiosignale um. Kriterien sind:

Empfindlichkeit ist die wichtigste Kenngröße und gibt an, welche effektive Wechselspannung ein Mikrofon abgibt, wenn es einem Wechseldruck mit dem Spitzenwert von einem Pascal ausgesetzt ist. Typische Mikrofone haben eine Empfindlichkeit von etwa 1 mV/Pa ... 10 mV/Pa. Oft wird die Empfindlichkeit eines Mikrofons bezogen auf 1V/Pa und wird in Dezibel angegeben.

Eine Empfindlichkeit von –60 dB entspricht also 1/1000 · 1 Pa/V = 1 mV/Pa.

Ein Sprecher mit normaler Stimme erzeugt in 1 m Abstand etwa einen Schalldruck von 0,1 Pa. In 5 m Abstand von einem Orchester wird ein Schalldruck von etwa 1 Pa gemessen.

Die Ausgangsspannung eines Mikrofons ist sehr klein. Sie muss erst etwa um den Faktor 1000 verstärkt werden, bevor sie zur Weiterverarbeitung digitalisiert werden kann.

Eine weitere Kenngröße für Mikrofone ist die **Richtcharakteristik**. Die Empfindlichkeit hängt je nach Art und Aufbau des Mikrofons von der Richtung der Schalleinwirkung ab. Übliche Richtcharakteristika sind Kugel, Keule oder Niere.

Weil es bei der Keulenform und Nierenform eine klare Vorzugsrichtung gibt, sprechen wir von einem Richtmikrofon. In Vorzugsrichtung liegt volle Empfindlichkeit vor. Die Richtwirkung ist auch frequenzabhängig.

6.3 Soundkarten

Soundkarten sind Steckkarten für PCs, die mit verschiedenen Schnittstellen ausgerüstet sind und die Eingabe und Ausgabe von Audiosignalen erlauben. Es gibt verschiedenste Ausführungsformen. Folgende technische Parameter sind grundlegend.

Bild 3.43 Eine typische Soundkarte

6.3.1 Kriterien einer Soundkarte

Ausgangsspannung am Line-Ausgang. Die nutzbare Signalspannung bei der Wiedergabe eines synthetischen, digitalen Signals (1-kHz-Testsignal) liegt bei Vollaussteuerung im Bereich von 1000 mV.

Linearität. Dieser Wert gibt an, wie unverfälscht die ADC und DAC Signale wechselnder Stärke (laut – leise) umsetzen; Idealerweise sollte die Abweichung 0 dB betragen, typische Werte liegen bei 0,1 dB.

Störabstand. Das ist der Unterschied zwischen Nutzsignal und Störsignal (unerwünschtes Brummen, Rauschen, ...). Je größer die Störsignale sind, desto geringer ist der Abstand zum Nutzsignal. Der Störabstand sollte idealerweise unendlich hoch sein, typische Werte liegen bei 80 dB(A).

Klirrfaktor. Wie bei HiFi-Geräten, kennzeichnet dieser Wert die Größe von nicht linearen Verzerrungen (Abweichungen von der Signalkurvenform). Idealerweise sollte der Klirrfaktor gegen null gehen, die DIN 45 500 (alte HiFi-Norm von 1970) erlaubt Werte von 1 %, heute typische Werte liegen bei 0,02 %.

Dynamik. Kennzeichnet den nutzbaren Dynamikumfang. Wird meistens gemessen, indem Prüfsignale immer leiser gemacht werden – so lange, bis nur mehr Störsignale (Brummen, Zirpen, Rauschen) übrig bleiben. Je größer der Abstand zur Vollaussteuerung, desto besser, typische Werte liegen bei 80 dB.

Frequenzgang. Kennzeichnet den Übertragungsbereich und ist ein Maß für die linearen Verzerrungen (Abweichungen vom Frequenzgang), wird für Aufnahme und Wiedergabe separat angegeben und meistens grafisch dargestellt (siehe Bild). Je linearer der Frequenzbereich innerhalb der erwünschten Bandbreite ist, desto besser. Abweichungen können auch in dB angegeben werden und gehen idealerweise gegen 0, typische Werte liegen bei 3 dB.

Eingangsspannung am Mikrofoneingang. Kennzeichnet die Eingangsspannung, die bei 1000 Hz beim (Software-) Aussteuerungsmessgerät zur Vollaussteuerung führt.

6.3.2 Anatomie einer Soundkarte

Sound Blaster (SB) ab 1989, kompatibel zur AdLib MSC-1 von 1987

Die Soundkartenfamilie „Sound Blaster“ der Firma Creative Labs stellt auf Grund ihrer großen Verbreitung einen „Quasi-Standard“ dar, viele Hersteller anderer Soundkarten gestalten ihre Karten „Sound-Blaster-kompatibel“.

Eine typische Soundkarte erzeugt Klänge mit einem OPL-3-Chip (Firma Yamaha) nach dem Verfahren der FM-Synthese. Der OPL-4-Chip unterstützt zusätzlich auch das Wavetable-Verfahren. Bild 3.44 zeigt eine typische Soundkarte mit Ansicht auf die Bestückungsseite.

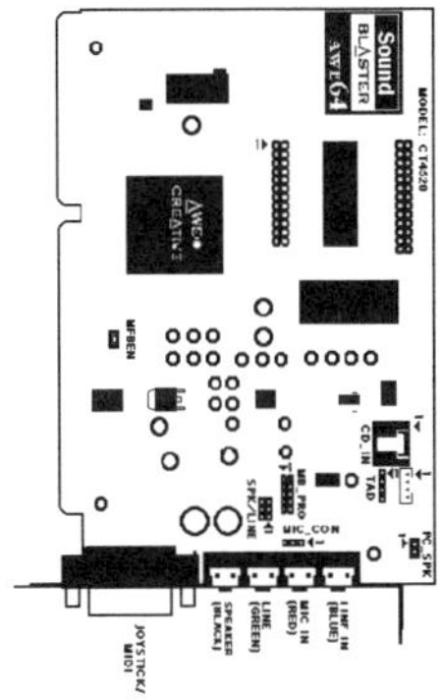

Bild 3.44 Ansicht auf die Bestückungsseite einer Soundkarte

Bei der **FM-Synthese** (Frequenz-Modulations-Synthese) werden mehrere Schwingungen überlagert, um (synthetische) Klänge unterschiedlichster Art zu erzeugen. Beim **Wavetable-Verfahren** wird auf in ROMs abgespeicherte Originalklänge von (echten) Instrumenten zurückgegriffen und dadurch eine naturgetreue Musikerzeugung ermöglicht.

Mit Hilfe eines Audioeingangs können analoge Audiosignale mit einer Datentiefe von 16 bit und einer max. Frequenz von 22,05 kHz (Abtastfrequenz 44,1 kHz) digitalisiert werden. Ein zusätzlicher MIDI-Anschluss ermöglicht den Anschluss von Synthesizern und anderen MIDI-Geräten. Viele Karten haben zusätzliche „3D-Audio“-Fähigkeiten: Durch einen zusätzlichen Prozessor können Raumklang-Effekte durch Hall und Chorus erzeugt werden. Die grundsätzliche Funktion ergibt sich aus folgendem Blockschaltbild:

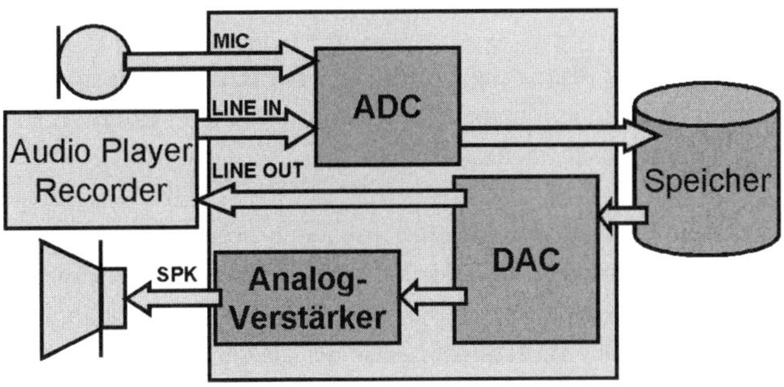

Bild 3.45 Blockschaltung einer Soundkarte

ADC Analog Digital Converter
DAC Digital Analog Converter

Die analogen Signalquellen Mikrofon, Line in und CD (Analogausgang) werden vom ADC in digitale Signale gewandelt, die dann zum digitalen Signalprozessor weitergeleitet werden. Der digitale Signalprozessor kann die digitalen Eingangssignale in verschiedener Weise verändern: Lautstärkenänderung, Klangfarbenänderung, Mischung und Kompression. Die so bearbeiteten Audiosignale können dann über den PC-Bus dem Speicher zugeführt und dort als WAV-Datei gespeichert werden. Gespeicherte WAV-Dateien werden zum digitalen Signalprozessor geleitet, der z.B. die Lautstärkeneinstellung zur Wiedergabe übernimmt. Die veränderten Wiedergabesignale werden vom DAC analogisiert, so dass sie im Lautsprecher hörbar gemacht werden können.

MIDI-Signale werden anders aufgenommen und wiedergegeben als WAV-Signale. Ein MIDI-Eingabegerät wie z.B. ein Keyboard, erzeugt einen MIDI-in-Datenstrom, der schon aus digitalen Zeichen besteht und als MIDI-Datei gespeichert werden kann. Zur Wiedergabe von MIDI-Dateien muss die MIDI-Beschreibungssprache in äquivalente digitale Audiosignale umgewandelt werden. Diese Rolle übernimmt der **MIDI-Prozessor**. Dieser entnimmt einer Lookup-Table – der so genannten **Wave-Table** – wie bestimmte Musikinstrumente nachgebildet werden. Das digitale Audiosignal wird dann im digitalen Signalprozessor in Lautstärke, Klang usw. beeinflusst und über den DAC an die Lautsprecher angelegt.

Einfache Soundkarten arbeiten nicht mit einer Wavetable, sondern mit der FM-Synthese.

Die meisten Soundkarten weisen eine Auflösung von 16 bit auf und arbeiten mit Abtastraten bis zu 44,1 kHz. Damit ist theoretisch ein SNR von bis zu 90 dB und ein Frequenzgang bis zu 22 kHz möglich.

6.4 Mischpulte

Ein Mischpult dient dazu, die Signalpegel mehrerer Audiosignale unterschiedlichster Quellen aufeinander abzustimmen und zu einem (resultierenden) Audio-Signal zusammenzumischen.

Im einfachsten Fall hat der Mischer für jeden Audio-Eingang nur einen Lautstärke- bzw Pegel-Einstellknopf. Die Summe (das zusammengefasste Signal) steht an einem Audio-Ausgang zur Verfügung. Eingänge und die zugehörigen Einsteller (fälschlicherweise als „Regler“ bezeichnet) werden bei Mischern **Eingangskanäle** genannt. Bei Stereo-Geräten gibt es mindestens noch einen zweiten Summenkanal mit eigenem Ausgang, je einer für das rechte und linke Signal, und sogenannte Panorama-Regler für jeden Eingangskanal. Mit dem Panorama-Regler wird der Pegel eines Eingangssignals dergestalt auf die rechte und linke Summe verteilt, dass man dem Höreindruck nach das Signal zwischen rechter und linker Seite beliebig positionieren kann. Größere Mischer (Mischpulte) bieten noch die Möglichkeit jedes Eingangssignal mit einer eigenen Klangregelung (Equalizer) den persönlichen Klangvorstellungen anzupassen und mehrere Summen zu bilden.

7 Modulkurzzusammenfassung

Jeder Art von physikalischen Reizen (z.B. Schallschwingung) entspricht eine bestimmte Art von psychologischen Empfindungen im Gehirn (z.B. Hörempfindung). Die von den Haarzellen codierten Schallqualitäten, die dem Hörnerv zur Weiterleitung in das Gehirn zugeführt werden sind die *Schallfrequenz* (Tonhöhe), *Schalldruckpegel* (sound pressure level) und *Schallintensität* (Lautstärke), *Schallrichtung* und *Entfernung* und die *Klangfarbe* (Timbre). Die subjektiv empfundene **Lautstärke** (volume) ist nicht nur abhängig vom Schalldruckpegel, sondern auch von der Frequenz. Der Zusammenhang zwischen Lautstärke und Schalldruckpegel für den Hörbereich wird durch *Kurven gleicher Lautstärkepegel* angegeben (Hörkurven). Das **dB** gibt dabei nur das Verhältnis an. Die Einheit **Phon** versucht, das subjektive Lautstärkeempfinden abzubilden.

Sprache besteht aus gesprochenen Lauten und ist eine auf auditiven Signalen basierende Informationsart. Bei Multimedia-Systemen werden *reproduzierende Sprachwiedergabe, Lautverkettung* im Zeitbereich/Frequenzbereich und die *Sprachsynthese* verwendet. ASR (maschinelle Spracherkennung) basiert auf der Erkennung von *Merkmalsvektoren.*

Zur Roh-Sound-Codierung werden u.a. PCM, GSM und μ-Law verwendet.

Die wichtigsten Audio-Formate im PC-Bereich sind Wave und MIDI. Eine **WAV-Datei** ist eine „digitale Kopie" des Schalldruckes am Mikrofon und sie kann jedes beliebige Klangereignis enthalten. **MIDI** (Music Instrument Digital Interface) ist die kompakteste Darstellung von Musikdaten; anstatt der eigentlichen Abtastwerte wird bei MIDI eine instrumentenbezogene Darstellung verwendet. Die Codierung umfasst Lautstärke, Grundfrequenz und die Bezeichnung des Instrumentes.

Des Weiteren werden **AU, MPEG** und *MPEG Audio Layer III* (kurz **MP 3**) häufig verwendet.

Das System Soundkarte–Lautsprecher stellt die Schnittstelle zwischen Mensch und Computer dar. Kriterien für Lautsprecher sind u.a. *Klirrfaktor, Wirkungsgrad, Schallleistung* und *Belastbarkeit.* Empfindlichkeit ist die wichtigste Kenngröße von Mikrofonen und gibt an, welche effektive Spannung abgegeben wird, wenn es einem *Schalldruck von 1 Pa* ausgesetzt ist. Eine Empfindlichkeit von –60 dB entspricht 1 mV/Pa. In etwa 5 m Abstand von einem Orchester wird ein Schalldruck von rund 1 Pa gemessen. Eine typische Soundkarte erzeugt Klänge nach dem Verfahren der *FM-Synthese.* Mischpulte dienen dazu, die einzelnen Signalpegel mehrerer Quellen aufeinander abzustimmen.

8 Modulanhang

8.1 Literatur

8.1.1 Bücher

ALBRECHT, FRANK-WERNER; MAYER-FASOLD, C.; VEIT, IVAR (1995): *Beschallungstechnik*. 3. Auflage. Renningen: Expert Verlag.

BORUCKI, HANS (1993): *Einführung in die Akustik*. Mannheim: BI Wissenschaftsverlag.

DICKREITER, MICHAEL (1997): *Handbuch der Tonstudiotechnik*. 6. Auflage. München: K. G. Saur.

ENDERS, BERND (1997): *Lexikon Musikelektronik*. Mainz: Schott.

FREYER, U. G. P. (1997): *DAB-digitaler Hörfunk*. Berlin: Verlag Technik.

FROEBISCH, DIETER K.; LINDNER, HOLGER; STEFFEN, THOMAS (1997): *Multimedia Design: Handbuch zur Gestaltung interaktiver Medien*. München: Laterna Magica. 229-234.

HERKNER, WERNER (1992): *Psychologie*. 2. Auflage. Wien, New York: Springer. 61-78.

HOFMÜLLER, HELMUT; SEIWERT, MARTIN (1999): *Digital Audio/Video: Digitalisierung, Schnitt und Mastering unter Windows (Edition Screen Multimedia)*. München: Addison-Wesley-Longman. 153-300.

JARZ, EWALD M.(1997): *Entwicklung multimedialer Systeme; Planung von Lern- und Masseninformationssystemen (Serie Gabler Edition Wissenschaft)*. Wiesbaden: Gabler. 193-211.

MATHELITSCH, LEOPOLD; GERHARD FRIEDRICH (1995): *Die Stimme: Instrument für Sprache, Gesang und Gefühl*. Berlin et.al.: Springer.

PIERCE, JOHN R. (1989): *Klang, Musik mit den Ohren der Physik*. 2. Auflage. Heidelberg: Spektrum.

REIBOLD, HELMUT F. (1999): *Das Einsteigerseminar: Musik und PC*. Kaarst: bhv Verlag.

SILBERNAGL, STEFAN; DESPOPOULOS, AGAMEMNON (1983): *dtv-Atlas der Physiologie*. 2. Auflage. Stuttgart, New York: Thieme. München: Deutscher Taschenbuch-Verlag.

STEINMETZ, RALF (1998): *Multimedia-Technologie: Grundlagen, Komponenten und Systeme*. 2. Auflage. Berlin [et al.]: Springer. 23-46.

VEIT, IVAR (1996): *Technische Akustik: Grundlagen der phsyikalischen, physiologischen und Elektro-Akustik*. 5. Auflage. Würzburg: Vogel.

WEBERS, JOHANNES (1979): *Tonstudiotechnik: Handbuch der Schallaufnahme und -wiedergabe bei Rundfunk, Fernsehen, Film und Schallplatte.* 3. Auflage. München: Franzis.

ZANDER, HORST (1998): *Das PC-Tonstudio: von der Audioaufnahme und Verarbeitung mit dem PC bis zur Master-CD.* Poing: Franzis.

8.1.2 Artikel

CARSTENS, MATTHIAS (1999): Musik kompakt: Audio-Kompression mit MPEG Layer-3. *c't: Magazin für Computer Technik,* 21/99, 242-250. Hannover: Heise.

MUSMANN, H.-G.; WERNER, O.; FUCHS, H. (1993): Kompressionsalgorithmen für interaktive Multimedia-Systeme. *it + ti 2/93, Informationstechnik und Technische Informatik,* 35 (2), Oldenbourg Verlag, 4-18.

STEINBRINK, BERND (1999): Die Zukunft der Audio-CD: Formatvielfalt oder Standardscheibe?. *c't: Magazin für Computer Technik,* 21/99, 252-253. Hannover: Heise.

8.1.3 Books in English

BUFORD-KOEGEL, JOHN F. (1994): *Multimedia Systems.* New York. Addison-Wesley.

COOKE, DERYCK (1962): *The Language of Music.* London: Oxford University Press.

CRITCHLEY, M.; HENSON, R. A., EDS (1977): *Music and the Brain.* London: Heinemann.

FISHER, LEONARD EVERETT (2001): *Alexander Graham Bell.* North Lebanon (TN): Greenleaf Press.

HEATH, STEVE (1999): *Multimedia and Communications Technology.* 2nd Ed. Oxford: Focal Press, Butterworth, Heinemann. 7-43.

MCLAUGHLIN, TERENCE (1970): *Music and Communication.* London: Faber and Faber.

PINKER, STEVEN (1994): *The Language Instinct.* New York: William Morrow.

RODMAN, ROBERT D. (1999): *Computer Speech Technology.* Artech House.

WATKINSON, JOHN (1994): *The art of digital audio.* Second edition. Woburn (MA): Focal Press.

WHITE, GLENN D. (1987): *The Audio Dictionary.* Second Edition. Seattle (WA): University of Washington Press.

WU, CHWAN-HWA; IRWIN, DAVID J. (1999): *Emerging Multimedia Computer Communication Technologies.* Upper Saddle River (NJ): Prentice Hall. 27.

8.1.4 Articles in English

BRENT, MICHAEL R. (1999): Speech segmentation and word discovery: a computational perspective. *Trends in Cognitive Sciences*, Vol. 3, Iss. 8, August 99, 294-301.

GRAPS, AMARA (1995): An Introduction to Wavelets. *IEEE Computational Sciences and Engineering*, Vol. 2, No. 2, 50-61.

HARRER, G.; HARRER, H. (1977): Music, emotion and autonomic function. In: Critchley, M.; Henson, R.A.: *Music and the Brain: Studies in the Neurology of Music*. London: Heinemann, 202-216.

HOOD, J. D. (1977): Psychological and Physiological Aspects of Hearing. In: Critchley, M.; Henson, R.A.: *Music and the Brain: Studies in the Neurology of Music*. London: Heinemann, chapter 3.

KYRIAKAKIS, CHRIS; TSAKALIDES, PANAGIOTIS; HOLMAN, TOMLINSON (1999): Surrounded by sound. *IEEE Signal Processing Magazine*, Vol. 16, Iss. 1, January 99, 55-66.

LIBERMAN, A. M.; MATTINGLY, I. G. (1985): The motor theory of speech perception revised. *Cognition*, 21, 1-36.

OBAIDAT, M. S.; LEE, C.; SADOUN, B.; NELSON, D. (1999): Estimation of pitch period of speech signal using a new dyadic wavelet algorithm. *Information Sciences*, Vol. 119, Issue 1-2, 21-39. Elsevier.

SANDLER, MARK (2000): Digital music in the 21st century. Digest of Technical Papers. *IEEE International Conference on Consumer Electronics*, 412-413.

TREMAIN, THOMAS E. (1982): The Government Standard Linear Predictive Coding Algorithm: LPC-10. *Speech Technology Magazine*, April 1982, 40-49.

YEN, KUAN-CHIEH; ZHAO, YUNXIN (1999): Adaptive co-channel speech separation and recognition, *IEEE Transactions on Speech and Audio Processing*, Vol. 7, Iss. 2, March 99, 138-151.

8.1.5 Journals

Audio Electronics (ISSN: 0004-7546) | Audio Amateur Publications

AV Video and Multimedia Producer (ISSN: 1090-7459) | Knowledge Industry Publications Inc.

Computer Music Journal (ISSN: 0148-9267) | MIT Press

Computer Speech and Language (ISSN: 0885-2308) | Academic Press Inc.

Digital Signal Processing (ISSN: 1051-2004) | Academic Press Inc.

Journal of the Audio Engineering Society (ISSN: 0004-7554) | Audio Engineering Society

Journal of the Acoustical Society of America (ISSN: 0001-4966) | American Inst. of Physics

IEEE Signal Processing Magazine (ISSN: 1053-5888) | IEEE Institute of Electrical and Electronics Engineers

IEEE Transactions on Speech and Audio Processing (ISSN: 1063-6676 electronic:1063-6676) | IEEE Institute of Electrical and Electronics Engineers

IEEE MultiMedia Magazine (ISSN: 1070-986X) | IEEE Institute of Electrical and Electronics Engineers

Multimedia Systems (ISSN: 0942-4962; electronic: 1432-1882) | Springer Verlag KG

Multimedia Tools and Applications (ISSN: 1380-7501) | Kluwer Academic Publishers Group

New Review of Hypermedia and Multimedia – Applications and Research (ISSN: 1361-4568) | Taylor Graham Publishing – Journal Department

8.2 Internet-Links

Aktualisierte Internet-Links zu diesem Modul sind auf der Buchhomepage www.basiswissen-multimedia.at unter Technik – Modul 3: Audio verfügbar!

8.3 Prüfungsfragen

Fragen-Typ 1: Dichotome Ja/Nein-Entscheidungen

01	Empfindungen entstehen bereits in den jeweils spezialisierten Sinnesorganen.	❐ Ja ❐ Nein	
02	Das Gesetz von Weber besagt, dass ein Reizzuwachs immer ein bestimmter Bruchteil des Ausgangsreizes sein muss.	❐ Ja ❐ Nein	
03	Das Mittelohr mit Trommelfell und ovalem Fenster dient als mechanischer Impedanzwandler.	❐ Ja ❐ Nein	
04	Mit Hilfe der Klangfarbe (Timbre) ist es möglich, Schallquellen im Raum zu lokalisieren.	❐ Ja ❐ Nein	
05	Unter Morphem verstehen wir die kleinste bedeutungstragende sprachliche Einheit.	❐ Ja ❐ Nein	
06	Beim Streaming werden die Daten sukzessive übertragen und nahezu in Echtzeit abgespielt.	❐ Ja ❐ Nein	
07	Eine WAV-Datei ist eine „digitale Kopie" des Schalldruckes am Mikrofon.	❐ Ja ❐ Nein	
08	Eine MIDI-Datei speichert den Formverlauf eines Klanges und kann jedes Klangereignis beinhalten.	❐ Ja ❐ Nein	
09	Auf einer Soundkarte werden die analogen Signalquellen von einem ADC in digitale Signale gewandelt und zum Signalprozessor geleitet.	❐ Ja ❐ Nein	
10	Ein MIDI-Eingabegerät erzeugt einen MIDI-In-Datenstrom, der direkt als Digitalsignal abgespeichert wird.	❐ Ja ❐ Nein	

Fragen-Typ 2: Mehrfachauswahlantworten (Multiple Choice)

01	In der Psychophysik der auditiven Wahrnehmung gilt ... ❒ a) ... die Schallintensität ist proportional zur Schallfrequenz. ❒ b) ... räumliches Hören wird u.a. ermöglicht durch den Nachhall. ❒ c) ... der Charakter eines Klanges ergibt sich aus seinem Obertongehalt. ❒ d) ... Empfindungen entstehen nicht in den Sinnesorganen, sondern im Gehirn.	
02	Bei der Sprachausgabe ... ❒ a) ... stellt die reproduzierende Sprachwiedergabe das einfachste Verfahren dar. ❒ b) ... ist ein grosses Problem die Semantik. ❒ c) ... durch Formantsynthese wird hauptsächlich ASR verwendet. ❒ d) ... ist Verständlichkeit eine Grundvoraussetzung, Natürlichkeit erwünscht.	
03	Bei der Digitalisierung von Audio-Signalen ... ❒ a) ... wird meistens mit einer Abtastfrequenz von 88 kHz gearbeitet. ❒ b) ... ist die File-Grösse stets ein Problem. ❒ c) ... wird die File Grösse hauptsächlich von der Sampling-Rate bestimmt. ❒ d) ... wird immer mit dem WAV-Format gearbeitet.	
04	Eine WAV-Datei ... ❒ a) ... ist auf Musikwiedergabe beschränkt. ❒ b) ... basiert auf dem RIFF-Format. ❒ c) ... ermöglicht Streaming. ❒ d) ... ist klein und plattformunabhängig.	
05	MIDI ... ❒ a) ... ist ein standardisiertes Datenformat speziell für Sprachwiedergabe. ❒ b) ... ist zur Fernsteuerung von Musikinstrumenten geeignet. ❒ c) ... ist plattformübergreifend. ❒ d) ... liefern immer das gleiche Wiedergabeergebnis.	
06	Um eine Audiodatei zu verkleinern ist es günstig ... ❒ a) ... MIDI in WAV umzuwandeln. ❒ b) ... die Samplingrate zu erhöhen. ❒ c) ... Datenkompression mit ADPCM oder MPEG vorzunehmen. ❒ d) ... auf Stereo zu verzichten.	
07	Audio-CDs ... ❒ a) ... werden mit Signalen mit einer Abstastrate von 44,1 kHz beschrieben. ❒ b) ... arbeiten mit durchschnittliche Filegrössen von 650 kB/s. ❒ c) ... speichern Audiofiles in 16 Bit Paketen. ❒ d) ... verwenden zur Soundspeicherung MIDI.	
08	Kriterien einer Soundkarte sind ... ❒ a) ... Frequenzgang. ❒ b) ... Klirrfaktor. ❒ c) ... Störabstand. ❒ d) ... Linearität.	

8.4 Lösungen

Lösungen zu Fragen-Typ 1:

01 Nein; 02 Ja; 03 Ja; 04 Nein; 05 Ja; 06 Ja; 07 Ja; 08 Nein; 09 Ja; 10 Ja;

Lösungen zu Fragen-Typ 2:

Richtig sind: 01 b) c) d); 02 a) b) d); 03 b) c); 04 b); 05 b) c) 06 c) d); 07 a) c); 08 a) b) c) d)

8.5 Übungen

- Es ist der Speicherbedarf für eine Musikdatei mit einer Länge von 3 Minuten und 46 Sekunden in CD-Qualität zu berechnen. Welche Möglichkeiten der Verkleinerung könnten angewandt werden?
- Hören Sie sich nacheinander ein WAV-File und ein MIDI-File an und vergleichen Sie die Vorteile und Nachteile! Wie hört sich im Vergleich dazu ein MP-3-File an?
- Arbeiten Sie mit einem Spracherkennungs-Programm und untersuchen Sie dessen Stärken und Schwächen!

8.6 Diskussionsfragen

- Welche Vorteile bringt die Einführung des dB? Warum wird der Lautstärkepegel in Phon angegeben?
- In welchen Bereichen kann maschinelle Spracherkennung sinnvoll angewendet werden?
- Wo wird es vermutlich in Zukunft die größten Einsatzgebiete geben? Wird MP3 die Audio-CDs verdrängen?

8.7 Timeline: Audiotechnik

1400: Schallaufzeichnung in Turmglockenspielen mittels Stiftwalzen.

1737: Mechanische Flötenspieler (Automaten) von J. DE VAUCANSON.

1809: Untersuchungen von Schallschwingungen und Entdeckung der „Klangfiguren“ auf schwingenden Oberflächen von CHLADNI.

1843: MORSE begründet die elektrische Telegrafie.

1860: REIS erfindet das Telefon.

1868: Lochstreifensteuerung für eine mechanische Orgel (Automatisierung) von MACTAMMANY.

1877: BELL entwickelt ein praktisch verwendbares Telefon. EDISON stellt seinen Phongraphen vor und CROS entwickelt die Wachsplatte zur Schallspeicherung.

1881: Erste Audiopräsentation in Stereo von ADER.

1887: US-Patent von BERLINER für sein Grammophon.

1888: Versuche zur Audiospeicherung in einer „Schallplatte“. Vorschlag einens Tondrahtgerätes von SMITH.

1889: Erste Musikbox mit Münzeinwurf in USA.

1895: Schellackschallplatte von BERLINER.

1896, 14. Mai: Erste drahtlose Audio-Übertragung von MARCONI: Funk.

1898: Funktionsfähiges Magnettonaufzeichnungsgerät mit Draht von POULSEN.

1904: Elektrisches Klavier von WELTE.

1907: RAYLEIGH entwickelt eine Phasentheorie des Schalls.

1912: Langspielplatte von EDISON.

1915: Schallplattenspieler mit Elektromotor.

1921: Audio wird Massenkommunikationsmittel: Radio.

1925: Elektrodynamischer Konuslautsprecher von KELLOG & RICE.

1926: Erste praktisch verwendete Tonfilme.

1927: Vollelektrische Musikboxen.

1928: Magnetisierbare Papierbänder von PFLEUMER.

1932: Erste Stereoschallplatte von EMI. In Deutschland entwickelt BASF Acetylzellulosebänder zur Schallaufzeichnung.

1935: Magnetophon K1 von AEG.

1943: Erstes Tonbandgerät mit Kassette von AEG.

1948: Langspielplatte auf Vinylbasis. Von RCA wird eine Mikrorillenplatte mit 45 Umdrehungen pro Minute vorgestellt.

1950: Audio-Aufzeichnung auf Magnetband wird Standard: Tonbandgerät.

1952: AEG stellt das Magnetophon KL15 vor.

1958: Stereoplatten sind auf dem Markt.

1965: Kompaktcassettenrecoder von Philips (bis heute Standard).

1966: Rauschunterdrückung von DOLBY.

1972: Erste optische Speichermedien von Philips und MCA (Laserdisc).

1977: Radio Shack führt den ersten PC ein: (primitives) Audio am PC.

1979: Digitalschallplatte (CD) in heutiger Form.

1982: Audio auf Laserdisc kommerziell: CD-Player.

1983: MIDI als Standard.

1987: DAT (Digital Audio Tape) für die digitale Audio-Aufzeichnung.

1988: Die MPEG (Moving Picture Experts Group) als working group der ISO wird gegründet, zur Festlegung von Audio- und Videostandards.

1989: Integrierter Kopierschutz beim DAT-Recorder. Release von MPEG-1.

1991: CD-ROM. Release von MPEG-2.

1992: GSM-Standard für digitalen Mobilfunk.

1995: Release von MPEG-4.

1997, April: MPEG-2 Advanced Audio Coding (AAC) wird als internationaler Standard released.

2000: Breitband-Informationsnetze: Musik über das Internet via Satellit.

2010: DAB (Digital Audio Broadcasting) in CD-Qualität soll den UKW-Rundfunk in Europa ersetzen.

8.8 Glossar

AAA Gebräuchliche Bezeichnung für das gesamte Aufnahmeverfahren. Der erste Buchstabe gibt das Aufzeichnungsverfahren an, der zweite die Mischtechnik und der dritte den Masterträger. A steht für analog, D für digital (AAA ist eine reine analoge, DDD eine durchgehend digitale Produktion).

ADPCM Adaptive Differential Pulse Code Modulation, zur Komprimierung von Audiodaten, wird z.B. bei CD-I eingesetzt um die Spieldauer zu verlängern.

AES Audio Engineering Society (New York).

AIFF Audio-Interchange-File-Format, das Soundfile-Standardformat im Apple MacIntosh; verarbeitet mehrkanalige Samples mit verschiedenen Sampling-Raten und Auflösungen.

Aktivbox Lautsprecher mit im Gehäuse integrierter Verstärker-Endstufe.

Amplifier engl. Verstärker.

Audio-Dub Von dubbing (engl.) für Nachvertonung.

Balance Lautstärkenverhältnis zwischen linkem und rechtem Kanal.

Binaural Zweikanalig, stereo, beide Ohren betreffend.

BPM Abkürzung für Beats per Minute, Schläge pro Minute. Maßeinheit für das musikalische Tempo.

Brumm Auch Brummen, niederfrequentes Störsignal, das durch den Netzstrom bzw. fehlender Masse verursacht wird.

Cardioid Nierenförmige Richtcharakteristik eines Mikrofons, auch Niere.

CD-Qualität Tonaufnahmen auf Audio-CDs werden standardmäßig mit einer Auflösung von 16 bit und einer Abtastrate von 44,1 kHz digitalisiert.

CD-R Compact Disk Recordable.

CD-RW Compact Disk Re-Writable.

Cinch Steckernorm im HiFi-Bereich, im englischen Sprachraum RCA bezeichnet.

Clipping Verzerrung eines Audiosignals durch das Übersteuern einer Eingangsstufe.

Cutoff Frequency Grenzfrequenz, z.B. ab welcher Frequenz ein Filter zu wirken beginnt, oder Grenzfrequenz bei Lautsprechern.

Damping engl. Dämpfung eines Signales in dB.

dB Abkürzung für das Verhältnismaß Dezibel (nach ALEXANDER GRAHAM BELL).

dBm Bezugsgröße für Spannungspegel. Als Grundlage gilt 0 dBm = 0,775 Volt bei 0,1 mW an 600 Ohm.

Deemphasis Wiederherstellung des ursprünglichen Frequenzgangs; nach der Digitalisierung werden die Höhen eines Audiosignals zwecks Rauschverminderung angehoben (= Preemphasis): Die Deemphasis senkt die Höhen wieder ab.

Detune engl. Verstimmen.

DFT Diskrete Fourier-Transformation. Mathematische Funktion, die ein gesampletes Audiosignal in sein Obertonspektrum zerlegt und die entsprechenden Sinusfunktionen als Koeffizienten bestimmt. So kann später das Originalsignal wieder hergestellt werden (nach J. FOURIER, franz. Mathematiker, 1768–1830).

Dynamik Gemessen in dB, gibt an, in welchem Verhältnis der minimale und der maximale Pegel eines Audiogeräts stehen. Das menschliche Gehör „verträgt" eine Dynamik von höchstens 130 dB (Schmerzgrenze).

Equalizer Schaltung zur Beeinflussung des Frequenzganges eines Audiosignals. In einfachster Form als Höhen- und Bass-Einsteller. Normalerweise ist jeder Eingangskanal eines Mischpultes mit einem Equalizer ausgerüstet, damit der Klang der einzelnen Instrumente optimiert werden kann.

Exciter Schaltung zur Klangverbesserung (psychoakustisches Gerät), errechnet aus dem Klangmaterial zusätzlich Obertöne und erzeugt Phasenverschiebungen.

Fade-In/Out Ein- und Ausblenden eines Signals.

FM-Synthese Klangerzeugung auf der Basis der Frequenzmodulation.

Gain Einsteller am Eingang eines Mischpults oder Effektgerät, der das Eingangssignal dem Line-Pegel der nachfolgenden Stufen anpasst (verstärkt oder dämpft).

GND Ground (Systemmasse, Erdung).

HiFi High Fidelity (hohe Klangtreue). In der HiFi-Norm DIN 45 500 festgelegt, hat diese Norm heute kaum noch einen Sinn, da diese weit übertroffen wird.

Line Pegel und Anschlussbenennung.

Master Matrize, Original-CD, von dem Kopien erstellt werden.

SNR Signal to Noise Ratio, Störabstand, Verhältnis von Nutzsignal zu Störsignal (noise), in dB angegeben.

SPL Sound Pressure Level, Schallintensität in dB.

Modul 4: Bildtechnik

„Manche sind der Meinung, daß die lange Epoche der Sprachkultur am Ende ist und einer neuen Bildkultur Platz macht. Wenn sich aber die Kommunikation tatsächlich von der Sprache auf das Bild verlagert, dann gewinnen die damit verbundenen ästhetischen Kriterien gegenüber den bisher im Vordergrund stehenden literarischen an Bedeutung."

Herbert W. Franke am Ersten European Software Festival 1991 in München

Lernziele

Zunächst beschäftigen wir uns mit der **Psychophysik des Sehens**, mit **Farbe**, den Dimensionen der Farbwahrnehmung und mit den technischen Grundlagen der **Bildtechnik** (wie Farbtiefe, verschiedene Farbmodelle usw.). Dann beschäftigen wir uns mit den unterschiedlichen **Bildformaten** (Vektorgrafiken, Bitmapbilder und Metafiles) und wenden uns zuletzt – nach einigen Erkenntnissen über Filegrößen – dem wichtigen **Konzept der Komprimierung** zu.

Sehen

Bildtechnik

Bildformate

Komprimierung

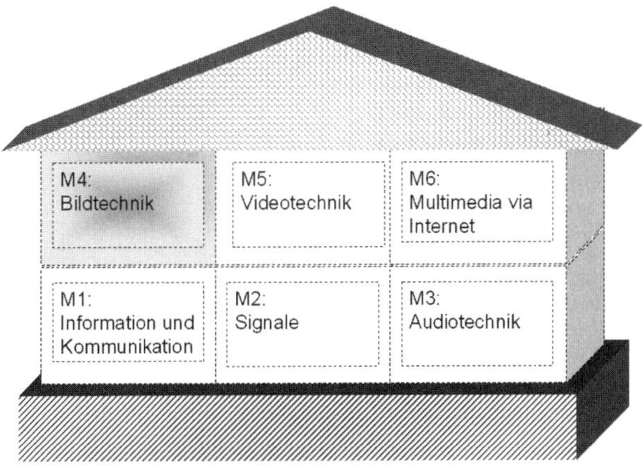

Bilder (Images) und **Grafiken** (Graphics) sind das Rückgrat jeder Multimedia-Anwendung und erhöhen die Attraktivität am „Bild"-Schirm der Anwender. Bilder können oft komplexe Inhalte veranschaulichen. Bilder sind neben Sprache und Musik die dritte große Kulturleistung der Menschheit. Bereits in der Steinzeit wurden Bilder als Kommunikationsmedium benutzt (Felszeichnungen). Auch unsere Schrift besteht im Prinzip aus Bildern.

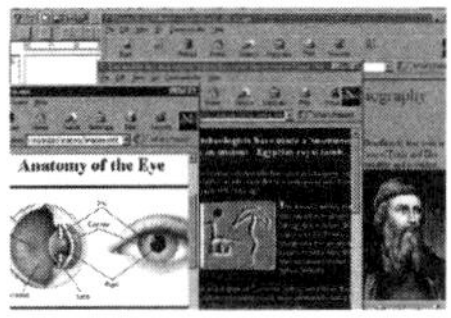

Bild 4.1 Bilder sind auch das Rückgrat und der Erfolg des WWW

Wir behandeln zunächst in diesem Modul **stehende Bilder** (Schwarzweißbilder, Graustufenbilder, Farbbilder) und werden uns erst im nächsten Modul 5 „Videotechnik" den bewegten Bildern zuwenden.

Aufbauend auf die Inhalte der vorangehenden Module 1 und 2 „Information und Kommunikation" und „Signale" besprechen wir hier technologische und psychophysikalische Grundlagen der Bildtechnik.

Lernpsychologie in Band 2

Im Band 2 „Lernen" werden wir uns mit lernpsychologischen Details beschäftigen.

Gestaltung und Didaktik in Band 3

Im Band 3 „Multimedia Design" werden diese Kenntnisse auf psychologische Wahrnehmung und didaktische Gestaltungsprinzipien ausgedehnt.

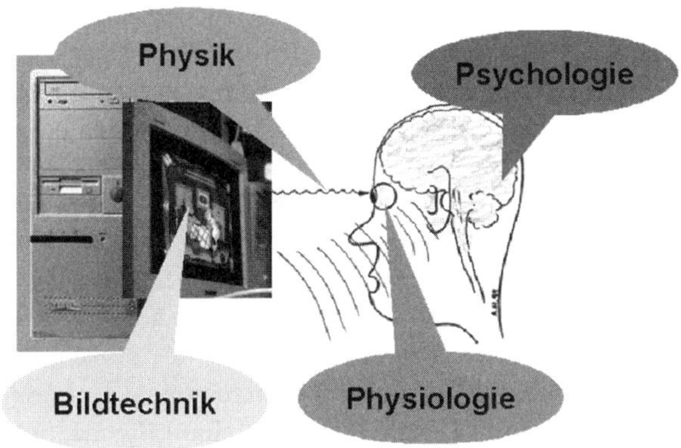

Bild 4.2 Auch bei der Bildtechnik handelt es sich um ein Zusammenspiel von Technik und Psychophysik, die Elemente der Physik, Physiologie und Psychologie zusammenfasst

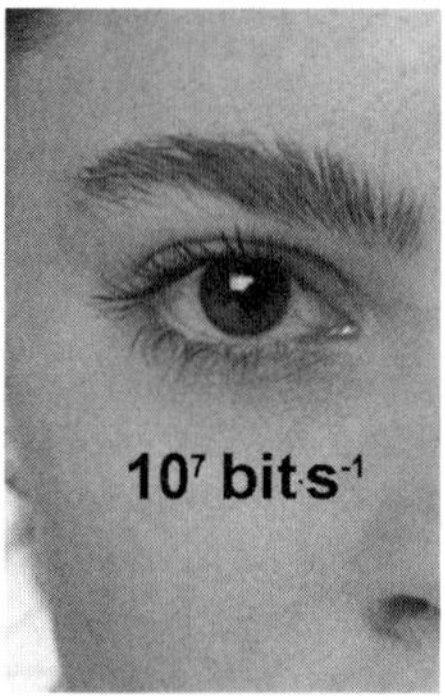

Bild 4.3 Informationsaufnahme durch das Auge

1 Das Auge als Bildaufnehmer

1.1 Auge und Sehsinn

Das Auge (oculus) ist das wichtigste Sinnesorgan. 90% aller Informationen werden über die Augen und das nachgeschaltete Gehirn aufgenommen.

Durch eine Geruchsinformation über die Nase können nur etwa 20 bit/s aufgenommen werden, über den optischen Kanal aber die enorm große Informationsmenge von 10^7 bit/s.

Die große Bedeutung des Sehsinnes ist offensichtlich. Dadurch erklärt sich auch, dass Visualisierung von Inhalten (content) für Multimedia-Systeme von zentraler Bedeutung ist.

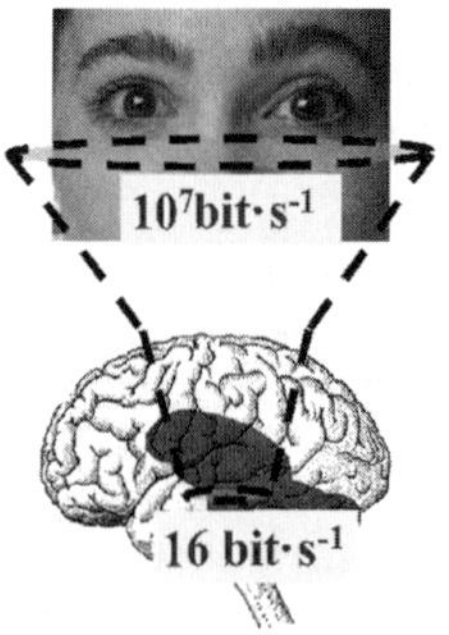

Bild 4.4 Nur rund 16 bit pro Sekunde können im Langzeitgedächtnis abgespeichert werden

---

Tatsächlich können nur rund **16 bit/s** über das sensorische Gedächtnis in unser Kurzzeitgedächtnis eindringen und damit später im Langzeitgedächtnis memoriert werden (Bild 4.4).

Details dazu werden im Band 2 „Basiswissen Multimedia: Lernen" behandelt.

Das Auge ist eines unserer kleinsten Organe. Es ist auch nicht eigenständig – wie z.B. das Herz – sondern **Teil des Gehirns**. Der Augapfel (bulbus) ist annähernd kugelförmig, im Mittel 24 mm lang und nur wenige Gramm schwer (Bild 4.5). Physikalisch entspricht das Auge einer **Fotokamera**. Durch die vordere Öffnung (Pupille, (1)) gelangt das Licht in das Auge. Ihre Größe wird durch die Regenbogenhaut (Iris, (2)), wie bei einer Kamerablende, verändert. Bei geringer Lichtintensität weitet sich die Pupille und lässt mehr Licht ins Auge. Bei hoher Lichtintensität verengt sie sich und verhindert damit eine „Überbelichtung". Die Linse (Lens, (3)) dient dazu, das Bild scharf zu stellen. Im Gegensatz zu einer Kamera kann das Auge aber nicht die Position, dafür aber die Form der Linse verändern. Dies geschieht mit Hilfe der Ziliarmuskel (muscula ciliaris, (4)), die seitlich an der Linse ansetzen. Beim Blick in die Ferne nimmt die Krümmung der Linse durch die Zugspannung der Ziliarmuskel ab. In der **Netzhaut** (Retina, (5)) liegen die Sinneszellen – hier findet die eigentliche Sinneswahrnehmung (Perception) statt. Der **Sehnerv** (nervus opticus, (6)) ist ein bis in die Mitte des Gehirns (Chiasma opticum) reichendes Faserbündel (siehe Bild 4.8) und ist histologisch und entwicklungsgeschichtlich eine Ausstülpung des Gehirns und daher bis an die Rückseite des Augapfels von Hirnhäuten umgeben. Über den Sehnerv werden die Informationen an das Gehirn weitergeleitet. Für die Informationsverarbeitung visueller Reize ist ein ganz bestimmter Teil des Gehirns, das sogenannte „Sehzentrum" im Bereich des Hinterkopfes, der **visuelle Cortex**, zuständig (Bild 4.8).

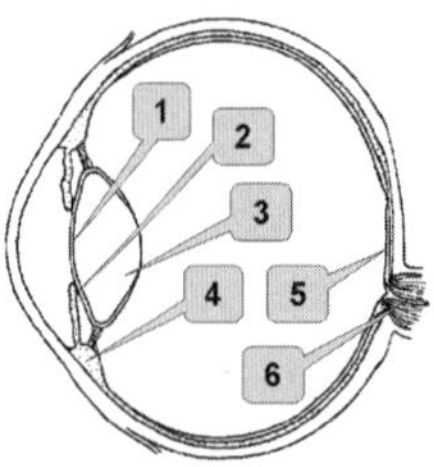

Bild 4.5 Schnitt durch das rechte Auge

1.2 Bilderzeugung

Etwa 126 Millionen Sinneszellen kleiden das Innere des Augapfels aus. Diese rund 400 000 Zellen pro Quadratmillimeter registrieren das einfallende Licht. In jeder Sekunde werden über den Sehnerv 16 Bilder an das Gehirn übermittelt. Ein Bündel des Sehnervs besteht aus rund einer Million einzelnen Nervenfasern.

Die auf das Auge auftreffende Lichtstrahlung wird an der Hornhaut am stärksten gebrochen, durchsetzt die vordere Kammer, die Augenlinse und den Glaskörper und trifft dann auf die lichtempfindliche **Netzhaut** (Retina), die als gewölbte Bildfläche wirkt. Bei der menschlichen Retina handelt es sich, wie bei der von allen Wirbeltieren, um eine inverse Retina: Die photosensible Schicht ist vom Lichteinfall abgewandt, so dass ins Auge einstrahlendes Licht zunächst die ganze Dicke der Retina durchdringen muss, um die **Photorezeptoren** zu erreichen (Bild 4.6). Die Rezeptoren sind längliche (30 µm), hochgradig differenzierte Zellen, die aus einem Zellkörper mit einem Zellkern und einem synaptischen Endkolben bestehen. Ihre Längsachsen sind parallel zur Richtung des einfallenden Lichtes orientiert, sie stehen damit senkrecht auf dem Pigmentepithel. Vom rein morphologischen Standpunkt aus betrachtet werden zwei Typen unterschieden: **Stäbchen** mit zylindrisch ausgezogenen Außengliedern und **Zapfen** mit Außengliedern von konischer, gedrungener Form. Sehr früh wurde festgestellt, dass Stäbchen bereits bei einer niedrigen Lichtintensität arbeiten, während Zapfen die Rezeptoren für helles Licht und Farben sind.

Auf dieser Basis ist die **Duplizitätstheorie** aufgestellt: Die Zapfen dienen dem Tages- und Farbsehen, die Stäbchen dem Dämmerungssehen. Diese Theorie wurde durch die Tatsache gestützt, dass Nachttiere oft reine Stäbchenretinae aufweisen. Die Umwandlung von Lichtenergie in elektrische Impulse findet im Bereich der Außenglieder statt. Die Photonen, die auf die Photopigmente auftreffen, verursachen Änderungen ihrer Stereostruktur; dies führt zu Permeabilitätsänderungen innerhalb der Membranen mit nachfolgender Potentialänderung der Photorezeptoren.

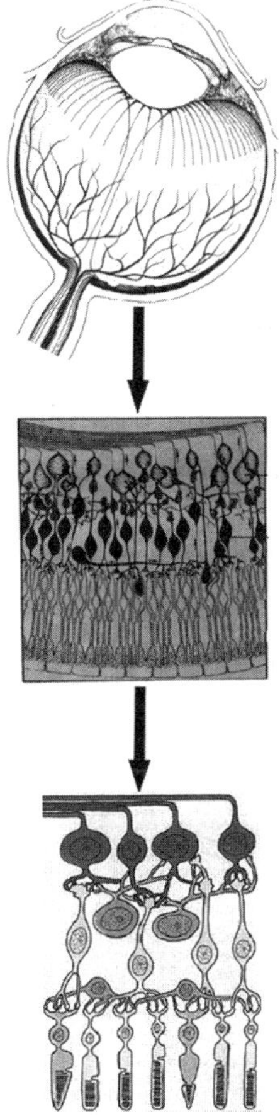

Bild 4.6 Die Augenhöhle ist von der Retina ausgekleidet, die wiederum aus lichtempfindlichen Stäbchen und Zäpfchen besteht

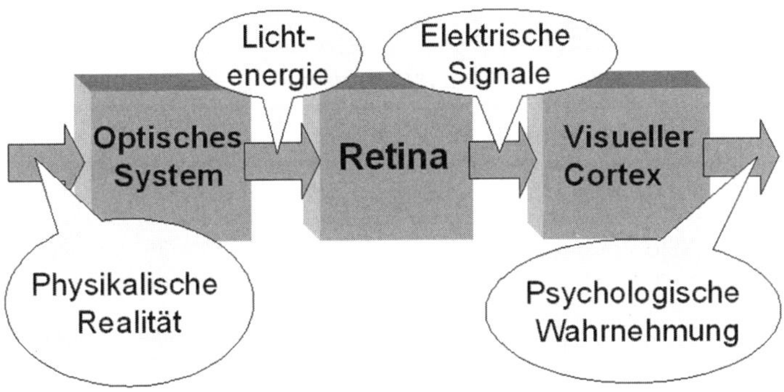

Bild 4.7 Information gelangt in Form von Licht durch die Augenlinse auf die Netzhaut und über den Sehnerv in das Sehzentrum am Hinterkopf

Die Außenglieder der Photorezeptoren haben unmittelbaren Kontakt mit dem Pigmentepithel. Die synaptischen Endkolben stellen ihrerseits die Verbindung mit dem nächstfolgenden Neuron der Sehbahn her. Horizontalzellen und amakrine Zellen dienen der Querschaltung innerhalb der Retina. Die lichtempfindlichen **Sehfarbstoffe** sind in die Membranscheibchen der Stäbchen- und Zapfen-Außenglieder eingelagert. Diese Sehfarbstoffe sind die Mittler bei der Umwandlung des Lichtreizes in eine elektrische Erregung der Rezeptoren. In den Stäbchen findet sich das Rhodopsin und in den Zapfen das Jodopsin. Eintreffende Lichtreize führen innerhalb einer Reaktionszeit von nur 1 ms zu (chemischen) Umlagerungen, was in noch nicht geklärter Weise zur nervalen (elektrischen) Erregung führt.

Chemische Umlagerungen führen zu nervalen Erregungen

1.3 Das Sehen

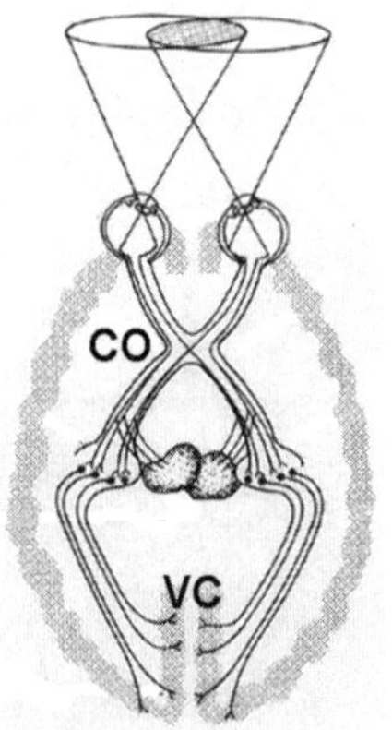

Bild 4.8 Im Schnitt durch das Gehirn (von oben gesehen) sind die Überkreuzung des Sehnerves (CO = chiasma opticum) und der visuelle Cortex (VC) gut erkennbar

Die Zapfen (cones) und Stäbchen (rods) setzen optische Eindrücke in **neuronale Signale** (nervale Erregungen) um, die über den jeweiligen Sehnerv ohne Unterbrechung zu jeweils einer Zellanhäufung (Kniekörper) tief im Gehirn geleitet werden. Die Zellen dieses Kniekörpers sind direkt mit dem primären Sehfeld verbunden. Von diesem Sehfeld werden die Informationen über Synapsen zu einem jeweils benachbarten Hirnrindengebiet (occipitaler Cortex) weitergeleitet.

Das primäre Sehfeld am Hinterkopf ist nicht das Ende der Informationsverarbeitung, die Signale werden von dort auch wieder zurückgeleitet.
Auffällig ist die Überkreuzung der Sehnerven (Bild 4.8), wodurch der rechte Teil des Gesichtsfeldes auf das linksseitige Sehfeld abgebildet wird.

	Zapfen	Stäbchen
Anzahl:	6 Millionen	120 Millionen
Zuständigkeit:	Farbensehen	S/W-Sehen
Chem. Farbstoff:	Jodopsin	Rhodopsin
Lage:	Netzhautmitte	Netzhautrand
Lichtempfindlichkeit:	gering	hoch
Zeitauflösung:	18 - 24 Bilder/s	14 - 22 Bilder/s
Bildwechsel:	max. 80 Bilder/s	22 - 25 Bilder/s
Signalübertragung:	schnell	langsam

Bild 4.9 Gegenüberstellung der Fotorezeptoren

Die Unterbrechung des Sehnerves eines Auges verursacht dessen totale Blindheit. Treten Läsionen aber erst „weiter hinten" auf, erfolgen Gesichtsfeld-Ausfälle. Beiderseitige Zerstörung des occipitalen Cortex führt beim Menschen zu totaler Blindheit (Rinden-Blindheit), während bei niedrigen Säugetieren noch ein relativ großes Restsehen erhalten bleibt.

Die für das Design von Multimedia-Produkten wichtige Wahrnehmung wird im Band 3 behandelt

Als Gesichtsfeld wird allgemein der vom fixierten Auge aus sichtbare Teil der Umwelt bezeichnet. Theoretisch ist dieses Gesichtsfeld kreisrund, in der Praxis jedoch durch die Nase und die Augenhöhle individuell verschieden begrenzt.

1.4 Das Farbensehen

1.4.1 Begriff Farbe

Bisher wurde der Begriff „Farbe" noch nicht explizit verwendet. Elektromagnetische Strahlung besitzt nämlich keine „Farbe".

> Das menschliche Auge wandelt elektromagnetische Strahlung einer bestimmten Wellenlänge in eine vom menschlichen Gehirn verständliche Information um. Das **Gehirn** ordnet dann dieser Information den Sinneseindruck Farbe zu.

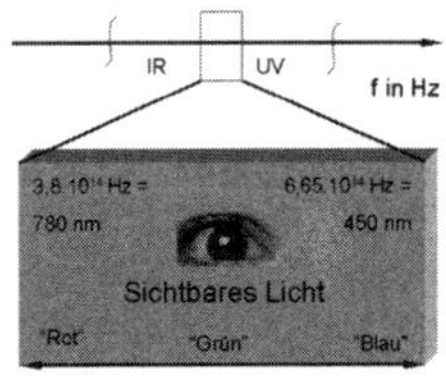

Bild 4.10 Licht umfasst nur einen kleinen Bereich des elektromagnetischen Spektrums

Gegenstände, die von einer Lichtquelle beleuchtet werden, reflektieren und absorbieren jeweils einen Teil des Lichtes. Dabei wird das von den Gegenständen reflektierte Licht (Physik) vom Menschen wahrgenommen (Physiologie) und als Farbe interpretiert (Psychologie). Die Wahrnehmung umfasst dabei die Wahrnehmung von **Hell und Dunkel** und die Wahrnehmung von **Farbe**.

> Licht ist elektromagnetische Strahlung. Das für den Menschen sichtbare Spektrum dieser Strahlung ist ein schmaler Wellenlängenbereich von etwa 400 nm (Violett) bis 700 nm (Rot).

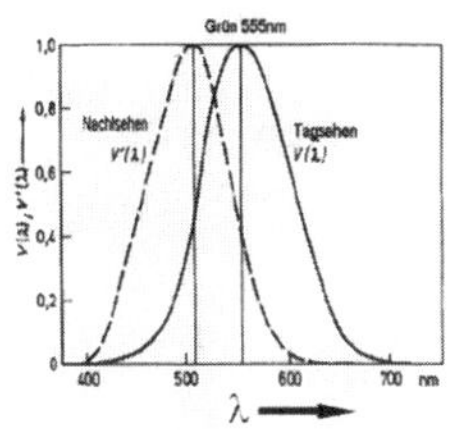

Bild 4.11 Die Hellempfindlichkeit des Auges ist bei 555 nm am größten; $V(\lambda)$ = Hellempfindlichkeit (Tagsehen); $V'(\lambda)$ = Hellempfindlichkeit (Nachtsehen) aus Holzinger (98), 53

Es gibt drei verschiedene Sorten von Zapfen in der Netzhaut, die jeweils mit einem anderen **lichtempfindlichen Farbstoff** ausgestattet sind. Beispielsweise erregt Licht mit einer Wellenlänge von 400 nm Wellenlänge nur den „Blaurezeptor". Licht der Wellenlänge 452 nm erregt den „Blaurezeptor" stark und den Grünrezeptor sehr schwach. Licht von 500 nm Wellenlänge spricht alle drei Zapfensorten an usw.

Die einzelnen Farbeindrücke werden also durch unterschiedliche Erregungsstärken der einzelnen Zapfensorten ausgelöst. Gleiche Erregung aller

Zapfen führt zum Eindruck **„weiß“**. Wenn Farben nur im Hinblick auf ihren Farbton und nicht auf Helligkeit und Sättigung betrachtet werden, so liegt die Wellenlänge zwischen zwei gerade noch als unterschiedlich zu erkennenden Farben zwischen 2 nm und 10 nm – je nachdem, aus welchem Wellenlängenbereich die Farben stammen. Die jeweilige größte Empfindlichkeit der verschiedenen Zapfentypen liegt dabei bei etwa 580 nm, 545 nm bzw. 440 nm:

R

- Der Sinneseindruck „rot“ ist dem Zapfentyp mit der maximalen Empfindlichkeit bei etwa **580 nm** zugeorndet.

G

- Der Sinneseindruck „grün“ ist dem Zapfentyp mit der maximalen Empfindlichkeit bei etwa **545 nm** zugeorndet.

B

- Der Sinneseindruck „blau“ ist dem Zapfentyp mit der maximalen Empfindlichkeit bei etwa **440 nm** zugeordnet.

Wird dieser „Naturzustand“ der Farben binär mit 256 unterschiedlichen Farbtönen pro Farbe codiert, so genügen 24 bit.

24 bit

Zur Codierung einer Farbe sind $3 \cdot 8 = 24$ bit ausreichend.

1.4.2 Dimensionen der Farbwahrnehmung

Zur eindeutigen Beschreibung einer Farbe genügen drei Kennwerte:

- **Helligkeit**,
- **Farbton** und
- **Farbsättigung**.

Die Attribute der Farben werden aber auch relativ zu ihrem Umfeld beschrieben.

Helligkeit (Brightness)

Helligkeit ist dasjenige Attribut einer visuellen Wahrnehmung, aufgrund dessen ein visueller Reiz mehr oder weniger **intensiv** erscheint bzw. aufgrund dessen die Fläche, innerhalb der dieser Reiz dargeboten wird, mehr oder weniger Licht abzustrahlen scheint. Die Variationen der Helligkeit reichen von **„hell“** bis **„dunkel“**. Die Helligkeit lässt sich sowohl für Reize bestimmen, die innerhalb eines Kontextes dargeboten werden, als auch für isoliert (also vor dunklem Hintergrund) dargebotene Reize.

Relative Helligkeit (Lightness)

Relative Helligkeit (oder besser **Helligkeitskontrast**) ist dasjenige Attribut einer visuellen Wahrnehmung, aufgrund dessen die Fläche, auf der jener Reiz präsentiert wird, mehr oder weniger Licht abzustrahlen scheint, im Vergleich zu einer ähnlich beleuchteten „weißen“ Referenzfläche.
Dieses Farbattribut kann aufgrund seiner Definition nur sinnvoll für Farben

beurteilt werden, die **vor einem Hintergrund** dargeboten werden. Es findet praktisch eine Normierung bezüglich der Beleuchtung und der Beobachtungsbedingungen statt.

Farbton (Hue)

Farbton ist das Attribut einer Farbwahrnehmung, das durch (vereinbarungsgemäße) **Namen** wie „rot", „grün" usw. bezeichnet wird.

Farbigkeit (Colourfulness)

Farbigkeit (auch chromaticness) bezeichnet das Attribut einer visuellen Wahrnehmung, nach dem eine entsprechende Fläche mehr oder weniger farbig empfunden wird; sie beschreibt also die **Intensität des jeweiligen Farbtons.** Eine Erhöhung der Leuchtdichte eines Reizes mit konstanten Farbwerten führt dazu, dass auch dessen Farbigkeit ansteigt (außer bei bereits sehr hoher Helligkeit).

Buntheit (Chroma)

Buntheit ist dasjenige Attribut einer visuellen Wahrnehmung, das ein Urteil darüber ermöglicht, wie stark sich ein farbiger Reiz von einem anderen mit gleicher Helligkeit unterscheidet. Es handelt sich dabei um **relative Farbigkeit**. Zur Beurteilung dieses Farbattributs muss der Reiz vor einem Kontext dargeboten werden.

Sättigung (Saturation)

Sättigung ist dasjenige Attribut einer visuellen Wahrnehmung, das ein Urteil darüber ermöglicht, wie stark sich ein farbiger Reiz von einem anderen unabhängig von dessen Helligkeit unterscheidet. Es beschreibt also die Farbigkeit einer Fläche in Bezug zu deren Helligkeit. Das dazu komplementäre Attribut wird als **Weißverhüllung** bezeichnet.

Unter normalen Beobachtungsbedingungen ist die Sättigung eines Reizes mit gegebenen Farbwerten unter beinahe allen Leuchtdichte-Niveaus konstant (außer bei sehr hoher Helligkeit).

Hier geht es also um die Farbigkeit eines Reizes im Verhältnis zu dessen eigener Helligkeit. Bei der Buntheit geht es dagegen um die Farbigkeit im Verhältnis zu einer gleich beleuchteten „weißen" Referenzfläche. Zur Beurteilung der Sättigung eines Reizes kann dieser deshalb auch isoliert dargeboten werden.

2 Bild und Grafik

Bei digitalen Computerbildern (graphics) wird zwischen zwei vollkommen verschiedenen Kategorien unterschieden: Vektorgrafiken und Bitmapbilder. Bevor wir einzelne Details besprechen, führen wir einige Definitionen ein:

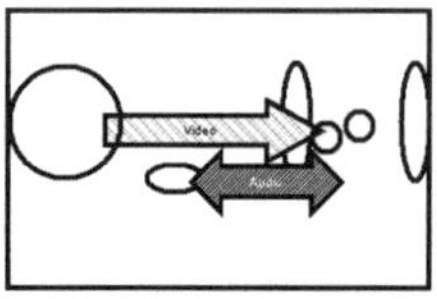

Bild 4.12 Vektorgrafik

Eine Computergrafik, genauer **Vektorgrafik**, kurz Grafik, ist aus grafischen Primitiven aufgebaut und durch deren Attribute spezifiziert. **Grafische Primitive** sind beispielsweise Linien, Rechtecke, Polygone, Kreise, Ellipsen usw. **Attribute** sind beispielsweise Linienstärke, Linienfarbe und Linienart. Übliche **Grafikformate** sind z.B. PostScript, EPS, CDR, DXF, ...

Bild 4.13 Bitmapbild

Ein digitales Bild, genauer **Bitmapbild**, kurz Bild, besteht per Definition aus *n* **Zeilen** mit *m* **Bildpunkten** in einem **Raster**. Die einzelnen Bildpunkte werden als **Pixel** (Picture Element) bezeichnet. Übliche **Bildformate** sind z.B. BMP (MS-Windows), MAC (Apple), RAS (Unix), TIFF, ...

Bild 4.14 Metagrafik

Eine **Metagrafik** enthält sowohl Rasterinformationen als auch Vektorinformationen. Übliche **Metaformate** sind z.B. WMF, WPG, CGM und PICT.

Bilder, egal welcher Art, sind rasch sehr groß. Deshalb ist das **Konzept der Komprimierung** sehr wichtig. Weit verbreitete **komprimierte Bildformate** sind beispielsweise GIF und JPEG.

2.1 Bildarten

Beim Einsatz von Bildern in Multimedia-Systemen spielen zwei Faktoren eine zentrale Rolle:

- **Dateigröße** (file size) und
- **Darstellungsqualität** (representation quality).

Die Darstellungsqualität wird wiederum durch zwei Faktoren bestimmt:

- **Farbtiefe** (colour depth) und
- **Auflösung** (resolution).

Die Dateigröße ist kritisch bei internetbasierenden Multimedia-Systemen (siehe Modul 6)

Gerade bei internetbasierenden multimedialen Systemen steigt mit zunehmender Dateigröße aber auch die Online-Zeit für den Bildaufbau.

Bei Bildern aller Art muss sehr sorgfältig überlegt werden, wo diese eingesetzt werden sollen.

Prinzipiell wird zwischen drei Bildarten unterschieden:

- Schwarzweißbild mit 2 verschiedenen möglichen Werten (**1 bit** Information pro Bildpunkt, Schwarz oder Weiß),
- Graustufenbild oder Halbtonbild mit 16 verschiedenen möglichen Werten (**4 bit** Information pro Bildpunkt) oder mit 256 verschiedenen möglichen Werten (**8 bit** Information pro Bildpunkt),
- Farbbild mit 16,7 Mio. möglichen Werten = True Colour, **24 bit** Information pro Bildpunkt (je 8 bit für Rot, Grün und Blau).

Bild 4.15 Schwarzweißbild mit 1 bit Information pro Bildpunkt (nur Schwarz oder Weiß)

Bild 4.16 Graustufenbild mit 4 bit Information pro Bildpunkt ($2^4 = 16$ Grautöne)

Bild 4.17 Graustufenbild mit 8 bit Information pro Bildpunkt ($2^8 = 256$ Grautöne)

Bei Farbbildern sind prinzipiell drei Informationen wichtig:

- Farbton (**Hue**, Wellenlänge des Lichtes, z.B. „grün" = 555 nm),
- Helligkeit (**Brightness**, wie nahe kommt es an Schwarz oder Weiß heran, Schwarz = 0%, Weiß = 100%, in der Praxis wird oft statt Helligkeit die Bezeichnung Luminanz verwendet),
- Farbsättigkeit (**Chroma**, Leuchtkraft, wie satt ist die Farbe).

Achtung: Scanner und Farbbildschirme verwenden andere Farbmodelle (siehe Kapitel 2.3), um Farben zu definieren, als Desktop-Drucker und Druckpressen. Farben werden bei der Übertragung vom Bildschirm zur Druckpresse aus einem Farbmodell in ein anderes übertragen. Das ist der Grund, warum im Druck nicht genau dieselben Farben erscheinen wie auf einem Bildschirm.

2.2 Farbtiefe

Bildschirme sind wichtige Ausgabegeräte für Multimedia-Systeme (siehe Kapitel 4). Ein Bildschirm kann aber nur eine bestimmte Anzahl von Farben zur gleichen Zeit darstellen.

Diese Einschränkung wird als so genannte **Farbtiefe** (Image Depth) bezeichnet:

$$C = 2^D$$

C Anzahl der verschiedenen Farben (bzw. Graustufen)
D Farbtiefe in bit pro Pixel (bit/px)

Beispiel: Eine Farbtiefe von 4 bit pro Pixel ergibt 2^4 $(2 \cdot 2 \cdot 2 \cdot 2 = 16)$ verschiedene Farb- bzw. Grautöne.

Die am häufigsten gebrauchten Farbtiefen (siehe Bild 4.18) sind 8-Bit-Farbtiefe = 256 Farben, 16-Bit-Farbtiefe = 65 536 Farben (High Color) und 24-Bit-Farbtiefe = 16,7 Millionen Farben (True Colour).

16,7 Millionen Farben sind allerdings nur ein theoretischer Ansatz. Um diese Anzahl von Farben wirklich darstellen zu können, würde man einen Monitor mit 4096 mal 4096 Bildpunkten benötigen.

Bild 4.18 Die Farbtiefe gibt die zugehörende Anzahl von Farben an

Farbtiefe	Anzahl der Farben
1 bit	2 (Schwarz und Weiß)
2 bit	4
4 bit	16
8 bit	256
16 bit	32.768
24 bit	16,7 Millionen
32 bit	16,7 Mill. + Zusatzkanälen

In der Praxis kommt bereits eine **16-bit-Farbcodierung** an das subjektive Farbempfinden des Menschen sehr nahe heran und reicht für eine realistische Farbwiedergabe völlig aus. Man spricht hierbei von „Echtfarben" im RGB-Farbraum.

2.3 Farbmodelle

Bisher wurde deutlich, dass Farbe *keine* Eigenschaft eines Körpers ist: Farbe ist ein subjektiver Sinneseindruck.

Farbe ist ein subjektiver Sinneseindruck

Um Farbe in Multimedia-Systemen einsetzen zu können, muss jeder Farbe ein eindeutiger Wert zugeordnet werden.
Erst damit können verschiedene Farben identifiziert und voneinander unterschieden werden.

Da der Mensch max. 350 000 Farbnuancen unterscheiden kann (typisch 50 000 bis 300 000), müssen Farbmodelle eingeführt werden. Diese ermöglichen die Beschreibung einzelner Farben durch Zahlenwerte. Eine individuelle Namensgebung (Hellgelb, Mittelgelb, ...) der Farbnuancen wäre bei dieser großen Anzahl einfach nicht möglich.

Es wird unterschieden zwischen

- physikalisch-technischen und
- wahrnehmungsorientierten Farbmodellen.

Ein Farbmodell dient dazu, Farben anhand einer bestimmten Farbskala zu beschreiben. Dieses kann nicht alle sichtbaren Farben beschreiben, sondern nur eine Untermenge daraus.

2.3.1 Physikalisch-technische Farbmodelle

Die physikalisch-technischen Farbmodelle beschreiben eine Farbe als Mischung von **Primärfarben** (primary colours).

Da das menschliche Auge drei Arten von farbempfindlichen Zäpfchen enthält, entwickelte sich schon sehr früh die Dreifachtheorie. Diese Theorie ist bis heute die Grundlage des Farbfernsehens, der Farbmonitoren, der Farbfotografie und des Farbdruckes geblieben.

Nach der Dreifachtheorie können alle sichtbaren Farben aus genau drei Primärfarben zusammengemischt werden. Bedingung für das Kriterium „Primärfarbe" ist, dass sich keine der Primärfarben aus den anderen beiden zusammenmischen lässt.

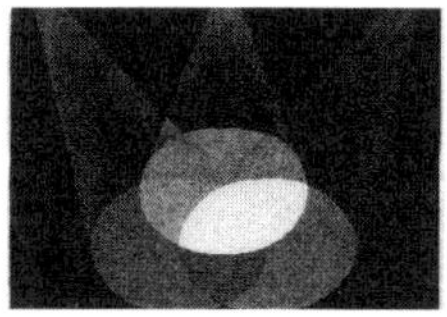

Bild 4.19 Additive Farbmischung von Lichtfarben: die Summe ergibt „Weiß"

Die Unterschiede zwischen den einzelnen Modellen liegen in der Wahl der Primärfarben und der Art der Farbmischung.

Bei einer **additiven Farbmischung** (Bild 4.19) werden drei „Lichtfarben" (Licht von Scheinwerfern oder strahlende Leuchtstoffe) additiv gemischt – es wird immer heller.

Bei einer **subtraktiven Farbmischung** (Bild 4.20) werden drei „Körperfarben" (farbige Pigmente in Mal- oder Druckfarben) subtraktiv gemischt – es wird immer dunkler.

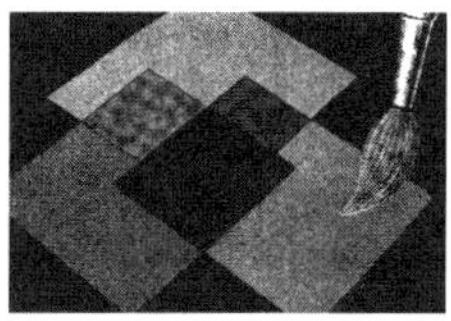

Bild 4.20 Subtraktive Farbmischung von Körperfarben: die Summe ergibt „Schwarz"

Zu den wichtigsten physikalisch-technischen Farbmodellen zählen:

- RGB-Modell: (additive Farbmischung – Bildschirmausgabe, Fernsehen),
- CMY-Modell: (subtraktive Farbmischung – Druckerausgabe),
- YIQ-Modell: (US-amerikanisches Fernsehen; eigentlich kein eigenes Farbmodell, sondern es errechnet sich aus dem RGB-Modell)

RGB-Modell

Das RGB-Modell ist ein **additives Farbmodell**. Werden die drei Primärfarben (auch Grundfarben genannt) Rot (610 nm), Grün (535 nm) und Blau (470 nm) mit bestimmten Intensitäten (0,3 R + 0,59 G + 0,11 B = 1) zusammengemischt, so ergibt sich die „Farbe" Weiß.

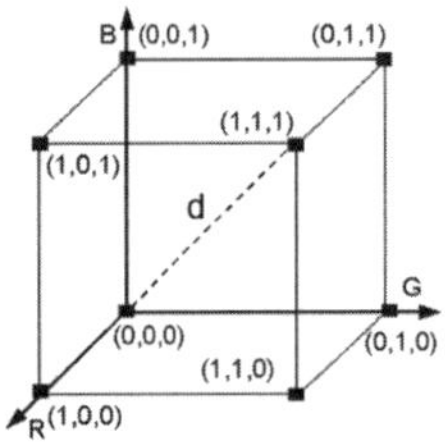

Bild 4.21 Beim RGB-Farbwürfel liegen die Grauwerte auf der Hauptdiagonalen d

Beim RGB-Modell werden alle darstellbaren Farben als Punkte eines im Ursprung eines kartesischen Koordinatensystems liegenden Einheitswürfels beschrieben. Auf den positiven Achsen dieses Koordinatensystems werden die drei Primärfaben Rot, Grün und Blau aufgetragen (Bild 4.21).

Die Hauptdiagonale dieses Einheitswürfels verläuft vom Punkt (0,0,0) zum Punkt (1,1,1) und enthält Farben mit gleich großem Anteil an allen Primärfarben. Damit repräsentiert diese Strecke Grauwerte mit Schwarz im Ursprung (0,0,0) und Weiß im Punkt (1,1,1).

Die jeweilige Farbe wird dann durch die Anteile an den drei Primärfarben beschrieben, die zur Farbe Schwarz addiert werden.

Das RGB-Modell wird für die Farbdarstellung auf Bildschirmen (Monitoren) verwendet.

Bei Farbbildröhren werden drei Phosphorarten auf der Mattscheibe aufgebracht. Diese Farbtripel können von drei unabhängigen Elektronenkanonen angesteuert werden und das Farbbild aus drei monochromen (einfarbigen) Teilbildern (RGB) erzeugen.

Werden bei zwei Bildschirmen unterschiedliche Phosphorarten verwendet, ergeben sich auch unterschiedliche Farben. Durch eine Transformationsrechnung kann aber die auf einer Katodenstrahlröhre spezifizierte Farbe auf die Farbskala einer anderen Bildröhre abgestimmt werden.

Das RGB-Modell ist das am häufigsten verwendete Modell zur Beschreibung von Farben im Computer und orientiert sich an der Hardware.

Im Gegensatz dazu basiert das HLS-Farbmodell (siehe Kapitel 2.3.2) auf den intuitiven Methoden, die beispielsweise von Kunstmalern eingesetzt werden. Anstelle der Angabe der Rot-, Grün- und Blauanteile findet eine Qualifizierung von Farben mittels Farbton (hue), Helligkeit (luminance) und Sättigung (saturation) statt.

CMY-Farbmodell

Um sich unter den Farben etwas vorstellen zu können: siehe Colour Tutorial [W5]

Das CMY-Modell (Cyan, Magenta, Yellow) benutzt prinzipiell die gleiche Teilmenge des kartesischen Koordinatensystems wie das RGB-Modell, nur liegt jetzt „Weiß" (hellstes Licht) anstelle von „Schwarz" (kein Licht) im Ursprung. Farben werden nicht dadurch spezifiziert, was zu Schwarz addiert wird, sondern im Gegenteil, was von weißem Licht entfernt (subtrahiert) wird. Das CMY-Modell wird deshalb als **subtraktives Farbmodell** bezeichnet. Die Mischung der Farben Cyan, Magenta und Gelb zusammen ergibt Schwarz.

> Das CMY-Modell wird zur Farbausgabe auf Druckern verwendet, es entspricht dem physikalischen Vorgang der Reflexion weißen Lichtes.

Die bei diesem „**Dreifarbendruck**“ auf das Papier gebrachte Farbe sorgt dafür, dass bestimmte Farbanteile des weißen Lichtes ausgefiltert und somit nicht mehr reflektiert werden.

So verhindert zum Beispiel die auf das Papier aufgetragenen Farbe Cyan, dass rotes Licht von der Oberfläche absorbiert wird. Reflektiert wird somit nur noch der Grünanteil und der Blauanteil des Lichtes. Die Druckfarbe Magenta absorbiert Grün und die gelbe Druckfarbe absorbiert Blau. Werden Cyan und Gelb übereinander auf das Papier aufgetragen, so wird nur mehr der Grünanteil des anstrahlenden Lichtes reflektiert. Werden alle drei Farben auf das Papier aufgetragen, dann werden Rot, Grün und Blau absorbiert, und man erhält Schwarz.

CMYK-Farbmodell

Cyan-Magenta-Yellow-Black

Beim professionellen Farbdruck wird jedoch häufig zusätzliche schwarze Tinte eingesetzt (K für black in CMYK), da sie ein dunkleres Schwarz liefert, als man es durch die Mischung der drei Grundfarben erhalten würde. Auch der Trockenvorgang wird bei diesem **„Vierfarbendruck“** durch die reduzierte Menge an Cyan-, Magenta- und Gelb-Tinte beschleunigt. Der Speicherplatzbedarf steigt allerdings um ein Drittel, da hier ja vier und nicht nur drei Farbinformationen zu verarbeiten sind.

> CMYK-Bilder werden am Bildschirm mit Hilfe der leuchtenden Farben des RGB-Modells dargestellt. Deshalb müssen CMYK-Bilder (üblicherweise von Bildbearbeitungsprogrammen, wie z.B. Photoshop) für den Monitor intern nach RGB umgerechnet werden.

YIQ-Modell und YUV-Modell

Y = Luminanzsignal
I/Q = Chrominanzsignale

Das YIQ-Modell wird in der kommerziellen Farbfernsehtechnik (NTSC-Norm, USA) benutzt und sorgt dort für die Abwärtskompatibilität von Farb- zu Schwarzweiß-Fernsehen. Die Farben werden durch die Farbparameter **YIQ** beschrieben, wobei Y die Helligkeit (Luminanz) darstellt und die

Farben (Chrominanz) in I und Q codiert sind. Ein Schwarzweiß-Fernsehgerät zeigt nur die Komponente Y an.

Luminanz-Plane (Y) Chrominanz-Planes (U und V)

In der Praxis hat sich gezeigt, dass das menschliche Auge Farbwerte bei einer geringeren Auflösung als Helligkeitswerte wahrnimmt. Daher wird bei manchen digitalen Bildstandards der RGB-Farbraum in drei **„Planes"** umgewandelt, eine Luminanz-Plane (Grauwerte, Y) und zwei Chrominanz-Planes (manchmal auch als U/V oder Cr/Cb bezeichnet).

Diese Farbplanes können dann, wie wir später sehen werden, wie bei JPEG von ihrer Kantenlänge halbiert werden, was geometrisch nur mehr einem Viertel der Fläche entspricht. Das reduziert die Datenmenge enorm, hat aber Datenverluste zur Folge. Diese Art einer Codierung nennt man den 4:1:1-Farbraum (Bild 4.22).

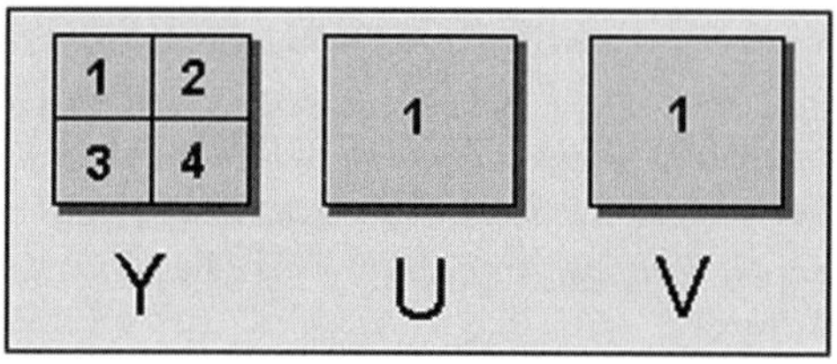

Bild 4.22 Der 4:1:1-Farbraum im YUV-Modell

Da das Auge weitaus mehr Rezeptoren für Helligkeitswerte als für Farbänderungen besitzt, ist es möglich, die Farbinformationen mit geringerer Bandbreite zu übertragen, ohne dass sich der (subjektive) Bildeindruck verschlechtert.

2.3.2 Wahrnehmungsorientierte Farbmodelle

Die wahrnehmungsorientierten Farbmodelle sind auf das Wahrnehmungsempfinden des Menschen ausgerichtet, das sich eher an Parametern wie

- Farbton (**Hue**),
- Helligkeit (**Brightness**, Lightness) und
- Sättigung (**Saturation**)

orientiert.

Zu den wichtigsten wahrnehmungsorientierten Farbmodellen zählen das

- **HSV-Modell** und das
- **CIE-XYZ-Modell.**

HSV-Farbmodell

Das HSV-Modell hat als benutzerorientiertes Farbmodell den Vorteil, dass es eher der menschlichen Beschreibung von Farbe entspricht. Eine gezielte Farbauswahl wird dadurch einfacher. Dieses Modell wird durch folgende drei Parameter beschrieben:

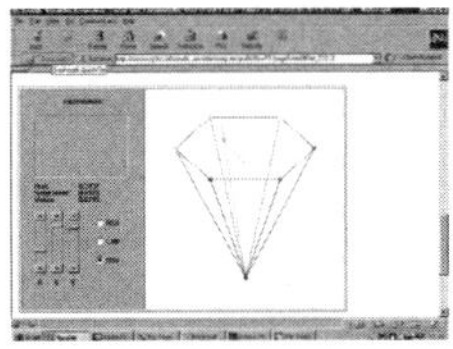

Bild 4.23 Die Uni Oldenburg hat eine sehr gute Farbmodell- Simulation online am Web [06]

- Farbe (hue) **H,**
- Sättigung (saturation) **S,**
- Helligkeit (value) **V.**

Beim HSV-Modell wird der Farbraum anhand einer sechseckigen Pyramide beschrieben. Die Spitze der Pyramide entspricht einem **V-Wert** V = 0 (Schwarz), und die Grundseite steht für V = 1 (Weiß).

Den Farbton erhält man durch den **H-Wert**, der mit einem Wert zwischen 0 und 360 Grad angegeben wird. Die den sechs Ecken der Grundseite der Pyramide zugeordneten Farben erhalten dabei folgende Werte: Rot 0, Gelb 60, Grün 120, Blaugrün 180, Blau 240 und Purpur 300 Grad.

Der **S-Wert** liegt zwischen 0 und 1 und gibt den Abstand einer Farbe von der durch die Spitze der Pyramide und den Mittelpunkt der Grundseite gehenden Achse an. Die Sättigung beschreibt den Anteil des weißen Lichtes in der Farbe. Die gesättigten Farben an den Seiten der Pyramide enthalten kein weißes Licht und erhalten daher den Wert 1. Weißes Licht und Grautöne enthalten keine Farbe einer dominierenden Wellenlänge und erhalten den Wert 0. Mischungen zwischen gesättigten Farben und Weiß haben also S-Werte zwischen 0 und 1.

CIE-Farbdiagramm

Ein Farbreiz bewirkt eine Erregung bestimmter Rezeptoren (R,G oder B). Diese Erregung kann durch **Normfarbwerte** beschrieben werden, wobei in einer solchen Farbtafeldarstellung die relativen Anteile der Erregungen der Zapfenarten darzustellen sind. Der Betrag der drei Primärfarben, der nötig ist, um alle Wellenlängen des sichtbaren Spektrums abzudecken, ist allerdings nicht immer positiv. So ist z.B. „rot" negativ, damit die Wellenlänge 500 nm erzeugt wird. Eine solche Notwendigkeit negativer Gewichte ist jedoch ungünstig.

CIE nicht verwechseln mit CIX (Commercial Internet Exchange, manchmal auch CIE genannt)

Deshalb definierte die CIE (Commission Internationale de l'Eclairage) bereits im Jahre 1931 **drei standardisierte Primärfarben** mit den Bezeichnungen **X**, **Y** und **Z**, die die Farben Rot, Grün und Blau bei der Farbmi-

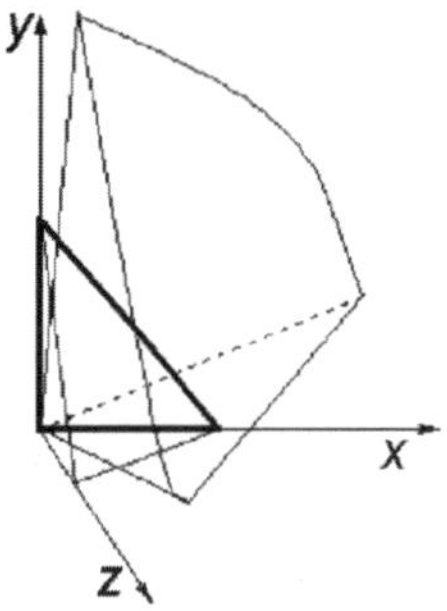

Bild 4.24 Das räumliche CIE-Farbdiagramm

schung ersetzen sollten. Mit diesen neu definierten Grundfarben lassen sich mit ausschließlich positiven Gewichten alle Farben des Farbspektrums erzeugen. Die drei Primärfarben X, Y und Z definieren einen dreidimensionalen Farbraum. In der Ebene X + Y + Z = 1 sind alle sichtbaren Farbwerte definiert. Alle wahrnehmbaren Farben des gleichen Farbtons, aber unterschiedlicher Helligkeit werden auf einen Punkt innerhalb des Bereichs abgebildet. Projiziert man nun die Ebene X + Y + Z = 1 auf die (X,Y)-Ebene, so erhält man das so genannte **CIE-Farbdiagramm** (auch chromatisches Diagramm genannt). Die zu 100 Prozent reinen Farben des Spektrums liegen dabei auf dem gekrümmten Rand. Ein standardisiertes weißes Licht (approximiertes „Sonnenlicht") wird durch einen Punkt in der Mitte markiert.

Mit dem CIE-Farbdiagramm lässt sich die dominante Wellenlänge und Reinheit jeder Farbe messen. Jedoch kann keine Aussage über luminanzbezogene Farbempfindungen gemacht werden. So erscheint die Farbe Braun zum Beispiel nicht im Diagramm, da Braun einen orangeroten Farbwert bei sehr geringer Luminanz relativ zur Umgebung besitzt. Das CIE-Diagramm ist also keinesfalls eine vollständige Farbpalette. Es gibt unendlich viele Ebenen im (X,Y,Z)-Raum, die alle auf das Farbdiagramm projiziert werden. Bei diesem Vorgang gehen immer Informationen über die Luminanz verloren. Jede dieser Ebenen enthält andere Farben.

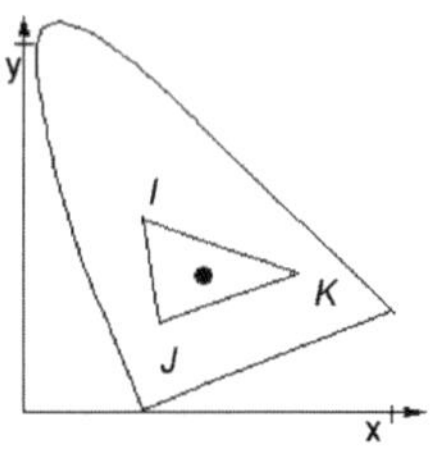

Bild 4.25 Das CIE-Farbdreieck (gamut)

Eine wichtige Verwendungsmöglichkeit des CIE-Farbdiagramms ist die Definition von **Farbpaletten** (gamuts), die das Ergebnis der Addition von Farben zeigen. Werden zwei beliebige Farben I und J addiert, so lässt sich jede Farbe auf ihrer Verbindungslinie erzeugen, indem die relativen Anteile der beiden Farben verändert werden. Wird noch eine dritte Farbe K benutzt, so lässt sich durch Mischen mit den Farben I und J eine Palette mit allen Farben innerhalb des Dreiecks IJK erzeugen, indem die relativen Farbanteile variiert werden. Dieses Prinzip macht auch deutlich, weshalb durch Mischen der sichtbaren Farben Rot, Grün und Blau nicht alle Farben erzeugt werden können. Es gibt nämlich kein Dreieck (gamut), dessen Ecken innerhalb des sichtbaren Bereichs liegen und diesen vollständig abdecken.

2.4 Indizierung und Dithering

Um Abbildungen in einem Multimedia-System ohne Farbverschiebungen in einer festgelegten Farbtiefe darzustellen, müssen diese Abbildungen der Farbpalette angepasst, also indiziert werden. Bei der **Indizierung** treten zwangsläufig immer Qualitätsverluste auf. Beispielsweise wird jede der unzähligen Farbnuancen in einem 16,7-Millionen-Farben-Bild (Fotoqualität) einem Farbton aus der 256-Farben-Palette zugordnet. Das führt natürlich zu entsprechenden Vergröberungen.

Die Qualität kann dabei durch ein **Dithering** (Halbtonverfahren, Halbtonapproximation) verbessert werden. Beim Dithern (wörtlich „zittern") werden Farben, die in der Palette fehlen, durch das Aneinanderlagern verschiedener Farbpixel (Streuraster) simuliert. Unser Auge nimmt einen dem Original angenäherten Farbeindruck wahr. Dithering ermöglicht eine akzeptable Bildqualität selbst bei geringer Farbtiefe. Es dient auch zur Dateigrößenminimierung. Beim Dithering wird zwischen zwei Rasterarten unterschieden (Bild 4.26 zeigt den Vergleich):

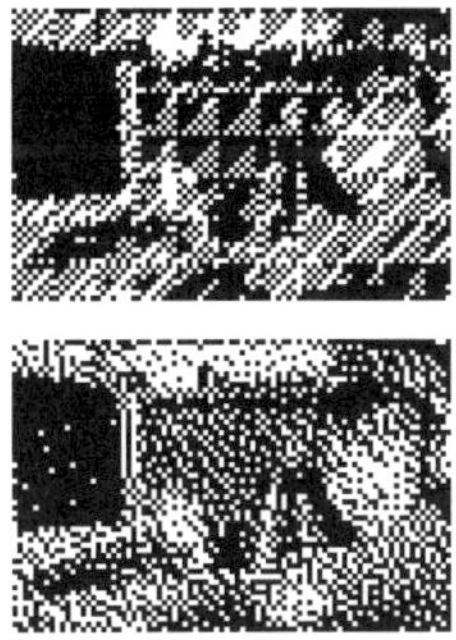

Bild 4.26 Unterschied zwischen Pattern-Dithering (oben) und Diffusion-Dithering (unten)

- **Pattern-Dithering** erzeugt ein **regelmäßiges Streuraster**, und
- **Diffusion-Dithering** verwendet eine **Zufallsverteilung**.

2.5 Auflösung bei Bitmap-Bildern

Die Auflösung (resolution) gibt die Anzahl der Punkte (Pixel) an, die auf einer bestimmten Fläche zur Darstellung eines Zeichens oder einer Grafik zur Verfügung stehen. Auf einem Computerbildschirm wird sie als Anzahl der Punkte bzw. Pixel pro Zoll (pixel per inch = **ppi**) angegeben, auf einem Ausgabegerät wird sie als Anzahl der gedruckten Punkte pro Zoll (dots per inch = **dpi**) angegeben, und auf einem Scanner stellt sie die Anzahl der Pixel dar, die pro Zoll des eingescannten Bildes aufgenommen werden können.

Bild 4.27 Ein Bild mit 72 dpi wirkt im Druck stark „gerastert"

Die Auflösung eines Ausgabegeräts beeinflusst sowohl die Detailgenauigkeit als auch den Farbtonbereich, die bei der Wiedergabe eines Bitmap-Bildes erreicht werden.

Ein Pixel ist die kleinste Einheit eines Bitmapbildes.

Ein hochauflösendes Bitmap-Bild enthält eine große Menge an Daten über die Position jedes einzelnen Pixels und seine Farbe, um eine hohe Detailgenauigkeit zu erreichen. Ein Bitmap-Bild mit niedrigerer Auflösung enthält logischerweise weniger Daten und erreicht daher nicht dieselbe Detailgenauigkeit (Bild 4.27).

Dennoch erzielt man mit einer höheren Auflösung des Bitmap-Bildes nicht in jedem Fall ein besseres Druckbild, da es vorkommen kann, dass die große Menge an Daten von dem Ausgabegerät gar nicht dargestellt werden kann.

Die Auflösung kann mit folgender Formel errechnet werden:

$$a = \frac{n_{px}}{l}$$

a Auflösung in dpi
n_{px} Anzahl der Pixel einer Seitenlänge
l Seitenlänge in Zoll (inch)

1 inch = 2,54 cm
1 cm = 0,394 inch

2.6 Bildgröße

Jedes einzelne Pixel einer 24-Bit-True-Colour-Datei benötigt im Arbeitsspeicher (RAM) drei Byte. Ein RGB-Bild benötigt daher *n* pixel hoch mal *m* pixel quer mal *drei* an Speicherplatz.

Ein RGB-Bild in der Größe 9 x 13 cm (= 3,54" x 5,11") benötigt bei einer Auflösung von 300 dpi also 1062 x 1536 x 3 = 4,89 MB Speicherplatz. Das gleiche Bild im 4-Bit-Graustufenmodus benötigt 1,6 MB. Dieser grundsätzlich sehr hohe Speicherbedarf macht das Konzept der Komprimierung so wichtig.

3 Bild-File-Formate

Unsere zentrale Frage lautet: „Welches Bild ist für welchen Zweck am optimalsten?“

3.1 Vektorgrafiken

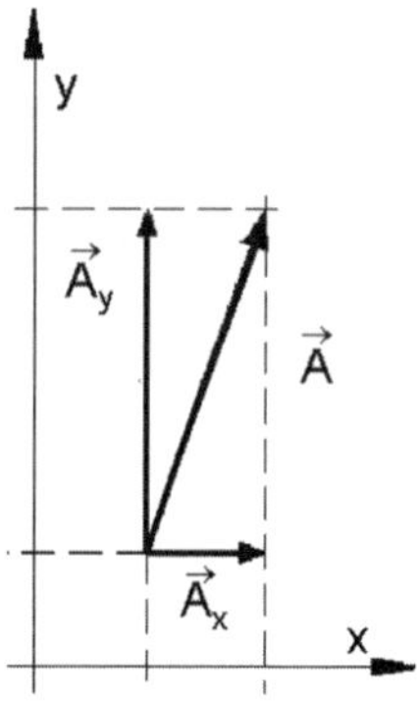

Bild 4.28 Ein Vektor ist durch Länge, Richtung und Anfangspunkt eindeutig bestimmt

Vektorgrafiken werden auch als **objektorientierte Grafiken** bezeichnet und bestehen aus mathematisch exakt definierten Kurven (geometrische Grundformen, Primitive) und Linien, die als „Vektoren“ bezeichnet werden. Um beispielsweise eine Linie zu definieren, sind nur drei Angaben notwendig:

- die Koordinaten des Ausgangspunktes (**Ursprung**),
- die Koordinaten des Endpunktes (**Vektorspitze**) und
- die Linienstärke (**Attribut**).

Ebenso reichen für einen Kreis die Koordinaten des Mittelpunktes (Ursprung), dessen Radius (Vektorspitze) und natürlich wieder die Linienstärke (Attibut). Solche Grafiken sind **skalierbar**, d. h. einfach durch Veränderung des Maßstabes beliebig in der Größe veränderbar. Auch sind Vektorgrafiken von der Auflösung unabhängig, d.h., sie können mit der Auflösung des jeweils verwendeten Druckers oder Bildschirmes gedruckt bzw. dargestellt werden. Vorteile von Vektorgrafiken:

- Vektorgrafiken benötigen **weniger Speicherplatz** als Bitmap-Bilder,
- Vektorgrafiken sind **beliebig genau**, Auflösung ist kein Thema,
- Vektorgrafiken sind **verlustfrei skalierbar**.

Vektorgrafiken sind ideal zur Speicherung von Bildern, die linienbasierte Information oder Elemente enthalten oder leicht in linienbasierte Information zu überführen sind (z.B. Text).

Nachteile von Vektorgrafiken:

- **Nicht optimal für komplexe Bilder** mit pixelweise wechselnden Farben (z.B. Fotos),
- **Erscheinungsbild ist abhängig** vom jeweiligen Anwendungsprogramm,
- identische Daten können **nicht immer identisch** interpretiert werden.

Die Ausgabequalität ist naturgemäß nur optimal bei Vektorausgabegeräten (Plotter).

Einige Beispiele für Vektorgrafik-Formate:

3.1.1 PostScript, Encapsulated PostScript

Durch entsprechende Hardware (RIP) direkt auf Laserbelichtern interpretierbar

PostScript wurde 1984 von Adobe entwickelt und wurde durch die Verbreitung von **Laserdruckern** als umfassendes Druckformat bekannt.

Technisch gesehen ist PostScript eine reine **Seitenbeschreibungssprache**. PostScript-Dateien sind reine ASCII(Text)-Dateien und lassen sich daher mit einem Editor jederzeit erzeugen oder modifizieren, obwohl dies im Allgemeinen das jeweilige Grafikprogramm übernimmt.

PDL page description language

PostScript beschreibt den kompletten Aufbau einer Druck- oder Bildseite, also Text, Vektorgrafik und eingefügte Rasterbilder. Rasterbilder werden wie andere Bildelemente durch Hexadezimalzahlen beschrieben. Eigentlich ist das PostScript-Dateiformat aber nicht nur auf die Beschreibung einer Seite beschränkt, sondern eine vollständige Programmiersprache.

Dateiendung:	.ps .eps .epsf .epsi
Format:	Vektor
Farben:	1/4/8/24 bit
Kompression:	je nach Version
max. Bildgr.:	keine Beschränkung

Bild 4.29 Das PostScript-Format auf einen Blick

PostScript wird ständig weiterentwickelt. Zur Zeit gibt es drei Varianten:

- PostScript Level 1
- PostScript Level 2
- Display PostScript

Fonts (Schriftarten)

Post Script Level 1 ist speziell für qualitativ hochwertige Fonts. Es wurde 1990 veröffentlicht, nachdem Microsoft und Apple ihr TrueType-Format offenlegten. Ein Nachteil dieser Variante ist die eingeschränkte Farbunterstützung.

PostScript Level 2 enthält auch Kompressionsmöglichkeiten, z.B. JPEG. Level-2-Code ist vollständig kompatibel zu Level-1-Code mit dem großen Vorteil eines kompletten Farbkonzeptes mit geräteabhängigen und geräteunabhängigen Farbgebungen.

Display PostScript ist ein Binärformat (also kein Text) zur Bildschirmausgabe von PostScript. Nur wenige Systeme (z.B. Next-Rechner) arbeiten mit Display PostScript.

RIP
Raster
Image
Processor

PostScript-Drucker enthalten einen (im Belichter/Drucker) eingebauten Prozessor, der den PostScript-Code direkt interpretiert (RIP). Dabei wird die Vektorinformation des PostScript-Textcodes in einzelne Rasterpunkte des Ausgabegerätes umgesetzt.

Da die Interpretation der Vektorinformation erst im Ausgabegerät geschieht, ist PostScript **hardwareunabhängig**.

Neben PostScript-Druckern nutzen viele grafische Ausgabegeräte, z.B. Belichter und Satzmaschinen, dieses Grafikformat.

```
%!PS-Adobe-3.0 EPSF-3.0
%%BoundingBox: llx lly urx ury
```

Bild 4.30 Document Structuring Conventions (DCS) in PostScript

EPS (oder auch EPSF) steht für „Encapsulated PostScript File". Hierbei wird der ursprüngliche PostScript-Code von einer Reihe zusätzlicher DSC-Kommentare (Document Structuring Conventions) „umschlossen", die es ermöglichen, die darin enthaltene Ausgabe beliebig mit anderen PostScript-Texten oder -Grafiken zu mischen. Dabei handelt es sich mindestens um zwei Zeilen (Bild 27): Adobe 3.0 kennzeichnet die aktuelle DSC-Version und EPSF-3.0 die aktuelle EPS-Version. Die „Bounding Box" gibt die horizontalen (x) und vertikalen (y) Koordinaten der linken unteren (ll = lower left) und rechten oberen (ur = upper right) Ecke der Grafik an. Die Bounding Box sollte ein umschließendes Rechteck beschreiben, in dem die Grafik gerade noch Platz findet. Viele PostScript-Druckertreiber (z.B. unter MS-Windows) geben als Bounding Box aber die ganze Seite an, nicht nur den Bereich der Grafik. Besser sind meist Exportfunktionen innerhalb des Anwendungsprogrammes (hier wird der Druckertreiber nicht benutzt). Einige PostScript-Dateien lassen sich durch Einfügen dieser zwei Zeilen in eine EPS-Datei umwandeln.

Maßeinheit ist 1/72" = 0,353 mm

EPS ist aber nur eine Untermenge von PostScript, die nicht alle Befehle enthält. Insbesondere darf eine EPS-Datei nur eine einzige Grafikseite enthalten, eine PostScript-Datei dagegen beliebig viele. PostScript- bzw. EPS-Dateien können zwar u.a. von PostScript-Druckern ausgegeben werden. Es gibt aber nur wenige Programme, die in der Lage sind, PostScript direkt zu importieren und auf dem Bildschirm anzuzeigen. Meist wird nur ein **leerer Rahmen** an der Stelle der PostScript-Grafik angezeigt.

Um PS/EPS-Dateien vor dem Druck auf dem Bildschirm anzuzeigen, sind spezielle PostScript-Previewer nötig. Ein auf fast allen Plattformen verfügbarer PS-Previewer ist das Programm **Ghostscript**.

Ghostscript [W-09]

Bei Display-PostScript-Systemen ist keine zusätzliche Software nötig, die Datei kann direkt am Bildschirm angezeigt werden.

3.1.2 DXF

DXF ist ein Format für vektororientierte Programme (z.B. in den Bereichen CAD/CAM/CIM). Es wurde von der Firma Autodesk entwickelt. Autodesk ist der Hersteller des bekannten CAD-Programmes AutoCAD. DXF ist ein reines ASCII-Format, es lässt sich daher mit einem Editor jederzeit einsehen und modifizieren. DXB ist die Binärversion einer DXF-Datei.

AutoCAD

Dateiendung:	.dxf
Format:	Vektor
Farben:	max. 8 bit
Kompression:	keine
max. Bildgr.:	keine Beschränkung

Bild 4.31 Das DXF-Format auf einen Blick

Im Gegensatz zu vielen anderen Vektorformaten speichert DXF auch dreidimensionale Objekte. Die Anzahl der Farben ist auf 256 begrenzt, was jedoch im CAD-Bereich völlig ausreicht. Eine Kompression der Daten findet nicht statt. Diese würde die Dateigröße auch nicht wesentlich verkleinern, da ein Vektorformat wesentlich weniger Redundanz enthält als eine Rasterdatei.

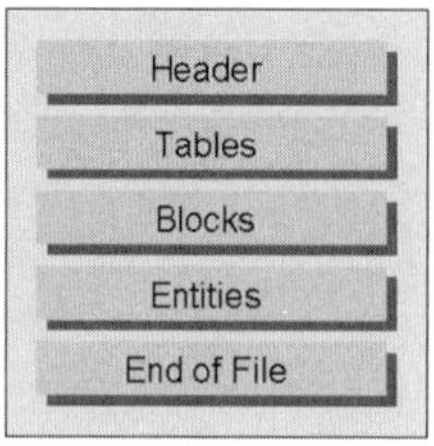

Bild 4.32 Aufbau einer DXF-Datei

Eine DXF-Datei hat folgenden Aufbau (Bild 4.32): In der **Header Section** werden alle Variablen besetzt, die während des Zeichnens eingestellt wurden. Außerdem werden auch die aktuellen Farben und der verwendete Bildschirmausschnitt definiert. Die **Tables Section** enthält die Definitionen der zeichenabhängig definierten Einträge in Tabellen. In der **Blocks Section** werden Grafikelemente abgelegt, die während der Zeichensetzung als *Blöcke* definiert wurden.

In der **Entities Section** stehen die eigentlichen Definitionen der Zeichenelemente. Das ist die einzige Section, die in einer DXF-Datei unbedingt vorhanden sein muss.

3.2 Bitmapbilder

Bitmapbilder (Bitmap = Pixelfläche) setzen sich aus winzigen Quadraten **(Pixel)** in einem rechtwinkligen Gitter **(Raster)** zusammen (Bild 4.33).

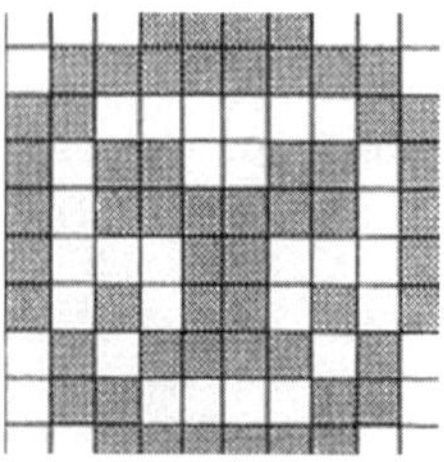

Bild 4.33 Prinzipieller Aufbau von Bitmapbildern

Jedes einzelne Pixel enthält die Farb- und Dichteinformation, also ob es schwarz, weiß oder in einer anderen Farbe bzw. Graustufe dargestellt wird.

Die Größe einer Bitmapbild-Datei hängt von der Menge der darin enthaltenen Farbinformation ab.

Im Gegensatz zu Vektorgrafiken, die durch Änderungen der Linien und Kurven bearbeitet werden, werden beim Bearbeiten von Bitmapbildern **Pixelgruppen** manipuliert, daher sind Bitmapbilder von der Auflösung abhängig.

Wenn Bitmapbilder bei niedriger Auflösung erstellt wurden und anschließend bei hoher Auflösung vergrößert oder gedruckt werden, wirken sie oft unscharf und verlieren an Detailgenauigkeit (Bild 4.34).

Vorteile von Bitmapbildern:

- **Manipulation der Pixel sehr einfach** einzeln oder in Gruppen (dadurch z.B. partielle Änderung der Farbe usw.).
- Bitmapbilder können **für ein Ausgabegerät optimal** erstellt werden, wenn dieses die Daten pixelweise ausgibt (Drucker).
- Besonders reichhaltiges Ausdrucksmittel entscheidend für die **realistische Darstellung** von Objekten (im Gegensatz zu Vektorgrafiken).

Bild 4.34 Bei einer Auflösung von 72 dpi kommt beim Ausdruck die Rasterung eines Bitmap-Bildes deutlich heraus; das gleiche passiert, wenn ein Bild „aufgezogen" wird. Die Pixelanzahl pro Längeneinheit nimmt ab, das Auge erkennt die Rasterung

Nachteile von Bitmapbildern:

- **Abgegrenzte Darstellung** der Pixel.
- Glatte Kurven können nur durch **Annäherung** mit Pixeln auf dem Rastergitter dargestellt werden: Zacken bzw. „Treppenstufen" (**Aliasing**).
- **Große Dateien**, insbesondere bei Verwendung von Farben.

Bitmaps lassen sich schlecht verkleinern bzw. vergrößern: Beim Vergrößern werden einzelne Pixel schlicht dupliziert und dadurch wird das Bild verändert; beim Verkleinern werden einzelne Pixel einfach verworfen.

Bitmaps können prinzipiell nur in der Auflösung zufrieden stellend gedruckt werden, mit der sie erstellt wurden.

Es gibt Hunderte von verschiedenen Bitmap-Formaten. In der Praxis haben sich jedoch nur wenige durchgesetzt, die im Multimedia-Bereich eingesetzt werden. Wir besprechen zuerst einige Grundformate, dann das Konzept Komprimierung und schließlich gängige komprimierte Dateiformate.

3.2.1 BMP

Bitmap hat in der Multimedia-Technik *zwei verschiedene Bedeutungen:*

- Bitmap (Pixelfläche) allgemein als (jedes) Rasterbild und
- Bitmap mit der Dateierweiterung BMP als ein Dateiformat (nur) auf MS-Windows und OS/2-Systemen.

Das BMP-Format ist unabhängig vom verwendeten Ausgabegerät definiert (device-independent).

Es kann auch auf verschiedenen Bildschirmen oder Druckern ausgegeben werden und wird mittlerweile auch von vielen Programmen anderer Betriebssysteme unterstützt.

Diesem Format liegt das RGB-Farbmodell zugrunde. Durch geeigneten Aufbau von Farbtabellen ist jedoch auch die Codierung von monochromen und von Graustufenbildern möglich.

Bild 4.35 Das BMP-Dateiformat auf einen Blick

Dateiendung:	.bmp .dib
Format:	Raster
Farben:	1/4/8/24 bit
Kompression:	keine (od. RLE)
max. Bildgr.:	65.536 x 65.536 px

Das Format definiert einen Headerbereich und einen Datenbereich (Bild 4.36). Der Header wird „BITMAPINFO" genannt und enthält Angaben wie Größe, Farbtiefe, Farbtabelle und Kompressionsart. Der Datenbereich enthält nachfolgend die Farbwerte jedes Punktes einer Linie. Linien werden bündig auf einen durch 32 teilbaren Wert verlängert und mit Null-Werten aufgefüllt. Als Werte für die Farbtiefe sind 1, 4, 8 und 24 zugelassen.

Der **Run-Length-Encoding-Algorithmus** (siehe Konzept Kompression, Kapitel 4) wird für Bilder mit einer Farbtiefe von 4 oder 8 bit pro Bildpunkt angeboten, wobei jeweils zwei Bytes als Informationseinheit aufgefasst werden. Enthält der erste Bytewert eine Null und ist der zweite Wert größer als drei, enthält der zweite die Anzahl der folgenden Bytes, die die Farbe des nächsten Bildpunktes als Verweis in die Farbtabelle enthalten (keine Kompression).

Ansonsten bedeutet der erste Bytewert die Anzahl der nächsten Bildpunkte, die mit der Farbe des zweite Bytewertes als Verweis in die Farbtabelle gesetzt werden sollen. Ist das Bild mit vier bit pro Bildpunkt codiert, werden auch nur vier bit für diese Informationen benutzt. Zwei Werte werden also in einem Bytewert codiert. BMP definiert weiterhin im Header die Möglichkeit, eine Farbtabelle anzugeben, deren Farben zwingend zur Anzeige des Bildes benutzt werden müssen.

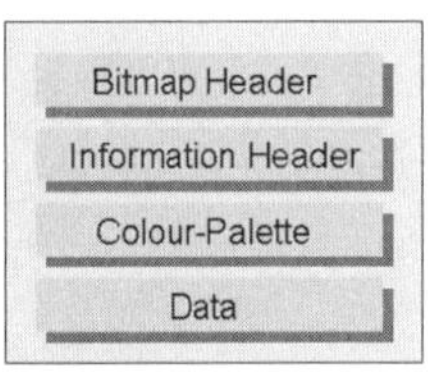

Bild 4.36 Aufbau einer BMP-Datei

Eine BMP-Datei besteht insgesamt also aus vier Abschnitten (Bild 4.36): Der Bitmap Header enthält die Datei-Signatur „BM", die Dateilänge in Byte und den Abstand (Offset) zwischen Dateianfang und Datenanfang in Byte.

Im Information Header finden sich Informationen zum Bild selbst (Höhe, Breite, horizontale und vertikale Auflösung, Anzahl der benutzten Farben, allenfalls Typ der Komprimierung).

Die Colour-Palette definiert jede Farbe durch ihren Anteil an Rot, Grün und Blau. Die Daten (Data) enthalten die zeilenweise Rasterinformation des Bildes. Ausgangspunkt ist die linke untere Ecke des Bildes.

Bei Bildern mit 1-, 4- oder 8-Bit-Farbinformation enthält der Pixelwert nicht direkt die Farbinformation, sondern einen Index auf die Farbpalette.

Bei 24-Bit-Bildern entspricht der Pixelwert dem Farbwert, so dass die Farbpalette hier nicht benutzt wird.

3.2.2 MAC

MacIntosh Paint ist das Standard-Grafikformat auf Apple-MacIntosh-Computern. Auf Apple-Rechnern werden die Files als Dateityp PNTG, auf PCs mit der Extention MAC gespeichert.

MacIntosh ist eine seit 1984 auf dem Markt befindliche proprietäre Rechnerfamilie der Firma Apple und war von Anfang an für Multimedia geeignet

MAC-Grafiken haben immer eine feste Größe von 576 · 720 Pixeln. Die Farbtiefe beträgt 1 Bit, d.h., es können nur S/W-Bilder gespeichert werden. Die Auflösung ist konstant 72 dpi, was genau der Bildschirmauflösung von MacIntosh-Computern entspricht (Zum Vergleich: Bildschirmauflösung IBM PC: 70 bis 120 dpi variabel).

Es gibt zwei Versionen des MAC-Formats:

- MacBinary,
- MacBinary II.

Dateiendung:	.pntg .mac
Format:	Raster
Farben:	1 bit (S/W)
Kompression:	keine (od. RLE)
Bildgröße:	immer 720 x 576 px

Bild 4.37 Das MAC-Format auf einen Blick

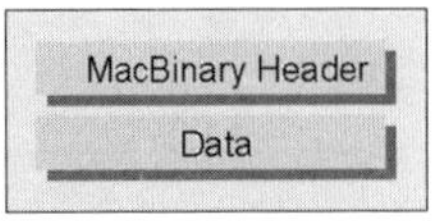

Bild 4.38 Der Aufbau einer MAC-Datei

Eine MAC-Datei hat folgenden Aufbau (Bild 4.38): Der **Header** beginnt stets mit einem Null-Byte. Es folgen die Länge des Dateinamens der Datei, der Dateiname selbst, der Dateityp (PNTG oder MAC), eine 4-stellige Kennzeichnung des Programmes, das die Datei erstellt hat (z.B. MPNT für MacPaint) und Statusinformationen. Ein MacBinary II Header ist etwas länger als ein MacBinary Header.

Die **Daten** (Data) beginnen immer mit der Bytefolge 00 00 00 02 (hexadezimal). Es folgen 304-Bytes pattern data. Diese Daten werden zur Anzeige der Bilddatei nicht benötigt. Vor den eigentlichen Bilddaten, die RLE komprimiert sein können, stehen noch 204 Null-Bytes.

Auf einem Macintosh-Computer wird jede Datei in Form von zwei Dateien gespeichert, dem **data fork** und dem **resource fork**. Bei einem MacPaint-Bild belegen die Bilddaten nur den data fork, der resource fork ist leer. Wird eine MacPaint-Datei auf eine andere Computerumgebung binär transferiert (z.B. PC), werden die beiden forks zu einer einzigen Datei zusammengefasst, und bei einer Rückübertragung wieder rekonstruiert.

Ein Macintosh-Computer erzeugt schwarze Punkte auf einem weißen Hintergrund, PCs und andere Systeme dagegen weiße Punkte auf schwarzem Hintergrund.

3.2.3 RAS

UNIX ist ein im Bell Lab (AT&T) entwickeltes Multiuser-Betriebssystem, das vor allem im Großrechnerbereich eingesetzt wird

RAS ist das Grafikformat auf UNIX-Workstations speziell von Sun Microsystems. Auch die meisten Programme anderer UNIX-Plattformen unterstützen dieses Format. RAS unterstützt eine beliebige Bitanzahl pro Pixel.

Dateiendung:	.ras
Format:	Raster
Farben:	variabel
Kompression:	RLE
Bildgröße:	variabel

Bild 4.39 Das RAS-Format auf einen Blick

Eine RAS-Datei hat folgenden Aufbau (Bild 4.40): Der Header beginnt mit der Zeichenfolge 59a66a95 (hexadezimal). Darauf folgen Breite und Höhe des Bildes in Pixel, die Anzahl der Bits pro Pixel, die Größe der Bilddaten in Byte, eine Versionsnummer, die Variante der Farbpalette und die Größe der Farbpalette in Byte.

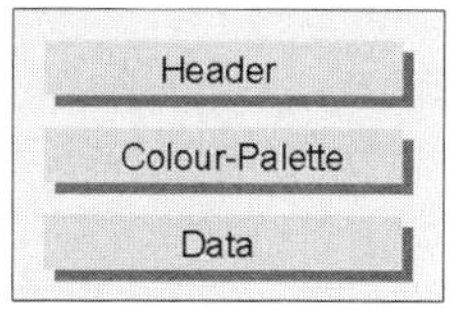

Bild 4.40 Aufbau einer RAS-Datei

Die Farbpalette kann folgende Varianten haben:

- 0000 Keine Palette
- 0001 RGB-Palette
- 0002 Andere Palette, nicht von RAS definiert

RAS-Dateien mit einer Farbtiefe von 8, 24 oder 32 bit enthalten meist keine Palette, da die Farbdaten in den Bilddaten selbst enthalten sind. Die RGB-Daten selbst können RLE-komprimiert gespeichert werden.

3.2.4 TIFF

Tagged Image File Format

Das TIFF-Format wurde bereits 1986 von der Firma Aldus Corporation (1994 von Adobe übernommen) entwickelt. Das Ziel war **Portabilität** und **Hardwareunabhängigkeit**. Daher hat es sich zu einem der wichtigsten Formate für Rasterdateien entwickelt. Es wurde von Beginn an so umfangreich konzipiert, dass es eine Vielzahl von Speichermöglichkeiten bietet und neben den eigentlichen Grafikdaten auch Angaben über benutzte Grafiksoftware oder Scannertypen aufgenommen werden können.

Dateiendung:	.tif
Format:	Raster
Farben:	1 bit bis 24 bit
Kompression:	keine (od. diverse)
Bildgröße:	max. $4 \cdot 10^9$ Bildzeilen

Bild 4.41 Das TIFF-Format auf einen Blick

TIFF ist von Entwicklungsbeginn an in der Lage, Schwarzweiß-, Grauwert- und Farbbilder, unter Angabe des jeweils verwendeten Farbmodells, zu speichern. Diese Möglichkeiten machen das Format zwar komplizierter, aber **universell** einsetzbar. Neben den meisten Scannern benutzen viele Grafikprogramme das TIFF-Format.

Das Einlesen von TIFF-Bildern kann bei manchen Programmen Probleme bereiten. Aufgrund von Varianten, wie beispielsweise verschiedene Kompressionsmethoden, lesen viele Programme nur einen kleinen Anteil aller TIFF-Varianten.

Die Fehlerursache ist aber meist bei diesen Programmen zu suchen, da das TIFF-Format grundsätzlich sehr präzise definiert ist.

Problemlösung bei Import-Schwierigkeiten: TIFF-Datei unkomprimiert abspeichern und erst dann importieren.

Eine TIFF-Datei besteht aus drei Abschnitten, die durch Tags (Markierungen) voneinander getrennt sind (Bild 4.42): Der **Header** enthält Informationen über die Speicherart der Datei-Bytes (II für Intel little-endian, MM für Motorola big-endian) sowie die Versionsnummer und die Adresse des ersten Image File Directories (IFD).

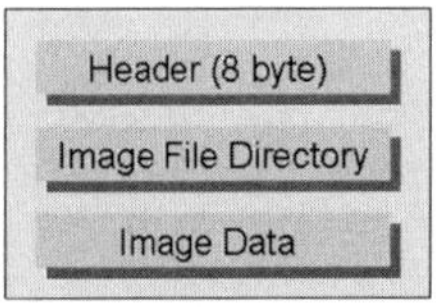

Bild 4.42 Der Aufbau einer TIFF-Datei

Ein **Image File Directory** (IFD) besteht selbst wieder aus drei Bereichen: der **Anzahl der Tags**, den **Tags** selbst und der **Adresse des nächsten IFD** (Bild 4.43). Jedes Tag enthält Informationen über das zugehörende Bild (Bildbreite, Bildhöhe, Komprimierungsart, X- und Y-Offset usw.). Es gibt über 90 verschiedene Tags. Daher ist die Länge des IFD nicht konstant. Nach einem Header kann ein IFD überall in einer TIFF-Datei vorkommen. Enthält eine Datei mehrere Bilder, so sind auch mehrere Anordnungen von IFD und Bilddaten möglich. Folgt kein weiteres Bild, so ist die Adresse des nächsten IFD 00 (hexadezimal). Zur Speicherung werden die Bilder in Streifen einer festen Länge eingeteilt. Die **Bilddaten** selbst können in beliebiger Reihenfolge gespeichert werden.

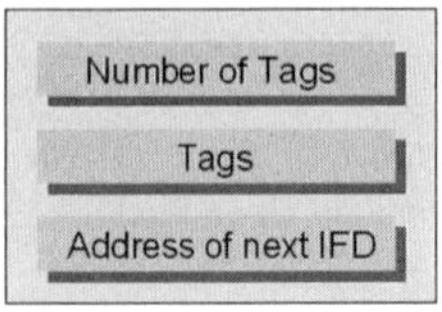

Bild 4.43 Der Aufbau eines Image File Directory

Ein entscheidender Unterschied zu anderen Bildformaten besteht in dem generischen Ansatz. Generell kann man innerhalb eines TIFF-Formates grafische Inhalte auf verschiedene Arten codieren.

Beispielsweise kann ein Preview-Bild in einem vereinfachten zeilenorientierten und unkomprimierten Format zusätzlich zu einem darauf folgenden, wesentlich komplexeren Bild codiert werden. Damit ist schnelles Suchen innerhalb von Bildarchiven möglich.

3.3 Metafiles

Meta-Formate vereinen die Vorteile von Raster- und Vektor-Formaten. Sie sind praktisch für alle Anwendungen einsetzbar.

3.3.1 WMF

Windows Meta File

WMF ist eng mit MS-Windows verknüpft. Es wird dort beispielsweise für den Austausch von Grafiken über die Zwischenablage (Clipboard) verwendet. Einige Grafikprogramme unter Windows können dieses Format auch erzeugen.

Dateiendung:	.wmf
Format:	Meta
Farben:	bis 24 bit
Kompression:	keine (od. diverse)
Bildgröße:	keine

Bild 4.44 Das Format WMF auf einen Blick

WMF speichert Grafiken als eine Folge von Konstruktionsanweisungen mit den dazu gehörenden Parametern. Die Anweisungen werden unter Windows als Funktionsaufrufe (Function Calls) bezeichnet. Diese setzen auf das **„Graphic Device Interface" (GDI)** für die Ausgabe auf die entsprechende Hardware auf. Das GDI enthält Bibliotheken von grafischen Objekten (Kreise, Rechtecke, Ellipsen usw.).

1 twip = 1 twentieth of a point = 1/1440 "

Die Maßeinheit von WMF-Objekten ist ein **twip.**

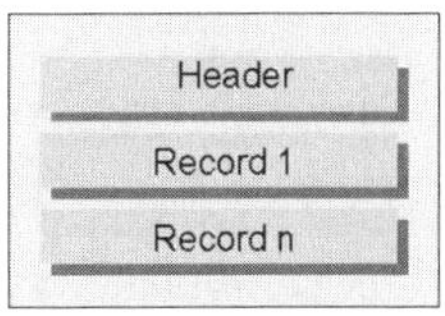

Bild 4.45 Der Aufbau einer WMF-Datei

Eine WMF-Datei hat folgenden Aufbau (Bild 4.45): Im **Header** sind Informationen über den Speicherort, die Länge des Headers in Words (1 Word = 2 Byte), die benutzte Windows-Version, die Gesamtlänge der WMF-Datei in Words, die Anzahl der in der Datei gespeicherten Objekte und die Länge des längsten vorhandenen Objektsatzes abgelegt. Die letzten zwei Bytes sind stets 0. Es schließt sich eine beliebige Anzahl von Records an, von denen jeder eine GDI-Funktion mit ihren zugehörigen Parametern verkörpert. Jeder Record enthält die Länge des Records in Words, die Nummer der

GDI-Funktion (definiert in windows.h) sowie die Parameter der Funktion.

Anmerkung: Einige Windows-Applikationen setzen vor den WMF-Header einen weiteren, 22 Byte großen Header. Dieser beginnt mit der Zeichenkette 9ac6cdd7 (hexadezimal) und enthält Informationen, die benötigt werden, um die WMF-Datei zwischen verschiedenen Applikationen auszutauschen.

3.3.2 CGM-Format

Computer Graphics Metafile

Das Format CGM entstammt der Normung des grafischen Kernsystems GKS. Es ist speziell für den Bildaustausch zwischen verschiedenen Systemen konzipiert und enthält alle für die Normfestlegungen notwendigen Kommandos und Parameter.

Bild 4.46 Das CGM-Format auf einen Blick

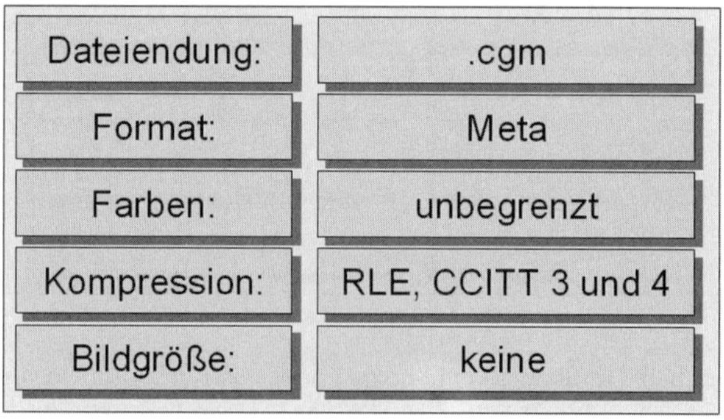

> Die engeren Formatbeschreibungen machen das CGM-Format zu einem echten Austauschformat für Vektordaten.

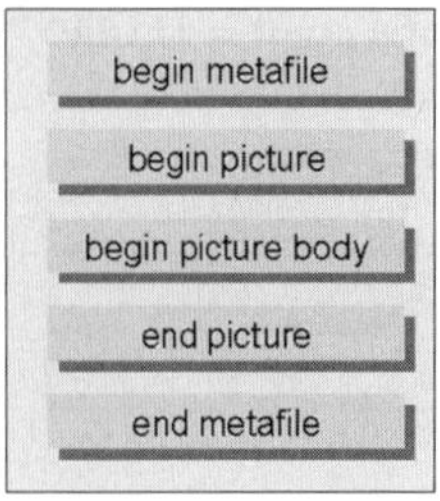

Bild 4.47 Begrenzungselemente im CGM-Format

Eine CGM-Datei hat folgenden Aufbau (Bild 4.47): Begrenzungselemente trennen die einzelnen **Bildbeschreibungselemente**. Zuerst kommt das Datei-Kennwort, die Zeichensatz-Definitionen, die Festlegung der Datengenauigkeit usw. Nach dem „begin picture" werden alle Bildbeschreibungselemente zusammengefasst und ein Verarbeitungs- und Darstellungsmodus festgelegt. Außerdem werden Koordinatenbereich, Strichstärken und Markengrößen definiert. Der „picture body" besteht aus drei Bereichen: **Kontrollelemente** legen die Genauigkeit der Daten und die „Clipping Area" fest. In der Klasse der **Darstellungselemente** sind all jene Elemente zusammengefasst, die grafische Informationen enthalten (z.B. Linien-, Marken-, Text-, Füllgebiets- und Zellmatrixelemente). Mit den **Attributelementen** wird die Darstellung der grafischen Elemente gesteuert.

Grundsätzlich existieren drei Codierungsmöglichkeiten bei CGM-Dateien:

- **Zeichencodierung** (sehr kurze Dateien, günstig für Netzübertragung),
- **Binärcodierung** (Speicherung in binär codierten Integer-Werten) und
- **Klartextcodierung** (lesbare ASCII-Dateien, Nachteil: sehr lang).

3.3.3 PICT

PICT-Dateien sind Apple-MacIntosh-spezifisch und basieren auf dem MacIntosh-eigenen Grafikprotokoll QuickDraw. Daher enthält PICT im wesentlichen QuickDraw-Funktionsaufrufe.

Dateiendung:	.pict
Format:	Meta
Farben:	bis 24 bit
Kompression:	PackBits, JPEG
Bildgröße:	variabel

Bild 4.48 Das PICT-Format auf einen Blick

Wie schon erwähnt, wird auf einem MacIntosh-Computer jede Datei in Form von zwei physikalischen Dateien gespeichert, dem data fork und dem resource fork (vgl. Kapitel 3.2.2).

Bei einem PICT-Bild belegen die Bilddaten nur den data fork, der resource fork ist (falls vorhanden) leer. Die Daten selbst werden in einem Binärformat gespeichert.

Nun haben wir einige Vektorformate, Bitmap-Formate und Metafiles kennengelernt, die teilweise schon die Möglichkeit einer Kompression erlauben. Nun wenden wir uns dem Konzept Kompression zu und besprechen dann „echte" komprimierte Dateiformate. Die Verwendung von Bildformaten im Internet werden wir im Modul 6 besprechen.

4 Konzept Kompression

Genaugenommen heißt es Datenkompression (bei Analogsignalen nicht möglich)

Unkomprimierte Bilder erfordern rasch eine beträchtliche Speicherkapazität in Multimedia-Systemen (vgl. Kapitel 2.6). Hauptsächlich bei Rasterbildern ist es erforderlich, die Bildinformationen im Volumen zu reduzieren.

Bandbreitenproblem siehe Kapitel 2.1 im Modul 6

Insbesondere bei Multimedia-Kommunikation über Netze erfordert ein Datentransfer unkomprimierter Bilder hohe Bandbreiten. Eine Datenkompression ist dort unverzichtbar. Allerdings können durch Kompression auch Daten verloren gehen, was manchmal unerwünscht ist.

Die Grundkonzepte der Kompression lassen sich zunächst in drei Kategorien einteilen:

Entropy Coding

- Statistische Verfahren (Entropy Coding): Es wird im Eingabedatenstrom nach **statistischen Verteilungen** gesucht. Diese werden zur Reduktion der Daten ausgenutzt. Dabei wird die Eingabe lediglich als reiner Bitstrom betrachtet, ohne eine inhärente Semantik zu beachten. Statistische Verfahren, auch Entropiecodierungen genannt, codieren nicht die zu übertragenden Daten, sondern die Symbole der Quelle.

Source Coding

- Semantische Verfahren (Source Coding): Es wird von der Annahme ausgegangen, daß der Eingabedatenstrom eine **semantische Struktur** besitzt, wobei folgende Ansätze eine Rolle spielen:
  a) Codierung von **Unterschieden** (Prediction): geht davon aus, dass zwei aufeinander folgende Blöcke nicht voneinander unabhängig sind. Deshalb sind *nur die Unterschiede* zu codieren.
  b) **Reduktion**: hierbei wird versucht, z.B. durch eine Fouriertransformation (FT) Frequenzanteile zu finden, die eine zu geringe Amplitude haben, um für das Ausgangssignal noch von Bedeutung zu sein. Diese werden **gezielt weggelassen**. Im Bildbereich verwendet man statt der Fourieranalyse die **Diskrete Cosinus-Transformation** (DCT).
  c) Eine weitere Möglichkeit besteht darin, schon bei der Codierung des Eingabestromes ein geeignetes Verfahren zu wählen. So wird z.B. bei der YUV-Codierung eine doppelt so hohe Auflösung für die Codierung der Helligkeit gewählt wie für die Farbinformation (vgl. Bild 4.22).

Hybrid Coding

- Zusammengesetzte Verfahren (Hybrid Coding): Diese verbinden die Vorteile der statistischen und der semantischen Verfahren. Dabei folgt der **Bildvorbereitung** (A/D-Wandlung und die Wahl einer geeigneten Codierung), eine **Transformation** (Picture Processing), im Allgemeinen eine DCT. Nachdem bestimmte Frequenzanteile durch Quantisierung entfernt wurden, wird das Ergebnis einem der normalen statistischen Verfahren unterworfen.

Bei den Kompressionsverfahren unterscheiden wir zwischen:

- nicht verlustbehafteten und
- verlustberhafteten Kompressionsverfahren.

Gebräuchliche **nicht verlustbehaftete** Kompressionsverfahren sind:

- **RLE** (Run Length Encoding),
- **LZW** (Lempel-Ziv-Welch) und
- **Huffman** (CCITT) Encoding.

Die bekanntesten **verlustbehafteten** Kompressionsverfahren sind:

- **JPEG** (Joint Photographic Experts Group),
- **Fraktale Kompression** nach Barnsley und Sloan und
- **Wavelet-Kompression**.

4.1 Nicht verlustbehaftete Verfahren

4.1.1 RLE

Die Lauflängencodierung (Run Length Encoding) gehört zu den statistischen Codierungsverfahren (Entropiecodierung). Es ist eines der einfachsten Verfahren und macht sich die Eigenschaft zunutze, dass viele Daten aus Folgen identischer Bytes bestehen (Bild 4.49). Diese Folgen gleicher Bytes können durch **Datenpaare** – bestehend aus **Zeichen** und **Anzahl** – dargestellt werden. Im Beispiel in Bild 4.49 ergibt sich eine Datenreduktion von 50% (16:8 Byte).

Bild 4.49 Folgen gleicher Bytes werden durch Datenpaare reduziert

---

Run Length Encoding eignet sich besonders für Dateien mit **langen Folgen gleicher Zeichen**, wie beispielsweise bei Schwarzweißbildern. Dateien mit häufig wechselnden Bytes sind dagegen nicht gut geeignet. Im ungünstigsten Fall wird die neue Datei sogar doppelt so groß wie das Original.

Dieses Verfahren wird deshalb häufig für Fax-Formate verwendet, in denen sehr große weiße Flächen nur gelegentlich von schwarzen Buchstaben unterbrochen werden.

4.1.2 LZW

Das LZW-Verfahren ist nach seinen Entwicklern Lempel, Ziv und Welch benannt und wird von vielen Grafikformaten (u.a. GIF) genutzt. Dieses Verfahren basiert auf der Suche nach sich wiederholenden Zeichenketten und Ersetzung durch einen Verweis auf die identische Zeichenfolge. Dazu

LZ78-Verfahren

wird eine **Zuordnungstabelle** angelegt, in der Verweise auf die einzelnen Zeichenketten gespeichert werden.

Die Zuordnungstabelle wird nicht in der eigentlichen Datei gespeichert, sondern muss bei jeder Kompression und Dekompression erzeugt werden.

Beispiel: Der String „whoiswho" wird in die Teile „who" und „is" zerlegt. In der Zuordnungstabelle erhält „who" den Index 1 und „is" den Index 0. Das Codewort lautet dann 101. Im Gegensatz zum Huffman-Verfahren, in dem jedes Quellsymbol codiert wird, werden bei dem LZW-Verfahren ganze Symbolfolgen zu jeweils einem neuem Symbol zusammengefasst.

4.1.3 Huffman-Codierung

Kurzbezeichnung: huff; auch squeezing genannt

Die Idee der Huffman-Codierung gehört zu den statistischen Codierungen und geht auf das Prinzip von MORSE zurück (siehe Modul 2, Kapitel 2). Dort werden **häufig vorkommende Symbole** (in diesem Fall Buchstaben) kürzeren Codes zugeordnet als den seltener vorkommenden. Beispielsweise besteht der Code für ein „e" nur aus einem einzigen Morsezeichen (Punkt), zur Übertragung eines selten vorkommenden „y" sind aber 4 Morsezeichen notwendig (Strich-Punkt-Strich-Strich).

4.2 Verlustbehaftete Verfahren

4.2.1 JPEG

JPEG ist gleichzeitig der Name einer

- Standardisierungsorganisation, eines
- Grafikformates und eines
- Bildkompressionsverfahrens.

Letzteres ist ein Standard, der von der Joint Photographic Experts Group seit 1982 entwickelt wurde. Das „Joint" gründet auf eine gemeinsame Aktivität von ISO und CCITT. Seit 1992 ist JPEG ein ISO-Standard.

Die Komprimierung der Grafikdaten erfolgt in vier Schritten (Bild 4.50):

1. Schritt **Datenreduzierung**: Das Auge ist nicht in der Lage, so viele Farbdetails zu unterscheiden wie Unterschiede in der Helligkeit. Deshalb werden die Farbinformationen durch **Auslasssen einzelner Punkte** reduziert. Dieses Verfahren wird **Sampling** genannt.

Die Reduzierung wird in horizontaler und vertikaler Richtung getrennt vorgenommen. Somit ist es auch möglich, unterschiedliche Reduzierungsraten für die verschiedenen Richtungen einzustellen.

Die häufigsten Reduzierungsraten sind

- 1:1:1 (für jeden Helligkeitswert ist ein Wert für die Farbinformation gespeichert),
- 2:1:1 (für zwei Helligkeitswerte ist ein Wert für die Farbinformation gespeichert),
- 4:1:1 (für vier Helligkeitswerte ist ein Wert für die Farbinformation gespeichert, vergleiche YUV-Farbmodell in Kapitel 2.3.1).

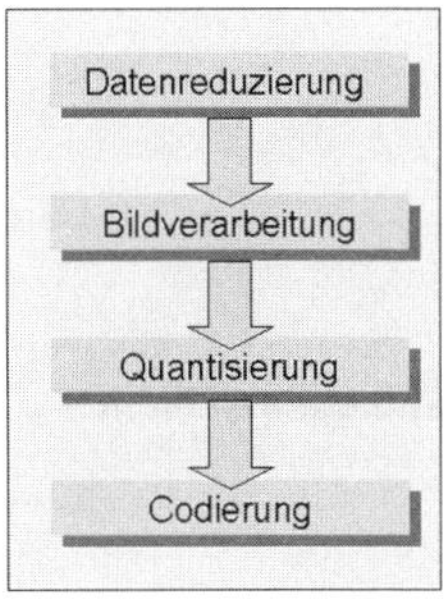

Bild 4.50 Der Ablauf der Komprimierung von Dateien nach dem JPEG-Kompressionsverfahren

2. Schritt **Diskrete Cosinus-Transformation** (DCT)

DCT basiert auf der **Fouriertransformation**, die beliebige Signale als eine Überlagerung von Sinuswellen verschiedener Frequenzen und Amplituden darstellt (siehe Modul 2 Signale).
Aus der örtlichen Verteilung von Pixelwerten in einem Bild entsteht nach der Fourier-Transformation eine Frequenz- und Amplitudenverteilung. Große, regelmäßige Flächen schlagen sich dabei in den niedrigen Frequenzanteilen nieder, feine Details in den hohen. Der überwiegende Anteil der visuellen Information eines Bildes mit kontinuierlich verteilten Werten liegt im Bereich niedriger Frequenzen.

Kompression erfolgt durch geringere Gewichtung und Nullsetzung der Amplituden der höherfrequenten Bildanteile.

---

3. Schritt **Quantisierung**

Die Quantisierung ist der eigentlich verlustbehaftete Schritt. Aus dem linearen Verlauf der Werte erfolgt die Bildung einer stufenartigen Anordnung. Der Quantisierungsfaktor ist dabei wählbar und entscheidet über die zukünftige Dateigröße und über die Qualität des zurückgewinnbaren Bildes.

4. Schritt **Entropiecodierung**

Die ermittelten Werte sind in einer Zickzack-Reihenfolge angeordnet und werden durch Lauflängen-Codierung und/oder Huffman-Codierung zusammengefasst.

4.2.2 Fraktale Kompression

Fraktale Bildkompression basiert auf der fraktalen Geometrie. 1988 wiesen MICHAEL BARNSLEY und ALAN SLOAN die Möglichkeit einer solchen Bildkompressionsmethode nach. Die Grundlage dafür war die Beobachtung, dass natürliche Objekte oft nicht die geraden Linien und glatten Oberflächen besitzen, mit denen die klassische Geometrie arbeitet. Viele Formen der Natur gehorchen der fraktalen Geometrie. Ihre schroffen, scheinbar zufälligen Formen treten im Großen wie im Kleinen auf.

Beispiel: Beim Rand einer Wolke treten bei zunehmender Vergrößerung immer wieder die gleichen (gedrehten, gespiegelten) Formen auf.

Selbstähnlichkeit

Die fraktale Kompression versucht Ähnlichkeiten in digitalen Bildern zu finden und für eine Reduktion auszunutzen.

Dieses Verfahren liefert bis zu einer Kompressionsrate von etwa 1:25 ähnlich gute Ergebisse wie JPEG. Bei höheren Raten ergeben sich bei JPEG grobe Rasterungen. Starke Kontrastprobleme, bedingt durch das Weglassen ganzer Frequenzbereiche des Ausgangsbildes durch die DCT, werden vermieden. Die Kompression ist relativ zeitaufwendig, die Dekompression eines fraktal komprimierten Bildes erfolgt jedoch sehr schnell.

Zur Zeit existiert noch kein Standardbildformat, das dieses Kompressionsverfahren nutzt.

4.2.3 Wavelet-Kompression

Mit Hilfe des JPEG-Verfahrens sind Kompressionsraten von etwa 1:35 in akzeptabler Bildqualität zu erreichen. Die Wavelet-Kompression ermöglicht Raten von etwa 1:65. Unter den hier vorgestellen Kompressionsverfahren ist dieses sicherlich das mathematisch anspruchsvollste. Die Strategie ist mit JPEG vergleichbar. Es wird versucht, im Bild nicht wahrnehmbare Details zu entfernen. Hierbei wird es jedoch nicht komplett in Frequenzkomponenten zerlegt, vielmehr werden nach und nach immer gröbere Bildstrukturen herausgefiltert.

Eine Wavelet-Transformation wandelt das Originalbild in Wavelet-Koeffizienten um, die im Prinzip verkleinerte Kopien des Ausgangsbildes beschreiben.

Zusätzlich enthalten diese Koeffizienten noch hoch- und tiefpassgefilterte Versionen dieser Bilder. Die eigentliche Kompression erfolgt im so genannten Quantisierungsschritt.

Mit Hilfe verschiedener Strategien werden unwichtige Bilddetails zusammengefasst. Anschließend wird das Ergebnis noch einer Entropie-Codierung (z.B. Huffman-Verfahren) unterworfen.

4.3 Komprimierte Dateiformate

4.3.1 JPEG

Das JPEG File Interchange Format (JFIF) ist eine Entwicklung der Firma C-Cube Microsystems zur Speicherung JPEG-komprimierter Daten. Es kann Bilddaten um nahezu beliebige Faktoren (20, 50, 150, ...) verkleinern, löscht dabei aber relativ viel an Information – die später wieder eingerechnet werden muss.

Dateiendung:	.jpg .jpeg .jfi .jfif
Format:	Raster
Farben:	bis 24 bit
Kompression:	JPEG
Bildgröße:	65536·65536 px

Bild 4.51 Das Dateiformat JPG auf einen Blick

Neben GIF ist JPEG das wichtigste Bilddateiformat für internetbasierende Multimedia-Systeme.

Achtung: Wir sprechen hier vom Dateiformat JPEG. Es gibt auch andere Dokumenttypen die eine *Datenkompression nach dem JPEG-Schema* (vgl. Kapitel 4.2.1) durchführen, beispielsweise PDF, EPS und PICT am MacIntosh. Es existieren auch TIFF-Formate mit JPEG-Kompression.

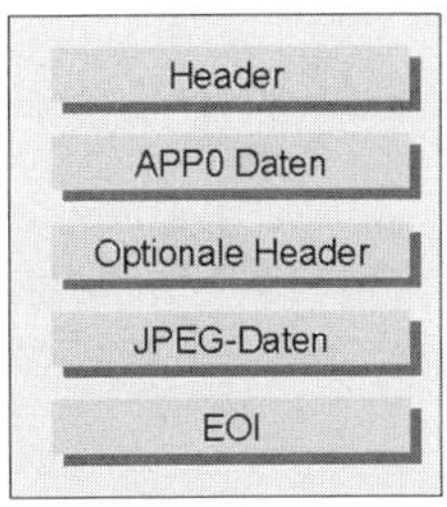

Bild 4.52 Der Aufbau einer JFIF-Datei

Eine JFIF-Datei hat folgenden Aufbau (Bild 4.52): Der Header enthält den Start of Image (SOI) marker (FF D8 hexadezimal), den Application marker (FF E0 hexadezimal), die Größe der APP0-Daten (s.u.), die Zeichenkette JFIF, die Versionsnummer der JFIF- Spezifikation, die Maßeinheit (dots per inch, dots per centimeter oder keine), die Auflösung des Bildes in der festgelegten Maßeinheit sowie die Auflösung des optionalen Previewbildes in den APP0-Daten.

Die APP0-Daten enthalten, falls vorhanden, 24 bit Rot-Grün-Blau-Daten einer verkleinerten Version des Bildes. Dieses **Preview-Bild** soll einen Ersteindruck des vollständigen Bildes verschaffen und ist nicht komprimiert. Optionale Header (ab Version 1.02) erlauben andere Varianten von Preview-Bildern, z.B. auch solche, die JPEG-komprimiert sind. Version 1.02 empfiehlt, nur noch diese neueren Header zu benutzen, um Informationen über Preview-Bilder zu speichern. Die eigentlichen Bilddaten bestehen aus Blöcken von JPEG-komprimierten Daten. EOI beendet die Datei.

Der internationale Standard der Joint Picture Experts Group (JPEG) (ISO/IEC SC29/WG10 ISO 10918) ist ein Standard zur Codierung fotografischer Standbilder.

Der Basisalgorithmus beschreibt eine Transformationscodierung, basierend auf der Diskreten-Cosinus-Transformation (DCT) im YUV-Farbraum (Kapitel 2.3.1).

Aus den zur Verfügung stehenden Transformationen hat sich die DCT (abgeleitet aus der Diskreten-Fourier-Transformation) als besonders effizient erwiesen.

Eine auf einen 8·8-Pixelblock angewendete DCT ergibt wiederum einen 8·8-Pixelblock. Die Koeffizienten der DCT lassen sich als Spektrum des 8·8-Eingabeblocks interpretieren. Während die Energie des Bildsignals zufällig verteilt sein kann, konzentriert sich die Energie des korrespondierenden DCT-Blocks vorzugsweise auf Koeffizienten mit niedrigen Frequenzen. Werden die Koeffizienten im Zickzack durchnummeriert, ergeben sich als zu speichernde Werte ein DC-Koeffizient, wenige niedrige AC-Koeffizienten und viele AC-Koeffizienten nahe null. Die DCT ist ein verlustfreies Verfahren, da die Codierung komplett umkehrbar ist. Diese Werte eignen sich jetzt optimal um sie mit dem Huffman-Verfahren (oder Shannon-Fano-Codierung – häufige Bytewerte werden durch kurze Bitfolgen ersetzt) und anschließend nach dem Lauflängen-Verfahren zu codieren.

Ein JPEG-Bild setzt sich dann aus verschiedenen Bildkomponenten wie dem picture-header, Quantisierungs- und Huffman-Tabellen, frame-header, scan-header (zur Aufteilung des Bildes in verschiedene Bereiche) und den eigentlichen Bilddaten zusammen.

Die Kompressionrate des zu speichernden Bildes ist frei einstellbar. Innerhalb des JPEG-Verfahrens sind vier verschiedene Kompressionsmodi möglich:

- Basis-Verfahren (basiert wie hier beschrieben auf der Anwendung der DCT),

- erweitertes DCT-Verfahren (mit höherer, wahlweiser progressiver Bit-Genauigkeit),
- verlustfreies Verfahren (nicht auf DCT-basierend), und
- Hierarchie-Verfahren (Kombination von mehreren Bildern).

Die YUV-Farbwerte werden in einer dem MPEG-Verfahren vergleichbaren Weise kodiert (Blockbildung, DCT, Entropy- und Huffman-Codierung). Das Verfahren ermöglicht eine effiziente Komprimierung von Bildern mit „natürlichem" Inhalt. Es ist jedoch nicht besonders zur Speicherung von computergenerierten Bildern oder Grafiken geeignet, da die Farben von Objekten mit scharfen Objektkanten nur ungenügend genau codiert werden.

Werden JPEG-Bilder aneinandergereiht, spricht man von Motion-JPEG (M-JPEG). Audio wird dann in einzelne Abschnitte (samples) zerlegt und zwischen diese JPEG-Bilder eingereiht (interleaved). Dieses Verfahren ist nicht international standardisiert, wird aber häufig bei der Videodigitalisierung benutzt, um die entstehenden Datenmengen vorweg zu reduzieren. Da M-JPEG aber keine temporären Redundanzen ausnutzt, reicht die Komprimierung nicht aus, um sie zur Übertragung in lokalen Netzen zu nutzen.

M-JPEG, siehe Modul 5 Videotechnik

4.3.2 GIF

GIF wurde 1987 vom Online-Dienst CompuServe entwickelt. Ziel war eine minimale Dateigröße bei plattformunabhängigem Austausch von Grafiken über Mailboxen. Da praktisch für jede gängige Hardware (Amiga, Atari, IBM-kompatible, MacIntosh) Programme existieren, die GIF-Grafiken verarbeiten können, ist es vor allem als **Austauschformat** über Hardwaregrenzen hinweg von großer Bedeutung.

Graphics Interchange Format

Dateiendung:	.gif
Format:	Raster
Farben:	nur bis 8 bit
Kompression:	LZW
Bildgröße:	65536·65536 px

Bild 4.53 Das GIF-Format auf einen Blick

GIF ist neben JPEG das einzige Bildformat, das typische Web-Browser ohne weiteres darstellen können, und daher für internetbasierende Multimedia-Systeme von äußerster Wichtigkeit.

Zur Zeit gibt es zwei Versionen des GIF-Formats:

- GIF87a
- GIF89a

Eine GIF-Datei ist auf eine Farbtiefe von 256 Farben beschränkt, kann dafür aber mehrere Bilder enthalten. Auch ein Interlaced-Modus und Transparenz sind möglich.

Interlaced-Modus

Im Modus „**Interlaced**“ baut sich die Datei am Bildschirm sukzessive auf: Es ist zuerst ein grobes Gesamtbild zu sehen, das nach und nach detaillierter wird. Ohne Interlaced-Modus baut sich die Datei Zeile für Zeile auf.

Motive im GIF-Format lassen sich auch **freigestellt** (ohne rechteckigen Kasten) präsentieren. Wird eine Farbe eines GIF-Bildes als Transparenzwert gespeichert, erscheint in einem Browser der Hintergrund unter dieser Farbe.

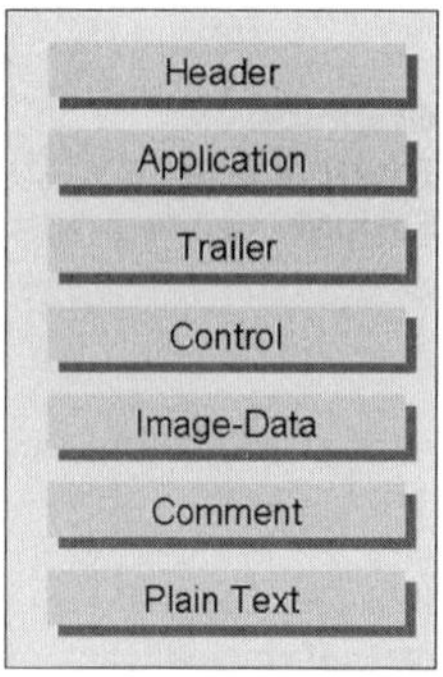

Bild 4.54 Der Aufbau einer GIF-Datei

Eine GIF-Datei hat prinzipiell folgenden Aufbau (Bild 4.54): Der Header enthält die Signatur. Die Signatur enthält die Buchstaben GIF und eine Versionsnummer (87a oder 89a). Das Ende des Headers kennzeichnet den Anfang des Datenbereiches.

Der Abschnitt Application ermöglicht die Codierung von Informationen über das Programm, das die GIF-Datei erzeugt hat. Der Trailer markiert das Ende des Datenstromes.

Der Abschnitt Control steuert die Darstellung jeweils eines folgenden Image-Data-Blocks. Angaben von zeitlicher Verzögerung und Transparenz sind möglich.

Der Abschnitt Image-Data besteht aus einem Image-Header, einer optionalen Farbtabelle und den eigentlichen Pixeldaten. Eine Bildschirm-Definition legt folgende Daten fest: Höhe und Breite des Bildschirms in Pixel, das Resolution Flag, Hintergrundfarbe der Grafik sowie das Pixelseitenverhältnis (aspect ratio). Das Resolution Flag enthält Informationen über die Anzahl Bit pro Pixel und die Anzahl der benutzten Farben in Bit. Außerdem existiert ein Flag, das ein Vorhandensein der optionalen globalen Farbskala anzeigt. Das Pixelseitenverhältnis wird aus dem Quotient von Pixelbreite und Pixelhöhe berechnet.

Eine globale Farbskala ist für eine präzise Farbwiedergabe bei Bildern verantwortlich, die auf einer anderen Hardware dargestellt werden sollen, als sie erzeugt wurden. Für jede Farbe wird dabei der jeweilige Anteil der Farben Rot, Grün und Blau durch einen Wert von 0 (kein Anteil) bis 255 (voller Anteil) definiert. Anhand dieser Farbdefinition ist es anschließend möglich, für jedes Pixel die passendste farbliche Entsprechung auf der jeweiligen Hardware zu finden.

Der Bild-Definitionsblock beginnt mit einem Bildtrennzeichen (2C hexadezimal) und enthält Informationen über die Position der linken oberen Ecke des Bildes auf dem Bildschirm in Pixel, über die Breite und Höhe des Bildes in Pixel (nicht größer als der vorher definierte Bildschirm) sowie diverse Flags. Die Flags geben u.a. an, ob eine lokale Farbskala existiert, ob das Bild sequentiell oder interlaced auszugeben ist und wie viele Bit eine Farbe der lokalen Farbskala beschreiben. Eine eventuell vorhandene lokale Farbskala für ein einzelnes Bild hat Vorrang vor der globalen Farbskala.

Im sequentiellen Modus wird das Bild zeilenweise von links oben nach rechts unten codiert und ausgegeben. Der Interlaced-Mode dagegen dient dazu, möglichst schnell ein Bild angezeigt zu bekommen. Dazu wird der Bildaufbau in 4 Durchgänge aufgeteilt. Im ersten Durchgang wird ausgehend von der Zeile 0 jede achte Zeile ausgegeben, also 0, 8, 16 usw. Im zweiten Durchgang wird ausgehend von Zeile 4 jede achte Zeile ausgegeben, also 4, 12, 20 usw. Im dritten Durchgang folgt ausgehend von Zeile 2 jede vierte Zeile, also 2, 6, 10 usw. Durchgang vier vervollständigt das Bild ausgehend von Zeile 1 mit jeder zweiten Zeile, also 1, 3, 5 usw. Dieses Verfahren ermöglicht es, den Bildinhalt deutlich genug zu „erahnen“, auch wenn erst 50 Prozent des Bildes aufgebaut sind.

Die eigentlichen Rasterdaten sind sowohl im sequentiellen Modus als auch im Interlaced-Mode LZW-komprimiert. Das GIF-Endzeichen ist stets 3B in hexadezimaler Form.

Der Abschnitt Plain Text schließlich ermöglicht noch ASCII-basierende Codierungen von Text, wie z.B. von Schriftsatz, Farbe, Größe, Position, Streckung oder Ausrichtung.

GIF zeichnet sich durch seine verlustfreie, aber doch recht effiziente Kompression und durch die mögliche Schachtelung von mehreren Bildern innerhalb einer Datei aus. Es ist auch ideal zu Erstellung von einfachen **Animationen**.

---

animated gifs
animated icons

4.3.3 PNG

PNG (gesprochen: „ping“`) steht für Portable Network Graphics und ist ein neues Dateiformat für Bilddaten. Es wurde Anfang 1995 speziell für das WWW entwickelt und soll das Graphics Interchange File (GIF) Format ersetzen, das bisher als Standardformat für verlustlose Bildspeicherung galt.

PNG soll die Vorteile von GIF und JPEG in sich vereinen.

Bild 4.55 Das Format PNG auf einen Blick

Dateiendung:	.png
Format:	Raster
Farben:	bis 48 bit
Kompression:	lossless
Bildgröße:	unbeschränkt

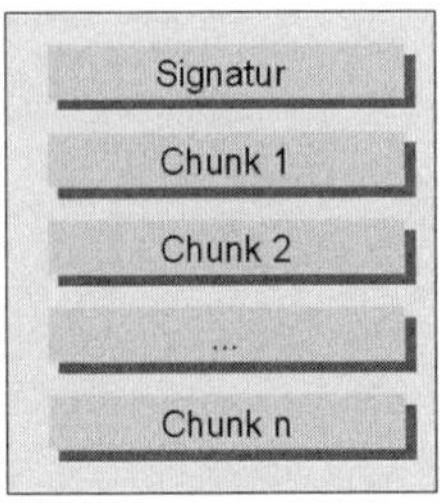

Bild 4.56 Der Aufbau einer PNG-Datei

Eine PNG-Datei hat folgenden Aufbau (Bild 4.56): Die in einer PNG-Datei gespeicherten Daten sind in Blöcke unterschiedlicher Länge gegliedert. Jeder Block enthält eine spezielle Art von Information, wie z.B. die eigentlichen Bildpunkte, textuelle Kommentare, Farbtabellen usw.

Jede PNG-Datei besteht aus einer Signatur und einer Folge beliebig vieler Blöcke, den Chunks. Die Signatur dient lediglich dazu, eine PNG-Datei als solche zu identifizieren, während in den Chunks die eigentlichen Bildinformationen gespeichert werden.

Chunks enthalten sämtliche Informationen, die in einer PNG-Datei gespeichert werden können. Dabei werden unterschiedliche Arten von Informationen auch in unterschiedlichen Chunks mit unterschiedlichen Typen gespeichert. Jeder Chunk besteht aus vier Komponenten: Länge, Typ, Daten und CRC (Cyclic Redundancy Check).

5 Schnittstelle zwischen Mensch und Computer

Das System Grafikkarte–Monitor stellt praktisch die wichtigste Schnittstelle zwischen Computer und Mensch (Augen) dar. Deshalb sind bei den technischen Parametern dieser Teile menschliche Aspekte besonders zu berücksichtigen.

Wahrnehmungspsychologie in Band 3

Da die Grafikkarte und der Monitor eine Einheit bilden, entscheidet die schlechtere der beiden Komponenten über die Qualität des Gesamtsystems. Auch wenn die technischen Komponenten dieser Systeme ständig weiterentwickelt werden, existiert ein zeitüberdauerndes Basiswissen, das wir im Nachfolgenden besprechen.

5.1 Monitore

Ausgabegeräte zur Bildwiedergabe werden mit unterschiedlichsten Namen bezeichnet. Üblich sind „Monitor", „Screen", „Display" oder Abkürzungen wie VDT (Video Display Terminal) bzw. VDU (Visual Display Unit). Für die Bildwiedergabe bei Multimedia-Systemen werden herkömmliche Bildröhren und verstärkt auch alternative Montitortechniken verwendet. Die wichtigsten Kriterien zur Einschätzung eines Monitors sind Auflösung, Farbwiedergabe und Bildqualität. Bei den Monitoren gibt es mittlerweile verschiedene technische Ausführungen.

5.1.1 Herkömmliche Monitore

Herkömmliche Monitore arbeiten prinzipiell wie Fernsehgeräte (ohne Empfangsteil). Der Bildschirm besteht aus kleinen Punkten (Pixel), die in einem rechteckigen Raster angeordnet sind. Am häufigsten kommt hierbei das Prinzip der Katodenstrahlröhre zum Einsatz (CRT, cathode-ray tube). Beim Aufbau des Bildes tastet der Elektronenstrahl zeilenweise jeden Punkt ab und bringt einen entsprechenden Phosphorpartikel zum Leuchten. Farbmonitore benötigen drei Elektronenstrahlen, die gleichzeitig den Bildschirm abtasten und drei Phosphorpartikel in den Grundfarben Rot, Grün und Blau (RGB) zum Leuchten bringen.

monochrom (einfarbig), polychrom (mehrfarbig)

Durch Kombination der drei Farben und durch eine unterschiedliche Intensität lassen sich sehr viele Farben erzeugen. Eine Loch- oder Schlitzmaske (Trinitron) sorgt dafür, dass jeder Elektronenstrahl den richtigen Leuchtschichtbereich trifft.

Das Bild wird vor der Darstellung in der Grafikkarte zwischengespeichert. Je größer der Speicher auf der Grafikkarte ist, desto schneller geschieht der Bildaufbau.

5.1.2 Alternative Monitortechniken

Plasmabildschirme

Plasmabildschirme bestehen aus zwei Glasplatten, zwischen denen sich ein Mosaik aus 0,2 Millimeter kleinen, gasgefüllten Zellen befindet. Ein elektrisches Leitungsgitter hält die gesamte Fläche unter Spannung. Durch elektrische Entladungen in den einzeln adressierbaren Zellen emittiert das Gas ultraviolette Strahlen, die die Phosphorbeschichtung der Zellen zum Leuchten anregen.

Flüssigkristallbildschirme

Der Flüssigkristallbildschirm (liquid crystal display, LCD) verwendet in Glasflächen eingeschlossene organische Substanzen, so genannte Flüssigkristalle, deren molekulare Eigenschaften denen fester Kristalle ähneln. Bei Anlegen einer Spannung richten sich die Flüssigkristalle in Richtung des elektrischen Feldes aus und bekommen dadurch andere optische Eigenschaften.

TFT
Thin film transistor

DSTN
Double Super Twisted Nematics

Das **TFT-Display** ist derzeit der beste Bildschirm für Notebooks. Die einzelnen Bildpunkte werden durch aufgedampfte, transparente, horizontale und vertikale Leiterbahnen angesteuert. An jedem Kreuzungspunkt schaltet ein Dünnfilmtransistor (TFT) die elektrischen Felder zur Polarisation der Flüssigkristalle ein und aus. Leuchtkraft, Farbe und Schärfe sind dadurch wesentlich besser, als bei den einfach herzustellenden DSTN-Displays.

Elektrolumineszenzbildschirme

ELD
Electric Luminescence Display

Elektrolumineszenzbildschirme (ELD) verwenden für die Anzeige ein Substrat, auf das mit fotolithografischen Methoden ganzflächig eine Folge von dünnsten Schichten mit Halbleiterschaltungen aufgebracht wurde.

Die Beschichtung besteht aus Substanzen, die bei Anlegen einer ausreichenden elektrischen Spannung Licht abgeben. Das Ansteuern der Bildpunkte geschieht durch Transistorschaltungen.

LED-Bildschirme

LED = Light Emitting Diode

Die Bildpunkte von LED-Bildschirmen bestehen aus jeweils drei farbigen LED (RGB) und einer weißen LED zum Steuern der Helligkeit. Diese Leuchtdioden bilden die aktive Farbmatrix. Für eine VGA-Auflösung sind mindestens 1,2 Millionen Transistorfunktionen erforderlich.

Touch-Screens

Die natürlichste Form der Interaktivität (siehe Band 3, Modul 5) kann durch eine Verwendung von Systemen mit berührungsempfindlichen Display-Oberflächen erreicht werden. Prinzipiell werden bei Touch-Screens (Bild 4.57) vier Technologien unterschieden:

Bild 4.57 Finger statt Maus: intuitive Interaktion über Touch-Screens

1. Resistiv: Ein mechanischer Druck auf den resistiven Touch-Screen schließt einen *elektrischen Kontakt* zwischen zwei leitenden Schichten (layern, Bild 4.58). Da durch den Druck lediglich eine Verbindung zwischen zwei Layern hergestellt wird, lassen sich die resistiven Touch-Screens durch einen beliebigen Gegenstand aktivieren (Finger mit Handschuh, Stift). Diese Technologie wird beispielsweise in Personal Digital Assistants (PDAs) eingesetzt, z.B. im Psion und Palm.

Bild 4.58 Das Prinzip des resistiven Touch-Screen, vgl. [W7]

- Vorteile: keine Nachjustierung notwendig, exakte Positionierung, vorwiegend im Medizinischen Bereich (Handschuhbedienung möglich);
- Nachteile: unschärfer, geringere Helligkeit, geringere Lebenserwartung des Monitors.

Diese Technologie hat bedingt durch die aufgebrachten Layer eine geringere Helligkeit und ist unschärfer. Wenn z.B. ein normaler LCD-Monitor eine Helligkeit von 200 cd/m² hat, dann liegt der LCD-Monitor mit Oberflächenwellen-Technologie bei 185 cd/m² und der mit Fünf-Draht-Widerstand bei 170 cd/m². Da die Helligkeit zumeist voll aufgedreht werden muss, ist die Lebenserwartung des Monitors geringer.

2. Kapazitiv: Beim kapazitiven Touch-Screen liegt über dem eigentlichen Schirm eine mit hauchdünnem Metall beschichtete Glasscheibe. Von den Ecken des Displays wird an das Elektrodenraster der leitenden Beschichtung eine niedrige Wechselspannung angelegt, die ein schwaches elektrisches Feld erzeugt. Fasst der Benutzer auf den Schirm, stellt er quasi eine Kondensatorelektrode dar und „erdet" das Feld. Aus dem (geringen) Strom, der über den Finger des Benutzers abgeleitet wird, ermittelt der Touch-Controller die *Koordinaten* des jeweiligen Berührungspunktes. Dementsprechend reagieren kapazitive Touch-Screens nur auf die Berührung mit einem leitenden Gegenstand (spezieller Metallstift, Finger oder Ähnliches).

- Vorteile: höhere Auflösung, höhere Lichtausbeute, kein Einfluss des Umgebungslichtes;
- Nachteile: *Kalibrierung* notwendig, fehleranfällig gegen Außeneinflüsse.

3. Akustisch: Oberflächenwellentechnologie. Diese Technologie basiert auf akustischen Wellen. Die Bildschirmränder sind mit Ultraschallsendern bestückt, und an den jeweils gegenüberliegenden Rändern befinden sich Reflektoren und in einer Ecke ein piezoelektrischer Empfänger. Über dieses

Reflektorsystem werden ständig Ultraschallwellen gesendet. Solange dieses Feld ungestört ist, treffen die Wellen ungehindert beim Empfänger ein. Wird jedoch (durch einen Finger, Stift oder Ähnliches) das Feld gestört, dann wird aus den fehlenden Wellenzügen die Position dieses Gegenstands innerhalb dieses Feldes ermittelt. Anhand der Menge der absorbierten Energie lässt sich bei dieser Technologie auch die Druckstärke bestimmen.

- Vorteile: noch höhere Auflösung, Bestimmung der Druckstärke, keine Lichtminderung des Bildschirms;
- Nachteil: Justierung notwendig (Wartungsaufwand!).

4. Licht: Infrarot. Touch-Screens mit Infrarot-Technologie arbeiten prinzipiell wie Lichtschranken. Im Bildschirmrahmen untergebrachte Infrarotsender und Infrarotempfänger bauen ein (für Menschen unsichtbares) „Lichtgitter" auf. Wird dieses Gitter durch einen Finger oder Gegenstand unterbrochen, dann detektiert die Sensorelektronik anhand der fehlenden Strahlen die x- und y-Koordinaten des betreffenden Berührungspunktes.

- Vorteile: keine Lichtminderung des Bildschirms, kein Verschleiß;
- Nachteile: störungsempfindlich (reagiert schon bei Annäherung), Auflösung ist gering, Positionsfehler bei gewölbten Bildschirmen.

5.1.3 Kriterien eines Monitors

Auflösung

Die Auflösung ist ein wichtiger Faktor für die Bildqualität (vgl. Kapitel 2.5). Die Angabe erfolgt durch eine Zahlenkombination in folgender Form:

$$a = m \cdot n$$

m maximale Anzahl von darstellbaren Pixeln in einer Zeile (Breite)
n Anzahl der möglichen Zeilen
a Anzahl der Punkte (Pixel), die insgesamt darstellbar sind

Maximale Auflösung ist die Anzahl der Bildpunkte, die der Monitor maximal darstellen kann.

Bildwiederholfrequenz

Vertikalfrequenz

Der bekannteste Wert ist die vertikale Bildwiederholfrequenz. Diese gibt an, wie oft das Bild in einer Sekunde aufgebaut wird. Je höher die Bildwiederholfrequenz, desto ruhiger erscheint das Bild. Sie sollte mindestens 72 Hz betragen, aber 110 Hz nicht übersteigen (typischer Wert: 90 Hz).

Wichtig ist, dass sich diese Angaben auf den „Non-Interlaced-Modus“ (ni) beziehen. Interlaced bedeutet, dass abwechselnd die geraden und ungeraden Zeilen angezeigt werden (Zeilensprungverfahren), und sollte möglichst vermieden werden.

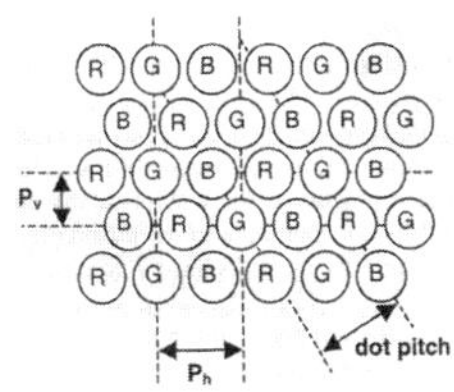

Bild 4.59 DOT-Pitch bei einer Lochmaskenröhre

Zeilenfrequenz

Die Zeilenfrequenz, oft auch als Horizontalfrequenz bezeichnet, gibt an, wie viele Zeilen der Elektronenstrahl pro Sekunde schreiben kann. Dieser Wert gibt Aufschluss über die Bildwiederholrate bei einer bestimmten Auflösung und entscheidet damit über die Qualität der Bilddarstellung. Die untere Grenze eines Monitors sollte mindestens bei 70 kHz liegen (siehe Kapitel 5.2.1.4).

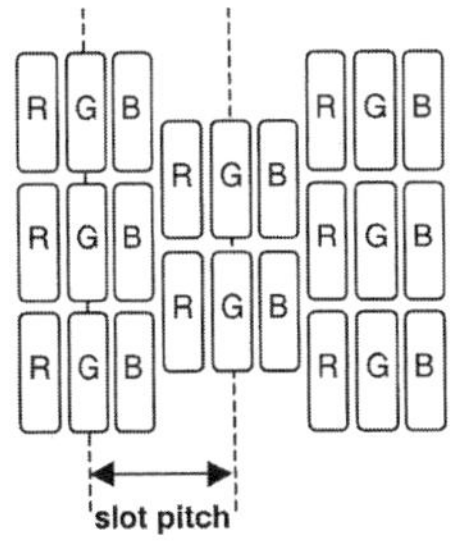

Bild 4.60 Slot-Pitch bei der Schlitzmaskenröhre

Pixelfrequenz

Sie gibt an, wie viele Punkte der Elektronenstrahl in der Sekunde ansteuern kann; sie ergibt sich aus Zeilenfrequenz mal der Horizontalauflösung.

Bandbreite

Unter Bandbreite verstehen wir die Grenzfrequenz des Videoverstärkers im Monitor. Diese ist ein Maß für die Qualität des Bildes. Für ein möglichst scharfes und kontrastreiches Bild wird eine Bandbreite des 1,5- bis 2fachen der Pixelfrequenz benötigt.

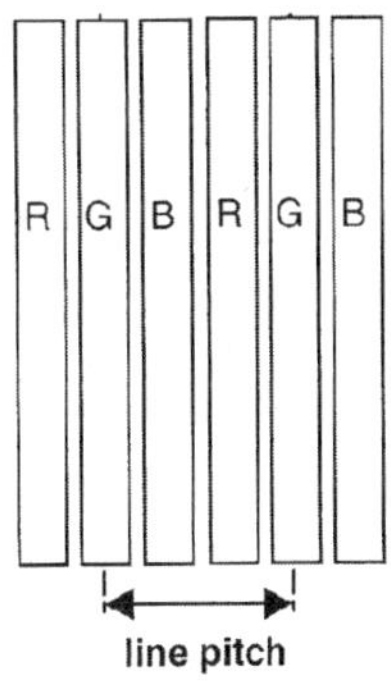

Bild 4.61 Line Pitch bei einer Trinitronröhre

Lochmaskenabstand

Der Lochmaskenabstand ist der Abstand zwischen zwei Öffnungen der Lochmaske. Bei Lochmaskenröhren (Delta-Bildröhren) ist nicht der vertikale (P_v) bzw. horizontale (P_h) Lochmaskenabstand, sondern der **DOT-Pitch** (dot = Punkt) maßgeblich (Bild 4.59). Je geringer dieser, desto höher die Auflösung. Typische Werte liegen bei 0,25 bis 0,31 mm. Bei der Schlitzmaskenröhre (Bild 4.60) sprechen wir von **slot pitch** und bei einer Trinitronröhre von **line pitch** (Bild 4.61).

5.2 Grafikkarten

Die Grafikkarte liefert die Signale vom Rechner zum Monitor. Die Qualität eines Monitors kann nur dann ausgenützt werden, wenn die Grafikkarte diesen entsprechend ansteuert. Umgekehrt kann eine Grafikkarte einen Monitor auch überfordern. Neuere Monitore blenden dann aus, ganz alte können defekt werden.

Der Fortschritt der Hardwaretechnologie zeigt sich insbesondere bei der Ausführung der Grafikkarten. Ein wichtiges Kriterium ist die Kompatibilität: Neue Programme sollen auch noch auf älteren Systemen darstellbar sein. Diese Forderung wird hardwaremäßig erreicht, indem auch neueste Grafikkarten zu älteren Grafikstandards kompatibel sind. Aber auch höhere Programmiersprachen unterstützen diese Kompatibilität durch die Bereitstellung geeigneter Routinen, die das jeweilige Programm an die jeweilige Hardware anpassen. Seit der Entwicklung des Grafikstandards VGA (1987) wird der Monitor **analog** angesteuert, weil bei heute üblichen Auflösungen und Farbtiefen der Datentransfer nicht mehr realisierbar wäre.

Neuere Flachbildschirme (Flüssigkristallbildschirme, siehe Kapitel 5.1.2.2) werden dagegen direkt **digital** angesteuert. Dazu wird eine Grafikkarte mit direktem digitalen Ausgang benötigt.

Wir besprechen zunächst die Kriterien für eine Grafikkarte, fassen kurz einige Grafikstandards zusammen und sehen uns dann die Anatomie einer Grafikkarte an.

5.2.1 Kriterien einer Grafikkarte

Die wichtigsten Kriterien zur Beurteilung einer Grafikkarte sind Farbtiefe, Auflösung, Bildwiederholfrequenz, Horizontalfrequenz und Video-Bandbreite.

Farbtiefe

Die Farbtiefe (vgl. Kapitel 2.2) sagt aus, wie viele unterschiedliche Farben die Grafikkarte gleichzeitig an den Monitor liefern kann. Für Multimedia sind 16 bit (64 000 darstellbare Farben = HICOLOUR) ausreichend, für die Druckvorstufe sind jedoch mindestens 24 Bit (16,7 Millionen darstellbare Farben = TRUECOLOUR) notwendig.

Auflösung

Unter der Voraussetzung, dass der angesteuerte Monitor die entsprechende Auflösung darstellen kann, hängt die erzielbare Auflösung in erster Linie von der Menge des Grafikspeichers und der verwendeten Farbtiefe ab. Bei einer Auflösung von 1024 px horizontal mal 768 px vertikal mal 24 bit Farbtiefe ergibt das einen theoretischen Speicherbedarf von 2,36 Mbyte. In der Praxis bedeutet das theoretisch 4 MB Grafikspeicher.

In der Praxis hängt die Leistung einer Grafikkarte vor allem vom Grafikprozessor auf der Grafikkarte und vom jeweiligen Softwaretreiber ab.

Bildwiederholfrequenz

Auch bei der Grafikkarte ist das der bekannteste Wert und gibt an, wie oft das Bild pro Sekunde neu aufgebaut wird.

Bildwiederholfrequenzen ab 75 Hz sind augenfreundlich, 90 Hz sind optimal, 120 Hz sollten nicht überschritten werden.

Da die Bildwiederholfrequenz stark von der verwendeten Auflösung abhängt, wird besser die Horizontalfrequenz zur Beurteilung herangezogen.

Horizontalfrequenz

Die Horizontalfrequenz einer Grafikkarte gibt Aufschluss über die Bildwiederholrate bei einer bestimmten Auflösung und ist damit ein wichtiges Kriterium hinsichtlich der Qualität der Bilddarstellung.

Es gilt:

$$f_V = \frac{f_H}{a_V + a_{VR}}$$

f_V vertikale Bildwechselfrequenz in Hz
f_H Horizontalfrequenz in Hz
a_V Vertikalauflösung in px
a_{VR} Auflösungsreserve von 5% von a_V

Beispiel: Grafikkarte hat Horizontalfrequenz von 69 kHz bei einer Auflösung von 1024 mal 768 Punkten (768 Punkte vertikal):

$$\frac{69kHz}{768Hz + 38Hz} = 85Hz$$

Video-Bandbreite

Eine Grafikkarte kann auch durch die Video-Bandbreite beurteilt werden. Es gilt:

$$b = f_H \cdot (a_H + a_{HR})$$

b Video-Bandbreite in Hz
f_H Horizontalfrequenz in Hz
a_H Horizontalauflösung in px
a_{HR} Auflösungsreserve von 10% von a_H

Beispiel: Erreicht eine Grafikkarte eine Video-Bandbreite von 77 MHz und diese soll bei einer Auflösung von 1024 mal 768 betrieben werden, wird die Formel nach f_H aufgelöst, was einen Wert von rund 69 kHz ergibt – die wiederum augenfreundliche 85 Hz Bildwechselfrequenz ergeben.

5.2.2 Grafikstandards

Es ist wichtig zu beachten, dass im Gegensatz zu Workstations PCs anfangs (1981) ausschließlich für die Arbeit mit ASCII-Zeichen konzipiert waren ... noch weit entfernt von Multimedia.

Der älteste Grafikadapter war der MDA (Monochrome Display Adapter) von IBM (1981) und galt mehrere Jahre als Standard bei monochromen Grafikkarten.

Moderne Grafikkarten werden mit eigenen Prozessoren ausgestattet. Die folgende Tabelle soll einen groben Überblick über die Entwicklung der verschiedenen Grafikstandards im PC-Bereich vermitteln:

Bild 4.62 Verschiedene Grafikstandards

Standard	Bezeichnung	Auflösung	f_H	f_V	VRAM	b
MDA	Monochrom Display Adapter	nur Text Matrix 9 x 14	18,432 kHz	50 Hz	4 KB	16,257 MHz
CGA	Colour Graphics Adapter	640 x 200	15,75 kHz	60 Hz	16 KB	14,3 MHz
HGC	Hercules Graphic Card	720 x 348	21,8 kHz	50 Hz	32 KB	16,257 MHz
EGA	Enhanced Graphics Adapter	640 x 350	21,8 kHz	60 Hz	64 KB	16,3 MHz
VGA	Video Graphics Array	640 x 480	31,5 kHz	70 Hz	256 KB	28 MHz
SVGA	Super VGA	1280 x 1024	90 kHz	90 Hz	512 KB	100 MHz
8514/A		1024 x 768	31,4 kHz	70 Hz	1024 KB	

5.2.3 Anatomie einer Grafikkarte

Das Herzstück einer Grafikkarte ist der CRT-Controller (CRTC), der die internen Abläufe kontrolliert. Dieser CRTC kann auch entfallen, dann übernimmt der PC selbst die Steuerung.

Der Elektronenstrahl läuft von links nach rechts und von oben nach unten. Dabei wird sukzessive das Bild aufgebaut. Die Zeitdauer, die der Elektronenstrahl für den Rücklauf benötigt, ist jedoch kürzer, als die Zeit, die der CRTC benötigt, um neue Informationen über den Aufbau der kommenden Zeile aus dem Memory Array zu holen. Dadurch entsteht eine kurze Pause, und da der Elektronenstrahl nicht angehalten werden kann, entsteht ein sogenannter **Overscan**. Dieser Effekt macht sich als (schwarzer) Rand neben dem eigentlichen Bildschirminhalt bemerkbar.

Als zentraler Taktgenerator fungiert der **pixel dot clock** Baustein und synchronisiert den CRTC und den **Timing controller** (Synchronisationsbaustein). Die Palette erhält die Datenströme vom CRTC und leitet die palettisierten Daten separatisiert an die drei Digital-Analog-Converter (DAC). Diese konvertieren die palettisierte Pixelinformation in drei RGB-Analogsignale. Im Analog-Interface schließlich werden die Analogsignale zur Ansteuerung des Monitors und die jeweiligen Sychronisierimpulse bereitgestellt (Bild 4.61).

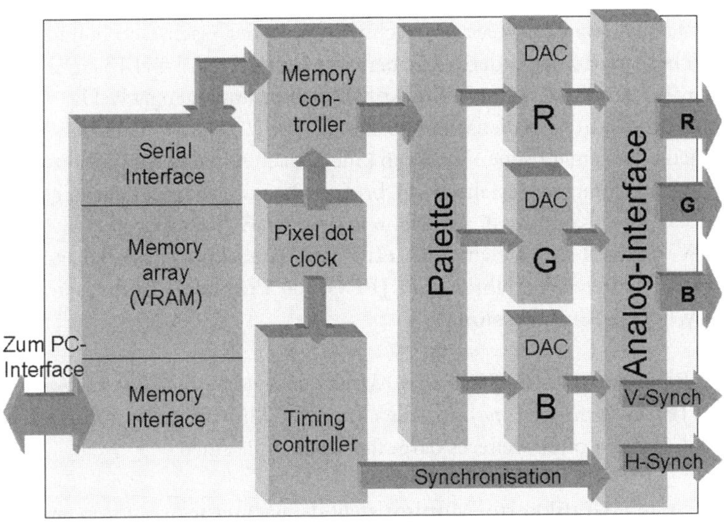

Bild 4.63 Der Aufbau einer typischen PC-Grafikkarte

Wenn der Grafikprozessor auf der Grafikkarte auch den Hauptprozessor des Computers bei der Berechnung der Bilddaten entlastet, dann wird von einer Beschleunigerkarte (Accelerator) gesprochen.

6 Modulkurzzusammenfassung

Das *Auge* ist unser wichtigstes Sinnesorgan. Es wandelt Licht – das ist *elektromagnetische Strahlung* im Wellenlängenbereich von 400 nm (Violett) bis 700 nm (Rot) – in vom Gehirn verständliche Information um. Die Wahrnehmung umfasst „Hell-Dunkel" und „Farbe". Für die Beschreibung einer Farbe genügen drei Informationen: Helligkeit, Farbton und Farbsättigung.

Eine **Vektorgrafik** ist aus grafischen **Primitiven** (Linien, Rechtecke, Polygone usw.) aufgebaut und durch deren **Attribute** (Linienstärke, Linienfarbe usw.) spezifiziert (PostScript, EPS, CDR, DXF usw.). Dagegen besteht ein **Bitmapbild** aus *n Zeilen* mit *m Bildpunkten* **(Pixel)** in einem *Raster*. Eine **Metagrafik** enthält sowohl Raster- als auch Vektorinformationen.

Farbmodelle ermöglichen die *Beschreibung einzelner Farben* durch Zahlenwerte. Physikalisch-technische Farbmodelle beschreiben eine Farbe als *Mischung von Primärfarben:* Die Summe der **additiven Farbmischung** von **Lichtfarben** (RGB) ergibt „weiß" und die Summe bei der **subtraktiven Farbmischung** von **Körperfarben** (CMY) ergibt „schwarz". Wahrnehmungsorientierte Farbmodelle (HSV, CIE-XYZ) sind auf das *Empfinden* des Menschen ausgerichtet und orientieren sich an Parametern wie Farbton, Helligkeit und Sättigung.

Im Druckbereich ist das **TIFF**-Format wichtig, das sich durch *Portabilität* und *Hardwareunabhängigkeit* auszeichnet. Da Bilder rasch eine beträchtliche Speicherkapazität erfordern (z.B. benötigt ein Bild mit 9 mal 13 cm und 300 dpi roh fast 5 MB), ist eine **Bildkompression** unumgänglich. Die Grundkonzepte sind das statistische Verfahren (Suche nach statistischen Verteilungen), das semantische Verfahren (Suche nach semantischer Struktur) und zusammengesetzte Verfahren (Hybrid Coding). Gebräuchliche nicht verlustbehaftete Kompressionsverfahren sind **RLE** (Run Length Encoding), **LZW** (Lempel-Ziv-Welch) und **Huffman-Encoding.** Die bekanntesten verlustbehafteten Verfahren sind **JPEG,** die **Fraktale Kompression** und die **Wavelet-Kompression.**

Die Bildformate **GIF** *(256 Farben, Modus „freigestellt", besser für Strichgrafiken)* und **JPEG** *(besser für Fotos)* sind die einzigen Bildformate, die von typischen Webbrowsern ohne weiteres dargestellt werden können.

Das System **Grafikkarte–Monitor** stellt die wichtigste *Schnittstelle* zwischen Computer und Mensch dar. Vor allem **Touch-Screen-Systeme** nutzen natürliche Interaktivitätsformen. Die wichtigsten Kriterien zur Beurteilung eines Monitors umfassen u.a. Auflösung und Bildwiederholfrequenz. Zusätzlich ist bei Grafikkarten die Farbtiefe ein Kriterium.

7 Modulanhang

7.1 Literatur

7.1.1 Bücher

ABMAYR, WOLFGANG (1994): *Einführung in die digitale Bildverarbeitung.* Stuttgart: Teubner.

BESTENREINER, FRIEDRICH (1988): *Vom Punkt zum Bild. Entwicklung, Stand und Zukunftsaspekte der Bildtechnik.* Karlsruhe: Wichmann.

BORN, GÜNTER (1996): *Referenzhandbuch Dateiformate.* 4. Auflage. Bonn: Addison-Wesley.

CAMPENHAUSEN, CH. V. (1993): *Die Sinne des Menschen: Einführung in die Psychophysik der Wahrnehmung.* 2. Auflage. Stuttgart: Georg Thieme.

FELLNER, WOLF-DIETRICH (1988): *Computer Grafik.* Mannheim, Wien, Zürich: BI-Wiss.-Verlag.

GIBSON, J. J. (1973): *Die Wahrnehmung der visuellen Welt.* Weinheim: Beltz.

HOLZINGER, ANDREAS (1998): *Von der Wachskerze zur Glühlampe: Fächerübergreifende Einführung und historische Entwicklung der Lichttechnik.* Thun, Frankfurt/Main: Deutsch.

JARZ, EWALD M. (1997): *Entwicklung multimedialer Systeme; Planung von Lern- und Masseninformationssystemen (Serie Gabler Edition Wissenschaft).* Wiesbaden: Gabler, 230-238.

KNODEL, H.; BAYERHUBER H. (1993): *Linder Biologie.* Stuttgart: Metzler.

KRAUS, HELMUT (1997): *Digitales Fotografieren: mit Digitalkameras zum perfekten Bild.* Bonn et.al.: Addison-Wesley.

STEINMETZ, RALF (1999): *Multimedia-Technologie: Grundlagen, Komponenten und Systeme.* 2. Auflage. Berlin (et.al.): Springer, 23-46.

WILTGEN, MARCO (1999): *Digitale Bildverarbeitung in der Medizin.* Aachen: Shaker.

7.1.2 Artikel

BERGHORN, WILHELM; BOSKAMP, TOBIAS; JUNG, KLAUS (1999): Schlanke Bilder: Der zukünftige Bildkompressionsstandard JPEG 2000. *c't: Magazin für Computer Technik.* 26/99, 184-185. Hannover: Heise.

BERGHORN, WILHELM; BOSKAMP, TOBIAS; SCHÖNFELD, STEVEN; STARK, HANS-GEORG (1999): Winzig mit Wavelets: Aktuelle Verfahren zur Bilddatenkompression. *c't: Magazin für Computer Technik.* 26/99, 186-197. Hannover: Heise.

KUHLMANN, ULRIKE (2000): Finger statt Maus: Touchscreen-Techniken im Vergleich. *c't: Magazin für Computer Technik.* 15/00, 116-118. Hannover: Heise.

KUHLMANN, ULRIKE; LABUSGA, STEFAN (1999): Digital zum Bild: Sechs Grafikkarten mit digitalem Ausgang. *c't: Magazin für Computer Technik.* 24/99, 132-135. Hannover: Heise.

7.1.3 Books in English

FOLEY, J.; VAN DAM, A.; FEINER, S.; HUGHES, J. (1990): *Computer Graphics: Principles and Practice.* 2nd Ed. New York: Addison-Wesley.

GOLDSTEIN, E. B. (1999): *Sensation and Perception.* 5th Ed. Belmont (CA): Wadsworth.

GONZALEZ, RAFAEL C.; WOODS, RICHARD E. (1992): *Digital Image Processing.* Reading (MA): Addison-Wesley.

HEATH, STEVE (1999): *Multimedia and Communications Technology.* 2nd Ed. Oxford: Focal Press, Butterworth, Heinemann, 44-78.

MURRAY, J.O. ; VAN RYPER, W. (1994): *Encyclopedia of Graphics File Formats.* Sebastopol (CA): O Reilly.

WU, CHWAN-HWA; IRWIN, DAVID J. (1999): *Emerging Multimedia Computer Communication Technologies.* Upper Saddle River (NJ): Prentice Hall, 23-125.

7.1.4 Articles in English

AMER, PAUL D.; IREN, SAMI; SEZEN, GUL E.; CONRAD, PHILLIP T.; TAUBE, MASON; CARO, ARMANDO (1999): Network-conscious GIF image transmission over the Internet. *Computer Networks,* Vol. 31, Iss. 7, April 99, 693-708.

EICKELER, S.; MÜLLER, S.; RIGOLL, G. (2000): Recognition of JPEG compressed face images based on statistical methods. *Image and Vision Computing,* Vol. 18, Iss. 4, March 2000, 279-287.

SPEKOWIUS, GERHARD (1999): Characterization of Color CRT Display Systems for Monochrome Applications. *Journal of Digital Imaging,* Vol. 12, No. 3, 102-113.

7.1.5 Journals

Computer Graphics Forum (ISSN: 0167-7055) | Blackwell Publishers

Computer Vision and Image Understanding (ISSN: 1077-3142; electronic:1090-235X) | Academic Press Inc.

IEEE MultiMedia Magazine (ISSN: 1070-986X) | IEEE Institute of Electrical and Electronics Engineers

IEEE Transactions on Medical Imaging (ISSN:0278-0062) | IEEE Institute of Electrical and Electronics Engineers

Image and Vision Computing (ISSN: 0262-8856) | Elsevier

International Journal of Computer Vision (ISSN: 0920-5691 | Kluwer

Journal of Digital Imaging (ISSN: 0897-1889) | Society for Computer Applications in Radiology

Multimedia Systems (ISSN: 0942-4962; electronic: 1432-1882) | Springer Verlag KG

Multimedia Tools and Applications (ISSN: 1380-7501) | Kluwer

New Review of Hypermedia and Multimedia - Applications and Research (ISSN: 1361-4568) | Taylor Graham Publishing - Journal Department

Videre – a Journal of Computer Vision Research (ISSN: 1089-2788; electronic:1089-2788) | MIT Press

7.2 Internet-Links

Aktualisierte Internet-Links zu diesem Modul sind auf der Buchhomepage www.basiswissen-multimedia.at unter Technik – Modul 4: Bildtechnik verfügbar!

7.3 Prüfungsfragen

Fragen-Typ 1: Dichotome Ja/Nein-Entscheidungen:

01	Über den optischen Kanal können bis zu 10^7 bit/s in unser Langzeitgedächtnis eindringen.	❐ Ja ❐ Nein	
02	Die Darstellungsqualität von Bildern wird hauptsächlich durch zwei Faktoren bestimmt: Farbtiefe und Auflösung.	❐ Ja ❐ Nein	
03	Ein Bitmapbild besteht aus grafischen Primitiven, wie z.B. Linien, Rechtecken, Polygonen usw.	❐ Ja ❐ Nein	
04	Bei der additiven Farbmischung werden 3 Lichtfarben (z.B. das Licht strahlender Leuchtstoffe) additiv gemischt, die Summe ergibt weiß.	❐ Ja ❐ Nein	
05	Die Auflösung eines Bitmapbildes gibt die Anzahl der Pixel an, die auf einer bestimmten Fläche zur Darstellung zur Verfügung stehen.	❐ Ja ❐ Nein	
06	DXF ist ein Vektorformat für CAD-Programme und speichert auch dreidimensionale Objekte.	❐ Ja ❐ Nein	
07	TIFF ist eines der wichtigsten Formate für Rasterdateien und ist universell einsetzbar.	❐ Ja ❐ Nein	
08	RLE ist ein verlustbehaftetes Verfahren und eignet sich für Dateien mit langen Folgen gleicher Zeichen.	❐ Ja ❐ Nein	
09	Mit Hilfe des JPEG-Komprimierungsverfahrens sind Kompressionsraten von bis zu 1:35 möglich.	❐ Ja ❐ Nein	
10	GIF ist eher für linienbasierende Grafiken und JPEG eher für Farbbilder geeignet. Beide sind die wichtigsten Web-Bildformate.	❐ Ja ❐ Nein	

Fragen-Typ 2: Mehrfachauswahlantworten (Multiple Choice):

01	Unser Auge ... ❒ a) ... ist kein eigenständiges Organ, sondern Teil des Gehirns. ❒ b) ... entspricht physikalisch einer Fotokamera. ❒ c) ... nimmt rund 90% aller Informationen unserer Umwelt auf. ❒ d) ... wandelt elektromagnetische Lichtstrahlung in Nervensignale um.	
02	Zu den wichtigsten Dimensionen der Farbwahrnehmung gehören ... ❒ a) ... Sättigung. ❒ b) ... Auflösung. ❒ c) ... Dithering. ❒ d) ... Helligkeit.	
03	Vektorgrafiken ... ❒ a) ... sind skalierbar, benötigen aber mehr Speicherplatz als Bitmap-Bilder. ❒ b) ... sind ideal zur Speicherung von Text. ❒ c) ... können beliebig genau erzeugt werden. ❒ d) ... setzen sich aus winzigsten Quadraten in einem Gitter zusammen.	
04	Bitmap-Bilder ... ❒ a) ... kommt es bei glatten Kurven leicht zu Zacken und Treppen (aliasing). ❒ b) ... sind sehr einfach manipulierbar. ❒ c) ... können in jeder beliebigen Auflösung zufriedenstellend gedruckt werden. ❒ d) ... sind prinzipiell sehr kleine Dateien.	
05	Zu den gebräuchlichen verlustbehafteten Kompressionsmethoden gehören ... ❒ a) ... RLE (Run Length Encoding). ❒ b) ... JPEG (Joint Photographic Experts Group). ❒ c) ... Wavelet-Kompression. ❒ d) ... LZW (Lempel-Ziv-Welch).	
06	Das Graphics Interchange Format (GIF) ... ❒ a) ... ist vor allem als Austauschformat von großer Bedeutung. ❒ b) ... ist neben JPEG von allen Web-Browsern darstellbar. ❒ c) ... erlaubt das „Freistellen" von Motiven. ❒ d) ... erlaubt keine Erstellung von Animationen.	
07	Zu den wichtigsten Kriterien zur Beurteilung eines Monitors zählen ... ❒ a) ... Bildwiederholfrequenz. ❒ b) ... Auflösung. ❒ c) ... Lochmaskenabstand. ❒ d) ... Bildschirmdiagonale.	
08	Bei einer Grafikkarte ... ❒ a) ... ist eine Farbtiefe von 8 Bit ausreichend. ❒ b) ... hängt die Leistung vom Grafikprozessor und vom Softwaretreiber ab. ❒ c) ... ist eine Bildwiederholfrequenz ab 70 Hz augenfreundlich. ❒ d) ... gibt die Horizontalfrequenz Aufschluss über die Bildwiederholrate.	

7.4 Lösungen

Lösungen zu Fragen-Typ 1:
01 Nein; 02 Ja; 03 Nein; 04 Ja; 05 Ja; 06 Ja; 07 Ja; 08 Nein; 09 Nein; 10 Ja;

Lösungen zu Fragen-Typ 2: Richtig sind:
01 a) b) c) d); 02 a) d); 03 b) c); 04 a) b); 05 b) c) 06 a) b) c); 07 a) b) c); 08 b) d)

7.5 Übungen

- Sie haben ein (unkomprimiertes) Farbbild, das aus 640 mal 480 Bildpunkten besteht. Wie viel Speicherplatz wird für das Bild benötigt? Wie können Sie den Speicherplatzbedarf vermindern? Welche Nachteile ergeben sich daraus?
- Scannen Sie ein Bild ein. Worauf muss bei den Einstellungen geachtet werden? Mit welcher Auflösung muss ein Bild eingescannt werden, um a) für das Web verwendet zu werden; b) um als Bild in einem Ausdruck (z.B. Buch) verwendet zu werden. Welche Formate eignen sich am besten für welchen Zweck?
- Experimentieren Sie mit diesem Bild mit einem Bildverarbeitungsprogramm (z.B. Photoshop). Speichern Sie das Bild unter verschiedenen Formaten und mit verschiedener Auflösung. Vergleichen Sie!

7.6 Diskussionsfragen

- Warum ist das Auge unser wichtigstes Sinnesorgan? Diskutieren Sie die Funktion des Sehens und dessen Wichtigkeit für die Informationsaufnahme!
- Warum sind Vektorgrafiken in der Regel deutlich kleiner als vergleichbare Bitmap-Bilder? Diskutieren Sie Vorteile und Nachteile!
- Warum ist das Konzept Kompression von grundlegender Bedeutung? Diskutieren Sie Vor- und Nachteile unterschiedlicher Kompressionsverfahren!

7.7 Timeline: Bildtechnik

3500 v. Chr.: frühestes (bekanntes) Beispiel einer Kombination von Bild und Text aus Mesopotamien (Blausche Steine).

3000 v. Chr.: frühestes Dokument ägyptischer Hieroglyphenschrift des Königs Zer.

2450 v. Chr.: Bildstein (Architrav) aus Rosengranit.

800 v. Chr.: Beschriftung steinerner Sockelplatten mit phönizischem Text.

550 v. Chr.: PYTHAGORAS VON SAMOS stellt eine erste Theorie des Sehens auf: Vom Auge gehen Sehstrahlen aus.

400 v. Chr.: Auch PLATON meint, dass die Augen Lichtstrahlen aussenden, um Bilder zu sehen.

250 v. Chr.: Prinzip der camera obscura von ARCHIMEDES.

1450: GUTENBERG entwickelt den Buchdruck mit beweglichen Lettern.

1551: Camera obscura mit optischer Linse von CARDANO.

1824: Erstes Metallbild (Asphaltverfahren) von NIEPCE.

1826: Erstes Abbild der Natur durch Lichteinwirkung auf eine chemische Schicht von JOSEPH NICEPHORE NIPCE.

1839: Fotografie von DAGUERRE.

1841: Talbotypie als erstes fotografisches Negativ-Positiv-Verfahren von TALBOT zum Patent angemeldet.

1842: Grundprizipien der Bildtelegrafie (FAX) von ALEXANDER BAIN.

1851: Nassbildplattenverfahren von ARCHER.

1855: Additives Farbmischverfahren von MAXWELL.

1862: Theorie der Farbfotografie von DUCOS DU HAURON.

1871: Gelatine-Trockenbildplatte von MADDOX.

1888: Kodak-Kamera von EASTMAN.

1907: Beginn der Farbfotografie.

1911: Farbenbildplatte von Agfa.

1913: Kleinbildkamera „Leica“ von BARNACK.

1924: Bildtelegrafie mit Kerrzelle (KAROLUS).

1930: Subtraktive Dreifarbentechnik von Technicolor (USA).

1937: Negativ-Positiv-Bildverfahren von Agfa.

1942: Farbiger Infrarotfilm von Kodak.

1951: „Graphics display“ mit einem Vektorskop am „Whirlwind“-Computer.

1958: TX-1 Computer am MIT benutzt eine „graphics console“.

1959: Erste Bilder von der Mondrückseite durch Funkübertragung von Lunik 3.

1965: Geburtsstunde der Computerkunst: Präsentationen von Computergrafiken in der Öffentlichkeit.

1968: DEC 338 intelligent graphics terminal.

1969: Graphical User Interface (GUI) von Xerox (ALAN KAY) entwickelt.

1977: Apple II released.

1978: JACOB ZIV und ABRAHAM LEMPEL publizieren über einen neuen „lossless data-compression algorithmus“ – Wurzel für das PNG-Bildformat.

1980: PCX-Bildformat für die ersten PCs.

1981: Schock für die Fotoindustrie: Erste elektronische Kamera mit Magnetbandkassette. Die (stehenden) Bilder können direkt auf ein Fernsehgerät übertragen werden. Die digitale Fotografie beginnt. Grafikadapter MDA von IBM.

1982: Disc-Kamera von Kodak. Beginn der Entwicklung des JPEG-Bildformates. Firma AutoDesk gegründet: AutoCAD released. Adobe von JOHN WARNOCK gegründet. ACM beginnt mit der Publikation der TOG (Transactions on Graphics). JIM CLARK gründet Silicon Graphics (SGI).

1983: Autodesk stellt erste PC-basierte CAD-Software vor. SGI IRIS 1000 graphics workstation.

1984: Canon entwickelt eine computergesteuerte Kamera mit Monitor. Minolta stellte eine „sprechende" Kamera vor. Thomson Digital Image (TDI) gegründet.

1985: PostScript von Adobe (JOHN WARNOCK).

1986: TIFF-Format von Aldus.

1987: CompuServe (BOB BERRY) entwickelt ein portierbares, komprimiertes Bildformat: GIF; von Aldus und Microsoft wird TIFF entwickelt, um die Portabilität und Hardwareunabhängigkeit eines Bildes bei der Codierung zu berücksichtigen.

1988: PICT-Format von Apple released.

1990: Kodak-Foto-CD. Das JPEG-Bildformat wird ISO-10918-Standard.

1993: Durch Einsatz des WWW wird das (textbasierende) Internet „bebildert".

1995: Beginn der Entwicklung des PNG Bildformates.

1997: PNG 1.0 released als RFC 2083.

2001: Sandia National Laboratories entwickeln einen Bildschirm mit 20 Millionen Pixel auf 3 mal 4 Meter Bildschirmoberfläche.

7.8 Glossar

Animated GIF Format, mit dem sich bewegte Bilder abspeichern und im Browser bewegt (animiert) darstellen lassen.

Bitmap Prinzip einer Matrix, in der gekennzeichnet ist, welche Stellen einer Grafik in welchem Farbton gesetzt sind (das BMP-Datenformat ist der bekannteste Vertreter von Bitmap-Dateien).

BMP Bitmap-Grafikformat, bekanntester Vertreter des Bitmap-Prinzips.

bpi Abkürzung für „bits per inch" (Bits je Zoll,); Maßeinheit für die Datenmenge pro Inch (1 Inch = 2,54 cm).

CMYK Cyan Magenta Yellow blacK, Farbsystem.

CRT Cathode Ray Tube, Katodenstrahlröhre, Bildröhre.

GIF Graphics Interchange Format. GIF ist neben JPEG ein „Quasi-Standard" im Web.

JPEG Joint Photographic Experts Group, entwickelte ein Format zur Speicherung von Bildern (Dateiendung: JPG).

JPG Eine Grafik im so genannten JPEG-Format.

Morphing Überblenden von Bildern oder Strukturen ineinander, um Bildverfremdungen zu erzielen.

PNG Portable Network Graphics, Grafikformat, speziell für das Web entwickelt.

Polygon Kleinste geschlossene Einheit, in die ein Vektor-Objekt zerlegt wird.

Raytracing Visualisierung von Objekten durch Lichtstrahlverfolgung und Schatteneffekte.

Rendering Prinzipiell eine Erzeugung visueller Information (Abbildung) aus einer inhaltlichen Information (Beschreibung); im Speziellen ein Rechenprozess, der aus geometrischen Formen ein zweidimensionales Bild erzeugt.

Shading Technik zur Schattierung von gekrümmten Flächen, damit diese möglichst realitätsnah aussehen.

True Colour Grafikmodus mit 16,7 Mio. Farben (24 bit per Pixel).

Modul 5: Videotechnik

„Noch keine 60 Jahre gibt es das Fernsehen,
aber in dieser Zeit hat es das Leben in fast allen Industriestaaten
nachhaltig beeinflusst. Doch in gewisser Weise hat es nur den Rundfunk
ersetzt, der damals schon seit 20 Jahren elektronische Unterhaltung
ins Haus brachte. Weder Rundfunk noch Fernsehen in der Form,
wie wir sie heute haben, wird mit den Kommunikationsmedien
zu vergleichen sein, die uns das Internet bescheren wird,
sobald es über die Breitbandkapazität verfügt,
die erforderlich ist, um hochwertige Videobilder zu übertragen."

Bill Gates in seinem Buch „Der Weg nach vorn", Seite 110

Lernziele

Nachdem wir nun auch ein Basiswissen über Audio und stehende Bilder haben, wenden wir uns „**Bewegtbildern**" zu. Das ist ohne Zweifel – in Verbindung mit Audio – die spannendste, aber natürlich auch die technisch anspruchsvollste Art der Darstellung von Informationen. Wir besprechen zuerst die Grundlagen der analogen und der digitalen Videotechnik und konzentrieren uns dann auf aktuelle Video-File-Formate.

Analog Video

Digital Video

Video-File-Formate

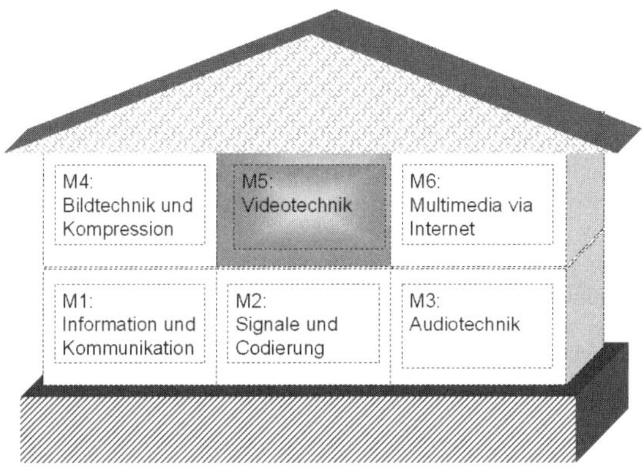

Unter **Video** werden jegliche Art von Bewegtbildern verstanden. Unter dem Begriff **Videotechnik** werden allgemein Verfahren und Ausstattung zur elektronischen Aufzeichnung, Speicherung und Wiedergabe von Bewegtbildinformationen und Toninformationen verstanden.

Bild 5.1 DV-Kameras zeichnen das Bildsignal direkt digital auf, aus [W4]

Im Unterschied zur traditionellen **analogen Videotechnik** werden bei der **digitalen Videotechnik** die Videosignale einer analogen Videokamera digitalisiert und in digitaler Form gespeichert. Bei **Digital Video** (DV) wird gleich eine digitale Videokamera verwendet und die Signale werden sofort digital auf Magnetbänder – ähnlich wie bei einem DAT-Recorder – aufgezeichnet.

In Verbindung mit der digitalen Audiotechnik bildet die digitale Videotechnik die Basis für die Verarbeitung und Darstellung von kontinuierlichen Daten in Multimedia-Systemen.

Bild 5.2 Ein digitales Video ist auch nichts anderes als die sequentielle Wiedergabe von Einzelbildern

Die digitale Videotechnik tritt heutzutage überall den Siegeszug an. Aber wie problematisch die Darstellung von *digitalen* Videosequenzen auf einem PC sein kann, zeigt schnell ein Beispiel: Ein einziges Vollbild (frame) mit voller Farbtiefe in der Auflösung 1024 × 768 Pixel (0,8 Megapixel) benötigt rund 2,4 MB. Um eine realistische Bewegtbildfolge zu erhalten, ist die Darstellung von 25 bis 30 Bildern pro Sekunde notwendig. Das führt zu einer Datenrate (datastream) von rund 60 MB/s auf dem Datenbus. Ein solches Video mit einer Länge von *nur einer einzigen Minute* würde bereits einen Speicherplatz von **3,6 GB** belegen! Auf einer herkömmlichen CD finden 0,7 GB Platz.

Diese gewaltige Datenmenge noch dazu über das Internet zu schicken, stellt uns vor Probleme, die Gegenstand des Moduls 6 sind. Auch dieses Beispiel zeigt uns wieder einmal die Wichtigkeit des Konzepts **„Komprimierung“** in Modul 4.

Bild 5.3 Die Zukunft der Speichermedien liegt in den silbernen Scheiben – die weitere Zukunft heißt FMD

Daher heißt das zukünftige Videomedium auch **DVD** (Digital Versatile Disk) und kann nahezu die dreißigfache Datenmenge einer herkömmlichen CD-ROM speichern. Allerdings wird der Durchbruch des DVD-Formates erst dann erfolgen, wenn es für den Konsumenten so einfach wird, Videos auf DVD aufzunehmen, wie es mit einem Videorecorder heute machbar ist. In Anbetracht der ständig wachsenden Speicherwünsche der Menschen wird es natürlich ständig Weiterentwicklungen geben. Ein Ansatz in dieser Richtung ist z.B. heute schon die **FMD** (Fluorescent Multilayer Disk) mit bis zu **1 TB** Speicherkapazität (1 TB = 1000 GB).

1 Video-Grundlagen

Siehe Psychophysik des Auges in Modul 4

Das menschliche Auge ist auch der Humanrezeptor für die Aufnahme von bewegten Bildern. Daher geben die psychophysikalischen Eigenschaften des Auges auch die Randbedingungen für die Konzeption des Mediums „Video" vor.

Ausgangspunkt ist die **relativ langsame visuelle Wahrnehmung:** Schnell aufeinanderfolgende Reize können nicht mehr diskriminiert (unterschieden) werden. Durch hintereinander folgende Projektion von Einzelbildern kann dadurch eine „Scheinbewegung" erzielt werden.

Die Grenze für das Eintreten dieser **„Scheinbewegung"** liegt bei einer Bildfolge von 16 bis 24 Bildwechseln pro Sekunde.

Kinofilm mit Bildwechselfrequenz von 24 Bildern/s

Der traditionelle Kinofilm basiert auf einer Bildwechselfrequenz von 24 Bildern/s, was aber noch starkes Flimmern bewirkt. Deshalb wird durch eine Blende jedes Bild noch ein- bzw. zweimal unterbrochen, so dass 48 bzw. 72 Lichtreize pro Sekunde geboten werden.

Für eine traditionelle Fernsehübertragung (Bild 5.5) wird das optische Bild in ein **Raster** zerlegt (Bild 5.4), dessen Feinheit vom *Auflösungsvermögen des menschlichen Auges* bestimmt wird. Aus wirtschaftlichen Gründen überträgt man die Helligkeitswerte der einzelnen **Rasterpunkte** aber nicht simultan (gleichzeitig, parallel), sondern sequentiell (zeilenweise nacheinander).

CCIR = Comité Consultatif International de Radiodiffusion
625 Zeilen vertikal, 833 Bildpunkte horizontal, 50 Halbbilder/s

---

Bei einem Betrachtungsabstand vom Bildschirm von der *fünffachen Bilddiagonale* (rund 2,5 m bei einem 51 cm Bildschirm) und einem Auflösungsvermögen des Auges von 50 bis 90 Bogensekunden muss das Bild mit mindestens **480 Zeilen** dargestellt werden, damit das Zeilenraster unsichtbar bleibt.

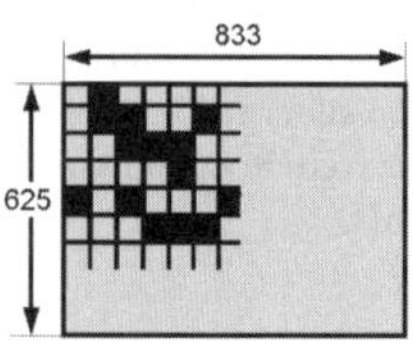

Bild 5.4 Die Geometrie der von einem Fernsehbild eingenommenen Fläche basiert auf dem Verhältnis der Bildbreite W zur Bildhöhe H

In Mitteleuropa gilt seit 1952 die 625-Zeilen-CCIR-Norm. Bei einem Verhältnis von Breite zu Höhe des Bildschirms von 4 : 3 entspricht das 833 Bildpunkte pro Zeile (Bild 5.4).

Für die Darstellung von Bewegtbildern durch eine Abfolge von Einzelbildern ist eine Bildwechselfrequenz von mindestens 25 Bildern pro Sekunde notwendig, damit das Auge den Eindruck einer kontinuierlichen Bewegung erhält.

Für helle Bilder genügt eine Auflösung von 25 Bildern pro Sekunde nicht, da solche Bilder noch immer merklich **flimmern** (flicker), die einzelnen

Bildpunkte „dunkeln“ zu schnell nach, es kommt zum so genannten **Großflächenflimmern.**

Flimmern nennen wir eine periodische Schwankung der Helligkeitsempfindung. Dieser Effekt kann technisch auch durch so genannte Bildwiederholspeicher vermindert werden.

Die Entwickler des Fernsehens standen nun vor einem Problem: Der geplante Übertragungskanal konnte nämlich nur eine gewisse Informationsmenge übertragen – die gerade für 25 Bilder pro Sekunde ausreicht.

Zeilensprungverfahren = Interlacing

Durch die Anwendung des **Zeilensprungverfahrens** konnte Abhilfe erzielt werden: Die Bilder werden nicht mehr in ihrer „natürlichen“ Reihenfolge wiedergegeben, sondern in der ersten 1/50 Sekunde nur die *ungeraden* Zeilen, in der nächsten 1/50 Sekunde nur die *geradzahligen* Zeilen. Dadurch werden 50 Bilder mit halber Zeilenzahl erzeugt, die **ineinander geschachtelt** dargestellt werden und so einigermaßen flimmerfrei wirken.

Wirklich flimmerfrei wird das Bild aber erst durch den Einsatz einer Bildwechselfrequenz von mehr als 75 Hz.

Dieser Wert ist von Mensch zu Mensch individuell verschieden und bewegt sich zwischen 72 bis 80 Hz. Siehe Modul 3, Kapitel Bildschirme.

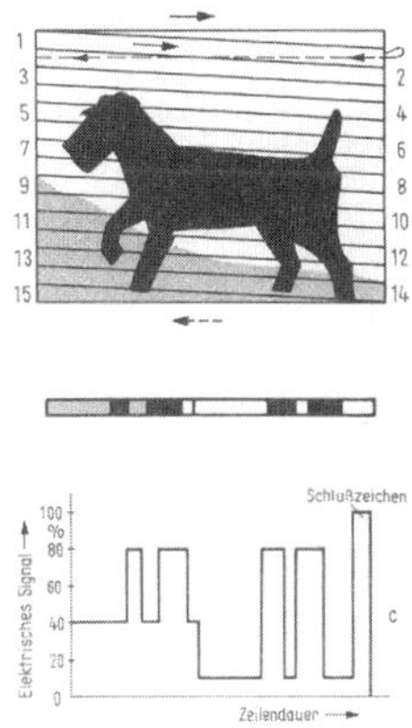

Bild 5.5 Der berühmte schwarze Hund von Fernsehpionier Otto Limann zeigt eindrucksvoll das Abtasten eines Bildes zur zeilenweisen Übertragung der Helligkeitswerte: Vorlage (oben), Helligkeitsverlauf der Zeile 12 (Mitte), elektrisches Helligkeitssignal bzw. Leuchtdichtesignal (unten) aus Limann (1979), 23

Die Umwandlung der **Luminanz** (Helligkeitswerte) des Bildes in elektrische Signale erfolgt in einer Fernsehkamera durch geeignete **Bildwandler**. Über eine Linsenoptik wird das Bild auf eine Fotokatode der Aufnahmeröhre abgebildet und mittels eines Elektronenstrahles **zeilenweise** abgetastet (Bild 5.5).

Zur Darstellung eines Fernsehbildes werden 25 · 625 · 833, also rund 13 Millionen **Bildpunkte** pro Sekunde benötigt, zu deren Übermittlung man mit einer Bandbreite von **5 MHz** auskommt. Die Fernsehsender arbeiten in einem Frequenzbereich zwischen 48,25 und 788,75 MHz, also bei Wellenlängen von etwa 6 m bis 0,4 cm (je ein Sender für Bild- und Tonsignale). Dabei wird der Bildsender in der Amplitude (AM), der Tonsender wie beim UKW-Rundfunk in der Frequenz moduliert (FM).

Im Empfänger gewinnt man das Bild- und Tonsignal durch Demodulation wieder zurück. Man *trennt* beide Signale und führt das verstärkte **Tonsignal** dem Lautsprecher zu, während das **Bildsignal** den Steuerelektroden einer Braunschen Röhre zugeleitet wird. Das Bildsignal beeinflusst die Bildpunkthelligkeit eines *im Zeilenrhythmus* der Fernsehkamera *synchronisierten,* über den Leuchtschirm gleitenden Elektronenstrahles.

Auf diese Weise entsteht durch *punktweisen Aufbau* und durch entsprechend *rasche Bildfolge* ein **Punktbild** auf dem Bildschirm, dessen Rasterung das Auge aus genügendem Abstand nicht mehr wahrnehmen kann. Um einen exakten *Gleichlauf* des Elektronenstrahles in Fernsehkamera und Bildröhre zu gewährleisten, wird der *Beginn jeder Zeile* durch das **Zeilensynchronsignal** und der *Beginn jedes Halbbildes* durch das **Bildsynchronsignal** eindeutig gekennzeichnet, die im Aufnahmesystem dem Bildsignal zugesetzt werden.

1.1 Analoge Aufzeichnungsformate

Analoges Video ist mittlerweile sehr ausgereift, aber es besitzt einen entscheidenden Nachteil:

Fehler-Kaskadierung

Bei mehreren Kopien pflanzen sich die Fehler immer weiter fort, so dass die Qualität von Kopie zu Kopie schlechter wird.

Inzwischen hat diese Art der Videodarstellung die physikalischen Grenzen erreicht, so dass dort Verbesserungen auch kaum noch möglich sind.

Videosignale können in verschiedenen analogen Formaten aufgezeichnet werden. Die wesentlichen Formate sind (in abnehmender Qualität von oben nach unten):

- **Betacam** (SP), eingesetzt in professionellen Studios,
- **U-matic**, praktisch abgelöst durch Betacam,
- **S-VHS**, verbesserte Version des verbreiteten VHS,
- **Hi-8**, verbesserte Variante des Video8-Systems, und
- **VHS** (Video Home System), das populärste Videosystem.

Bild 5.6 Hosiden-Buchse (links) für das S-VHS-Signal, auch einfach als S-Video oder Y/C bezeichnet

Diese Standards unterscheiden sich im Wesentlichen durch die Anzahl der aufgezeichneten Linien pro Bild und in der Art der Signalaufzeichnung.

1.2 Videosignale

Wir können Videosignale hinsichtlich der Qualität unterscheiden:

1.2.1 FBAS (Composite Video)

Am unteren Ende der Qualitätsskala stehen Systeme, die quasi ein „einziges Signal“ übertragen. Dazu gehören U-matic, das weit verbreitete **VHS** und das klassische Fernsehsignal einer Antenne. Das FBAS-Signal ist eine Ergänzung des (Schwarzweiß-) BAS-Signals.

Da das Fernsehbild natürlich nicht als Ganzes durch einen einzigen elektrischen Signalwert repräsentiert werden kann, muss jeder einzelne Bildpunkt durch Spannungswerte beschrieben werden. Hierfür wurde das FBAS-Signal entwickelt und es wird daher auch als Composite-Signal bezeichnet.

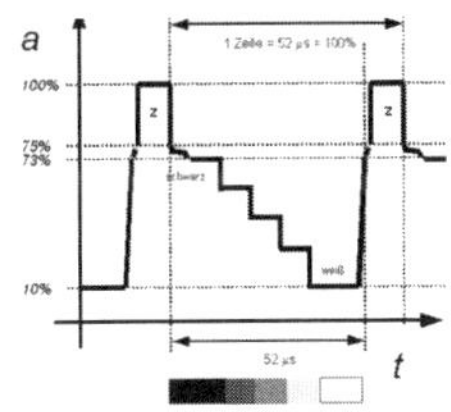

Bild 5.7 Signalverlauf eines BAS-Signals (Grautreppe); a = Amplitude

Jeder Buchstabe steht dabei für ein bestimmtes Merkmal dieses Signals:

F Farbsignal: Im Farbsignal werden die drei Farben Rot (R), Grün (G) und Blau (B) zusammengefasst.

B Bildsignal: Die Hell- und Dunkeltönung eines jeden Punktes wird durch eine elektrische Spannung festgelegt (z.B. Weiß = 10%, Schwarz = 75%).

A Austastsignal: Damit wird die Bildröhre *während des Strahlrücklaufs* dunkel gesteuert („ausgetastet").

S Synchronisationssignal, das den Gleichlauf der Strahlablenkung zwischen Sender (Aufnahmeröhre) und Empfänger (Bildröhre) gewährleistet.

Heimcomputer (zum Beispiel Commodore C64) benutzten ein FBAS-Signal, um das im Computer erzeugte Bild auf einem „gewöhnlichen" Fernseher darzustellen. Das FBAS-Signal wird über eine einzige Leitung übertragen, während beim RGB-Signal die Farbsignale auf drei separate Leitungen aufgeteilt sind. Das Bild eines FBAS-Signals ist qualitativ nicht so hochwertig wie das eines RGB-Signals.

1.2.2 Separiertes Video (Y/C, S-Video)

Eine Qualitätsstufe höher stehen Systeme, die für die Helligkeitsinformation (S/W) und die Farbinformation *getrennte Signale* verwenden. Diese Signale werden mit Y (Luminanz, Helligkeit) und C (Chrominanz, Farbinformation) bezeichnet. **S-VHS** und **Hi-8** verwenden diese Signalart, die zusammen auch als **S-Video** bezeichnet wird.

1.2.3 Komponentenvideo (Component Video)

Noch höherwertige Systeme benutzen *drei getrennte* Signale. Je nach Farbmodell (siehe Modul 4) können dabei folgende Signale verwendet werden:

- **RGB** (Rot, Grün, Blau). Diese Signalart ist qualitativ sehr hochwertig, aber sehr ineffizient bei analogem Video. Daher benutzen nur wenige Analoggeräte diese Signale;
- **YUV** (Luminanz, Farbton, Sättigung);
- **YIQ** (Luminanz, I = R-Y, d.h. der Unterschied von Rot zur Summe der Helligkeit, Q = B-Y, d.h. der Unterschied von Blau zur Summe der Helligkeit.

Betacam-SP, der weit verbreitete Broadcast-Standard (SP steht für „superior performance"), seit 20 Jahren Inbegriff für professionelle Videoproduktion, ist ein analoges Komponentenformat, das YIQ verwendet.

1.3 Digitale Aufzeichnungsverfahren

Bei Digitalkameras wird das Bild bereits während der Aufnahme digitalisiert, komprimiert und im Schrägspurverfahren auf Magnetband aufgezeichnet. Auch der Ton wird synchron in CD-Qualität bereits digital auf das Band gespeichert. Folgende Verfahren sind üblich (in zunehmender Qualität von oben nach unten):

- **DV** (Digital Video), herstellerübergreifend standardisiert, z.B. über die Schnittstelle „Fire Wire" IEEE 1394 verlustfrei auf den PC übertragbar,
- **DVCAM,** Erweiterung des DV-Standards von Sony mit erhöhter Spurbreite (15 µm statt 10 µm bei DV), aber voll kompatibel zu DV,
- **DVCPRO,** Erweiterung des DV-Standards von Panasonic, nicht kompatibel zu DV,
- **Betacam-SX,** verwendet den Kompressionsalgorithmus von MPEG-2 mit 4:2:2 für den Profibereich (ist aber relativ selten);
- **Digital Betacam**, über das SDI auf den PC (oder andere SDI-Komponenten) übertragbar, höhere Qualität als Fernsehqualität.

SDI = Serial Digital Interface, im SMPTE (Society of Motion Pictures and Television Engineers) Standard 259M festgelegt

In der Broadcast-Industrie ist die **SDI-Schnittstelle** Standard in der digitalen Signalübertragung. Über SDI werden digitale Video- und Audio-Signale mit einer Gesamtbandbreite von **270 MBit/s** übertragen.

Bild 5.8 Die IEEE 1394 „Fire Wire" [W6]

Eine häufige Schnittstelle zur Übertragung der digitalen Signale vom Aufnahmegerät (Camcorder) zum PC (Videoschnittplatz) ist die **IEEE 1394**, von Apple „**Fire Wire**" und von Sony „**iLink**" genannt und auf den meisten Geräten mit DV-out/in gekennzeichnet.

Die Schnittstelle IEEE 1394 ist ein serielles Bussystem, das bis zu 63 Geräte miteinander verbindet. Für die Datenübertragung genügen vierpolige Leitungen (max. 4,5 m) plus zwei Leitungen für eine Stromversorgung. Die Übertragungsrate ist bis zu 50 MByte/s (Vergleich: Ultra-SCSI hat 20 MByte/s – Wide-U3-SCSI 160 MByte/s).

Bild 5.9 Der Universal Serial Bus (USB) ist z.B. in der Digitalfotografie sehr praktisch

Vor allem bei digitalen Fotokameras (Bild 5.9), die auch kurze Filmsequenzen (30 bis 90 Sekunden) aufnehmen können, wird häufig der 1995 von Intel initiierte **USB-Bus** (Universal Serial Bus) verwendet. Die Daten werden dabei **seriell** über ein **verdrilltes Zweidrahtkabel** mit einer Datenrate von 12 MBit/s übertragen. Über zwei weitere Leitungen werden 5 Volt Betriebsspannung und die Masse (0 Volt) geführt. Das hat den Vorteil, dass manche USB-Geräte keine Stromversorgung benötigen.

Es können bis zu 127 Geräte an einem USB-Bus betrieben werden, und die maximale Übertragungsdistanz vom Hub (bzw. vom PC) zum Gerät (z.B. Kamera) beträgt rund 5 Meter. Über Verknüpfungen verschiedener Geräte lässt sich diese Distanz erhöhen. USB-Geräte haben den Vorteil, dass diese während des Betriebes an- und abgesteckt werden können, die Einbindung der Treiber erfolgt automatisch. Es gibt zwei Steckertypen: USB-A (z.B. bei Videokamera, Maus, Tastatur) und USB-B (z.B. bei Scanner, Modems, Hub); damit ist ein Falschanschluss praktisch nicht möglich (Bild 5.10).

Bild 5.10 Der USB-Anschluss ist sehr praktisch

1.4 Übertragungsstandards

Verschiedene Übertragungsstandards legen fest, wie nun ein Videosignal zu einem Empfangsgerät (z.B. einem Fernsehgerät) übertragen wird:

- PAL (Phase Alternation by Line) in Europa, Südamerika u.a.,
- SECAM (Systeme Electronic Pour Couleur Avec Memoire) in Frankreich, Russland,
- NTSC (National Television Standard Committee) in USA und Japan.

Die Unterschiede dieser Normen ergeben sich aus folgendem Bild:

System	Bilder/s	Zeilen/Bild	Zeilenfrequenz	Auflösung in px	Seitenverhältnis
PAL	25	625	15 625 Hz	425 × 290	4 : 3
SECAM	25	625	15 625 Hz	465 × 290	4 : 3
NTSC	30	525	15 734 Hz	330 × 242	4 : 3
HDTV	50	1250	-	700 × 700	16 : 9

Bild 5.11 Die verschiedenen Normen auf einen Blick; Achtung: HDTV dient hier als Sammelbegriff nur zum Vergleich; es existieren verschiedene Formate

Digitalisiert hat ein PAL-Bild die Größe von 768 × 576 Pixel..

... nur 576 statt theoretisch möglichen 625 – da nicht alle Zeilen Bildinformation enthalten

Die Anzahl der übertragenen Linien stimmt nie mit der Anzahl der aufgezeichneten Linien überein (ein Ausgabegerät, z.B. ein Videoplayer, muss die Linienanzahl konvertieren).

HDTV (High Definition Televison), ein Sammelbegriff für verschiedene Formate, bildet die Grundlage zur Entwicklung zukünftiger Fernsehtechnik. Die Neuerungen umfassen unter anderem:

HDTV verfügt über das Seitenverhältnis 16 : 9 – das dem menschlichen Gesichtsfeld besser angepasst ist

- Betrachtungsabstand: 2 bis 3 m,
- horizontaler Gesichtsfeldwinkel: 45 Grad,
- Breite-Höhe-Verhältnis: 16 : 9.

1.5 Digitales Video

Digitales Video besitzt prinzipielle Vorteile gegenüber analogem Video:

- Qualität ist unabhängig von den Charakteristika des Übertragungskanals,
- kopierbar ohne Qualitätsverlust,
- praktisch unbeschränkte Lebensdauer,
- Fehlerkorrektur ist wesentlich vielfältiger möglich,
- genaue digitale Filter einsetzbar, daher
- Bildmanipulationen und Effekte kostengünstiger und auch besser als bei analogem Video.

Kompression (Modul 4, Kapitel 4) ist unverzichtbar

Allerdings hat digitales Video auch enorme Nachteile: Die Bandbreite ist mehr als 200-mal höher als bei analogen Videosignalen, wodurch Abtastrate, Speicherbedarf und Datenübertragungsrate extrem steigen. Kompression ist unverzichtbar.

Grundsätzlich besteht ein digitales Video aus der sequentiellen (hintereinander folgenden) Aneinanderreihung einzelner Video Frames:

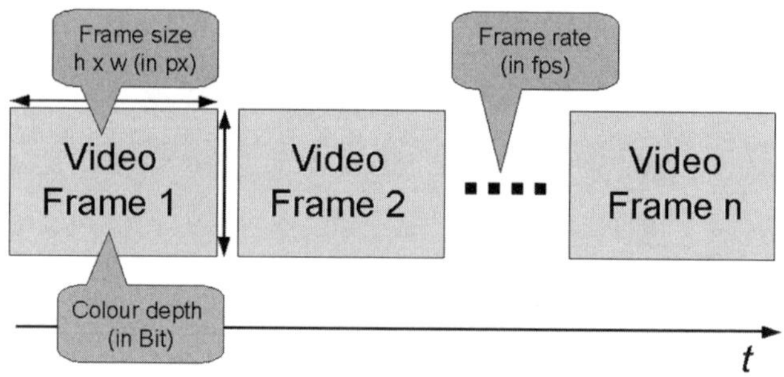

Bild 5.12 Ein digitales Video besteht aus einer Anzahl von n Frames pro Zeiteinheit (Frame rate) in bestimmter Größe (Frame size) und mit bestimmter Farbtiefe (colour depth)

Die physikalische Größe von Videodateien hängt von mehreren Faktoren ab:

- **Frame size**, Größe des Frames – je kleiner die Abmessungen eines Frames, desto weniger Speicherplatz ist natürlich notwendig (240 × 180 px, 160 × 120 px oder noch kleinere „Briefmarke“);
- **Frame rate**, Anzahl der Frames pro Zeiteinheit – je weniger Frames pro Sekunde (fps), desto kleiner die Datei, allerdings werden Bewegungen mit sinkender Frame rate immer abgehackter (15 fps als untere Grenze);
- **Colour depth**, Farbtiefe – je weniger Farben verwendet werden, desto kleiner ist die Datei;

- **Audio-Soundtrack** – je geringer die Soundtiefe, desto kleiner die Datei, Stereo braucht die doppelte Größe wie Mono;
- **Codec** – das ist der Kompressions/Dekompressionsalgorithmus zur Datenkompression, siehe nächstes Kapitel – einige sind für bestimmte Zwecke besser geeignet. Für Videos, deren Hintergrund sich nicht wesentlich ändert, sind z.B. Codecs mit Frame-Differenzbildung besser geeignet. Die meisten Videobearbeitungsprogramme ermöglichen die Verwendung unterschiedlicher Codecs und Schlüssel-Frames.

Zur Berechnung der Roh-Video-Größe F_s (File size) kann folgende Formel herangezogen werden:

$$Fs = (f \times r \times c \times t) + As$$

f Frame size (Breite × Höhe) in px
r Frame rate in fps
c colour depth in bit
t Zeit in s
A_s Soundtrackgröße (Größe des Begleittonfiles)

Beispiel: Eine Minute Analogvideo soll umgesetzt werden in ein digitales Video mit 30 fps, 24 bit Farbtiefe, in Viertel-VGA-Größe (320 × 240 px) mit Sound in Stereo, 11 kHz, 8 bit.

F_s = ((320 × 240 px) × 30 fps × 3 Bytes × 60 s) + 1,2 MB = 416 MB

Allgemein unterscheidet man bei digitalem Video zwischen

- **Architekturen**
  z.B. Video for Windows, DirectMedia, DirectShow, Windows Media, Real, QuickTime;
- **Codecs**
  z.B. MPEG-1, JPEG, Indeo, Cinepak, wma, wmv, RealAudio/Video, DV), und schließlich
- **File-Formate**
  z.B. MPEG, MHEG, AVI, sowie
- **Streaming-Formate**
  z.B. Real, ASF, QuickTime (insbesondere für das Internet wichtig, siehe Modul 6).

Architekturen

Codecs

File-Formate

Streaming-Formate

Streaming-Video in Modul 6, Kapitel 2.6

Die Lösungen mancher Hersteller bieten oft vieles zusammen an, z.B. eine ganze Multimedia-Architektur (mit vielen Extras), Codecs und die Verarbeitung verschiedener File-Formate.

---

2 Multimedia-Architekturen

Architekturen stellen den Applikationen (das sind die Anwendungen wie z.B. Videoplayer, Schnittprogramme, Präsentationsprogramme) einfache Aufrufe zur Verfügung, um Videos aufzunehmen, abzuspielen und auch zu bearbeiten. In dieser Architektur sind die Codecs eingebettet und es können verschiedene File-Formate verwendet werden.

Die Multimedia-Architektur definiert einen Rahmen für die jeweiligen Software-Komponenten zur Erstellung, Wiedergabe und Speicherung von multimedialen Daten. Dabei werden Schnittstellen zu Codecs und Dateiformaten definiert.

Momentan werden einige gängige Multimedia-Architekturen verwendet:

- DirectShow,
- Windows Media,
- Real (siehe Modul 6, Kapitel 2.6),
- QuickTime.

2.1 DirectShow

API Application Programming Interface

Unter Windows-Systemen steht seit 1996 die *DirectX-API* für die Bilddatenverarbeitung zur Verfügung. DirectX baut auf den Eigenschaften der vorhandenen Hardware auf und versucht, diese optimal zu nutzen. Die technische Performance und der Funktionsumfang moderner Grafikkarten steigen naturgemäß mit jeder neuen Grafikkarten-Generation. Damit diese wachsende Leistung auch für die Videoverarbeitung verfügbar werden konnte, entwickelte Microsoft die auf DirectX aufbauende DirectShow-API.

DirectShow bietet die Möglichkeit der komponentenbasierten Softwareentwicklung mittels des COM-Standards. Diese Komponenten können verbunden werden und leiten den Videodatenstrom durch sämtliche hintereinander geschaltete Komponenten (so genannte DirectShow-Filter).

Zur Bildaufnahme werden sämtliche Framegrabber unterstützt, die einen VfW- (Video for Windows) oder einen WDM-(Windows Driver Model)Treiber zur Verfügung stellen; damit ist der Framegrabber jederzeit austauschbar. Die Darstellung des Bildes auf dem Monitor übernimmt der so genannte Video-Renderer, eine DirectShow-Komponente, die die Fähigkeiten der eingebauten Grafikkarte ausnutzt und damit z.B. ein Bild ohne

Leistungsverlust skalieren kann. Zwischen dem Capture-Filter und dem Renderer-Filter können beliebig viele Transformationsfilter gehängt werden, die den Datenstrom wie gewünscht bearbeiten. Die Steuerung der einzelnen Komponenten und des gesamten Datenstroms übernimmt dabei eine Hauptapplikation, die je nach Bedarf die benötigten Komponenten verbinden, trennen, starten und stoppen kann.

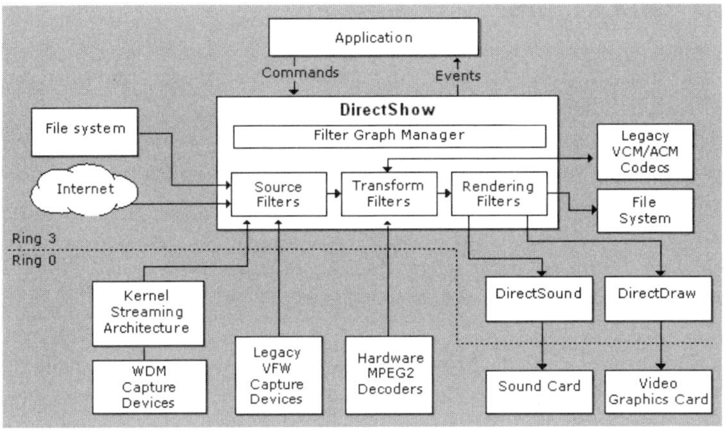

Bild 5.13 DirectShow von Microsoft [W19]

2.2 Windows Media

Bei Einführung des Internet Explorer 4.0 hat Microsoft das Net-Show-Modul eingeführt, das Streaming-Funktionalitäten bietet. Mittlerweile wurde Net Show in **Windows-Media-Technologie** umbenannt und besteht – wie bei Real Media – aus

- einem Client (Windows Media Player),
- verschiedenen Entwicklungstools und
- zwei Media Servern.

Serverseitig kommen der Windows Media Services Server oder der Theater Server zum Einsatz. Beide Server unterscheiden sich durch die Bandbreite der zu übertragenen Streams, wobei der Theater Server ein Full-Motion-MPEG-Video in voller Bildschirmbreite mit einer garantierten Leistung über Hochgeschwindigkeitsnetze übertragen kann.

Der **Windows Media Player** dient als Frontend, um multimediale Inhalte anzusehen. Unterstützt werden die Formate MPEG-1, MPEG-2, MP-3, WAV, MIDI, MOV, VOD, AU, AVI, QuickTime, Real Audio und Real Video und das Netshow-ASF-Format.

ASF = Advanced Streaming Format

Das ASF ersetzt kein Dateiformat, sondern fasst Dateien unterschiedlicher Formate zu einem Paket zusammen.

Den Media Player kann man als Offline-Anwendung auf dem PC ausführen als auch als Online-Komponente in eine Webseite integrieren. Der Windows Media Player ist kostenlos als Download über die Microsoft-Webseite verfügbar.

2.3 QuickTime

QuickTime ist Apples Methode zur zeitbasierten Kompression von Videos und speichert auch das dazugehörende synchronisierte Audiosignal. Es ist auf Apple-MacIntosh-Rechnern Teil des Betriebssystems, seit geraumer Zeit auch Windows-kompatibel und ab der Version 3.0 ein plattformübergreifender Medienstandard.

Zeitbasierte Daten sind hauptsächlich Multimedia-Daten (Audio, Video, Animationen), können aber auch andere zeitabhängige Daten sein (z.B. Daten eines Messgeräts).

Die Datensätze werden **„Movies"** genannt (.mov). QuickTime stellt eine Vielzahl von Funktionen zur Verfügung, mit denen der Programmierer seine eigenen Multimedia-Anwendungen entwickeln kann, ohne selbst grundlegende Funktionen wie die Wiedergabe eines Films oder das Aufzeichnen einer Animation programmieren zu müssen. QuickTime enthält schon sehr komplexe Funktionen, die einerseits dem Programmierer die Arbeit erleichtern, andererseits für den Anwender in jedem Programm das gleiche Erscheinungsbild (look-and-feel) bieten.

Eigene Neuentwicklungen – wie neue Kompressionsalgorithmen oder Treiber für einen neuen Videodigitalisierer – lassen sich ebenfalls einbinden und können dann von allen Anwendungen genauso einfach benutzt werden, wie das mit den Standardroutinen möglich ist.

Leider lässt die Tatsache, dass die technischen Einzelheiten von QuickTime vom Benutzer und Programmierer verborgen werden, keine genauen Aussagen über die Funktionsweise und Details der Implementation zu. So sind vor allem die Bildkompressoren – die hier von besonderem Interesse wären – fast alle Apple-Eigenentwicklungen, über die so gut wie keine technischen Einzelheiten bekannt sind.

Viele Hersteller digitaler Fotokameras haben die QuickTime-Technologie in ihre Modelle integriert und damit das QuickTime-Format zu einem Industriestandard für digitale Inhalte gemacht. Als plattformübergreifender Standard erlaubt QuickTime sowohl Mac- und Windows-Anwendern, Fotos und Movies auszutauschen.

Mit QuickTime ist Web-basiertes Fernsehen in relativ hoher Qualität möglich.

3 Codecs

Da reine digitale Videodaten extrem groß sind (einige Sekunden können durchaus schon mehrere Megabyte auf der Festplatte beanspruchen), ist Kompression ein sehr wichtiges Thema (vgl. Modul 4, Kapitel 4: Konzept Kompression).

Die Kompression der Videodaten kann auf verschiedensten Arten erfolgen. Prinzipiell gehört zu jedem Kompressionsverfahren ein entsprechendes Dekompressionsverfahren, das es wieder ermöglicht, das komprimierte Video anzusehen.

Codec = Coder/Decoder

Software bzw. Hardware zur Kompression/Dekompression von Multimediadaten (insbesondere im Videobereich) wird Codec (**CO**mpression/**DEC**ompression) genannt.

Bei den Codecs wird unterschieden zwischen

- Hardware-Codecs (z.B. Video Editing System) und
- Software-Codecs (kurz auch Soft-Codecs).

Dateiformate *nicht* mit Codecs verwechseln, z.B. AVI (Kapitel 2.3) sagt noch nichts über die verwendete Kompression aus.

Bei Hardware-Codecs sind „ruckelnde" Bilder praktisch ausgeschlossen, aber bei Software-Codecs kann die Rechenleistung des Prozessors leicht überbeansprucht werden.

Alle gebräuchlichen Codecs sind stark **asymmetrisch**: Der einmalige Kompressionsvorgang dauert extrem lange, die Dekompression zur Darstellung erfolgt dagegen sehr schnell.

Gebräuchliche hard- bzw. softwarebasierte Codecs sind:

- Cinepak (24 bit Farbtiefe, Kompressionsfaktor 7 : 1),
- Indeo (Intel),
- Microsoft RLE (Random Length Encoding, nur für Windows),
- Video 1 (Video bzw. Microsoft Video 1),
- MPEG-1,
- Motion JPEG,
- H.261,
- H.263.

Cinepak, ursprünglich von der Firma SuperMac Technology für Apple entwickelt, ist derzeit ein Quasi-Standard

Video für Windows und **QuickTime** sind, wie in Kapitel 2 beschrieben, Multimedia-Architekturen, die die Integration von digitalem Video in eine grafische Benutzeroberfläche ermöglichen. Sie wurden in erster Linie dazu entwickelt, Video rein softwarebasiert abzuspielen. Die entsprechenden Dateien sind in ihrem Aufbau *standardisiert,* bei Video für Windows sind dies z.B. **AVI-Dateien** (Audio/Video-Interleaved).

Im Rahmen der jeweiligen Architektur können verschiedene Codecs zum Einsatz kommen. Bei Video für Windows sind dies

- Cinepak,
- Indeo,
- RLE,
- Video 1;

bei QuickTime entsprechend

- Cinepak,
- Indeo,
- MPEG-1 (mit zusätzlicher Hardware).

Jeder Codec hat verschiedene Vor- und Nachteile, die für den Einsatzzweck und die gewünschte Qualität von entscheidender Bedeutung sind:

Bild 5.14 Eine Ubersicht gängiger Codecs, die sich zur Verbreitung von digitalen Videos etabliert haben

Codec	Format	Vorteil	Nachteil
Cinepak	mov, avi	gute Qualität, gute Farbwiedergabe	lange Berechnungszeit
Indeo	mov, avi	sehr gut bei Motiven ohne viel Bewegung	lange Berechnungszeit große Flächen unruhig
RLE	avi	verlustfrei, relativ schnell	auf 8 Bit Farbtiefe begrenzt
Video 1	mov, avi	gute Qualität, schnelle Berechnung	hohe Datenraten, Farbtiefe auf 16 Bit begrenzt
MPEG-1	mpeg	TV-Qualität	lange Berechnungszeit

Ein Codec wird nicht automatisch von einem Dateiformat des Videos (wie z.B. AVI, QuickTime usw.) festgelegt, sondern durch die jeweilige Einstellung bei Erzeugung des Videoclips.

Sollte ein Video mit gängigen Playern einmal nicht direkt anzusehen sein, dann kann die Ursache in der Verwendung eines exotischen Codes liegen. Es gibt zahlreiche Webseiten, wo Codecs herunterladbar sind, z.B. [W10].

4 Videoformate

Eine wesentliche Schwierigkeit bei der Verwendung digitaler Videos besteht in der riesigen anfallenden Datenmenge. Kompression ist daher essentiell. Die wichtigsten Videoformate sind MPEG, MHEG, AVI und QuickTime. Die „einfachste“ Möglichkeit ist das M-JPEG-Verfahren, das aber kaum mehr verwendet wird. Speziell auf die Verwendung im Internet gehen wir im nächsten Modul ein.

4.1 M-JPEG

Das M-JPEG (Motion-JPEG-Verfahren) basiert auf einer **Serialisierung** von im JPEG-Format *komprimierten Einzelbildern.* Jedes Einzelbild wird für sich in JPEG komprimiert. Solche M-JPEG Videos werden unter Windows nahezu immer im AVI-Dateiformat abgelegt, unter Apple als QuickTime.

Die Qualität der verlustbehafteten JPEG-Kompression (siehe Modul 3) ist in weiten Grenzen konfigurierbar. Kompressionsgrade um den Faktor 25 sind bei guter Qualität erzielbar, allerdings ist die Einbindung von Audiodaten nicht im M-JPEG definiert. In der Praxis wird M-JPEG kaum verwendet. Das liegt daran, dass das Verfahren für die Einzelbildkompression zwar bis auf die Quantisierungstabelle genormt ist, aber es gibt keine Standards für die Komposition von komprimierten JPEG-Einzelbildern und zugehörigem Audio. Das Fileformat für M-JPEG und die Abfolge von Audio- und Videokomponenten in einer M-JPEG-Datei sind proprietär, d.h., Hersteller definieren für sich jeweils ein eigenes M-JPEG-Fileformat auf Kosten der Interoperabilität. In den letzten Jahren ist daher ein Trend zu DV- oder MPEG-Fileformaten zu erkennen.

4.2 MPEG

MPEG steht für **Motion Picture Experts Group** (siehe Modul 2 „Signale und Codierung“). Bereits im Januar 1988 gegründet, handelt es sich dabei um einen Zusammenschluss von Experten mit dem Ziel, *Standards für die codierte Repräsentation* von *Bewegtbildern, Audiodaten sowie deren Kombination* zu entwickeln. Der *offizielle Name* lautet: **ISO/IEC JTC1 SC29 WG11,** wobei:

- ISO – International Organization for Standardization
- IEC – International Electrotechnical Commission
- JTC1 – Joint Technical Committee 1
- SC29 – Sub-Comittee 29
- WG11 – Work Group 1 (Moving Pictures Experts Group)

Bild 5.15 Das MPEG-Logo: (analoges) Video und Audio rein – digitaler Output raus [W14]

Seit dem Start von MPEG, mit dem ersten Meeting im Mai 1988 (bei dem 25 Teilnehmer anwesend waren), hat sich die MPEG kontinuierlich zu einem heute weltweit bedeutenden Komitee weiterentwickelt und vergrößert.

Heute nehmen rund 350 Experten von 200 Firmen und Organisationen aus über 20 Ländern an den MPEG-Meetings teil. Die MPEG kommt dreimal im Jahr (März, Juli, November) in Meetings zusammen, die dann jeweils fünf Tage andauern. Bei diesen Meetings werden die MPEG-Standards aufgestellt und weiterentwickelt.

Folgende MPEG-Standards wurden bzw. werden entwickelt:

- MPEG-1 = ISO 11172 (Coding of moving pictures and audio up to 1,5 Mbit/s); 320 × 240 px, 30 fps, Software-Decoder, niedrige Qualität;
- MPEG-2 = ISO 13818 (Generic coding of moving pictures and associated audio); 720 × 480 px, 1280 × 720 px, 60 fps, Audio in CD-Qualität, Hardware und Software, für NTSC, HDTV, DVD;
- MPEG-3 (ursprünglich für HDTV gedacht, 1920 × 1080 px, Interlace-Technik, 30 fps, 20 bis 40 Mbit/s, da dafür aber MPEG-2 ausreicht, wurden die Arbeiten an MPEG-3 eingestellt);
- MPEG-4 = ISO 14496 (Coding of audio-visual objects) Standard für Multimedia-Applikationen (1998 erstmals vorgestellt, 2000 freigegeben, aber Teile noch immer in Arbeit);
- MPEG-7 = ISO 15938 (Multimedia Content Description Interface), Standard für Content Representation und Multimedia-Suche (in Arbeit);
- MPEG-21 = ISO Draft (Multimedia-Framework), in Entwicklung.

Für digitales Video in fernsehähnlicher Qualität werden momentan noch hauptsächlich MPEG-1 und MPEG-2 verwendet. MPEG-1 wird im semiprofessionellen Bereich verwendet. MPEG-2 wurde im Hinblick auf digitales Fernsehen definiert, es unterstützt das Zeilensprungverfahren (Interlacing).

4.2.1 MPEG-1

MPEG 1 wurde 1992 vorgestellt und arbeitet mit einer Bandbreite von rund 1,5 Mbit/s. Davon entfallen rund 1,25 Mbit/s auf Videodaten, der Rest wird auf zwei Audio-Kanäle aufgeteilt. Die Auflösung beträgt 360 × 288 px bei 25 Frames/Sekunde (CIF Europa) bzw. 352 × 240 × 30 (CIF USA). Obwohl *Interlacing nicht unterstützt* wird, ist eine VHS-Aufzeichnung möglich.

Um die Dateien möglichst klein zu halten, wird beim MPEG-1-Verfahren die sogenannte **„Interframe Compression"** angewendet: Es werden nur die *Differenzen* des vorherigen Bildes gespeichert.

Zentraler Bestandteil des MPEG-Codierungsalgorithmus ist eine **Bewegungskompensation**: Zwei aufeinander folgende Bilder derselben Filmszene unterscheiden sich kaum. Anstatt zwei Vollbilder mit hohem Speicheraufwand zu codieren, werden lediglich die veränderten Bilddetails weiter verarbeitet.

Es wird also versucht, möglichst viele Bildteile nur durch die **Differenz** des Bildinhaltes zum vorher codierten Bild zu beschreiben.

Dieses geschieht im Gegensatz zu den AVI-Formaten mit der Funktion der Bewegungskompensation (Motioncompensation). Diese Funktion ermittelt Verschiebung von Bildteilen, wie sie bei Kameraschwenks oder sich bewegenden Objekten entstehen. Bewegungen dieser Bildteile können dann in Form von zweidimensionalen Verschiebungsvektoren ausgedrückt werden. In der Praxis kommt ein langsamer Kameraschwenk fast ohne die Codierung von direkten Bildinformationen aus.

Die Standardauflösung von 352 × 288 px (bei 50 Hz) entspricht der halben PAL-Auflösung (768 × 576). Die Datenrate ist festgelegt für Audio mit maximal 112 kbit/s und bei Video etwa 1100 kbit/s. Insgesamt ergibt sich damit eine Datenrate von ungefähr 1200 kbit/s.

Auf eine CD (650 MB) passen 74 Minuten MPEG-1-Video.

Ein MPEG-Videodatenstrom besteht aus folgenden 6 „Schichten" (Bild 5.16):

- Video Sequence,
- Group of Pictures,
- Picture,
- Slice,
- Macroblock,
- Block (8 × 8 px).

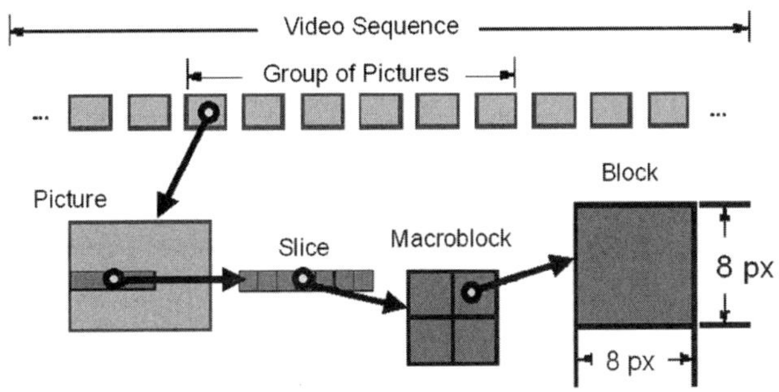

Bild 5.16 Die Schichten von MPEG-1

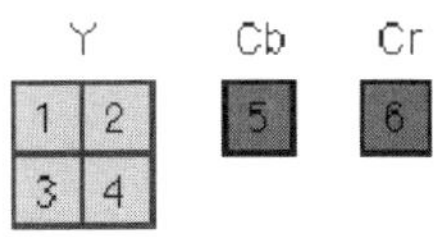

Bild 5.17 YUV-Blöcke in dem Makroblock

Innerhalb eines Makroblocks werden 6 Blöcke zu je 8 x 8 px sequentialisiert: zuerst vier Luminanzblöcke, dann zwei Chrominanzblöcke (Bild 5.17). Eine Anzahl von Makroblöcken bildet einen Slice Layer.

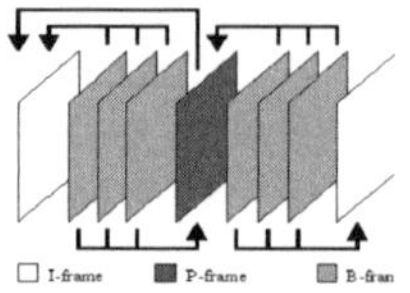

Bild 5.18 Die Anordnung und Beziehung der einzelnen Frames in einer MPEG-Kompression

Innerhalb eines **GOP** (Group of Pictures), das aus 9 oder 15 Bildern besteht, werden drei verschiedene Bildtypen (Frames) verwendet:

- I-Frames (Intra Frames) enthalten die **komplette Bildinformation,**
- B-Frame (bidirectional predicted Frames) enthalten nur die **Differenz** zum vorherigen Bild und
- P-Frames (predicted Frames) nur den **Algorithmus,** nach dem sich der Bildinhalt auf der Basis vorhergehender Bilder berechnen lässt.

4.2.2 MPEG-2

Aufbauend auf MPEG-1 berücksichtigt MPEG-2 insbesondere die Eigenschaften des Videosignals. MPEG-2 ist daher als Grundlage zukünftiger Standards zur Datenreduktion bei der Übertragung digitaler Fernsehsignale gedacht.

Im Funktionsprinzip ist MPEG-2 vergleichbar mit MPEG-1, erfasst aber besser die Eigenschaften von **Interlaced-Bildern**. Das ist ein entscheidender Vorteil bei Vollformat-Videos (720 × 576 px). Die wichtigsten Unterschiede zu MPEG-2 sind:

Skalierbarkeit = verschiedene Qualitätsstufen in einem Videostrom wählbar

Interlacing = Codierung auch von Halbbildfolgen möglich

- Skalierbarkeit (siehe dazu die Profiles and Levels in W20]),
- Interlacing und
- Abtastraten der Farbkomponenten wählbar (4 : 2 : 0, 4 : 2 : 2, 4 : 4 : 4).

Für ausreichende Qualität auf DVD und für digitales Fernsehen genügen für MPEG-2 rund 6 Mbit/s. Audiodaten werden direkt mit dem Videosignal aufgezeichnet.

4.2.3 MPEG-4

Bereits 1998 erstmals vorgestellt, liefert dieser Standard eine einheitliche Beschreibung für **interaktive** und **objektorientierte** Multimediadaten. Neben erhöhter Effizienz der Kompression gegenüber MPEG-1 und MPEG-2 ist der wesentlichste Fortschritt bei MPEG-4 im wahlfreien Anwenderzugriff auf einzelne multimediale Objekte zu sehen.

Multimediale Objekte und deren Arrangements durch Szenenbeschreibung (VRML) sind ein Schwerpunkt in MPEG-4.

Die einzelnen Objekte können mit verschiedenen Codierverfahren erstellt worden sein (z.B. Standbild als JPEG, Video mit H.261/H.263, Audio mit G.723, AC-3 usw.). Die hohe Flexibilität von MPEG-4 erlaubt die Integration von zahlreichen **interaktiven Elementen.** Diese kommen insbesondere in Autorenwerkzeugen (auch mit proprietären Lösungen) vor.

Das entscheidend Neue an MPEG-4 ist das international festgelegte Verhalten von Objekten und die Repräsentation in einer einheitlichen Beschreibungsform und damit die Interoperabilität: die Unabhängigkeit von Herstellern (Hardware, Betriebssysteme usw.).

Zusammenfassend kann gesagt werden, dass MPEG-4 kein fester Standard ist, sondern ein Rahmenwerk mit folgenden Hauptzielen:

- objektorientierter Szenenaufbau mittels **Medien-Objekten,**
- **Interaktion** zwischen Benutzern und der multimedialen Welt,
- Erweiterbarkeit, **Interoperabilität** und Flexibilität,
- **Integrationsfähigkeit** beliebiger Medienobjekte (AVO, das sind z.B. Textobjekte, Audioobjekte, 2D- und 3D-Objekte usw.).

MPEG-4 fasst diese Objekte zusammen und organisiert diese in einer **Baumstruktur,** wobei die Kompression immer für die einzelnen Objekte erfolgt. MPEG-4 wird z.B. auch in der Virtual Reality (siehe Modul 6) verwendet. **Medien-Objekte** werden eingeteilt in:

- *natürliche Medien-Objekte* (visuelle Objekte, z.B. Text, Grafiken, Animationen und auditive Objekte, z.B. Sprache, Sound, Musik) und
- *synthetische Medien-Objekte* (visuelle Objekte, z.B. synthetische Gitterobjekte mit Texturen und auditive Objekte, z.B. synthetische Sprache).

MPEG-4 stellt auch verschiedene Tools und Algorithmen für spezifische Anwendungen zur Verfügung, wie zum Beispiel die Kompression von Bildern, Video, 2D- und 3D-Oberflächen, das inhaltsbezogene Codieren von Bildern und Video und eine Fehler-Robustheit bei fehlersensitiven Anwendungen. Insbesondere der letzte Punkt ist als „Robustheit bei gestörten Übertragungskanälen“, z.B. bei **Mobile Computing,** enorm wichtig.

Für Autoren bietet MPEG-4 verbesserte Wiederverwendbarkeit und die Möglichkeit, Urheberrechte zu schützen.

4.2.4 MPEG-7

Im Gegensatz zu Texten lassen sich Audio- und Video-Inhalte (noch) nicht automatisch mit Schlagwörtern versehen.

Suchmaschinen im Internet finden z.B. jede Menge Texte, die Filmszenen beschreiben, liefern jedoch nur selten den Verweis auf eine entsprechende Multimedia-Datei.

Es gibt bis heute noch kein allgemeines Beschreibungsformat für derartige multimediale Inhalte. Diese Lücke soll das 1996 ins Leben gerufene „Multimedia Content Description Interface“ – MPEG-7 genannt – schließen.

MPEG-7 soll eine standardisierte Beschreibung verschiedener Typen multimedialer Information sein. Diese Beschreibung wird mit dem Inhalt selbst assoziiert, um schnelles und effizientes Suchen (und Finden) für die Benutzer zu gewährleisten.

Der vorläufige Arbeitsplan sieht den Einsatz von MPEG-7 als ISO-Standard für September 2001 vor.

MPEG-7 kann völlig unabhängig von den bisherigen MPEG-Standards (1, 2, 4) verwendet werden: Es ist kein Verfahren zur Kompression von audiovisuellen Daten, daher auch die Abgrenzung durch die Ordnungszahl 7, es existieren keine MPEG 3 (eingestellt), 5 und 6 (nie vorgesehen).

4.2.5 MPEG-21

Die Arbeit an diesem Standard wurde erst Mitte des Jahres 2000 begonnen. MPEG-21 versucht, ein multimediales Framework zu beschreiben und zukünftige Trends für eine Umgebung vorherzusehen, in der eine Vielzahl von Inhalten unterstützt werden. Ein erstes Ergebnis wird erst gegen Ende 2001 erwartet.

4.3 MHEG

MHEG Multimedia and Hypermedia Information coding expert Group

Da multimediale Präsentationen weiterhin an Bedeutung gewinnen werden, liegt es nahe, ein *einheitliches* **Austauschformat** zu entwickeln, das ein Abspielen von Videos auf möglichst allen Systemen ermöglicht.

MHEG ist eine Arbeitsgruppe des Unterausschusses SC29 der ISO und hat ein solches Austauschformat entwickelt – den MHEG-Standard.

Weitere Arbeitsgruppen des SC29 sind übrigens JPEG (joint photographic expert group), MPEG (motion pictures expert group) und JBIG (joint bi-level expert group).

MHEG beschreibt Multimedia-Präsentationen auf Objektebene in einer endgültigen Form. Editierung ist nicht notwendig.

ASN.1 Abstract Syntax Notation One (ISO 8824) als Grundlage für die Beschreibung der in den OSI-Protokollen verwendeten Datenpakete

Für die Ausführung von MHEG-Präsentationen sind jeweils ein

- **Formatierer** und
- **Syntaxanalysierer**, die
- **MHEG-Engine** und eine
- Einheit zum **Entschlüsseln von ASN.1-Datenstrukturen** notwendig.

Der Formatierer sendet und speichert, der Syntaxanalysierer liest die Daten. Durch diese beiden Einheiten ist ein Datenaustausch auch zwischen heterogenen Plattformen möglich.

Eine Präsentation im MHEG-Format bleibt stets austauschbar, da diese syntaktisch und semantisch bereits analysiert wurde. Beim Abspielen der MHEG-Präsentation wird diese zuerst durch die MHEG-Engine an die Laufzeitumgebung angepasst.

Für die Darstellung der Objekte im Präsentationsprogramm ist der MHEG-Standard nicht zuständig, sondern das jeweilige Präsentationsprogramm selbst.

MHEG stellt Steuermechanismen nur bereit und legt die eigentlichen Strukturinformationen eines Hypermediadokumentes fest. Auf diese Art kann beispielsweise **„Interaktives Fernsehen“** realisiert werden.

Interaktives Fernsehen ermöglicht eine Rückmeldung des Zuschauers zum Sender per Set-Top-Box, Telefonleitung usw.

Um die Anforderungen an ein solches Format anschaulich darzustellen, können die einzelnen Elemente einer Multimedia-Präsentation in Form eines Zeitdiagramms dargestellt werden.

Beispiel: Eine Präsentation beginnt mit Musik. Sobald in der Audiosequenz die Stimme einer Sprecherin zu hören ist, wird eine Grafik kurz eingeblendet. Daraufhin erscheint ein Text auf dem Bildschirm. Verschwindet der Text, kann der Betrachter durch einen Stoppknopf die Audiosequenz unterbrechen. Nun gibt er in ein angezeigtes Eingabefeld den Titel einer gewünschten Videosequenz ein, die dann im Anschluss an diese Modifikation angezeigt wird (Bild 5.19).

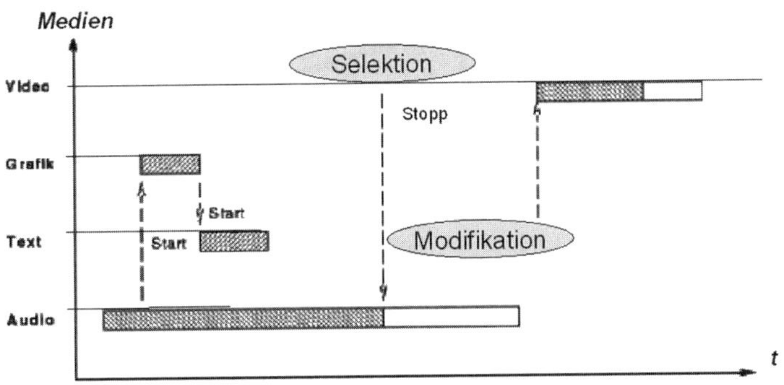

Bild 5.19 Zeitdiagramm einer interaktiven Multimedia-Präsentation (verändert nach Meyer-Boudnik (1994))

Ein Multimedia-Austauschformat muss folgende Elemente berücksichtigen:

Die **Inhalte (Content Data)** bestehen aus mehreren einzelnen Informationsstücken, die in Form verschiedener Medien codiert sind. Jedes dieser Stücke wird in MHEG als einzelnes **Inhaltsobjekt (Content Object)** betrachtet.

Unter **Verhalten (Behaviour)** werden alle Aktionen zusammengefasst, die sich auf den Zustand der vorhanden Inhaltskomponenten beziehen (z.B. Start und Stopp).

Die Aktionen werden in MHEG durch **Aktionsobjekte (Action Objects)** dargestellt. Es handelt sich dabei um konditionale, räumliche und zeitliche Verknüpfungen zwischen den Inhaltsobjekten.

Eine Zustandsänderung eines Inhaltsobjekts kann als Auslöser (trigger) für Aktionen auf andere Objekte dienen. Dieser wird in MHEG durch ein **Link-Objekt (Link Object)** realisiert.

Die **Benutzerinteraktion (User Interaction)** erfolgt über **Auswahlobjekte (Selection Objects)**. Zur komplexeren Modifikation des Ablaufs stehen in MHEG auch **Modifikationsobjekte (Modification Objects)** zur Verfügung.

Container (Composite Objects) ermöglichen, eine mit MHEG beschriebene Präsentation als Ganzes übermitteln zu können. Einzelne Objekte werden dazu in Container-Objekten zusammengefasst.

Alle diese Überlegungen führen zu folgender Klassenhierarchie (Bild 5.20):

Bild 5.20 Die Klassenhierarchie der MHEG-Objekte

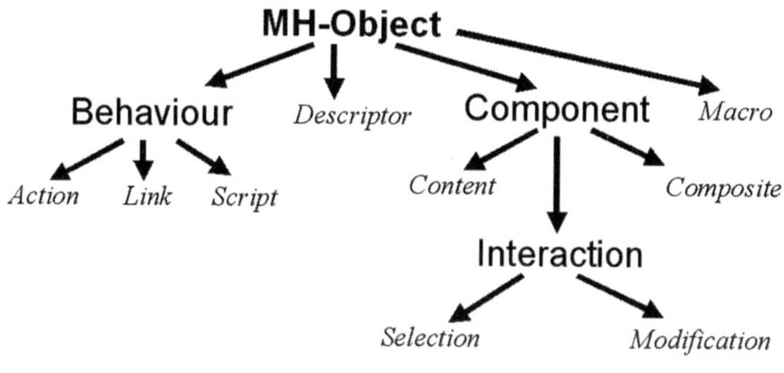

4.4 AVI

AVI ist die Abkürzung für **Audio Video Interleaved,** wurde mit Microsoft Windows 3.1 als Multimediaerweiterung eingeführt und basiert auf dem **RIFF** (Resource Interchange File Format).

„Interleaved" bedeutet, dass Audio und Video miteinander verschachtelt sind. Audio- und Videoinformationen werden gemeinsam auf rekonstruierbare Art gespeichert.

interleave = verschachteln

Die erste Spezifikation von AVI ist fast so alt wie Multimedia-PCs selbst. Das Format wurde von Microsoft als einheitliche Lösung für die Wiedergabe von kurzen Videoclips geschaffen. Die ursprünglichen Festlegungen aus den Jahren 1992/93 muten „vorsintflutlich" an: 15 Bilder pro Sekunde bei einer maximalen Auflösung von 160 × 120 px.

AVI-Dateien sind in der Regel komprimiert. Die am häufigsten benutzten Komprimierungs-Codecs sind **Cinepak** und **Indeo** (Kapitel 1.5).

> Die Auflösung bei AVI kann grundsätzlich in vollem PAL-Format erfolgen (768 × 576 px), typische Werte liegen allerdings bei 320 × 240 px mit 25 bis 30 fps (frames/second).

Eine AVI-Datei im Cinepak Codec hat eine Größe von etwa 60 MB/min bei einer Auflösung von 384 × 288 px und 25 fps. Eine AVI-Datei im Indeo 5.10 Codec hat eine Größe von etwa 40 MB/min bei einer Auflösung von 384 × 288 Pixel und 25 fps.

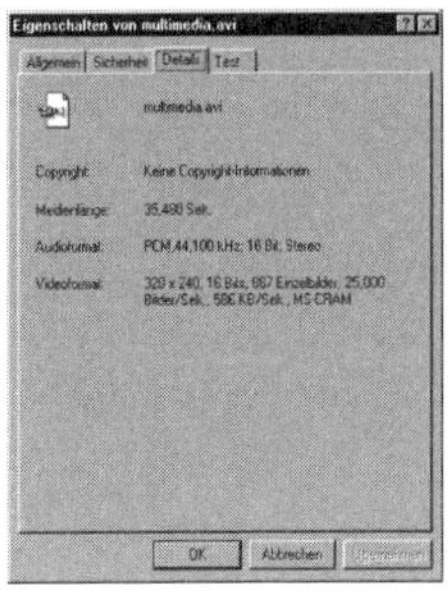

Bild 5.21 Die Eigenschaften einer AVI-Datei

Software, die AVI in MPEG-1 konvertiert, rechnet an einer Minute Film etwa 10 bis 20 Minuten an der Kompression.

Unter Windows kann bei AVI-Dateien die Datenrate einfach herausgefunden werden: Klicken mit der rechten Maustaste auf den Dateinamen (im Explorer) und Wählen der Registerkarte Eigenschaften (Bild 5.19).

Eine AVI-Datei besteht aus verschiedenen, ineinander verschachtelten Datenstrukturen, den so genannten **Chunks**. Diese können wiederum, jeder für sich, in weitere Subchunks unterteilt werden.

Die Chunks beginnen mit einem ID (Identifizierer), der im FOURCC (Four Character Code) angegeben wird und dessen Byte als ASCII-Zeichen interpretiert werden. Nach dem ID folgt eine Längenangabe, die sich auf die nachfolgenden Daten bezieht.

5 Video-Speichermedien

5.1 Klassisches Bandspeichermedium

Die Archivierung von Videofilmen findet in der Regel auf Magnetbändern statt. Die Angst, das Band zu zerstören (Bandsalat, Magnetfelder), ist dabei stets vorhanden. Das Überspielen auf ein neues Band ist mit Qualitätsverlust verbunden.

Magnetbänder bestehen aus Kunststofffolie (PET) mit einer aufgedampften magnetisierbaren Schicht (AME), auf der die Daten gespeichert werden. In der Computertechnik werden die Magnetbandkassetten als **Streamer** bzw. **DAT (Digital Audio Tape)** bezeichnet. Diese Bänder haben sehr hohe Speicherkapazität von bis zu mehreren Gigabyte.

Die DAT-Technologie wird (von Sony) durch so genannte „Advanced Intelligent Tapes" (AIT) abgelöst, deren Speicherkapazität momentan bei 25 GB liegt und auf 100 GB erhöht werden soll.

> Magnetbänder haben den Nachteil, dass nur ein sequentieller Zugriff auf die gespeicherten Daten möglich ist.

Um einen bestimmten Datensatz zu lesen, müssen zunächst alle gespeicherten Daten nacheinander gelesen werden, wodurch lange Zugriffszeiten entstehen. Daher wird dieses Speichermedium hauptsächlich zur Datensicherung verwendet, z.B. für ein Backup (Sicherung), um einer ungewollten Datenvernichtung vorzubeugen.

Analoge Videokameras (VHS, Video-8, Hi-8) speichern **analoge Signale** auf ein Magnetband. Bei digitalen Videokameras (Digital 8, DV) werden **digitale Signale** auf das Magnetband aufgezeichnet.

Die Systeme verwenden unterschiedliche Bandkassetten. Im Prinzip unterscheiden sich die einzelnen Kassetten durch die Breite des Magnetbandes, dessen Länge und durch die äußeren Abmessungen. Verbreitet sind momentan vier analoge (VHS-C, Video-8, S-VHS-C, Hi-8) und zwei digitale Systeme (DV, Digital 8):

VHS-C. Dieses Format verwendet Kassetten, die eine Mini-Ausgabe des von JVC (Victor Company of Japan) entwickelten Aufzeichnungsverfahren für Video-Heimgeräte darstellen. VHS (1/2 "-Bänder) wurde zum Weltstandard für private Anwender.

Video-8. Eine Alternative zu VHS von Sony. Das Verfahren arbeitet mit kleineren Videokassetten (95 x 62,5 x 15 mm) und ist damit nicht mehr kompatibel zu Videorecordern. Audio- und Videoinformationen werden über rotierende Videoköpfe unabhängig voneinander aufgezeichnet. Dadurch wird eine Nachvertonung möglich. Zusätzlich existiert ein rotierender Löschkopf. Bei einer Aufnahme werden damit zwei Spuren gelöscht und anschließend wieder magnetisiert. Dadurch wird ein elektronischer Schnitt ohne Bildstörungen möglich.

S-VHS-C. Das ist die kompakte Form von S-VHS. Auch diese Kassetten lassen sich mit einem Adapter auf einem VHS-Videorecorder abspielen.

Hi-8. Als Weiterentwicklung von Video-8 wurde Hi-8 gegen den S-VHS-Standard gesetzt.

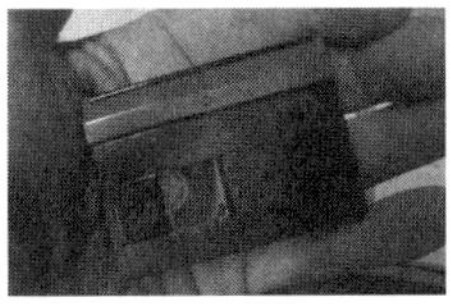

Bild 5.22 DV-Kassette

DV. Diese Kassette hat das Format einer Streichholzschachtel (Bild 5.22) und erlaubt damit kompakte Bauweisen der Videokameras (Camcorder).

Digital 8. In Anlehnung an die Bauweise von Video-8 und Hi-8, aber unter Verwendung des digitalen Aufzeichnungsformates von DV. Gedacht, um den Umstieg auf Digital Video zu erleichtern.

5.2 CD-ROM

Alle CD-Formate haben ihren Ursprung in der CD-DA (Compact Disk Digital Audio), auch Musik-CD oder einfach „CD" genannt

Die CD-ROM (CD-R) stellt generell ein wichtiges Speichermedium dar; die drei wesentlichen Vorteile sind: große Speicherkapazität (rund 650 MB, 750 MB oder 800 MB), kaum Verschleiß und große Datensicherheit.

CD-DA = Compact Disk Digital Audio (klassische Musik-CD mit 74 Min.)

CD-I = Compact Disk Interactive (MM-CD mit Eingreifmöglichkeit)

CD-R = Compact Disk Recordable (einmal beschreibbar)

CD-RW = Compact Disk Rewriteable (wieder-beschreibbar).

CD-ROM = Compact Disk Read Only Memory (klass. Daten-CD).

Photo-CD = Speziell für die Ablage von Bilddaten in Echtfarben

Eine CD besteht aus einer Trägerschicht (meistens aus Polycarbonat), auf der sich eine Reflexionsschicht (meistens Aluminium) befindet. Diese dünne Schicht ist der eigentliche Datenträger und wird durch einen Schutzlack vor mechanischer Beschädigung geschützt.

Prinzipiell gibt es zwei Möglichkeiten, eine CD zu betreiben: 1. **CAV** (Constant Angular Velocity): konstante Winkelgeschwindigkeit, die Drehgeschwindigkeit der CD bleibt immer gleich, die Datenrate ist somit in den verschiedenen Sektoren unterschiedlich; 2. **CLV** (Constant Linear Velocity): konstante Lineargeschwindigkeit, die Spur windet sich *spiralförmig* von innen nach außen; die Rotationsgeschwindigkeit der CD muss sich daher kontinuierlich verändern, um eine konstante Lineargeschwindigkeit zu erreichen.

Die CD ist ein optisches Medium: Ein Laserstrahl gelangt durch einen dichroitischen (halbdurchlässigen) Spiegel und über eine Fokussiereinrichtung auf die CD. Er wird an der Reflexionsschicht reflektiert und über den dichroitischen Spiegel auf die Fotodiode gelenkt. Die Daten befinden sich in Form von Hügeln (lands) und Gruben (pits) auf der Reflexionsschicht. Trifft der Laserstrahl auf ein Pit, so kann er nicht mehr reflektiert werden. Mit Hilfe der Fotodiode wird der „Wechsel" zwischen Lands und Pits optisch gemessen und in entsprechende elektrische Signale umgewandelt.

Die *kleinste* Informationseinheit auf CDs ist das **Channel-Bit.** Ein Datenbyte besteht aus 8 Datenbits und wird auf der CD durch 14-Channel-Bits dargestellt.

Der Übergang von Pit zu Land oder Land zu Pit stellt eine logische „1" dar. Eine „0" entsteht bei einer Strecke ohne Änderung. Frühestens nach zwei, aber spätestens nach elf Nullen muss eine „1" folgen. Um 8-Bit-Daten in 14-Bit-Daten zu wandeln, wird der „Eight to Fourteen Modulation"-Code verwendet. Da diese Codierung noch nicht ausreicht, werden noch weitere drei Merge-Channel-Bits (Koppelbits) angehängt. 8 Datenbits werden somit durch 17 Channel-Bits dargestellt.

24 Byte werden in einem **Frame** zusammengefasst. Jeder Frame wird mit einem Kontrollbyte abgeschlossen, darauf folgen noch acht Byte zur Fehlerkorrektur. Die Fehlerkorrektur erfolgt in zwei Ebenen. Um also 24 Byte auf einer CD zu speichern, benötigt man:

(24 Byte · 17 Channel-Bits) + (1 Byte · 17 Channel-Bits) + (8 Byte · 17 Channel-Bits) + 27 Synchronisations-C-Bits = 588 Channel-Bits.

Ein **Sektor** enthält 98 Frames, insgesamt also 3234 Byte.

Wiederbeschreibbare CDs (CD-RW) sind etwas komplizierter als einmal beschreibbare CDs aufgebaut. Anstelle einer enthalten sie drei Schichten.

5.3 Video-Speichermedium DVD

DVD Digital Versatile Disk, die zukünftige Nachfolgerin der CD-ROM

CD-ROM, Video CD 2.0 (abspielbar mit DVD-Playern) und DVD sind ein idealer Ersatz für Videokassetten (Tapes). Eine VHS-Kassette unterliegt beim Abspielen ständig mechanischen Beanspruchungen. Die Folge ist, dass die Bildqualität sehr schnell nachlässt. Eine CD-ROM hingegen liefert konstante Qualität.

Das Masterexemplar (die Ausgangsquelle, Mastertape) kann z.B. als S-VHS, Hi-8, DV oder auch Beta vorliegen. Die Digitalisierung erfolgt dann in das gewünschte Format, z.B. AVI (Indeo, Cinepak usw.), MPEG1, Video-CD, QuickTime (Indeo, Cinepak usw.) oder RealMedia (siehe Modul 6). Natürlich ist auch eine Umwandlung von einem Format in ein anderes möglich (z.B. von AVI nach MPEG-1).

Die DVD wurde vor allem für den Videobereich entwickelt und soll die VHS-Kassetten ablösen

Die DVD ist ein Medium der Zukunft. Auf ihr lassen sich Videos in hoher Qualität speichern und interaktiv steuern. Die DVD unterstützt verschiedenste Audioformate wie z.B. Dolby Digital oder MPEG-2. Auf einer DVD können bis zu 8 Stunden Spielfilm aufgezeichnet werden – bei bester Bild- und Tonqualität (Surround-Sound, AC-3).

Die Größe einer DVD ist gleich wie bei einer üblichen CD und besteht aus zwei Seiten, die jeweils zwei Informationsschichten enthalten können. Dadurch gibt es vier verschiedene Varianten hinsichtlich der Kapazität:

- Single Side & Single Layer (SS SL),
- Single Side & Dual Layer (SS DL),
- Double Side & Single Layer (DS SL) und
- Double Side & Dual Layer (DS DL).

Bild 5.23 Kapazität der Varianten einer DVD

Durchmesser:	12 cm
Dicke:	1,2 mm (2 x 0,6 mm)
Kapazität SS SL:	4,7 GB
Kapazität SS DL:	8,5 GB
Kapazität DS SL:	9,4 GB
Kapazität DS DL:	17 GB

Gegenüber Analogspeicherverfahren (mittels Videoband, wie z.B. VHS-Kassette) hat die DVD – abgesehen von der hohen Speicherkapazität – mehrere Vorteile:

- billigere Herstellung,
- höhere Qualität,
- bessere Möglichkeiten des Kopierschutzes (DIVX) und
- Verschleißfreiheit (was insbesondere für Videotheken von Interesse ist).

DIVX = Digital Video Express, der verschlüsselte Inhalt ist nur über „Pay per View" zugänglich

DVD-Abspielgeräte gibt es separat und als DVD-Einbaulaufwerk. Beide Geräte sollten jedenfalls abwärtskompatibel zu allen anderen CD-Standards sein. Das ist bei Audio-CDs und CD-ROMs kein Problem, aber CD-Rs der ersten Generation werden von DVD-Laufwerken nicht erkannt (zu geringe Reflexion des DVD-Laserlichtes).

Der Hauptunterschied zwischen CD und DVD ist die **Aufnahmedichte.** Obwohl eine DVD-Video-Disc wie eine CD aussieht, passen bei derselben physikalischen Größe zwischen 7- bis 26-mal mehr Daten auf eine DVD.

In der Praxis bedeutet das, dass diese Kapazität mindestens für 2 Stunden und 15 Minuten Spielzeit reicht – genug für einen Film in voller Länge. In der Variante mit höherer

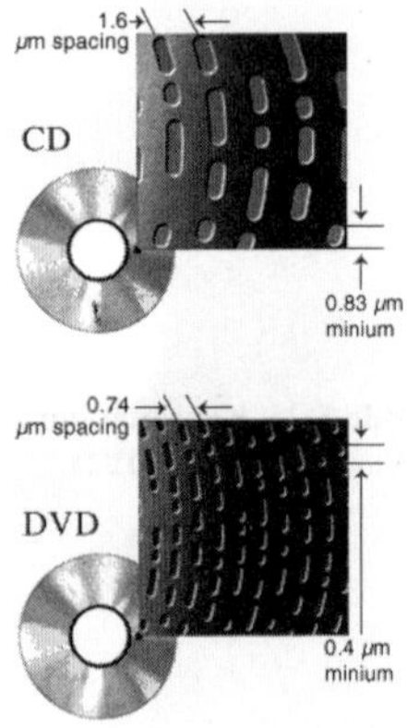

Bild 5.24 Technische Unterschiede zwischen CD und DVD

Kapazität ermöglicht die DVD-Video-Disc über 8 Stunden Spielzeit. Meistens verfügen DVDs über eine Auswahl von bis zu acht Sprachen, 32 Untertiteln, 6 unabhängigen Tonkanälen, bis zu neun Blickwinkeln und die Möglichkeit interaktiver Szenen.

Technisch wurden bei der DVD gegenüber der CD die Abmessungen der einzelnen **Pits** (Gruben) verringert und der Spurabstand verengt (Bild 5.23). Die Wellenlänge des Lasers wurde von 780 auf 650 nm verkürzt.

Parallel zur DVD wurden drei weitere Standards entwickelt:

- DVD-R (read – einmal beschreibbar – entspricht der CD-R),
- DVD-RAM (random access memory – wiederbeschreibbar – entspricht der CD-RW) von einer Firmengruppe rund um Panasonic, Hitachi, Toshiba und Pioneer; und die ebenfalls wiederbeschreibbare
- DVD+RW von einer Firmengruppe rund um Sony, Philips, Ricoh, Yamaha und Hewlett-Packard.

Aber auch diese Techniken sind theoretisch bereits überholt, denn es wird an Laufwerken und Medien mit 15 GByte Kapazität pro Datenträgerschicht gearbeitet. Erreicht werden soll dies durch die Nutzung eines blauen Lasers mit einer Wellenlänge von 415 nm.

5.4 FMD – Fluorescence Multilayer Disk

Die Nachfrage nach immer größeren Datenspeichern wächst ständig. Die Firma Constellation 3D, Inc. (C3D), New York, hat einen Datenträger vorgestellt, der dieser Nachfrage gerecht werden könnte. Die eigentliche Entwicklung der Technologie erfolgte schon 1995 durch JACOB MALKIN. Das Produkt selbst wurde als FMD mit 40 GB Kapazität erst im Juni 2000 in Burbank (CA) vorgestellt.

Die Größe der FMD entspricht genau derjenigen einer CD oder DVD. Die 40 GB werden in fünf Schichten (Layers) zu je 8 GB verteilt. Die FMD-Technologie verwendet mehrere Schichten von „Leuchtfarbe" in CD-ähnlichen Vertiefungen (pits). Trifft der Laserstrahl darauf, leuchten die Schichten unterschiedlich auf.

Laut C3D sollen nur minimale Änderungen in der Hardware bestehender DVD-Player notwendig sein, um damit FMDs lesen zu können. Die nächste DVD-Player Generation könnte problemlos so konstruiert werden, dass sie abwärtskompatibel bleibt, also neben DVD auch CDs und CD-ROMs lesen kann.

In Zukunft wird erwartet, dass 30 und mehr Datenlayers möglich sein werden. Und – besonders interessant – durch verschiedene Beschichtungen könnten einige Layers nur ROM (Read Only = nur lesbar) und andere WORM (write once, read many = einmal beschreibbar) konstruiert werden.

6 Modulkurzzusammenfassung

Psychophysikalische Eigenschaften unseres Auges bestimmen auch die Randbedingungen für die Konzeption des Mediums „Video“: Die langsame visuelle Wahrnehmung ist dafür von Nutzen. Die Grenze für das Eintreten einer Scheinbewegung liegt bei etwa **16 bis 24 Bildwechsel pro Minute.**

Analoge Aufzeichnungsformate umfassen hauptsächlich Betacam (SP), U-matic, S-VHS, Hi-8 und VHS. **Videosignale** werden hinsichtlich der Qualität unterschieden in **FBAS** (Composite), **separiertes Video** (Y/C, S-Video) und **Komponentenvideo** (Component).

Digitales Video (DV) besitzt Vorteile (z.B. Qualität ist unabhängig vom Übertragungskanal, kopierbar, Lebensdauer usw.) gegenüber analogem Video, die üblichen Verfahren umfassen DV, DVCAM, DVPRO, Betacam-SX und Digital Betacam. Allerdings hat digitales Video auch enorme Nachteile: Die notwendige Bandbreite ist etwa 200-mal höher als bei analogen Videosignalen.

Die häufigste Schnittstelle zur Übertragung digitaler Videosignale ist **IEEE 1394** (Fire Wire, iLink) und der **USB-Bus.** Übertragungsstandards (PAL, SECAM, NTSC) legen fest, wie ein Videosignal zu einem Empfangsgerät übertragen wird.

Es wird unterschieden zwischen **Architekturen** (z.B. Video für Windows, DirectMedia, Real, QuickTime usw.), **Codecs** (MPEG, Indeo, Cinepak usw.), **File-Formate** (MPEG-1, MHEG, AVI usw.) und **Streaming-Formate** (z.B. Real, ASF, QuickTime).

Für digitales Video in fernsehähnlicher Qualität werden momentan hauptsächlich **MPEG-1** und **MPEG-2** verwendet. Zentraler Bestandteil des MPEG-Codierungsalgorithmus ist eine **Bewegungskompensation.** Es wird versucht, Bildteile nur durch die **Differenz des Bildinhalts** zum vorher codierten Bild zu beschreiben. MPEG-4 liefert einen Standard für eine einheitliche Beschreibung interaktiver, objektorientierter Multimediadaten. **MPEG-7** kann völlig unabhängig von den bisherigen MPEG-Standards (1, 2, 4) verwendet werden: Es ist *kein* Verfahren zur Kompression von audiovisuellen Daten, sondern soll eine standardisierte Beschreibung verschiedener Typen multimedialer Information sein und effizientes Suchen ermöglichen. Daher auch die Abgrenzung durch die Ordnungszahl 7, es existieren keine MPEG 3 (eingestellt), 5 und 6 (nie vorgesehen).

Klassische Bandspeichermedien werden wahrscheinlich durch die **DVD** (Digital Versatile Disk) abgelöst, die bis zu 17 GB speichern kann.

7 Modulanhang

7.1 Literatur

7.1.1 Bücher

BIAESCH-WIEBKE, CLAUS (1991): *Videosysteme: Technik und Arbeitsweise von Videorecordern, Videokameras und Camcordern.* Würzburg: Vogel.

HOFMÜLLER, HELMUT; SEIWERT, MARTIN (1999): *Digital Audio/Video: Digitalisierung, Schnitt und Mastering unter Windows (Edition Screen Multimedia).* München: Addison-Wesley-Longman, 17-152.

GATES, BILL (1996): *Der Weg nach vorn: Die Zukunft der Informationsgesellschaft.* 3. Auflage. München: Heyne.

JARZ, EWALD M. (1997): *Entwicklung multimedialer Systeme: Planung von Lern- und Masseninformationssystemen.* Wiesbaden: Gabler. 238-252.

KRISCH, L. (1993): *Fernsehtechnik; Grundlagen – Verfahren – Systeme (Viewegs Fachbücher der Technik).* Stuttgart: Vieweg.

LIMANN, OTTO (1979): *Fernsehtechnik ohne Ballast.* 13. Auflage. München: Franzis.

LIMANN, OTTO; PELKA, HORST (1998): *Fernsehtechnik ohne Ballast.* 18. Auflage. München: Franzis.

MEYER-BOUDNIK, THOMAS (1995): *Interaktive Multimedia-Präsentationen in offenen Systemen.* VDI- Fortschrittsberichte, Band 10/365. Düsseldorf: VDI-Verlag.

OHM, JENS-RAINER (1995): *Digitale Bildcodierung.* Berlin: Springer.

REIMERS, ULRICH (1996): *Digitale Fernsehtechnik: Datenkompression und Übertragung für DVB.* 2. Auflage. Berlin: Springer.

SCHMIDT, U. (2000): *Professionelle Videotechnik: Grundlagen, Signalformen, Videoaufnahme, Wiedergabe, Speicherung, Signalverarbeitung, Studiotechnik.* Berlin: Springer.

SCHÖNFELDER, HELMUT (1995): *Fernsehtechnik im Wandel.* Berlin [et al.]: Springer.

STEINMETZ, RALF (1998): *Multimedia-Technologie: Grundlagen, Komponenten und Systeme.* 2. Auflage. Berlin [et al.]: Springer. 87-102.

WEBERS, JOHANNES (1998): *Handbuch der Film- und Videotechnik.* 5. Auflage. München: Franzis.

ZIEMER, ALBRECHT (1997): *Digitales Fernsehen: Eine neue Dimension der Medienvielfalt.* 2. Auflage. Heidelberg: Hüthig.

7.1.2 Artikel

BÖGEHOLZ, HARALD (1999): Digitalstudios: Günstige Lösungen für DV-Videoschnitt. *c't: Magazin für Computer Technik,* 24/99, 158-162. Hannover: Heise.

LOVISCACH, JÖRN (1999): Vom Band auf die Platte: Videobearbeitung ohne Spezial-Hardware. *c't: Magazin für Computer Technik,* 24/99, 150-157. Hannover: Heise.

RAUTENBERG, MATHIAS (1999): MPEG-4: Ein neuer Standard für mehr Funktionalität in Multimedia-Anwendungen, *Informatik-Spektrum,* Volume 22, Issue 2, 82-87.

SIGMUND, ULRICH; UNGERER, THEO (2001): Die Multimediafähigkeit von mehrfädig superskalaren Prozessoren am Beispiel der MPEG-2-Decodierung. *Informatik Forschung und Entwicklung,* Volume 16, Issue 1, 14-22.

7.1.3 Books in English

HEATH, STEVE (1999): *Multimedia and Communications Technology.* 2nd Ed. Oxford: Focal Press, Butterworth, Heinemann. 44-64 & 79-132.

HILLMAN, DAVID (1998): *Multimedia Technology and Applications.* Albany [et.al.]: Delmar. 123-148.

POYNTON, CHARLES (1996): *A Technical Introduction to Digital Video.* New York: John Wiley & Sons.

STERN, JUDY; LETTIERI, ROBERT (1998): *QuickTime and MoviePlayer Pro 3 for Windows and MacIntosh (Visual Quickstart Guide).* New York: Addison Wesley.

WU, CHWAN-HWA; IRWIN, DAVID J. (1999): *Emerging Multimedia Computer Communication Technologies.* Upper Saddle River (NJ): Prentice Hall. 23-70.

7.1.4 Articles in English

BATTISTA, STEFANO; CASALINO, FRANCO; LANDE, CLAUDIO (1999): MPEG-4: A Multimedia Standard for the Third Millennium. *IEEE MultiMedia,* October-December 99, 74-83.

CHIARIGLIONE, LEONARDO (1995): MPEG: A Technological Basis for Multimedia Applications. *IEEE MultiMedia,* Vol. 2, No. 1; Spring 1995, 85-89.

ECHIFFRE, MARICA; MARCHISIO, PIETRO (1999): A multimedia presentation system for MHEG-5 applications. *Computer Standards & Interfaces,* Vol. 20, Iss. 4-5, 375-387.

ECHIFFRE, MARICA; MARCHISIO, CLAUDIO; MARCHISIO, PIETRO; PANICCIARI, PAOLO; DEL ROSSI, SILVIA (1998): MHEG-5-Aims, Concepts, and Implementation Issues, *IEEE Multimedia,* January-March 98, 84-91.

MEYER-BOUDNIK, THOMAS.; EFFELSBERG, WOLFGANG (1995): MHEG Explained. *IEEE Multimedia,* Spring 95, 26-38.

PARKER, DANA J (1999): Defining DVD. *IEEE Multimedia,* Vol. 6, Iss. 1, January-March 99, 80-84.

7.1.5 Journals

AV Video and Multimedia Producer (ISSN: 1090-7459) | Knowledge Ind. Pub. Inc.

DV – Digital Video (ISSN: 1075-251X) |Digital Video Magazine

IEEE MultiMedia Magazine (ISSN: 1070-986X) | IEEE Institute of Electrical and Electronics Engineers

Multimedia Information and Technology (ISSN: electronic:1466-9358) | World Wide Subscription Service Ltd.

Multimedia Systems (ISSN: 0942-4962; electronic: 1432-1882) | Springer Verlag KG

Multimedia Tools and Applications (ISSN: 1380-7501) | Kluwer

7.2 Internet-Links

Aktualisierte Internet-Links zu diesem Modul sind auf der Buchhomepage www.basiswissen-multimedia.at unter Technik – Modul 5: Video verfügbar!

7.3 Prüfungsfragen

Fragen-Typ 1: Dichotome Ja/Nein-Entscheidungen:

01	Die psychophysikalischen Grenzen des Auges können heute durch technologische Möglichkeiten erweitert werden.	❒ Ja ❒ Nein	
02	Bei einem Betrachtungsabstand von 2,5 m vom Bildschirm muss ein Bild mit mindestens 480 Zeilen dargestellt werden.	❒ Ja ❒ Nein	
03	Bei analogem Video gibt es hinsichtlich der Qualität noch Verbesserungspotentiale.	❒ Ja ❒ Nein	
04	Der Bedarf an Bandbreite ist bei digtialem Video um mehr als 200-mal höher als bei analogem Video.	❒ Ja ❒ Nein	
05	Motion-JPEG ist nichts anderes als hintereinander präsentierte JPEG-Bilder.	❒ Ja ❒ Nein	
06	Auf eine CD mit 650 MB Kapazität passen 94 Minuten MPEG-Video bei 146 kB/s.	❒ Ja ❒ Nein	
07	Für die Darstellung der Objekte im Präsentationsprogramm legt der MHEG-Standard ganz genaue Richtlinien fest.	❒ Ja ❒ Nein	
08	Bei AVI bedeutet „Interleaved", dass Audio und Video auf getrennten Spuren aufgezeichnet werden.	❒ Ja ❒ Nein	
09	QuickTime ist nur ein Abspielprogramm, aber keine Methode zur zeitbasierten Kompression von Videos.	❒ Ja ❒ Nein	
10	Auf einer DVD können bis zu 8 Stunden Spielfilm in guter Qualität gespeichert werden.	❒ Ja ❒ Nein	

Fragen-Typ 2: Mehrfachauswahlantworten (Multiple Choice):

01	Beim traditionellen Kinofilm ... ❒ a) ... wird die relativ langsame visuelle Wahrnehmung ausgenutzt. ❒ b) ... erfolgt eine Scheinbewegung durch eine Bildfolge von 6 Bildern/s. ❒ c) ... bewirkt eine Darstellung von 24 Bildern/s kein Flimmern mehr. ❒ d) ... werden 48 bzw. 72 Lichtreize pro Sekunde dargeboten.	
02	Zur Darstellung eines Fernsehbildes ... ❒ a) ... kommt man mit einer Bandbreite von 5 MHz aus. ❒ b) ... wird das Zeilensprungverfahren angewendet. ❒ c) ... wird das optische Bild in ein Raster zerlegt. ❒ d) ... werden ca. 13 Millionen Bildpunkte pro Sekunde benötigt.	
03	Codecs haben verschiedene Vor- und Nachteile ... ❒ a) ... Cinepak hat gute Qualität, aber lange Berechnungszeit. ❒ b) ... Indeo ist gut bei Motiven ohne viel Bewegung. ❒ c) ... Video 1 hat schlechte Qualität, aber hohe Datenraten. ❒ d) ... MPEG-1 hat gute Qualität bei kurzen Berechnungszeiten.	
04	Für die physikalische Größe von Videodateien gilt ... ❒ a) ... je kleiner die Größe der Frames (Frame size), desto kleiner die Datei. ❒ b) ... je mehr Frames pro Sekunde, desto kleiner die Datei. ❒ c) ... die Größe der Videodatei ist unabhängig vom Soundtrack. ❒ d) ... je weniger Farben verwendet werden, desto kleiner ist die Datei.	
05	MPEG ... ❒ a) ... verwendet als Codierungsalgorithmus die Bewegungskompensation. ❒ b) ... verwendet vier Frames (Bildtypen). ❒ c) ... erlaubt die Komprimierung von 8 Stunden Video auf eine CD-ROM. ❒ d) ... ist sehr ähnlich dem MHEG-Standard.	
06	MHEG ... ❒ a) ... beschreibt Multimedia-Präsentationen auf Objektebene. ❒ b) ... stellt Steuermechanismen bereit und legt Strukturinformationen fest. ❒ c) ... ist als einheitliches Austauschformat gedacht. ❒ d) ... erlaubt auch den Datenaustausch zwischen heterogenen Plattformen.	
07	AVI-Dateien ... ❒ a) ... unterstützen Auflösungen in vollem PAL-Format (768 × 576 px). ❒ b) ... haben typische Bildwechselfrequenzen von 15 fps. ❒ c) ... bestehen aus verschachtelten Chunks. ❒ d) ... werden in der Regel nicht komprimiert.	
08	Quicktime ... ❒ a) ... ist auf die Verwendung auf Apple-Rechnern beschränkt. ❒ b) ... verwendet die Dateiendung .qui. ❒ c) ... benötigt zum Abspielen einen eigenen Player. ❒ d) ... kann auch AVI-Dateien problemlos abspielen.	

7.4 Lösungen

Lösungen zu Fragen-Typ 1:
01 Nein; 02 Ja; 03 Nein; 04 Ja; 05 Ja; 06 Nein; 07 Nein; 08 Nein; 09 Nein; 10 Ja;

Lösungen zu Fragen-Typ 2:
Richtig sind: 01 a) d); 02 a) b) c) d); 03 a) b); 04 a) d); 05 a) 06 a) b) c) d); 07 a) c); 08 c) d)

7.5 Übungen

- Sie verfügen über ein Ausgangsmaterial (Rohmaterial) von 3 Minuten Film, 30 Minuten Audio, 4 DIN-A4 Seiten Text, 6 Fotos und 4 Menügrafiken: Welche Auflösung darf was haben, um noch auf eine CD zu passen?
- Vergleichen Sie verschiedene Videostandards hinsichtlich Qualität, Platzbedarf und Handhabbarkeit! Welches Format würden Sie für welchen Zweck einsetzen?
- Drehen Sie ein Dokumentarvideo über „Multimedia“: Es soll gezeigt werden, wo überall multimediale Techniken verwendet werden! Das Video soll etwa 3 Minuten lang sein.

7.6 Diskussionsfragen

- Diskutieren Sie die Zukunft des MPEG-7-Standards! Welche Probleme werden in Zukunft zu erwarten sein?
- In der Gruppe sucht sich jeder ein Video-Format aus. Dann „verteidigt“ jeder „seinen“ Standard durch Argumentation „seiner“ Vorteile!
- Welche neuen Technologien sind zu erwarten? Wird Fernsehen am „Handy“ Wirklichkeit werden? Welche Probleme tauchen auf?

7.7 Timeline: Video

1873 WILLOUGHBY SMITH (1828-1891) entdeckt, dass sich der Widerstand von Selen unter Einfluss von Licht verändert.

1883/84: PAUL NIPKOW zerlegt mit einer sich drehenden Scheibe, Bilder in einzelne Punkte. Mit diesem Prinzip gelingt ihm die erste elektrische Bildübertragung. Patentschrift: „Der hier zu beschreibende Apparat hat den Zweck, ein am Ort A befindliches Objekt an einem beliebigen anderen Ort B sichtbar zu machen“.

1897: FERDINAND BRAUN entwickelt die Katodenstrahlröhre (Braunsche Röhre). Damit ist die Bildröhre – weit vor ihrer Anwendung – entwickelt.

1906: DIECKMANN und GLAGE benutzten die Braunsche Röhre zur Wiedergabe von zwanzigzeiligen Schwarzweißbildern.

1923: ZWORYKIN baut den ersten brauchbaren elektronischen Bildabtaster, die „Ikonoskop-Röhre“ (Serienherstellung ab 1934).

1924: BAIRD überträgt mit der Nipkowschen Scheibe Schattenbilder über eine Entfernung von drei Metern. Er nannte seinen Apparat „Television“. Ähnliche Versuche von ihm und DÉNES VON MIHÁLY folgen in den nächsten Jahren.

1928: BAIRD speichert Videosignale auf einer „Schallplatte“, erste Bildplatte.

1936: Die Elektronen-Fernsehkamera leitet das Fernsehzeitalter ein. Die erste elektronische Aufnahmekamera wird für die Direktübertragung der Olympischen Spiele in Berlin eingesetzt. Die Berliner können die Spiele in Fernsehstuben verfolgen.

1951: ALEXANDER M. PONIATOFF (Firma Ampex) formt ein Forschungsteam zur

Entwicklung von Videogeräten (tape recorder). Zu seinen Mitarbeitern gehören CHARLES P. GINSBERG, CHARLES E. ANDERSON und RAY DOLBY.

1954: In Amerika wird die NTSC-Norm für das Farbfernsehen eingeführt.

1955: Ampex stellt das erste Multimedia-Aufzeichnungsgerät vor (Ampex VR-1000).

1959: JVC baut erste Videorecorder.

1963: BRUCH schlägt das PAL-Verfahren für Farbfernsehen (in Deutschland) vor.

1964: AT&T zeigt ein „Picture phone“ auf der Weltausstellung in New York.

1967: PAL wird von den meisten westeuropäischen Ländern übernommen.

1972: Philips entwickelt erste Videosysteme (VCR).

1975: Betamax wird von Sony entwickelt.

1982 Sony führt das Betacam-Format vor, das als analoges Komponentenformat (YUV) zum weltweiten Broadcast Standard wird.

1989: 8-mm-Videoband von Sony eingeführt.

1992: QuickTime von Apple released.

1994: Sony führt Digital Betacam in den Broadcast-Markt ein.

1995: „Toy Story“, computeranimierter Kinofilm von Pixar.

1996: Digitales TV.

1997: DVD.

1998: QuickTime 3.0 released.

1999: Dezember: Microsofts NetMeeting 3.01 released. MPEG-7 Videostandard.

2006: Vorraussichtliches Ende des analogen Fernsehens (geplant).

7.8 Glossar

AVI Audio/Video Interleaved (Bild/Ton verschachtelt).

BAS-Signal Ein aus Bildsignal, Austastsignal und Synchronsignal zusammengesetztes Videosignal; sendefähiges Schwarzweiß-Fernsehsignal.

Betacam Videomagnetbandformat, entwickelt von Sony, das auf 1/2 Zoll breitem Band aufzeichnet und Mitte der 80er Jahre erstmalig die Komponenetentechnik in einem tragbaren Kamera-Recorder System darstellte.

Betacam SP Componenten-Format von Sony, bei uns Standard für die News-Produktion.

Betacam SX Digitales Komponentenformat von Sony mit der Abtastmethode 4:2:2 und einer Kompressionsrate von 10:1.

Betacam, Digital Digitales Komponenten-MAZ-System der Firma Sony mit 1/2-Zoll-MP-(Metallpartikel-)Band. Eine geringe Kompressionsrate (2:1) ermöglicht hohe Qualität (4:2:2 bei 10 bit). Kameras können 4:3 und 16:9 aufnehmen. Auf einigen Geräten können optional auch Betacam(SP)-Kassetten abgespielt werden.

Betamax Ein Videomagnetbandformat, entwickelt von Sony, das auf 1/2 Zoll breitem Band aufzeichnet. Für den Consumer-Markt entwickelt und Basis für das professionelle Betacam-Format.

Chroma Akbürzung für Chrominanz (Farbe).

CVBS Composite Video Burst Sync, englische Bezeichnung für FBAS.

DIVX Digital Video Express; DVD-Kopierschutz.

DV Digital Video, ein Standard für digitale Camcorder.

DVD Digital Versatile Disk, optisches Speichermedium, Nachfolger der CD.

DVD-Video Die übliche Bezeichnung für Videofilme auf DVDs.

DVD-ROM Die Bezeichnung für das Laufwerk, das DVDs (und CD-ROMs) abspielen kann und voraussichtlich die CD-ROM Laufwerke ablösen.

DVD-RW Die wiederbeschreibbare Version.

FBAS-Signal **F**arb-**B**ild-**A**ustast-**S**ynchron-Signal (Composite).

FMD Fluorescent Multilayer Disc, möglicher Nachfolger der DVD.

Hosiden 4-poliger runder Anschluss für das S-Videosignal (Komponentensignal).

IEEE **I**nstitute of **E**lectrical and **E**lectronics **E**ngineers; die weltgrößte professionelle Vereinigung (sprich: „I triple E").

IEEE-1394 Schnittstelle zur Übertragung digitaler Signale vom Aufnahmegerät (Camcorder) zum PC (Videoschnittplatz); von Apple „**Fire Wire**" und von Sony „**iLink**" genannt.

JPEG Joint Photographic Experts Group.

Luma Luminanz, Schwarzweiß-Signal, die Helligkeitsinformation (Symbol: Y).

MPEG **M**oving **P**ictures **E**xpert **G**roup der ISO (International Organization for Standardization), erstellt Standards zur Datenkomprimierung für bewegte Bilder.

NTSC **N**ational **T**elevision **S**ystems **C**ommittee, Videostandard in Nordamerika und Japan, oft auch scherzhaft als „**N**ever **T**he **S**ame **C**olour" bezeichnet.

PAL Phase Alternation Line, Videostandard in Europa.

SECAM Videostandard in Frankreich und Ländern Osteuropas.

S-VHS Super Video Home System, Weiterentwicklung von VHS und abwärtskompatibel zu diesem (VHS-Aufnahmen können auch auf einem S-VHS-Recorder wiedergegeben werden).

VHS = **V**ideo-**H**ome-**S**ystem (populärstes Amateur-Videosystem).

Modul 6: Multimedia via Internet

„Die wirkliche Revolution bei den Computern in den letzten 30 Jahren war nicht deren Weiterentwicklung, sondern deren Vernetzung".

Hermann Maurer, TU Graz

Lernziele

Internet

WWW

Tools in Band 3

Im letzten Modul machen wir uns nun mit einigen technischen Grundlagen des Internets und insbesondere des WWW vertraut – das zweifelsohne das erfolgreichste **Informationssystem** in der Geschichte der Menschheit darstellt. Wir werden uns speziell mit der Übertragung von Multimedia-Daten beschäftigen, die dabei auftauchenden **Bandbreitenprobleme** erkennen und zukünftige **Breitbandtechnologien** als Lösungsansätze kennen lernen. Programmiersprachen und Entwicklungswerkzeuge zur Erstellung eigener Anwendungen werden wir erst im Band 3 besprechen.

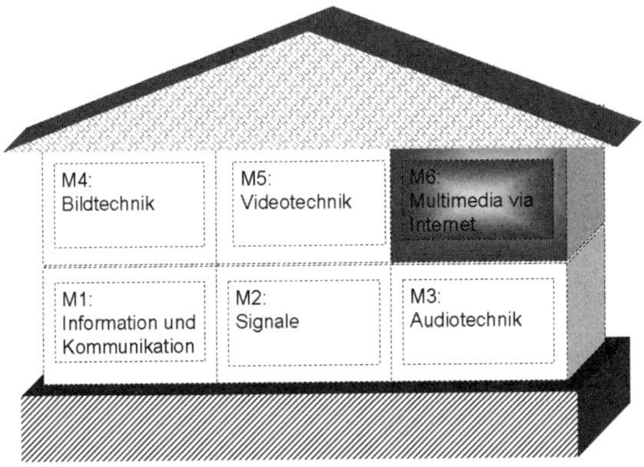

Wird die Entwicklung menschlicher Informationssysteme etwas genauer betrachtet, sind einige revolutionäre Meilensteine zu entdecken:

Sprache war seit jeher das wichtigste und – neben Gesten – auch das älteste Kommunikationsmedium des Menschen. Sprache repräsentiert Wissen in Form von Lauten, die zu Worten gebildet werden. Auf diese Art kann das Wissen anderen Menschen vermittelt werden. Sprache ist aber als flüchtiges Medium (noch) nicht für dauerhafte Sammlung großer Wissensmengen geeignet.

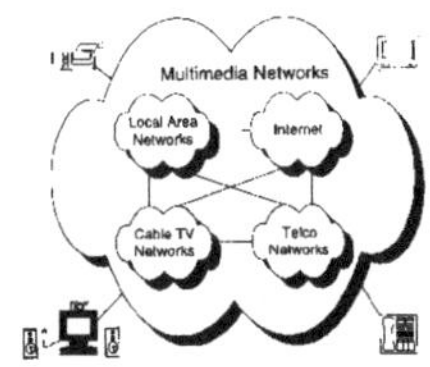

Bild 6.1 Multimedia-Netzwerke als Integration von Internet, LANs, Telefon und Kabel-Fernsehen; aus: Wu & Irwin (98), 6

Durch die Revolution der **Schrift** konnte Wissen unabhängig von einem Individuum gespeichert werden. Mit der Erfindung des Buchdrucks wurde (geschriebenes) Wissen zum öffentlichen Gut. Es konnte beliebig reproduziert und von allen (die des Lesens mächtig waren) rezipiert werden. Das Buch als universeller Wissenspeicher war erfunden.

Durch den Einsatz von **Radio und Fernsehen** wurde Wissen einem noch breiteren Publikum zugänglich und durch den Einsatz von **Telefon und Telegrafie** können Menschen weltweit mühelos kommunizieren.

Das **Internet** ist wahrscheinlich das erfolgreichste Informationssystem des Menschen. Seit der Einführung des **WWW** verbreitet es sich rasant in allen Teilen der Bevölkerung.

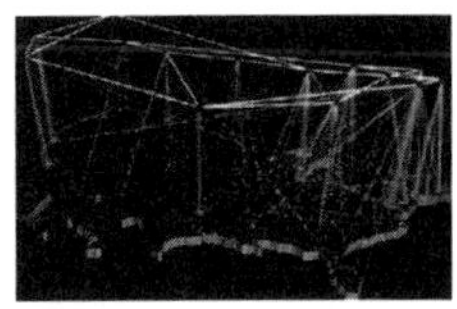

Bild 6.2 Das Internet – das erfolgreichste Informationssystem der Menschheit

---

Das **Medium Internet** integriert alle – bisher bekannten – Kommunikationsformen und fügt die interessante Möglichkeit der **Interaktivität** hinzu.

---

1 Internet-Grundlagen

Bevor wir uns mit Multimedia via Internet beschäftigen, müssen wir uns zumindest mit einigen fundamentalen Grundlagen vertraut machen.

1.1 Ursprung des Internets und WWW

Bild 6.3 Der Beginn lag im Westen der USA mit der Verbindung von vier Computern

Das Internet hat seinen Ursprung in einem Forschungsprojekt Ende der 60er Jahre. Es entstand mehr oder weniger aus dem DARPANET (Defense Advanced Research Projects Agency Network) und dem ARPANET, um Universitäten und militärische Einrichtungen zu vernetzen.

Das Internet ist im Grund nichts anderes als ein Zusammenschluss vieler weltweit **verteilter** lokaler **Computernetzwerke**, durch die – daran angeschlossene – Computer über bestimmte Protokolle miteinander kommunizieren können.

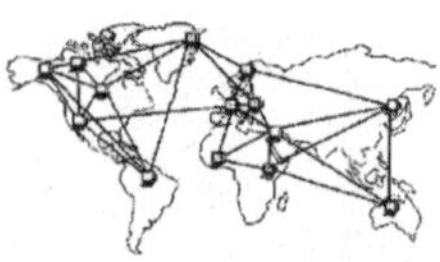

Bild 6.4 Das Internet ist der Zusammenschluss vieler verteilter Computernetze

Damit Computer verschiedenster Arten an dieses Netz angeschlossen werden konnten, wurde ein eigenes **Protokoll** – eine gemeinsame Sprache – definiert. An der Universität Berkeley wurden weitere Softwarekomponenten zur Kommunikation entwickelt. All das wird heute unter dem Namen **TCP/IP** (Transmission Computer Protocol/Internet Protocol) zusammengefasst.

Jeder Standard im Internet wird durch ein Dokument gebildet, das den Titel RFC (Request for Comments = Aufforderung zu Anmerkungen) trägt. RFCs gibt es seit 1969 als Arbeitspapiere der Forschungs- und Entwicklergruppe des Internets. Gewöhnlich ist ein RFC die Beschreibung eines Protokolls, einer Prozedur oder eines Dienstes. Bis heute gibt es über 2000 veröffentlichte RFCs.

Wir unterscheiden:

- **Internet** ist die weltweite, dezentrale Netzwerktechnologie auf der Basis von TCP/IP und bietet verschiedenste Dienste an (WWW, eMail, ...).
- **Intranet** ist ein lokales Netzwerk innerhalb einer Firma, Organisation, Hochschule usw., und
- **Extranet** wird eine Kommunikationstechnologie an der Schnittstelle zwischen eines Internets und Intranets genannt (Stichwort: Firewall).

Anfangs wurden über das Internet hauptsächlich Daten und Nachrichten in Zeichenform übertragen. Auch erlaubte es den Zugriff auf weit entfernte Computer (remote computing). Aber erst durch *einen* besonderen Dienst des Internets ist es öffentlich berühmt geworden:

Das **World Wide Web** (WWW) hat seinen Ursprung im Europäischen Forschungszentrum für Teilchenphysik in Genf (CERN). Internationale Forscherteams arbeiten dort über weite Entfernungen zusammen. Das Bedürfnis nach effizienter Verwaltung und Verteilung von sich rasch ändernden Texten (und Bildern) war groß.

Der Vorschlag, ein **Netzwerk miteinander verknüpfter Dokumente** (Hypertext) zu realisieren, wurde im März 1989 von TIM BERNERS-LEE gemacht. Der erste (nur textbasierende) Prototyp stand 18 Monate später zur Verfügung. Im Dezember 1991 wurde dieses System auf der Konferenz „Hypertext '91" in San Antonio (Texas) vorgestellt.

Die Entwicklung führte im Februar 1993 zur ersten Version eines grafischen WWW-Browsers mit dem Namen „Mosaic".

NCSA-Mosaic, der erste Browser mit grafischer Oberfläche, der den Umgang mit Hypermedia-Daten ermöglichte – das Surfen begann ...

Mosaic wurde so populär, dass sein Entwickler MARC ANDREESEN *ein Jahr später seine Wirkungsstätte – das National Center for Supercomputing Applications (NCSA) in Chicago – verließ und mit Partner die Netscape Communication Corporation gründete.*

1994 unterzeichneten das CERN und das M.I.T. einen Vertrag, der das **WWW-Konsortium** (W3C) begründete. Es hat dabei zwei sehr wichtige Ziele in Bezug auf zukünftige Entwicklungen rund um das WWW:

- die **Standardisierung** der Protokolle und
- die **Interoperabilität** zwischen verschiedenen Plattformen zu sichern.

Die Menge der im WWW angebotenen Informationen steigt sehr schnell.

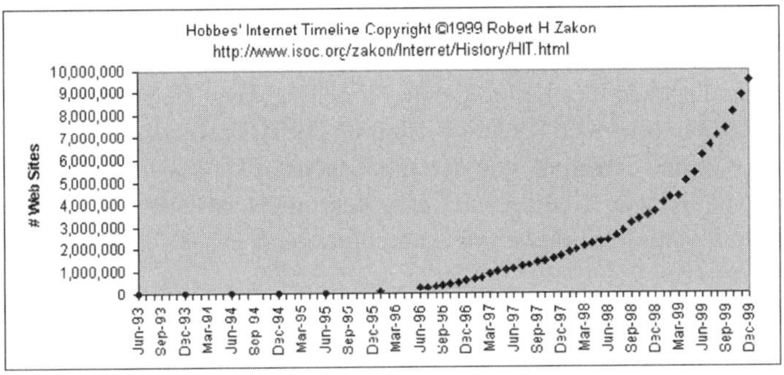

Bild 6.5 Erstaunlich ist das exponentielle Wachstum der angebotenen Informationen – eine Sättigung ist noch lange nicht abzusehen (Robert H. Zakon)

Das WWW ist **ein** Dienst im Internet und erlaubt heute nicht nur die Darstellung von Text, sondern auch die Einbindung von Multimedia: Audio, Bilder, Video und Interaktivität.

Internet und WWW basieren auf den technologischen Grundlagen von **Computernetzwerken**, die wir nachfolgend ganz kurz besprechen.

1.2 Netzwerk-Schichtenmodell

Jegliche Kommunikation zwischen zwei Partnern ist an ganz bestimmte Voraussetzungen gebunden. Es müssen Hardware und Datenübertragungseinrichtungen über kompatible **Schnittstellen** (Interfaces) verfügen und es müssen **eindeutige Vereinbarungen** (Protokolle) über Art und Weise des Informationsaustausches getroffen werden.

Zur Festlegung von Schnittstellen und Protokollen existieren zahlreiche Standards, sowohl nationale als auch internationale Normen und proprietäre (herstellerspezifische und systemgebundene) Firmenstandards.

Für jede Computer-Computer-Kommunikation sind nicht nur Hardwareelemente und die Architektur der zugrunde liegenden Netze wichtig, sondern auch Protokolle und Software, die entweder das Netz bestimmen oder es benötigen.

Um all diese komplexen Dinge unter einen Hut zu bekommen, entwickelte die ISO (International Standardization Organization, www.iso.ch) im Jahre 1977 ein **Referenzmodell** für OSI (Open Systems Interconnection).

Das **ISO-OSI-Referenzmodell** teilt die transportorientierten Funktionen in vier und die datenverarbeitungsorientierten Funktionen in drei Schichten auf.

Die grundlegende Idee hinter diesem Modell ist, dass jede beteiligte Schicht einer darüber liegenden Schicht bestimmte Dienste anbietet. Damit schirmt sie die höheren Schichten von darunter liegenden Details ab. Erst dadurch kann eine Schicht n des einen Computers mit derselben Schicht n eines anderen Computers problemlos kommunizieren.

Regeln und Konventionen einer Kommunikation von Schicht A:n zu Schicht B:n werden das **Protokoll der Schicht n** genannt.

In der Realität kommunizieren die Schichten n natürlich nicht miteinander. Jede Schicht reicht seine Daten und zusätzliche Kontrollinformationen an die direkt darunter liegende Schicht weiter, bis die tiefste Schicht erreicht ist. Unter dieser Schicht liegt das physikalische Medium, in dem dann die „echte" Signal-Kommunikation stattfindet.

Zwischen den Schichten besteht eine definierte **Schnittstelle**. Diese Schnittstelle bestimmt die Operationen und Dienste, die die untere der oberen Schicht zur Verfügung stellt. Eine Anzahl von Schichten und Schnittstellen wird **Netzwerkarchitektur** genannt.

Schnittstelle (Interface): spezifizierter Übergang zwischen Software, Soft- und Hardware und Hardware untereinander, zum Signal- bzw. Datenaustausch

Eine Liste von Protokollen, die von einem bestimmten System genutzt werden – ein Protokoll pro Schicht – wird **Protocol Stack** genannt. Meistens addiert jedes Protokoll bestimmte **Kontrollinformationen** (Header) zu den Daten, wenn sie von oben nach unten durch diese Schichten gelangen. Diese zusätzlichen Informationen sind für die jeweils entsprechende „Gegenschicht" beim Empfänger gedacht und werden beim Empfänger auf dem Weg zur obersten Schicht wieder entfernt.

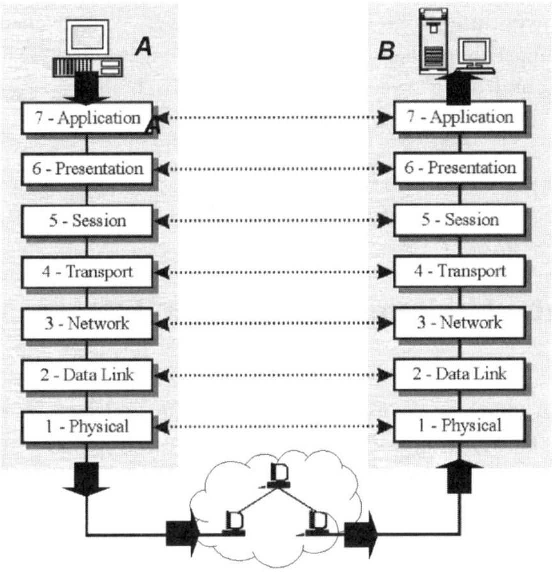

Bild 6.6 Die sieben Schichten im OSI-Schichtenmodell werden bei einer Kommunikation zwischen zwei Computer hierarchisch „durchlaufen"

In der **Bitübertragungsschicht** (Physical Layer) erfolgt die Übertragung von Bitfolgen über das physikalische Medium (Übertragungskanal), der physikalische Anschluss und die Signalcodierung sowie der Auf- und Abbau der (physikalischen) Verbindungen.

In der **Sicherungsschicht** (Data Link Layer) erfolgt die Zerlegung des Bitstromes in einzelne Pakete (packets), die Fehlererkennung und die Zeit- und Sequenzüberwachung.

In der **Netzwerkschicht** (Network Layer) erfolgt die Wegewahl, Leitwegbestimmung (routing), Lastkontrolle, die Verknüpfung von Teilstrecken und ein Ausgleich von Unterschieden in den Schichten 1 und 2.

In der **Transportschicht** (Transport Layer) erfolgt die Verwaltung der Transportverbindungen bzw. Transportadressen und die direkte Kommunikation der Endsysteme.

In der **Sitzungsschicht** (Session Layer) erfolgt die Ablaufsteuerung und Ablaufkoordination, die Steuerung interaktiver Anwendungen (sessions), entfernte Prozeduraufrufe RPC (Remote Procedure Call) und die Dateiübertragung.

In der **Darstellungsschicht** (Presentation Layer) erfolgt die unterschiedliche Darstellung der Informationen (z.B. ASCII-EBCDIC, Integerformate usw.), die Beschreibung einheitlicher Datenformate im Netz, Datenkompression und Verschlüsselung.

In der **Anwendungsschicht** (Application Layer) schließlich erfolgt die Zurverfügungstellung standardisierter Anwendungen (z.B. Dateitransfer, eMail usw.) und von Protokollen und Programmschnittstellen für den Entwurf von Anwendungen (applications).

QoS, quality of service

Jeder Dienst wird dabei durch die so genannte Quality of Service charakterisiert. Diese Dienstequalität bezieht sich auf die Sicherheit der Übertragung und teilweise auch auf die Effizienz bezüglich der Geschwindigkeit.

1.3 Netzwerkkomponenten des Internets

Computernetze werden durch einzelne Komponenten gebildet, die verschiedene Architekturen aufweisen können. Wenn zur Klassifizierung dieser Netze die **Entfernung miteinander kommunizierender Prozessoren** herangezogen wird, können wir folgende (grobe) Einteilung treffen:

Bild 6.7 Klassifizierung verbundener Prozessoren durch deren Entfernung. Ein LAN kann natürlich auch über mehrere Räume oder sogar Gebäude reichen. Das Internet ist im Prinzip „das größte WAN"

Entfernung	Prozessoren liegen im ...	Bsp.
1 m	selben Computersystem	Bus
10 m	selben Raum	LAN
10 km	selben Stadtgebiet	MAN
100 km	selben Land	WAN
10.000 km	selben Planeten	Internet

Die „kleinste Netzwerkeinheit" des Internets ist ein so genanntes **Local Area Network (LAN)**. Solche Netze bestehen in einem örtlich begrenzten Bereich (Raum, Gebäude, Gelände, Campus), der sich meistens im Besitz einer einzelnen Organisation (Universität, Unternehmen) befindet.

Die Verbindung mehrerer LAN-Segmente erfolgt über **Koppelelemente** (Hubs, Switches, Bridges, Router usw.). Ein LAN wird durch folgende Kriterien klassifiziert:

- Netzwerkgröße,
- Netzwerktopologie und
- Übertragungstechnologie.

Die **Netzwerkgröße** (Entfernung) wird durch festgelegte (maximal erlaubte) **Verzögerungszeiten** innerhalb des Netzwerkes bestimmt. Typische Verzögerungszeiten liegen im Bereich von etwa 10 µs.

Bei der **Netzwerktopologie** wird zwischen Stern-, Ring-, Bus- und Maschentopologie unterschieden.

Die **Übertragungstechnologie** eines üblichen LANs besteht zumeist aus Kupferleitungen (Kabel), die alle Maschinen verbinden. Als Topologie ist daher entweder ein Bus oder ein Ring günstig. Ein LAN in Sterntopologie erfordert eigene Leitungen für jeden angeschlossenen Rechner und einen zentralen Sternverteiler (Hub). Am aufwendigsten sind Maschentopologien.

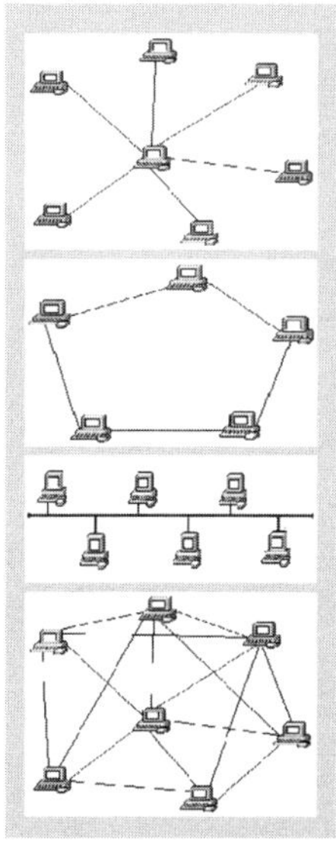

Bild 6.8 Von oben nach unten: Stern-, Ring-, Bus- und Maschentopologie

---

Verschiedene Standards spezifizieren die Netzleitungen (Kabeltyp), Netztopologie und Netzzugriff. Für das Internet spielt insbesondere der Standard **„Ethernet"** eine besondere Rolle.

Der Name Ethernet stammt von Xerox und weist noch auf die ersten Funknetze (ALOHA) hin. Er soll an die Lehrmeinung der Wellenausbreitung im vorigen Jahrhundert erinnern, bei der ein materieller Träger „Äther" (Ether) notwendig war, um Signale zu transportieren. Ethernet ist der zur Zeit am weitesten verbreitete Standard für lokale Netze. Die Entwicklung geht auf gemeinsame Spezifikationen von Intel, DEC und Xerox zurück. Im PARC (Palo Alto Research Center) wurde es bereits 1973 vorgestellt.

Basis für Ethernet ist das Netzwerkprotokoll CSMA/CA (Carrier Sense Multiple Access/Collision Avoidance)

Ethernet kann Übertragungsraten von 10 Mbit/s, 100 Mbit/s und 1 Gbit/s bewältigen. Es kann jeder Rechner als Master (der die Steuerung übernimmt, Gegensatz: Slave) zu jeder Zeit auf das Netzwerk senden. Gibt es hierbei einen Konflikt (collision) zwischen zwei gleichzeitig sendenden Rechnern, wartet jeder Rechner eine bestimmte Zeit bis zum erneuten Sendeversuch.

Die eigentliche Datenübertragung erfolgt mit dem so genannten CSMA/CD-Verfahren.

Auf dem Ethernet sind verschiedenste Protokolle lauffähig, z.B. TCP/IP, DECnet, IPX/SPX (Novell) usw.

Das Ethernet kann physikalisch aus verschiedenen Typen von 50-Ohm-Koaxialkabeln, paarweise verdrillten Leitungen (Twisted-Pair), Glasfasern oder anderen Medien bestehen. Der Anschluss erfolgt über eigene Steckkarten, sogenannten Ethernet-Adaptern.

Bild 6.9 Typischer Ethernet-Adapter

Jeder **Ethernet-Adapter** kann über seine in der Hardware verankerte Adresse eindeutig identifiziert werden.

Diese Adresse besteht aus einem 3-Byte-Herstellercode und einer ebenfalls 3 Byte (24 Bit) langen laufenden Seriennummer. Auf diese Weise ist eine eindeutige Adressierung möglich. Die logische Adresse muss durch die Netzwerksoftware in eine Hardwareadresse umgesetzt werden. Die Angabe der Adresse erfolgt normalerweise sedezimal (hexadezimal), wobei zur besseren Lesbarkeit die einzelnen Bytes durch „." oder „:" getrennt werden, z.B. 20:08:AA:10:00:CF.

Um höhere Übertragungsraten im Ethernet zu erreichen, wurde der Ethernet-Standard erweitert. Das Resultat wurde offiziell 1995 eingeführt und wird zumeist **Fast Ethernet** genannt.

Die Basisidee ist dabei sehr einfach: Das alte Paketformat, die Schnittstellen und die prozeduralen Regeln werden beibehalten, und nur die Bit-Zeit wird von 100 ns auf 10 ns reduziert. Weiterhin wurden die Vorteile der 10Base-T-Verkabelung als Designgrundlage genutzt.

Neuere Bestrebungen gehen noch eine Größenordnung weiter: **Gigabit-Ethernet.** Der zugehörige Standard ist bereits festgelegt (IEEE 802.3ab, siehe [W14]).

Die elektrischen Signale können auf physikalischen Leitungen nur eine begrenzte Distanz zurücklegen – ohne Leistung zu verlieren. In LANs werden daher verschiedene Geräte genutzt, um die Signale zu regenerieren und mit anderen LANs oder Wide Area Networks (WANs) zu kommunizieren.

Repeater wiederholen (verstärken) elektrische Signale und „frischen" diese auf. Damit kann die Längenbeschränkung eines Ethernet-Segmentes umgangen werden. Ein lokaler Repeater kann beispielsweise zwei Segmente verbinden, die (jeder für sich) theoretisch maximal 100 m Abstand haben dürfen (praktisch 90 m plus 10 m für Patchkabel).

Bridges und Switches erlauben die Verbindung zweier LANs und auch die Kombination verschiedener Netzkabeltypen. **Bridges** verbinden Netzwerksegmente mit gleichen (verträglichen) Protokollen, **Switches** können verschiedene Netzwerkelemente miteinander verbinden. Switches bestehen aus einer Matrix von Netzwerksegmenten (network in the box, Bild 6.10), die eine Realisierung der Übergänge gewährleisten. Bridges und Switches trennen beispielsweise zwei Ethernet-LANs physikalisch: Störungen wie z.B. Kollisionen und fehlerhafte Pakete gelangen nicht über die Bridge bzw. den Switch hinaus.

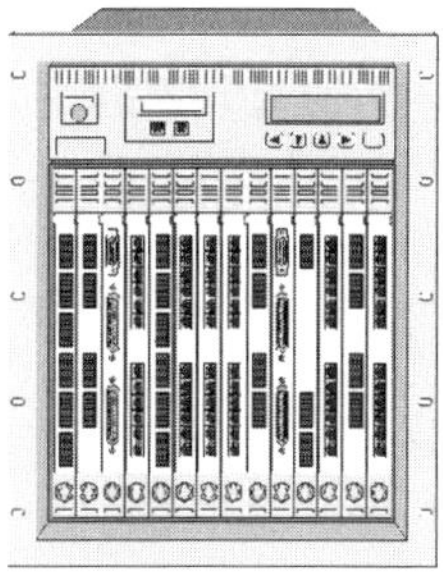

Bild 6.10 Koppelelemente zwischen mehreren Segmenten eines Netzes (Switches)

Bridges sind protokolltransparent: sie übertragen z.B. alle auf dem Ethernet laufenden Protokolle. Die beteiligten Netze erscheinen also für eine Station wie ein einziges Netz. Durch Bridges können auch Längenbeschränkungen des Ethernets überwunden werden.

Hubs arbeiten ähnlich wie Bridges, sind jedoch für sternförmige Netzwerktopologien (Hub = Nabe) gedacht.

Router können je nach Adresse eines Datenpakets dessen Weiterleitung oder die Zurückweisung bewirken. Dies kann helfen, (unnötigen) Netzverkehr in LANs drastisch zu reduzieren, da Datenpakete nur durchgelassen werden, wenn die Zieladresse „jenseits" des Routers liegt. Ein Router arbeitet auf der Netzwerkebene (Ebene 3 des OSI-Modells) und überträgt in der Regel nur ein Protokoll. Er verbindet zwei oder mehrere Netze, die lokal oder entfernt sein können. Empfängt ein Router ein Datenpaket, so leitet er es aufgrund der darin enthaltenen Adressierungsinfo an den gewünschten Empfänger weiter (für das Netzprotokoll nicht transparent). Ein Router kann auch Daten zwischen verschiedenen Übertragungmedien weiterleiten (z. B. von Ethernet auf eine serielle Verbindung).

Gateways können völlig unterschiedliche (heterogene) Netze miteinander koppeln. Sie stellen einen gemeinsamen (virtuellen) Knoten dar, der zu beiden Netzen gehört und den netzübergreifenden Datenverkehr abwickelt. Gateways werden einerseits für die LAN-WAN-Kopplung (oder die LAN-WAN-LAN-Kopplung), andererseits für den Übergang zwischen unterschiedlichen Diensten verwendet (z.B. das Absetzen von Fax-Nachrichten aus einem LAN).

Ein Gateway ist ein aktiver Netzknoten, der von beiden Seiten aus adressiert werden kann. Es kann nicht mehr als zwei Netze miteinander koppeln. Gateways behandeln auf beiden Seiten unterschiedliche Protokolle bis hinauf zur Schicht 7.

Insbesondere ist das Routing über Netzgrenzen (korrekte Adressierung!) hinweg eine wichtige Aufgabe des Gateways. Man unterscheidet im Wesentlichen zwei Typen:

- **medienkonvertierende Gateways** (Translatoren): stellen bei gleichem Übertragungsverfahren die Verbindung zwischen unterschiedlichen Protokollen der unteren beiden Ebenen (bei unterschiedlichem Transportmedium) her (wenn Router nicht mehr ausreicht);
- **protokollkonvertierende Gateways**: die unterschiedliche Protokolle der Ebenen 3 und 4 abwickeln und ineinander überführen.

Das Gateway unterstützt hauptsächlich zwei wichtige Dienste: die Übermittlung aufeinander folgender Nachrichten zwischen Quelle und Ziel als unabhängige Einheit und das Etablieren einer logischen Verbindung zwischen Quelle und Ziel. Um auf die unterschiedlichen Anforderungen der Flusskontrolle der zu verbindenen Netze eingehen zu können, muss das Gateway gegebenenfalls Daten zwischenspeichern. Ist eines der beteiligten Netze leistungsfähiger als das andere, muss dies das Gateway erkennen und das „schnellere" Netz „bremsen". Arbeiten beide Netze mit unterschiedlichen Paketgrößen, müssen Datenpakete „umgepackt" werden. Dies kann ganz einfach dadurch geschehen, dass zu große Pakete in kleinere Pakete aufgespalten und am Ziel gegebenenfalls wieder zusammengesetzt werden.

Firewalls sind Computer, die den Zugang aus einem öffentlichen Netz in ein LAN nur an *einer* definierten Stelle erlauben. Sämtlicher Datenverkehr über den Firewall-Rechner wird kontrolliert. Diese Kanalisierung erhöht die Chancen, einen „Einbruchversuch" eines bösen Hackers anhand ausführlicher Protokoll-Dateien zu erkennen, da der Eindringling erst den Firewall passieren muss.

Zur Software-Konfiguration einer Firewall existieren zwei Grundstrategien:

- „Es ist alles erlaubt, was nicht ausdrücklich verboten ist": diese Strategie ist benutzerfreundlich, da neue Dienste automatisch erlaubt sind, aber auch gefährlich, da der Administrator das Verhalten der Nutzer ständig beobachten und rechtzeitig Gegenmaßnahmen treffen muss.
- „Es ist alles verboten, was nicht erlaubt ist": diese Strategie könnte von den Nutzern als hinderlich angesehen werden, da diese neue Dienste erst umständlich beantragen müssen. Sie schützt aber auch vor Sicherheitslücken im Betriebssystem und in Anwendungsprogrammen, da sie den Zugriff auf unbekannte Ports restriktiv unterbindet.

Es gibt drei Arten von Firewalls:

Paketfilter überprüfen die Quell- und Zieladresse (IP-Adresse und TCP/UDP-Port) eines Pakets und entscheiden, ob es passieren darf oder nicht. Der Vorteil besteht in der Transparenz für den Anwender. Diese Transparenz ist aber zugleich von Nachteil: Paketfilter können nicht zwischen Nutzern und deren Rechten unterscheiden.

Paketfilter sind im allgemeinen auf Routern angesiedelt und werden heute von den meisten Herstellern mitgeliefert. Intelligente Paketfilter analysieren zusätzlich den Inhalt der Pakete und erkennen auch die Zulässigkeit von Verbindungen, die einfache Paketfilter nicht erlauben würden (z.B. Datenverbindung bei ftp).

Circuit Level Gateways sind mit Paketfiltern vergleichbar, arbeiten aber auf einer anderen Ebene des Protokollstacks. Verbindungen durch dieses Gateway erscheinen einer entfernten Maschine, als bestünden sie mit dem Firewall-Host: Infomationen über geschützte Netze lassen sich verbergen.

Application Gateways, auch **„Proxy"** (Stellvertreter) genannt, stellen ein anderes Firewall-Konzept dar. Hierbei wird auf dem Firewall-Host für jede zulässige Anwendung ein eigenes Gateway-Programm installiert. Der Client muss sich dabei oftmals gegenüber dem Proxy-Programm authentifizieren. Der Proxy führt dann alle Aktionen im LAN stellvertretend für den Client aus. Damit lassen sich zum einen benutzerspezifische Zugangsprofile (welche Zeiten, welche Dienste, welche Rechner) erstellen, zum anderen kann man die Festlegung der zulässigen Verbindungen anwendungsbezogen vornehmen. Die daraus resultierenden separaten kleinen Regelsätze bleiben besser überschaubar als der komplexe Regelsatz eines Paketfilters.

Über den Proxy können auch bestimmte Webadressen gesperrt, oder inhaltliche Filterungen des Datenverkehrs vorgenommen werden

Application Gateways sind typische Vertreter der „Es ist alles verboten, was nicht ausdrücklich erlaubt ist"-Strategie und bekannt als sicherste – aber auch komplizierteste Lösung.

Da beim Proxy alle Zugriffe nach außen über eine Instanz laufen, kann der Proxy gleichzeitig als Pufferspeicher (Cache) benutzt werden. Der Proxy speichert alle erhaltenen WWW-Seiten zwischen, so dass er bei einem erneuten Zugriff darauf – egal, ob vom selben oder einem anderen Anwender – keine Verbindung nach außen aufbauen muss.

Um den Datenverkehr zwischen Firmen, Filialen oder Universitäten innerhalb von Städtegrenzen zu ermöglichen, wurden **MAN**s (Metropolitan Area Networks) als die vergrößerte Ausgabe von LANs installiert. Ihre wichtigsten Vertreter sind FDDI (Fibre Distributed Data Interface) mit Transferleistungen von 100 Mbit/s und DQDB (Distributed Queue Dual Bus) mit skalierbaren Übertragungsraten von 34, 45 oder 140 Mbit/s. Die größte Bedeutung für das Internet besitzen weltumspannende **WAN**s (Wide Area Networks). Sie basieren in der Regel auf den physikalischen Leitungen, die von den nationalen Telefonunternehmen betrieben werden. Ein prominenter – aber für Multimedia zu wenig leistungsfähiger – Vertreter einer physikalischen Netztechnologie ist ISDN (Integrated Service Digital Network, 64 kbit/s und 128 kbit/s bis 2 Mbit/s), siehe Kapitel 2.1.

FDDI, definiert in ANSI X3T9, ursprünglich nur für Glasfaser – inzwischen auch für Kupferleitungen

Eine leistungsfähigere WAN-Technologie (auch für LAN und MAN) ist ATM (Asynchronous Transfer Mode): Datentransferraten von 155 Mbit/s erlauben die Übertragung von **zeit- und synchronisationskritischen Multimedia-Datentypen.**

Die Topologie der zugrunde liegenden WANs kann sehr unterschiedlich aussehen. Die Möglichkeiten reichen von einem Stern über einen Ring, einen Baum, einen Komplettverbund (n-zu-n) und gekoppelten Ringen bis hin zu vollkommen irregulären Netzen. Besonders komplex wird die Topologie dann, wenn auch kabellose Netzwerkteile (Richtfunk) und Satelliten-Kommunikation einbezogen werden.

Die Verbindung sehr vieler WANs über Gateways ergibt das Internetwork oder einfacher: das Internet.

1.4 Peer-to-Peer- und Client-Server-Architektur

Wie Kulturen in unterschiedlichen Ländern haben sich in den letzten Jahren die Netztechnologien für PCs und Workstations entwickelt. Bei den Workstations dominieren die „offenen" Systeme, und Standards wurden zum Allgemeingut. Bei den PCs dagegen beanspruchten bisher Firmen wie Novell die Standards für sich alleine. Erst die Workgroup-Initiative, die von Microsofts-Windows für Workgroups gestartet wurde, brachte diesen Markt wieder in Bewegung.

Grundsätzlich werden im Netzbereich zwei Architekturen unterschieden: Peer-to-Peer-Netze und Client-Server-Netze (Bild 6.11).

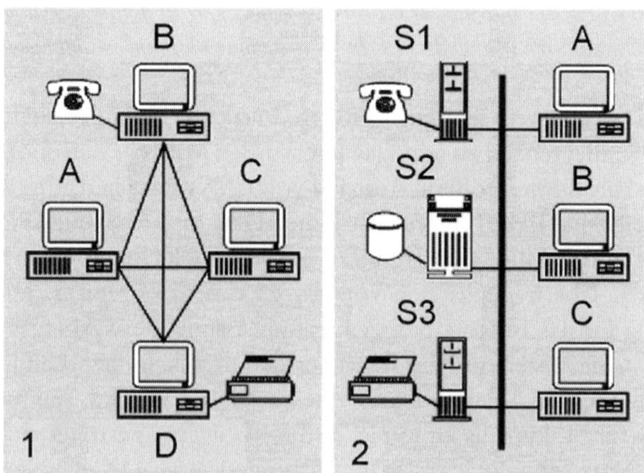

Bild 6.11 (1): Peer-to-Peer-Netzwerk; jeder der Computer A,B,C,D hat zu jedem Zugriff (2) Client-Server-Netzwerk; jeder der Computer A,B,C kann auf jeden Server S1, S2, S3 zugreifen (das Web ist eine typische Client-Server-Struktur)

Peer-to-Peer-Netze (1) realisieren Punkt-zu-Punkt-Verbindungen zwischen Computern. Parallel zu seiner normalen Arbeit kann dabei jeder Computer seine Ressourcen den anderen Computern im Netz verfügbar machen und natürlich auch Ressourcen (Dateien, Verzeichnisse, Drucker, Festplatten, CD-Laufwerke, usw.) von anderen Rechnern in Anspruch nehmen.

In einer **Client-Server-Architektur** (2) bleiben die ressourcenintensiven Aufgaben wie Datenverwaltung, Drucken, eMail-Verwaltung oder Systemadministration auf den Server (Auftragnehmer) beschränkt. Die Clients (Auftraggeber) haben nur direkte Verbindung zum Server und dienen durch Anforderungen an seine Dienste als Interaktionseinheit. Der Netzverkehr ist dadurch im Gegensatz zu anderen Architekturen vergleichsweise gering. Der Server erfordert jedoch ein hohes Maß an Prozessorleistung, Festplattenkapazität, Hauptspeicherkapazität und Datendurchsatz. In der Regel kann der Server durch die hohen Anforderungen an seine Reaktionszeit auf Diensteanforderungen für keine anderen Aufgaben benutzt werden.

Die meisten Internet-Multimedia-Anwendungen basieren auf dem Client-Server-Prinzip.

Im einfachsten Fall kommunizieren zwei Computer miteinander, wobei auf dem einen der Clientprozess (mit dem Benutzerinterface) und auf dem anderen der Serverprozess läuft. Der Clientprozess wird in der Regel auch erst bei Bedarf gestartet und versucht dann, Kontakt mit dem Serverprozess aufzunehmen. Dies setzt natürlich voraus, dass der Server ständig läuft, der Server verhält sich aber passiv und wartet auf die Anfragen eines Clients. Als Server ist ein leistungsstarker Rechner erforderlich, der Clientprozess dagegen ist oft ein einfaches Programm, das kaum Anforderungen an den Rechner stellt. Ein Server kann mehrere Clientprozesse parallel bedienen.

1.5 Dienste

Das Internet stellt viele verschiedene Dienste zur Verfügung, z.B.:

- grafische Benutzeroberfläche (WWW),
- elektronische Post (eMail),
- Nachrichtengruppen (newsgroups),
- Plaudern im Internet (IRC, chat),
- Dateiübertragung (ftp),
- Fernbedienung anderer Computer (telnet).

Alle diese Dienste benutzen eigene – auf IP aufsetzende – Protokolle, um diese Dienstleistungen zu erbringen.

1.6 Das Domain-Konzept im Internet

Jeder Knoten im Internet besitzt eine weltweit eindeutige Adresse. Bei der Kommunikation wird diese Adresse zur Identifikation von Quelle und Ziel eines Datenpakets verwendet. Die Konvention für die sogenannten **IP-Adressen** basiert auf einem 32-Bit-Wert, wobei die Darstellung im Dezimalsystem erfolgt. Jeder 8-Bit-Dezimalwert (Oktet) wird durch einen Punkt von seinem Nachbarn getrennt (z.B. 143.50.35.6), wobei die Bezeichnung hierfür „Dotted Decimal Notation“ lautet.

Programme referenzieren Rechner und andere Ressourcen äußerst selten über binäre Netzwerkadressen. Statt dessen finden ASCII-Zeichenketten viel öfters Verwendung, wie z.B. „kfunigraz.ac.at“. Dennoch „versteht“ ein Netzwerk im Allgemeinen und das Internet im speziellen ausschließlich binäre Adressen, daher werden Mechanismen zur Konvertierung der einen Konvention in die andere benötigt.

Ganz zu Anfang des DARPANET genügte dafür eine einfache ASCII-Datei, die alle Rechnernamen und IP-Adressen auflistete. Nachts holten alle angeschlossenen Rechner diese Datei von der Originalquelle ab. Für ein Netzwerk mit nur einigen hundert Maschinen war dies geeignet. Erst nachdem viele tausend Computer im Internet miteinander verbunden waren, erwies sich dieses Vorgehen als nicht mehr akzeptabel. Insbesondere die wachsende Größe der Datei und die Namenskonflikte bei der Einbindung neuer Rechner erforderte die Entwicklung eines neuen Konzepts – des **DNS** (Domain Name System). Dieses basiert auf der Einführung eines hierarchischen, domänebasierten Namensschemas und eines verteilten Datenbanksystems für die Implementierung dieses Namensschemas. Es wird primär für die Abbildung (Mapping) von Rechnernamen auf IP-Adressen verwendet.

Eine große und sich ständig ändernde Datenbank mit Rechnernamen ist ein nichttriviales Problem. Wie bei einem normalen Postsystem wird das Management von Namen durch die Zuordnung von Zeichenketten für Land, Ort, Straße und Namen geregelt.

Konzeptionell ist das Internet in mehrere hundert **Top Level Domains** aufgeteilt, wobei jede Domain viele Rechner umfasst. Jede Domäne ist aufgeteilt in **Subdomänen**, die sich wiederum in Subdomänen verzweigen. Alle diese Domänen können in einer **Baumstruktur** dargestellt werden.

Die Blätter dieser Bäume repräsentieren Subdomänen, die keine weiteren Subdomänen mehr beinhalten. Ein Blatt kann einen einzelnen Computer – oder eine Universität mit Tausenden von Einzelrechnern umfassen.

Die Top Level Domains bestehen aus zwei Gruppen: generische und länderspezifische. **Generische Domänen** sind:

- com (Commercial),
- edu (Educational Institutions),
- gov (US Federal Government),
- int (bestimmte internationale Firmen),
- mil (US Armed Forces),
- net (Network Providers) und
- org (Nonprofit Organizations).

Die länderspezifischen Domänen (.at .de .ch) umfassen einen Eintrag für jedes Land, wie es in ISO 3166 definiert ist.

Domänennamen sind unabhängig von der Groß- und Kleinschreibung, daher bedeuten edu und EDU dasselbe. Komponentennamen können bis zu 63 Buchstaben lang sein, der gesamte Pfad bis zu 255 Buchstaben.

IAB Internet Architecture Board veröffentlicht die Internet-Standards (www.iab.org)

Das höchste Gremium im Internet ist das **IAB**. Es segnet Entscheidungen über Standards und Adressvergabe ab und veröffentlicht diese Entscheidungen. Technische und betriebliche Probleme werden zuvor in der **IETF** (Internet Engineering Task Force) behandelt, deren Treffen öffentlich sind. Hier werden Standards entwickelt, dokumentiert und dann in den RFCs (Request for Comments) niedergelegt.

Als ausführende Institutionen arbeiten so genannte **NIC**s (Network Information Centers) und **NOC**s (Network Operation Centers), die auf weltweiter, kontinentaler, nationaler und regionaler Ebene existieren.

Die Aufgabe des NIC ist die Vergabe und Koordination von eindeutigen Adressen und Namen im Internet.

Früher vergab das zentrale **InterNIC** in USA ganze Adressbereiche an das europäische NIC – das RIPE-NCC (Reseaux IP Europeens-Network Coordination Center). Heute machen das eingetragene Registrare (z.B. die Firma Network Solutions, [W15], [W16]). Auf nationaler Ebene hat dann beispielsweise die deutsche Organisation (DE-NIC) die Möglichkeit, eigenständig aus diesem Bereich Adressen zu vergeben, z.B. an einen lokalen Provider. Dieser verteilt die Adressen an seine Endbenutzer weiter.

Das NOC kümmert sich um den Betrieb des Netzes, wie z.B.:

- Konfiguration der Netzkomponenten (Router),
- die Behebung von Netzfehlern und die
- Beratung und Koordination der Netzteilnehmer.

1.7 Protokolle

Wie schon beim OSI-Modell festgestellt wurde, muss bei der Netzwerktechnologie zwischen Protokollen (wie z.B. TCP/IP) und Diensten (wie X.25, Frame Relay, ATM oder B-ISDN) unterschieden werden.

Die gesamte Kommunikation im Internet basiert auf dem TCP/IP-Protokoll mit bidirektionaler Verbindung zwischen zwei Computern (Socket-Mechanismus). Sowohl unter UNIX als auch unter Windows NT bzw. Windows 95, 98 und 2000 sind die TCP/IP-Funktionalitäten schon im Betriebssystem enthalten. Für andere Betriebssysteme gibt es entsprechende Protokoll-Stacks.

Historisch gesehen ist **TCP/IP** das Standardprotokoll für die Kopplung aller Netzwerke im Internet und Intranet.

Bei Betrachtung des Internets als eine Sammlung von Subnetzen und autonomen Computersystemen ist IP (Internet Protocol) der „Leim", der alles zusammenhält.

Datagramm = data packet, auch PDU (protocol data unit), zusammengehörende Nutzdaten

Bei einer Kommunikation über das Internet zerlegt der Sender die Datenströme in **Datagramme** mit einer theoretischen Größe von 64 KB (typisch nur etwa 1,5 KB). Jedes Datagramm wird über das Internet transportiert und dabei möglicherweise sogar in noch kleinere Fragmente zerteilt. Wenn diese „Bruchstücke" am Zielort angelangt sind, werden sie dort wieder zu den originalen Datagrammen zusammengesetzt und dem Eingangsdatenstrom des empfangenden Prozesses zugeführt.

Das **IP-Datagramm** besteht aus dem Header und dem Datenteil. Der Header unterteilt sich in einen 20 Bytes langen statischen Teil und einen optionalen Teil variabler Länge.

Die Konvention für die IP-Adressen basiert wie schon erwähnt auf einem 32-Bit-Wert, der die Netzwerk- und die Host-Nummer der zugrunde liegenden Adresse codiert. Hierbei sind die Netzwerke in verschiedene Klassen eingeteilt, die durch zugehörige Subnetzmasken bestimmt werden (z.B. 255.255.255.0). Jede Subnetzmaske wird verwendet, um den Netzwerk- und den Hostteil der Adresse zu identifizieren.

multicast = Mehrpunktverbindung

Die Adressklassen werden in einem weltweit gültigen Schema von A bis G unterschieden. Nur die ersten drei Klassen A bis C sind für Benutzer bestimmt. Adressen der Klasse D sind für Multicasting-Zwecke reserviert, und Adressen der Klasse E dienen dem Testbetrieb und zukünftigen Entwicklungen. Der Wert 127 in den ersten Oktets ist für einen Loopback reserviert, d.h. eine Rückkopplung auf sich selbst.

Ein Netzwerk der Klasse A besitzt eine Subnetzmaske, die mindestens 8 bit lang ist. Die Subnetzmaske für ein Netzwerk der Klasse B ist mindestens 16 bit lang, die Subnetzmaske für ein Netzwerk der Klasse C mindestens 24 bit.

Die Protokolle der TCP/IP-Familie wurden bereits in den 70er Jahren für den Datenaustausch in heterogenen Rechnernetzen (d.h. Computer verschiedener Hersteller mit unterschiedlichen Betriebssystemen) entwickelt.

TCP steht für „Transmission Control Protocol" (Schicht 4) und IP für „Internet Protocol" (Schicht 3). Die Protokollspezifikationen sind in RFC-Dokumenten veröffentlicht. Aufgrund ihrer Durchsetzung stellen sie Quasi-Standards dar.

Die Schichten 5 bis 7 des OSI-Standards werden hier in einer Anwendungsschicht zusammengefasst, da die Anwendungsprogramme alle direkt mit der Transportschicht kommunizieren.

In Schicht 4 befindet sich außer TCP, das gesicherten Datentransport (verbindungsorientiert, mit Flusskontrolle durch Windowing) ermöglicht, auch UDP (User Datagram Protocol), in dem verbindungsloser und ungesicherter Transport festgelegt ist.

Beide Protokolle erlauben durch die Einführung von so genannten **Ports** den Zugriff mehrerer Anwendungsprogramme gleichzeitig auf ein und dieselbe Maschine.

Port = allg. logische oder physikalische Adresse einer Daten-Übergabestelle; im Internet Bezeichnung für „transport layer demultiplexing value", die 16-Bit-Adresse, die den Datentransport zwischen gleichrangigen Schichten sicherstellt; z.B. http: 80; ftp: 21; telnet: 23;

In Schicht 3 werden die IP-Adressen festgelegt. Hier findet auch das Routing, das heißt die Wegsteuerung eines Paketes von einem Netz ins andere statt. Ebenfalls in diese Ebene integriert sind die ARP-Protokolle (Address Resolution Protocol), die zur Auflösung (Umwandlung) einer logischen IP-Adresse in eine physikalische (z.B. Ethernet-) Adresse dienen und dazu so genannte Broadcasts (Datenpakete, durch die alle angeschlossenen Stationen angesprochen werden) verwenden. ICMP, ein Protokoll, welches den Austausch von Kontroll- und Fehlerpaketen im Netz ermöglicht, ist ebenfalls in dieser Schicht realisiert.

Die Schichten 1 und 2 sind gegenüber Schicht 3 protokolltransparent. Sie können durch standardisierte Protokolle (z.B. Ethernet (CSMA/CD), FDDI, SLIP (Serial Line IP), PPP (Point-to-Point Protocol)) oder andere Übertragungsverfahren realisiert werden.

Zur TCP/IP-Familie gehören mehrere Dienstprogramme der höheren OSI-Schichten, z.B.:

Telnet (RFC 854): ist ein Terminal-Protokoll, um vom eigenen Computersystem einen interaktiven Zugang zu einem anderen System zu realisieren.

FTP (RFC 959): ermöglicht als File-Transfer-Protokoll, die Dateidienste eines Fremdsystems interaktiv zu benutzen sowie die Dateien zwischen den Systemen hin und her zu kopieren.

NFS (RFC 1094): Das Network File System ermöglicht den Zugriff auf Dateien an einem entfernten System so, als wären sie auf dem eigenen (transparenter Dateizugriff). NFS basiert auf den zur TCP/IP-Familie gehörenden UDP (User-Datagramm-Protokolle) (ebenfalls Schicht 4), RFC 768. Im Unterschied zu TCP baut UDP keine gesicherten virtuellen Verbindungen zwischen kommunizierenden Hosts auf. Aufgrund dieser Eigenschaft ist es für den Einsatz in lokalen Netzen vorgesehen.

NNTP (RFC 977): Das Network News Transfer Protocol spezifiziert Verteilung, Abfrage, Wiederauffinden und das Absetzen von News-Artikeln innerhalb eines Teils oder der gesamten Internet-Gemeinschaft. Die Artikel werden in regional zentralen Datenbasen gehalten. Einem Benutzer ist es möglich, aus dem gesamten Angebot nur einzelne Themen zu abonnieren.

SMTP (RFC 821/822): Das Simple-Mail-Transfer-Protokoll (RFC 821) ist ein auf der IP-Adressierung sowie auf der durch den RFC 822 festgelegten Namensstruktur basierendes Mail-Protokoll.

DNS (RFC 920): Der Domain Name Service unterstützt die Zuordnung von Netz- und Host-Adressen zu Rechnernamen. Dieser Service ist z. B. erforderlich für die Anwendung von SMTP sowie in zunehmendem Maße auch für Telnet und FTP. Aus Sicherheitsgründen wendet sich der fremde Host an den DNS, um zu prüfen, ob der IP-Adresse des ihn rufenden Rechners auch ein (Domain-) Name zugeordnet werden kann. Falls nicht, wird der Verbindungsaufbau abgelehnt.

Mit der TCP/IP-Protokollfamilie ist die einfache Realisierung von Netzwerkverbunden möglich. Einzelne lokale Netze werden über Router oder Gateways verbunden. Einzelne Hosts können über mehrere Teilnetze miteinander kommunizieren.

IP als Protokoll der Ebene 3 ist die unterste Ebene, die darunter liegenden Netzebenen können sehr unterschiedlich sein:

- LANs (Ethernet, Token-Ring usw.),
- WANs (X.25 usw.),
- Punkt-zu-Punkt-Verbindungen (SLIP, PPP).

Es ist offensichtlich, dass Gateways neben dem Routing weitere nicht triviale Funktionen haben, wenn sie zwischen den unterschiedlichsten Teilnetzen vermitteln (z.B. unterschiedliche Protokolle auf Ebene 2, unterschiedliche Datenpaketgröße usw.).

Fassen wir zusammen: Im Internet existieren drei unabhängige Namens- bzw. Adressierungsebenen:

- physikalische Adressen (z.B. Ethernet-Adresse),
- Internet-Adressen (IP-Adresse) und
- Domain-Namen.

Die Umsetzung der höchsten Ebene (Domain-Namen) in IP-Adressen erfolgt durch das schon erwähnte DNS, worauf die Dienstprogramme der Schichten 5 bis 7 zurückgreifen.

Die Umsetzung einer IP-Adresse in eine Hardware-Adresse erfolgt durch Tabellen und auf Hardware-Ebene (z.B. Ethernet) automatisch über ARP (Address Resolution Protocol).

Beispiel: Computer A will Daten an einen Computer B mit der Internetadresse I(B) senden, deren physikalische Adresse P(B) aber noch nicht bekannt ist. A sendet einen ARP-Request (der die eigene physikalische Adresse und die IP-Adresse von B enthält) an alle Computer im Netz. Alle Computer erhalten und überprüfen den ARP-Request. Der angesprochene Computer B antwortet, indem ein ARP-Reply (mit der physikalischen Adresse von B) an Computer A gesendet wird, der die Zuordnung in einer Tabelle speichert (Address Resolution Cache).

Auch für die Umkehrfunktion gibt es eine standardisierte Vorgehensweise, den RARP (Reverse ARP). Hier sendet Computer A unter Angabe seiner physikalischen Adresse P(A) einen RARP-Request. Wenn im Netz ein Computer als RARP-Server eingerichtet ist (ein Computer, der alle Zuordnungen von P(x) ↔ I(x) „kennt"), antwortet dieser mit einem RARP-Reply an den anfragenden Computer, der I(A) enthält. Diese Funktion ist z.B. für so genannte „Diskless Workstations" wichtig, die ihre gesamte Software von einem Server laden.

Das Internet-Protokoll (IP) ist ein verbindungsloser Dienst (im Gegensatz zu X.25) mit einem „Unreliable Datagram Service", d.h., es wird auf der IP-Ebene weder die Richtigkeit der Daten noch die Einhaltung von Sequenz, Vollständigkeit und Eindeutigkeit der Datagramme überprüft. Ein zuverlässiger verbindungsorientierter Dienst wird in der darüber liegenden TCP-Ebene realisiert.

Ein IP-Datagramm besteht aus einem Header und einem nachfolgenden Datenblock, der seinerseits dann z.B. in einem Ethernet-Frame „verpackt" wird. Die maximale Datenlänge wird auf die maximale Rahmenlänge des physikalischen Netzes abgestimmt. Da nicht ausgeschlossen werden kann, dass ein Datagramm auf seinem Weg ein Teilnetz passieren muss, dessen Rahmenlänge niedriger ist, müssen zum Weitertransport mehrere (Teil-) Datagramme erzeugt werden. Dazu wird der Header im Wesentlichen repliziert und die Daten in kleiner Blöcke unterteilt. Jedes Teil-Datagramm hat also wieder einen Header. Diesen Vorgang nennt man **Fragmentierung**. Es handelt sich um eine rein netztechnische Maßnahme, von der Quell- und Zielknoten nichts wissen müssen.

Es gibt natürlich auch eine umgekehrte Funktion, **„Reassembly"**, die kleine Datagramme wieder zu einem größeren packt. Geht auf dem Übertragungsweg nur ein Fragment verloren, muss das gesamte Datagramm wiederholt werden. Es gilt die Empfehlung, dass Datagramme bis zu einer Länge von 576 Byte unfragmentiert übertragen werden sollten.

Für den Multimedia-Bereich natürlich sehr wichtig ist HTTP:

HTTP (Hypertext Transfer Protocol) ist ein Protokoll der Applikationsschicht, das alle Möglichkeiten der Übertragung von **Hypermedia**-Informationen bietet. HTTP ist weder hardware- noch betriebssystemabhängig.

HTTP ist seit 1990 im Einsatz und wird derzeit meist in der Version „HTTP/1.0" verwendet.

MIME = Multipurpose Internet Mail Extensions, erweitertes eMail-Protokoll (RFC 1341) zum Versenden von beliebigen binär codierten Multimediadaten

Informationssysteme benötigen naturgemäß mehr Funktionen als einfaches Senden und Empfangen von Nachrichten. Die Entwicklung von HTTP/1.0 ist nicht abgeschlossen. Es bietet die Möglichkeit, weitere Funktionalität zu entwickeln. Die Adressierung von Ressourcen erfolgt dabei mittels URLs, die zum einen Orte (URL) oder Bezeichner (URN) sein können. Diese zeigen gleichzeitig den gewünschten Übertragungsmechanismus an. Nachrichten werden in der gleichen Form übertragen, wie sie auch bei normalem Mail-Transport verwandt werden. Dabei kommt oft **MIME** zum Einsatz. HTTP/1.0 ist auch für den Zugriff auf Server mit anderen Protokollen geeignet. So ist es WWW-Clients möglich, mit Servern und Gateways per SMTP, NNTP, FTP, Gopher und WAIS zu kommunizieren.

Die grundlegende Funktionsweise von HTTP folgt einer Frage-Antwort-Prozedur (query-answer, bzw. request-response). Ein fragendes Programm (z.B. WWW-Browser) öffnet eine Verbindung zu einem Programm, das auf Fragen wartet (WWW-Server), und sendet ihm eine Anfrage zu.

Die Anfrage enthält die Fragemethode, die URL, die Protokollversion, Informationen über den Dienst und den eigentlichen Inhalt. Der Server antwortet auf diese Frage mit einer Statusmeldung, auf die eine MIME-artige Nachricht folgt, die Informationen über den Server und eventuell schon das angefragte Dokument enthält.

Direkt nach Beantwortung der Anfrage wird die Verbindung wieder abgebaut, damit Leitungskapazitäten geschont werden. Derzeit finden HTTP-Verbindungen meist per TCP/IP statt. HTTP kann aber auch auf anderen Netzwerkprotokollen aufsetzen. Beide Seiten müssen in der Lage sein, auf den vorzeitigen Abbruch der Kommunikation zu reagieren. Vorzeitiger Abbruch kann durch Aktionen von Benutzern, Programmfehler oder Überschreiten der Antwortzeiten (time out) ausgelöst werden. Durch den Abbruch der Verbindung wird der gesamte Kommunikationsvorgang abgebrochen.

Jede Kommunikation zwischen zwei WWW-Programmen besteht aus HTTP-Botschaften, die in Form von Anfragen und Antworten zwischen Client und Server ausgetauscht werden.

Eine HTTP-Botschaft (HTTP-Message) kann entweder ein Simple-Request, eine Simple-Response, ein Full-Request oder eine Full-Response sein. Die beiden zuerst genannten Botschaftstypen gehören zum HTTP/0.9-Standard. Die beiden letzten Typen gehören schon zum HTTP/1.0.

Jedes der Felder eines HTTP-Botschaftenkopfes weist die gleiche Struktur auf. Im RFC 822 wurde definiert, dass jedes Feld mit einem Feldnamen und dem Feldinhalt erscheint. Auf den Feldnamen muss unbedingt ein Doppelpunkt folgen. Der Feldname kann alle Zeichen außer dem Doppelpunkt und den Escape-Sequenzen enthalten. Allgemeinfelder enthalten Informationen wie das Datum, die Message-ID, die verwendete MIME-Version und ein „forwarded“-Feld, um festzustellen, ob das Dokument von einer anderen Adresse stammt.

Nach dieser knappen Einführung in die Technik von Netzwerken, wenden wir uns nun dem eigentlichen Thema zu: Multimedia im WWW.

2 Multimedia im WWW

Die multimedialen Eigenschaften von Internet- und Intranet-Anwendungen hängen in direkter Weise von den Möglichkeiten der Seitenbeschreibungssprache des WWW, der **Hypertext Markup Language (HTML)** ab. Dort nicht verankerte Darstellungsvarianten lassen sich nur durch zusätzliche Browser-plug-ins (kleine Zusatzprogramme für Browser) oder die Verwendung von komplexeren Sprachen, wie z.B. JAVA, JAVASCRIPT, FLASH oder ACTIVE-X, realisieren.

2.1 Bandbreitenproblem

Multimediale Anwendungen stehen und fallen mit der Kapazität der Übertragungswege vom Server (Anbieter) zum Client (Anwender).

bps
bit per second

Die Bandbreite (bandwidth) ist die **maximale Datenmenge**, die pro Zeiteinheit über eine Übertragungsstrecke gesendet werden kann, und wird in bps, kbit/s oder Mbit/s angegeben.

Verschiedene Medien haben verschiedene Filegrößen: Eine Seite Text mit 3000 ASCII-Zeichen benötigt 3 KB. Ein Farbbild mit 24-Bit-Farbtiefe und einer Größe von 640 × 480 Pixel benötigt immerhin schon zwischen 75 bis 900 KB, je nach Komprimierungsgrad. Für eine einminütige Sprachaufzeichnung werden rund 600 KB und für eine Minute Musik in CD-Qualität schon rund 10 MB benötigt. Aber für nur eine Minute Video sind, je nach Größe, Kompressionsgrad und Qualität, zwischen 15 bis 400 MB notwendig! Beispielsweise benötigt ein unkomprimiertes AVI-File mit einer Minute Spieldauer, mit 320 × 240 Pixel, 16 Bit Farbtiefe, 25 Bilder/s, mit PCM Stereoton, 44,1 kHz, einen Speicherplatz von 40 MB.

Bild 6.12 Gegenüberstellung von Filegrößen verschiedener Medien

Medien-Typ	*Filegröße*
1 Seite Text 3000 ASCII-Zeichen	3 KB
1 Farbbild 640 × 480 px	75 – 900 kB
1 min Sprache	600 kB
1 min Musik (CD)	10 MB
1 min Video 320 × 240 px	15 – 400 MB

Übertragungszeit

Zur schnellen Berechnung der Übertragungszeit verschiedener Medien über verschiedene Transportwege können wir folgende Formel anwenden:

$$t = \frac{f_s \cdot 1024 \cdot 8}{b}$$

t benötigte Übertragungszeit in s
f_s Filegröße (filesize) in MB
b Bandbreite des Übertragungskanals in kbit/s (kbps)

Beispiel: Standardmodem (56,6 Kbit/s): Eine Minute Video benötigt zur Übertragung über 2 Stunden

Bei Verwendung eines Standardmodems mit theoretischen 56,6 kbit/s und praktisch durchschnittlichen 40 kbit/s benötigt die Übertragung eines einseitigen Textfiles weniger als eine Sekunde.

Für ein Farbbild mit 300 KB werden immerhin schon rund 60 Sekunden benötigt.

Eine Sprachaufzeichnung mit einer Minute Länge benötigt rund 2 Minuten und eine Minute Musik in CD-Qualität schon eine halbe Stunde.

Für eine Minute Videofilm (unser AVI-File mit 40 MB) wird die enorme Zeit von 2 Stunden 16 Minuten und 34 Sekunden benötigt.

Auch durch die Verwendung des vielgerühmten ISDN (Integrated Services Digital Network) mit 64 kbit/s oder Double-ISDN mit 128 kbit/s werden die Übertragungszeiten nicht wesentlich kürzer. Nothelfer ist zwar das Streaming Verfahren – aber erst durch die Verwendung von Breitbandtechnologien kann Multimedia wirklich effizient verteilt werden.

Medien-Typ	Übertragungsdauer bei 28,8 kbit/s
1 Seite Text 3000 ASCII-Zeichen	1 s
1 Farbbild 640 × 480 px	20 bis 91 s
1 min Sprache	166 s (2,7 min)
1 min Musik (CD)	3000 s (50 min)
1 min Video 320 × 240 px	46 min bis 1,9 h

Bild 6.13 Übertragungszeiten verschiedener Medien über eine MODEM-Verbindung mit 28,8 kbit/s

Um ein Gefühl für den aktuellen Stand der Entwicklung zu bekommen, sehen wir nun uns zunächst einige Bandbreiten an, die uns in der Praxis momentan *zur Verfügung stehen:*

Bild 6.14 Momentan gängige Internet-Verbindungen und deren Übertragungsdatenraten

Internet-Verbindung	*Datenrate*
MODEM	28,8 kbit/s
ISDN	64 kbit/s
ADSL	8 Mbit/s
Ethernet (im Internet)	10 Mbit/s
ATM	155 Mbit/s

2.2 Breitbandtechnologien

2.2.1 xDSL – ADSL

xDSL ist die Sammelbezeichnung für

- ADSL (Asymmetric Digital Subscriber Line),
- HDSL (High Data Rate Digital Subscriber Line),
- SDSL (Symmetric Digital Subscriber Line) und
- VDSL (Very high rate Digital Subscriber Line).

Darunter werden digitale, breitbandige Übertragungstechniken über (vorhandene) Kupferkabel innerhalb eines Ortstelefonnetzes verstanden. Insbesondere ADSL soll das ISDN ablösen, um Multimedia und VoD (Video on Demand) zu ermöglichen.

T1 (Transmission Link 1), Datenübertragungsstandard der Firma Bell mit 1,5 Mbit/s auf Standleitungen

ADSL ist eine breitbandige (etwa 1 MHz) Datenübertragung über normale doppeladrige Kupferleitungen des Telefonnetzes mittels eines wesentlich höherem Frequenzspektrum als bei ISDN. Deshalb werden normale Telefonübertragungen auch nicht beeinträchtigt. Während mit der (älteren) HDSL, die als kostengünstigere Alternative zu T1-Leitungen entwickelt wurde, breitbandige Duplexverbindungen möglich sind, ist ADSL unsymmetrisch ausgelegt.

ADSL ist unsymmetrisch: Es stehen upstream (vom Nutzer ins Netz) maximal 768 kbit/s und downstream maximal 6,144 Mbit/s zur Verfügung.

Im Gegensatz zu traditionellen Modems können mit ADSL aber nur wenige Kilometer überbrückt werden (bis max. 5 km). Damit kann gerade (hoffentlich) die Vermittlungsstelle des Netzbetreibers erreicht werden, der dort für eine Verschaltung mit dem Internet sorgen muß. ADSL verwendet DMT (Discrete Multi Tone) als Modulationsverfahren. Wie ISDN besitzt es einen Steuerkanal, der mit einer Kapazität von 16 oder 64 bit/s für die Signalisierung zwischen Nutzer und Netzknoten vorgesehen ist. Der Nutzer wird über einen ADSL-Adapter an das System angeschlossen.

Für den Download unseres einminütigen Videos (40 MB) werden etwas mehr als 53 Sekunden benötigt.

2.2.2 TV-Kabel

TV-Kabel-Modems unterscheiden sich prinzipiell kaum von konventionellen Modems. Da diese aber mit dem (breitbandigen) Koaxialkabel des TV-Netzes verbunden sind, bieten sie naturgemäß wesentlich höhere Übertragungsgeschwindigkeiten. Ein Kabelmodem ist permanent online. Der PC kann z.B. mit einer „Ethernet"-Karte an das Kabelmodem angeschlossen werden. Eine konventionelle Telefonleitung wird aber auch hier benötigt, um Inhalte aus dem Internet anzufordern. Theoretisch sollen bis zu 30 Mbit/s möglich sein. In Feldversuchen wird derzeit mit 14 Mbit/s gearbeitet.

Unser „Testvideo" (1 Minute, 40 MB) wird in 23 s übertragen.

2.2.3 Powerline

Schon längere Zeit gibt es Überlegungen, wie das dichte und praktisch überall vorhandene Niederspannungsnetz der EVU (Energieversorgungsunternehmen) für Kommunikationsdienste verwendet werden kann.

Ein Problem sind die immanenten Störungen auf Stromleitungen. Eine Übertragungstechnologie, die das Stromnetz verwendet, muss eine EMV (elektromagnetische Verträglichkeit) mit bestehenden Anwendungen gewährleisten und eine (für kommerzielle Nutzung) attraktive Übertragungsdistanz erzielen.

Mit einer Übertragungsgeschwindigkeit von etwa 1 Mbit/s soll die DPL (Digital PowerLine) nicht nur für Internetdienste, sondern auch für viele andere Steuerungs- und Kommunikationsaufgaben herangezogen werden.

Im Frühjahr 1999 hat die Firma Ascom [W11] in einem gemeinsamen Projekt mit der RWE (Rheinisch-Westfälische Energieversorgungsunternehmen) einen PLC (Powerline Communications) Demonstrator für den Breitband-Zugang präsentiert. Dieser Demons-

trator wurde in einem existierenden Niederspannungs-Versorgungsnetz der RWE in Leichlingen (Düsseldorf) installiert und über einen Zeitraum von 6 Monaten ohne Störungsfälle betrieben. Dieser Demonstrator überbrückt nicht nur die „letzte Meile" vom Niederspanungstransformator bis zum Hausanschluss, sondern er nutzt zudem auch die gebäudeinterne Stormverkabelung zur weiteren Feinverteilung des Breitbandsignals. Damit wird praktisch jede Steckdose zu einer Breitband- Kommunikationsschnittstelle zum öffentlichen Netz. Der Demonstrator erzielte in der ersten Version eine Datenrate von etwa 1,3 Mbit/s und ermöglichte Reichweiten (außer Haus) von rund 300 m. Das Ascom PLC System unterstützt standardisierte Kommunikationsschnittstellen und bietet auf der Anwendungsseite eine transparente Plattform für die TCP/UDP/IP Protokollschichten an [W11].

2.2.4 ATM

ATM (Asynchronous Transfer Mode) stellt völlig neue Lösungsansätze für die Realisierung universeller Breitbandnetze dar. Gedacht ist ATM als eine Technologie für vermittelte, verbindungsorientierte LANs und WANs mit der Ermöglichung von Hochgeschwindigkeitsverbindungen für eine (theoretisch) unbegrenzte Anzahl an Netzusern. Der größte Vorteil von ATM liegt in einer diensteunabhängigen, einheitlichen Netzstruktur, gekennzeichnet durch:

- Entkopplung der Kanaltypen von Netz und Diensten: Das Netz stellt keine dienstspezifischen Kanäle zur Verfügung;
- Entkopplung der Takte von Netz und Diensten: Dienstspezifische Takte müssen nicht von einem Muttertakt des Netzes abgeleitet werden;
- Entkopplung von netz- und dienstspezifischer Information: Das Netz hat keine Kenntnis von Syntax oder Semantik der Daten des Dienstes.

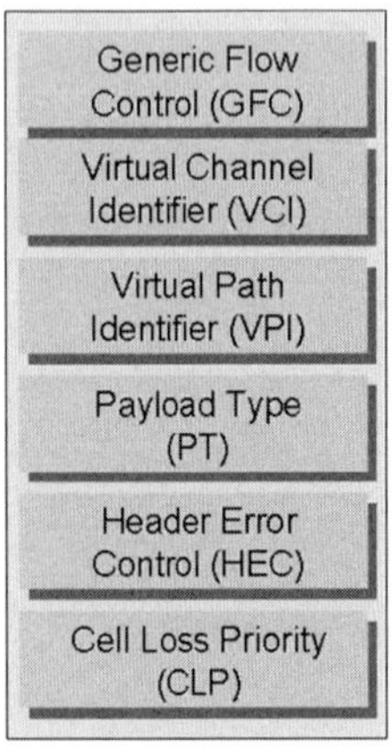

Bild 6.15 Der Header enthält die Kanalbündelidentifizierung (VCI) und gibt mit CLP die Zellenpriorität an

---

Das ATM-Prinzip beruht auf einer Paketvermittlung: Die Informationen werden in Form von Paketen festgelegter Länge ausgetauscht. Die kleinste Einheit ist die Zelle (cell).

Die Zellen haben keine feste Position in einem Zeitraster, sondern werden asynchron von den Quellen erzeugt. Den Diensten stehen damit keine fest zugeordneten Bandbreiten zu, sondern die Quellen belegen eine gewisse Anzahl von Zellen in einem bestimmten Zeitabschnitt. Die daraus resultierende Bandbreite muss bei Verbindungsaufbau von der Nachrichtenquelle angefordert werden, um das Netz nicht zu überlasten und um zu gewährleisten, dass die Zellen vom Empfänger abgenommen werden.

Eine Zelle enthält Nutzinformationen und einen Kopf (Header), der die Zellen identifiziert (Bild 6.15), die zum selben **virtuellen Kanal** gehören. Die Zellen werden bei Bedarf von den Quellen erzeugt. Besteht kein Bedarf,

Information zu übertragen, werden Leerzellen erzeugt. Dadurch entsteht ein **kontinuierlicher Zellstrom**.

Die CCITT Empfehlungen zu ATM wurden 1990 erstmals veröffentlicht und 1992 in einer überarbeiteten Version herausgegeben. In ihnen ist die ATM-Zelle festgelegt.

Beim von der CCITT vorgeschlagenen ATM Verfahren werden Zellen konstanter Länge übertragen. Daher sind keine zusätzlichen Flags („setzbare Bits") zur Zellenbegrenzung nötig.

Die Zellen von unterschiedlichen Verbindungen können auch im Multiplexbetrieb (zeitlich verschachtelt) übertragen werden. Nachrichtenquellen höherer (nichtkonstanter) Bitraten belegen dabei mehrere Zellen. Aber auch Dienste mit kontinuierlichen Datenraten können übertragen werden (z.B. Videokonferenzen, Sprachübertragung). Bei Verwendung von STS-3 (Synchronous Transport Signal) wird mit einer Bandbreite von 155,52 Mbit/s gearbeitet, die für multimediale Datentransporte wirklich ausreichend sind.

Unser Testvideo wird in rund 2 s übertragen.

2.2.5 Terrestrischer Richtfunk

Diese Technologie setzt voraus, dass eine Richtfunkstrecke eingerichtet ist und die User über entsprechende Hardware und Antennen verfügt. Die Kosten sind dementsprechend hoch. Die Daten werden dann über bestimmte freigegebene Funkfrequenzen übertragen. So können die User lokal unabhängig von Standort und Telefonbuchse in Verbindung mit einem Internet-Provider treten. Beispielsweise bietet in Hamburg die Firma Mediascape [W12] einen Internet-Zugang über Richtfunk in vier verschiedenen Bandbreiten (2 Mbit/s, 10 Mbit/s, 34 Mbit/s, 155 Mbit/s) an. Diese Leistungen stehen vollduplex zur Verfügung, so dass keine Kompromisse im down- oder upstream gemacht werden müssen.

2.2.6 Mobilfunk

Das neue Internet-Protokoll **WAP** (Wireless Application Protocol) wurde speziell für Mobiltelefone (Handys) entwickelt. WAP ist vergleichbar mit dem HTTP-Protokoll – übertragen werden nur kurze Texte mit einer Bandbreite von nur 9,6 kbit/s. Deswegen wurde für die Anzeige eine neue Seitenbeschreibungssprache entwickelt: **WML** (Wireless Markup Language) die auf **XML** (Extensible Markup Language) basiert.

XML ist ein hersteller- und programmunabhängiges Format für jeden Typ von Dokumenten, auch für komplexere Layouts (auch Datensätze aus Datenbanken).

UMTS als Weiterentwicklung der GSM-Technologie

Um auch Multimedia über Handys akzeptabel zu ermöglichen wird am **UMTS** (Universal Mobile Telecommunication System) mit einer Bandbreite von 2 Mbit/s gearbeitet, der laut Beschluss der EU-Normierungskommission 2002 offiziell eingeführt werden soll.

2.2.7 Satellitenverbindungen

Satellitenkommunikationssysteme weisen gegenüber terrestrischen Übertragungseinrichtungen einige Vorteile auf:

- Verteilfähigkeit (Broadcast),
- einfache und rasche Netzerweiterung und
- Flexibilität und Mobilität.

Durch das Wachstum des Internets wird die Bedeutung von Nachrichtensatelliten beträchtlich steigen. Vor allem können multimediale Daten mit Hilfe von Satelliten effizient bis zum Endbenutzer gebracht werden. Datenraten im Bereich mehrerer Mbit/s werden unterstützt, was höher als bei vielen terrestrischen Lösungen ist. Die Signallaufzeit ist determiniert und weniger problematisch als bei „verstopften" terrestrischen Verbindungen.

Durch die Nutzung der Verteilfähigkeit des Satelliten wird eine effiziente und damit kostengünstige Nutzung der zur Verfügung stehenden Übertragungskapazität sichergestellt. Neue Implementierung des Internet-Protokolls und der darüber liegenden Applikationen sind für Satellitenübertragung sehr gut geeignet.

Über Satellit kann dem Endbenutzer beispielsweise ein Zugang zum Internet mit hoher Geschwindigkeit geboten werden. Die DVB (Digital Video Broadcast)-Norm erlaubt nicht nur die digitale Übertragung von TV mit hoher Qualität, sondern stellt auch eine kostengünstige Lösung für Multimediadienste via Satellit dar.

Anwendungen satellitengestützter Multimediadienste liegen im Geschäftsbereich (z.B. LAN-Vernetzung, Videokonferenzen), Tele-Medizin, Tele-Ausbildung und im Unterhaltungssektor. Eine Technik ist **Sky DSL**, die der Übertragung von TV-Kanälen via Satellit ähnlich ist. Der PC wird an eine Parabolantenne angeschlossen. Der Empfang der Signale wird direkt am Monitor eingestellt. Die Datengeschwindigkeit ist variabel. Allerdings muss der konventionelle Internetanschluss über die Telefonleitung bestehen bleiben.

2.3 Text im Web

Ursprünglich war weder das Internet noch das Web „multimedial", sondern auf die Übertragung von Text unter Verwendung der „Hyper Text Markup Language" (HTML) ausgerichtet.

HTML-Dokumente sind reine Textdateien, die spezielle Steuerbefehle und Formatierungsangaben (Tags) enthalten.

Inhalt und Struktur von Webseiten werden durch HTML beschrieben. Sie ist daher eine Auszeichnungssprache, die ursprünglich mit Hilfe der „Standard Generalized Markup Language" (SGML) spezifiziert wurde. SGML ist für das Internet zu komplex und HTML zu unflexibel. Daher wurde die Extensible Markup Language (XML) eingeführt. Diese ist eine Teilmenge von SGML, die speziell für das Internet konzipiert wurde.

HTML, XML und SGML siehe Band 3, Modul 1, Kapitel 1.4.1.1

Ein HTML-Tag besteht aus einem Namen und (optionalen) Parametern. Es ist eingeschlossen zwischen spitzen Klammern (< und >). Alle Tags, die nicht leer sind, also beispielsweise Text enthalten, benötigen ein Ende-Tag, das von </ und > eingeschlossen ist. Die Groß-/Kleinschreibung spielt bei Tags keine Rolle. Ein HTML-Dokument wird eingeleitet durch <HTML> und abgeschlossen durch </HTML>. Innerhalb des Dokumentes gibt es den **Kopfteil,** begrenzt durch <HEAD> und </HEAD>, der nur einige ausgewählte administrative Daten enthält, und den **Hauptteil,** begrenzt durch <BODY> und </BODY>. Innerhalb des Hauptteils befinden sich sämtliche Informationen und Auszeichnungen, die das ganze Dokument strukturieren. Mittlerweile gibt es verschiedene Standards (HTML 4.01, [W17]), für genaue Informationen siehe Literaturliste und Internetadressen.

Der für HTML gültige Zeichensatz ist ISO Latin-1 (ISO 8859-1). Auf Rechenanlagen, die nur in der Lage sind, 7-Bit-Zeichen darzustellen, können Zeichen oberhalb von 127 durch spezielle „character entities" gebildet werden. Diese beginnen immer mit einem Kaufmanns-Und (&), gefolgt vom Zeichennamen und abgeschlossen durch ein Semikolon. Auf diese Weise können alle Sonderzeichen dargestellt werden, auch wenn sie auf dem Rechner oder der Tastatur des Dokumentenautors nicht verfügbar sind.

Außerdem müssen die reservierten Zeichen der HTML-Tags immer umschrieben werden. Es sind dies: &='&', "='"', <='<' und >='>'. Das deutsche „ä" wird beispielsweise durch ä repräsentiert, ein „Ä" wäre Ä, ein „ß" wäre ß.

Das Konzept der HTML ist **Hypertext**, dessen Wurzeln bis auf VANNEVAR BUSH im Jahre 1945 zurückreichen. Innerhalb von Hypertext-Dokumenten können **Sprungziele** angegeben werden. Die Verweise werden durch URLs durchgeführt.

Ein **URL (Uniform Resource Locator)** ist eine Referenz auf eine Datei oder sonstige Ressource. Diese Referenz wird benötigt, um Verweise auf andere Stellen im aktuellen Dokument, auf andere Dokumente auf dem aktuellen Server oder um andere Dokumente auf anderen Servern anzugeben. Darüber hinaus kann mit einem URL auch ein Internet-Dienst spezifiziert werden. URLs dienen auch zum Einbinden von Grafiken oder anderen multimedialen Objekten.

Das Aufbau-Schema eines URLs ist

Dienst://Host.Domain:Port/Pfad/Dateiname

Die Angabe des Ports kann entfallen, es wird dann der für den angegebenen Dienst definierte **Standardport** verwendet. Ebenso können Host und Domain entfallen, wenn es sich um den lokalen Server handelt. Auch der Pfad kann weggelassen werden, wenn sich die gesuchte Datei im aktuellen Verzeichnis befindet.

2.4 Audio im Web

Ein erster Schritt, um eine Webseite „multimedial" zu machen, stellt die Einbindung von Audio dar. Aber schon „simple" Musikdateien sind nicht so einfach zu übertragen:

Audiodateien stellen wesentlich höhere Anforderungen an das Netz, als Textdateien. Für CD-Qualität (44,1 kHz, 16 Bit, Stereo) benötigen wir eine Bandbreite von rund 1,5 Mbps. Das macht uns wieder deutlich, wie wichtig das Konzept Kompression für uns ist (siehe Modul 3).

Dieselbe Audiodatei komprimiert beispielsweise mit MUSICAM benötigt nur mehr eine Bandbreite von rund 190 kbps. MUSICAM ist ein Verfahren zur Datenreduktion, das den psychoakustischen Effekt der Tonmaskierung zunutze macht: Töne in bestimmten Höhen oder und Lautstärken werden von anderen überlagert (maskiert). Diese für das menschliche Ohr redundanten (weil nicht mehr wahrnehmbaren) Toninformationen werden von MUSICAM vor der Übertragung herausgefiltert.

Die wichtigsten Web-Formate sind WAV, AIFF (Apple), AU und MIDI (siehe dazu Modul 3 „Audiotechnik").

Es existieren zwei Methoden, Audiodateien übers Web zu übertragen:

- Herunterladen (download) der ganzen Audiodatei oder
- Streaming Audio.

In HTML wird eine Audiodatei z.B. folgendermaßen eingebunden:

```
<embed src="../sounds/orinocl.mid" autostart="true" loop="1"
width="144" height="15" mastersound controls="smallconsole">
```

Bild 6.16 Ein Beispiel für eine Audiokonsole

Durch das Attribut AUTOSTART = „true“ wird die Datei sofort abgespielt, wenn diese komplett heruntergeladen ist (bei „false“ wird die Datei erst abgespielt, wenn der Anwender die Starttaste in der Konsole betätigt). Die in Netscape Navigator angezeigte **Konsole** zeigt Bild 6.15. Die Konsole kann mit dem Attribut HIDDEN = „true“ auch verborgen werden.

Das EMBED-Tag spielt WAV, AIFF, AU und MIDI im Internet Explorer und Netscape Navigator.

2.4.1 RealAudio

Bild 6.17 Der Real Player von Real Networks [W3]

Die andere Möglichkeit ist das Streaming, beispielsweise über Real Audio von Real Networks [W3]. Dazu benötigt man clientseitig einen Real Player (Bild 6.16). Das ist ein Plug-in, das es erlaubt, eine Audiodatei in Echtzeit über das Internet abzuspielen.

Um am Client die Files anhören zu können, wird für den Browser noch ein **„Plug-in“** (plug in = einstöpseln) benötigt.

Die Lösung der US-Firma Real Networks besteht im Wesentlichen aus drei Komponenten:

- Real Player (Plug-in im Browser),
- Real Producer (Encoder zur Überführung in das Real-Format),
- Real Server (Bereitstellung der Real-Daten übers Web).

2.4.2 MP 3

MPEG Layer 3 (kurz als MP 3 bezeichnet) ist ein Format, das eine hohe Kompression von Audiodaten bei geringem Qualitätsverlust ermöglicht.

Der Frequenzumfang und der Rauschabstand bleiben nahezu erhalten. Eventuelle Verluste sind selbst auf „guten“ HiFi-Anlagen nicht hörbar (natürlich nur, wenn die Files vorher „sauber“ erstellt wurden).

Bei der MP-3-Kompression werden redundante Audio-Informationen weggelassen. Ein weiterer Vorteil des mp3-Formats ist, dass es ein so genanntes Headerless-File-Format ist. MP-3-Files besitzen zwar einen „Header“, dieser ist jedoch nicht nötig, um MP 3s abzuspielen. Diese Tatsache hat zur

Folge, dass durchaus ein Stück aus der Mitte eines Files „herausgeschnitten" und abgespielt werden kann. Dadurch wird Streaming erst möglich. Eine Voraussetzung ist, dass die Bitrate nicht größer wird als die Bandbreite der Internet-Anbindung. Momentan ist die Grenze bei 128 kbit/s, d.h., zwei ISDN-Leitungen und ein schneller Provider wären notwendig, um MP-3-Files direkt (ohne Streaming) zu hören.

Ein prinzipieller Nachteil von MP 3 ist der Aufwand an CPU-Rechenleistung (Frequenzanalyse durch Software); allerdings ist das bei den ständig steigenden Rechenleistungen in der Praxis kein Problem mehr.

2.5 Bilder im Web

Die zwei dominierenden Bildformate im Web sind GIF und JPEG. Die einfachste und oft zitierte Regel lautet:

> JPEG für fotografische Bilder, wo es auf genaue Farbwiedergabe ankommt. GIF dagegen für Grafiken, die mit wenig Farbe auskommen. PNG wird als Nachfolger von GIF gehandelt.

Bilder können auf zwei Arten in HTML-Dokumente eingebunden werden:

- über Hyperlinks (das Bild wird erst bei Anklicken geladen) oder
- als „inline image" (das Bild ist eingebunden zwischen den Textzeilen).

Der Befehl zum Einbinden von Bildern lautet:

<IMG SRC="Bild-URL" ALIGN="Textansatz" ALT="Alternativdarstellung" WIDTH="www" HEIGHT="hhh" BORDER="Randbreite">

Bild-URL: Dies ist ein URL auf die Grafik, im einfachsten Fall ist es eine lokale Datei, es kann aber auch ein Link auf eine Grafik auf einem weit entfernten Rechner sein.

Textansatz: Dieser Wert gibt an, wo die dem <IMG> nachfolgenden Textzeilen beginnen sollen – an der Oberkante, in der Mitte oder der Unterkante des Bildes. Mögliche Werte sind LEFT, RIGHT, TOP, MIDDLE oder BOTTOM. Diese Angabe ist optional, der voreingestellte Wert ist BOTTOM.

Alternativdarstellung: Gibt an, was bei nicht grafikfähigen Browsern oder bei abgeschalteter Bilddarstellung an Stelle der Grafik gezeigt werden soll. Bei neueren Browserversionen wird der Text auch gezeigt, wenn man den

Mauszeiger über die Grafik bewegt. Hier sollte in wenigen Worten erklärt werden, was das Bild darstellt. Auch diese Angabe ist optional, voreingestellt ist das Wort IMAGE. Will man keine Angabe, schreibt man ALT="".

Mit WIDTH und HEIGHT kann optional die Bildgröße in Pixeln angegeben werden. Das erleichtert dem Browser die Berechnung der Seitenaufteilung, da er die Bildgröße schon vor dem Laden des Bildes kennt. Die meisten Browser können auch das Bild entsprechend der Angaben vergrößern oder verkleinern.

Der Parameter BORDER gibt schließlich an, wie breit der farbige Rand sein soll, wenn das Bild als Link dient. Will man keinen Rand, gibt man 0 an.

Die verkleinerten Bilder können auch zu Hyperlinks gemacht werden, die erst beim Anklicken dieses Vorschaubildes („Thumbnail“) das Bild in voller Größe zeigen. Zu diesem Thumbnail sollte die Größe des Originals dazugeschrieben werden (z.B. „Original 800 × 600 Pixel, 154 KB“).

Thumbnail (Fingernagel), kleines Vorschauformat z.B. in 128 × 192 Pixel

Grafiken können natürlich auch innerhalb von Links verwendet werden. Ein Anklicken der Grafik führt zu einem neuen Dokument:

```
<A HREF="zieltext.html"><IMG SRC="bild.gif"> Klicken!</A>
```

Hier sind sowohl das Wort "Klicken!" als auch die Grafik sensitiv. Die Grafik erhält in obigem Beispiel eine farbige Umrandung in der Farbe, die für den Linktext verwendet wird. Ist dies nicht erwünscht, ist dem IMG-Tag die Option BORDER=0 anzufügen.

Bilder sollten auf die Übertragungsleitungen der Zielgruppe optimiert werden. Lange Ladezeiten senken die Motivation.

Zusammenhang zwischen Ladezeit und Motivation in Band 2

Viele Browser geben dem Benutzer auch die Möglichkeit, das automatische Laden von eingebundenen Grafiken auszuschalten und diese erst auf Wunsch anzuzeigen.

Das GIF-Format unterstützt ab der Version 89 die Möglichkeit, mehrere Grafiken in ein und derselben Grafikdatei zusammenzufassen. Die Einzelgrafiken der Datei werden nacheinander angezeigt.

Dabei ist es auch möglich, Kontroll-Befehle mit abzuspeichern, z.B. Verzögerungszeiten zwischen den einzelnen Bildern. Dieses Feature bietet zwei interessante Einsatzmöglichkeiten:

- Dia-Show-Effekt und
- einfache Videoanimation.

Um eine animierte Grafik zu erstellen, müssen zunächst die Einzelbilder mit Hilfe eines geeigneten Grafikprogramms erstellt bzw. ausgewählt werden. Dabei sind alle Bilder in neue Grafikdateien mit einheitlicher Breite und Höhe und einheitlicher Farbpalette zu kopieren und als GIF-Grafiken abzuspeichern.

In der Praxis haben sich durchnummerierte Dateinamen bewährt, wie z.B. „pic1.gif", „pic2.gif", in der Reihenfolge, in der die Bilder in der animierten Grafik abgelegt werden.

Nachdem diese Vorbereitungen getroffen wurden, kann die Software zum Erstellen der animierten GIF-Grafik aufgerufen werden, wo folgende Möglichkeiten zur Verfügung stehen:

- Schleife (loop) bestimmt, wie oft die gesamte Bildsequenz wiederholt wird.
- Kontrollelemente (control) steuern den Ablauf zwischen zwei Einzelbildern (z.B. die Verzögerung bis zur Anzeige des nächsten Einzelbildes).
- Text (plain text) kann den Ablauf der animierten Grafik ergänzen.

2.6 Video im Web

Für Videoübertragungen im Web wird häufig **Streaming Video** verwendet. Die am häufigsten verwendeten Videoformate sind RealVideo, VDO-Live, MPEG 4 (ähnlich wie MPEG 1 aber mit Streaming-Fähigkeit) und ASF, wobei das letztere ähnlich wie AVI zahlreiche verschiedene Codecs unterstützt (unter anderem auch RealVideo und VDO-Live).

2.6.1 Streaming Video

Bei der Methode des **„Streamings"** (strömen) werden die Videodateien nicht vollständig heruntergeladen, sondern in kleinen Datenpaketen sukzessive (nacheinander) zur Verfügung gestellt und gleich mit dem Abspielen begonnen. Dazu muss natürlich am „sendenden" Server entsprechende Software und am empfangenden Client ein „Plug-in" installiert sein.

Bild 6.18 Verschiedene Medienverteiler und einige Vor- und Nachteile

Medienverteiler	Vorteil	Nachteil
SAT-TV	billig, HQ	Programmabh.
VCR	HQ	Transport
Download Video	On-Demand	LQ + Wartezeit
Streaming Video	keine Wartezeit	LQ

2.6.2 Real Video

Marktführer im Streaming ist der Real Player [W-03] mit den Formaten Real Audio und Real Video.

Die Lösung der US-Firma Real Networks besteht im Wesentlichen aus drei Komponenten:

- Real Player (Plug-in im Browser),
- Real Producer (Encoder zur Überführung in das Real-Format),
- Real Server (Bereitstellung der Real-Daten übers Web).

Das Ursprungssignal (von einer bestehenden Videodatei oder ein Livesignal von einer Videokamera) wird durch einen speziellen „Codec" in das streaming-fähige komprimierte Real-Format konvertiert (encodiert).

Seit der Einführung des **G2-Systems** besteht auch die Möglichkeit, Bilder – zum Beispiel als Diashow – oder Animationen zu streamen. Eine weitere Verbesserung ist die Eigenschaft des „Sure Streams": Die Übertragungsgeschwindigkeit der abgerufenen Inhalte wird automatisch der Bandbreite des Endnutzers angepasst. Unterstützt wird auch SMIL (siehe 2.6.4).

2.6.3 MPEG 4

Erste Erfahrungen mit MPEG 4 zeigen, dass sich ein Video mit einer Auflösung von 240 × 160 und 15 Bilder pro Sekunde mit einer erträglichen Qualität bis auf etwa 15 KByte pro Sekunde komprimieren lässt. Damit kann es problemlos über ISDN übertragen werden. Zum Vergleich: Auf eine CD-ROM passen in dieser Qualität fast 12 Stunden Video.

2.6.4 SMIL

SMIL steht für **Synchronized Multimedia Integration Language**. Eine Arbeitsgruppe des World-Wide-Web-Consortiums (W3C) beschäftigt sich gerade mit den Spezifikationen für den Übertragungsstandard SMIL, der Web-Inhalte nach dem Muster interaktiver TV-Sendungen aufbereiten soll.

Dabei wird diese HTML-ähnliche Sprache dazu genutzt, die zeitliche Abstimmung von Audio- und Videofiles zu optimieren.

Die Spezifikation der SMIL-Sprache findet sich auf der Homepage des World-Wide-Web-Consortiums (W3C) wieder [W5].

2.7 Virtual Reality im Web: VRML

Eine Möglichkeit zur Beschreibung von 3D-Grafiken ist die Beschreibungssprache VRML (**Virtual Reality Modeling Language**). Dabei werden nur Anweisungen geschickt, *wie* eine dreidimensionale Animation aussehen soll. Die Animationen werden erst auf dem lokalen Rechner erzeugt.

Raytracing = „Strahlenverfolgung", Berechnungsverfahren für 3D-Objekte (rendering)

Jedes **Raytracing-Programm** arbeitet mit einer solchen 3D-Sprache. Die Software berechnet anhand der Beschreibung die jeweilige Szenerie und stellt sie grafisch auf dem Bildschirm dar.

VRML wird derzeit speziell auf die Bedürfnisse von WWW und Internet zugeschneidert, verfügt daher über spezifische Fähigkeiten, etwa die Einbindung von HTML-Dokumenten in 3D-Szenen. Die Entwicklung von VRML begann im Frühjahr 1994. Der Name VRML wurde damals geboren, allerdings noch als „Virtual Reality Markup Language".

Um nicht bei null zu beginnen und statt dessen eine geeignete, bereits vorhandene 3D-Technologie zu nutzen, fiel die Wahl der Entwickler auf „**Open Inventor**" von SGI (Silicon Graphics). Open Inventor unterstützt 3D-Szenarien mit Polygonobjekten, verschiedenen Belichtungsmöglichkeiten, Materialien oder Texturen. Zudem stellte SGI noch eine erste VRML-Parser-Library zur Verfügung, die als Grundlage für die Implementierung von 3D-Viewern diente.

Mittlerweile hat die Entwicklung von VRML weitere Fortschritte gemacht. VRML-Szenerien werden in eigenen Dateien abgelegt, auf die – wie bei normalen HTML-Dateien – Verweise mittels URLs (Uniform Resource Locator) zeigen. Klicken Benutzer in WWW-Browsern auf solche Links, erkennt die Software die 3D-Datei und startet einen **VRML-Viewer**, der die weitere Darstellung übernimmt.

VRML ersetzt weder HTML noch stellt sie eine Erweiterung von HTML dar.

Beides sind eigenständige Sprachen, ergänzen sich jedoch insofern, als dass Hypertext-Links von HTML zu 3D-Daten und umgekehrt möglich sind.

Die Grundlagen von VRML sind recht einfach. Jede Szenerie setzt sich aus verschiedenen Objekten, den **Nodes,** zusammen. Ein Node kann ein geometrisches Gebilde wie eine Kugel oder ein Kegel sein.

Darüber hinaus existieren Nodes, die ein bestimmtes Material und seine

Eigenschaften (Glanz, Reflexion, Farbe) festlegen, mit dem alle folgenden Nodes dann ausgestattet werden. Einige Nodes bestimmen die Position von anderen Nodes im dreidimensionalen Koordinatensystem von VRML. Spezielle Nodes dienen als Eltern-Objekte für andere Nodes, so dass eine baumartige Strukturierung von Eltern- und Kind-Nodes möglich ist.

VRML erlaubt zudem eine *Gliederung* der Beschreibung mit Blöcken, ähnlich wie die {}-Blöcke in der Programmiersprache C. Auf diese Weise lassen sich alle Objekte einer Szenerie übersichtlich festlegen. Weitere Informationen zu VRML unter: [W6, W7, W8, W9].

2.8 Interaktion im Web

Selbstverständlich kann prinzipiell alles, was mit Papier-Formularen erledigt werden kann, auch über das Web abgewickelt werden (z.B. Fragebogen, Bestellungen, Auskunftsanfragen, Gästebuch usw.).

2.8.1 HTML FORMs

HTML kennt für solche Zwecke so genannte FORMs (Formulare). Eingabefelder, Auswahlmenüs, Kästchen zum Ankreuzen usw. sind darstellbar. Die so gestalteten HTML-Formulare können dann auf einem WWW-Server mit speziellen Programmen ausgewertet werden. Auch Datenbankabfragen werden in dieser Art realisiert, wobei hier gleich das Ergebnis zurückgeliefert wird. Eine verbreitete Möglichkeit der Interaktion ist ein CGI-Programm:

2.8.2 CGI

CGI Common Gateway Interface

Ein **CGI**-Programm läuft direkt auf einem WWW-Server und sendet die Ausgabe an den Client. Die Ausgabe besteht in der Regel aus einem HTML-Dokument. Im Gegensatz zu HTML-Dateien, die einen festen Inhalt besitzen, können damit Informationen dynamisch generiert werden. Beispielsweise lassen sich Informationen übermitteln, die sich laufend ändern oder die von Benutzereingaben abhängig sind. Ein **CGI-Skript** ist ein Programm, das *von* STDIN, der *Standardeingabe,* lesen und *auf* STDOUT, der *Standardausgabe,* schreiben kann, wobei es egal ist, ob es sich um ein UNIX-Shell-Skript, um ein C-Programm, ein Perl-Skript oder etwas anderes handelt.

CGI ist ein Protokoll, das der Kommunikation zwischen HTML-Forms und einem Programm dient. Ein CGI-Skript kann in jeder Sprache geschrieben sein – solange sie das Lesen von STDIN, das Schreiben auf STDOUT erlaubt und auch Environment-Variablen lesen kann.

Ein CGI-Skript führt folgende typische Schritte aus:

- *Lesen* der vom Client erzeugten Daten (von Parameterzeile/STDIN),
- *Verarbeiten* der Daten,
- *Schreiben* einer Antwort in HTML auf STDOUT.

Wenn der User seine Daten übermittelt (**Submit-Knopf**), erhält das Skript alle erzeugten Daten als einen Satz von **Name-Wert-Paaren:**

- Der **Name** ist jeweils der, der beim INPUT-Tag, SELECT- oder TEXTAREA-Tag festgelegt wurde.
- Der **Wert** (Wertinhalt) ist das, was die User eingetragen oder ausgewählt haben.

Dieser Satz von Name-Wert-Paaren wird in einem langen String übermittelt, den das Programm auflösen muss.

Der Aufruf eines CGI-Programms erfolgt in einem Hypertext-Link oder einem Formular mit einem URL der Form:

- http://host.domain/cgi-directory/filename, oder
- http://host.domain/cgi-directory/filename?parameterliste

Beispiel: Ein UNIX-Shell-Skript, das Datum und Uhrzeit anzeigt.

```
#!/bin/sh
echo "Content-Type: text/html"
echo ""
echo "<html><head><title>Datum</title></head>"
echo "<body><p>Heute ist "
date
echo "</body></html>"
```

Einige Vorteile von CGI:

- Bewährte, weit verbreitete Technologie
- Offener Standard
- Unabhängig von Hardware, Server, Browser, Betriebssystem, Programmiersprache

Einige Nachteile von CGI:

- Alte Technologie
- In vielen Fällen nicht die schnellste Lösung
- Sicherheitsprobleme für Web-Server-Betreiber

CGI-Prozeduren können in den verschiedensten Sprachen geschrieben werden (z.B. Shell-Scripts, Perl-Scripts, C), was natürlich auch vom verwendeten WWW-Server abhängt.

Skript-Sprachen werden auch als Makro-Sprachen bezeichnet und sind formalisierte Sprachen zur Ausführung von programmintern vorhandenen Funktionen. Die Kommandos werden direkt in die Nutzdaten eingegeben (Tags).

PERL nicht mit PEARL verwechseln!

PERL *(Practical Extraction and Reporting Language)*, eine vor allem auf UNIX-Servern eingesetzte Skript-Sprache, darf *nicht* mit **PEARL** *(Process and Experimental Application Realtime Language)*, einer Programmiersprache für *Automaten- und Robotersteuerung*, verwechselt werden. Beispiel eines Formulares:

```
<!DOCTYPE HTML PUBLIC "-//W3C//DTD HTML 4.0//EN">
<!--Created from Andreas Holzinger-->
<html>

<head>
<meta name="Author"
content="Dr.Andreas Holzinger, andreas.holzinger@kfunigraz.ac.at,
www-ang.kfunigraz.ac.at/~holzinge">
<title>Formular: Interesse an Multimedia</title>
</head>

<body>

<form METHOD="GET" ACTION="http://www-ang.kfunigraz.ac.at/~holzinge/cgi-bin/test">
  <p>Interesse an Multimedia </p>
  <p><input TYPE="radio" NAME="kommt" VALUE="ja" CHECKED> Ja, ich bin an Multimedia
  interessiert.<br>
  <input TYPE="radio" NAME="kommt" VALUE="nein"> Nein, ich bin nicht an Multimedia
  interessiert.</p>
  <p>Mein Name: <input NAME="Name" SIZE="40" MAX-LENGTH="60"><br>
  Meine Telefonnummer: <input NAME="tel" SIZE="20" MAX-LENGTH="20"> </p>
  <p><input TYPE="submit" VALUE="Absenden"> </p>
</form>
</body>
</html>
```

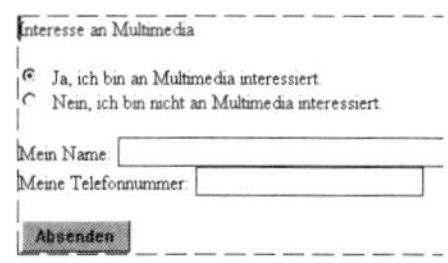

Bild 6.19 Das auf der linken Seite dargestellte Formular bewirkt obige Darstellung am Bildschirm

Erklärung (Bild 6.19): Die Anmeldungsprozedur speichert Zustimmung oder Ablehnung mit Name und Telefonnummer in einer Datenbank und sendet eine Bestätigung an den Client.

Das Senden einer solchen Antwort ist immer notwendig, denn die Benutzer müssen auf ihren Bildschirmen erkennen können, dass das Anklicken des Submit-Knopfes funktioniert hat. Im einfachsten Fall genügt eine kurze Meldung, dass die Eingabe verarbeitet wird, und ein Hinweis, dass der Benutzer mit der Back-Taste oder dem Back-Befehl seines Browsers zur vorherigen Information zurückkehren und weiterarbeiten kann. Als Methode zur Übergabe der Eingabedaten können GET oder POST verwendet werden:

- GET hängt die Eingabedaten an die URL an (Längenbeschränkung – nur praktikabel bei wenigen Eingaben),
- POST erzeugt einen eigenen Datenstrom.

Serveradministrator-Strategien
siehe Seite 13

CGI-Programme müssen so geschrieben werden, dass ihre Ausführung kein Sicherheitsrisiko für den Server darstellen kann – unabhängig von möglichen Benutzereingaben.

Formulare werden durch die Tags <FORM> ... </FORM> begrenzt, wobei über die Attribute METHOD und ACTION die Art der Verarbeitung und das Bearbeitungsprogramm auf dem Server spezifiziert werden:

<FORM METHOD=POST ACTION = "URL des Bearbeitungsprogramms">. Innerhalb eines Formulars können drei Eingabe-Tags, INPUT, SELECT und TEXTAREA verwendet werden. Das INPUT-**Widget** <INPUT ...Attribute ...> ist das häufigste und es hat zahlreiche Attribute:

- TYPE="...." Typ des Widgets. Als Typangaben sind möglich: CHECKBOX, HIDDEN, PASSWORD, RADIO, RESET, SUBMIT, TEXT, IMAGE.
- NAME="...." Name des Eingabefeldes. Dieser Name wird im Datenstrom zurückgegeben.
- VALUE="...." Defaultwert (TEXT, HIDDEN), Wert des Menüpunktes (CHECKBOX, RADIO), Beschriftung des Feldes (RESET, SUBMIT).
- SRC="...." Quelldatei für einen IMAGE-Button.
- CHECKED Defaulteinstellung bei CHECKBOX und RADIO.
- SIZE="...." Feldgröße (Anzahl Zeichen) beim TEXT-Widget.
- MAXLENGTH="...." Maximallänge der Eingabe beim TEXT-Widget.
- ALIGN="...." Position des Textes neben einem Bild beim IMAGE-Tag.

Bei RADIO-Buttons kann ein Wert aus dem Angebot ausgewählt werden, bei einer CHECKBOX mehrere.

Image-Maps erlauben die Verzweigung zu bestimmten Informationen durch die Auswahl („Anklicken“) von bestimmten Regionen innerhalb eines Bildes. Dafür gibt es zwei verschiedene Verfahren:

- In HTML 2 sind **nur serverseitige** Image-Maps (ISMAP) vorgesehen, die mit einem CGI-Programm am Server verarbeitet werden.
- Seit HTML 3.2 sind **auch clientseitige** Image-Maps (<MAP> und USEMAP) vorgesehen, die direkt in der HTML-Datei spezifiziert und von einem Web-Browser verarbeitet werden können.

In HTML 4 wird empfohlen, nur mehr clientseitige und keine serverseitigen Image-Maps in HTML-Dateien einzubauen.

Bei serverseitigen Image-Maps erfolgt die Verarbeitung durch ein auf dem

Server laufenden CGI-Programm. Im HTML-File ist eine Kombination aus einem <A HREF>-Befehl für das CGI-Programm und einem <IMG>-Tag für das Bild mit der Angabe „ISMAP" anzugeben:

```
<a href="http://host.domain/cgi-bin/mapper">
<img src="image.gif" ismap></a>
```

Bei clientseitigen Image-Maps erfolgt die Verarbeitung durch den Browser in der HTML-Datei. Es ist kein CGI notwendig. Diese Möglichkeit ist seit HTML 3.2 vorgesehen und wird von allen neueren Web-Browsern unterstützt. Welche Teile des Bildes den Sprung zu welchem Hyperlink bewirken sollen, wird mit Hilfe von <MAP> festgelegt – entweder in derselben HTML-Datei wie die Verwendung des Bildes oder in einer separaten Datei, die gemeinsam mit dem Bild abgespeichert ist. Im <IMG>- oder <OBJECT>-Tag des Bildes wird mit „USEMAP" auf diese Map-Spezifikation verwiesen.

Da nicht alle Benutzer die Darstellung von Bildern eingeschaltet haben und da manche Web-Browser und viele Suchmaschinen solche Image-Maps nicht richtig verarbeiten, muss bei einer Image-Map zusätzlich ein „normaler" Link angegeben werden, das zu einer Liste von Hypertext-Links in Textform führt. Damit wird sichergestellt, dass alle Benutzer und Suchhilfen die betreffenden Informationen erreichen können.

Eine Alternative zu CGI, besonderes für jene die Perl nicht beherrschen und Microsoft-Web-Server nutzen, sind Active Server Pages:

2.8.3 Active Server Pages (ASP)

Achtung: nicht verwechseln mit Application Service Providing

ASP wurde von Microsoft entwickelt und mit dem Internet Information Server (IIS) 3.0 eingeführt. Die serverseitigen Skripte können praktisch in jeder beliebigen Sprache geschrieben werden, in der Praxis wird jedoch VBScript oder JavaScript eingesetzt. Einige Vorteile von ASP:

- bereits integriert in Microsoft Web Server,
- gute Integration der darin existierenden Strukturen,
- Datenbankunterstützung.

Einige Nachteile von ASP:

- Problem der Datensicherheit,
- Synchronisationsprobleme mit lokalen Programmen,
- Laufzeitprobleme bei Grafikanwendungen.

3 Modulkurzzusammenfassung

Das Internet ist ein Zusammenschluss weltweit verteilter LANs, die Computer können über Protokolle (TCP/IP) miteinander kommunizieren. Das **WWW (Web)** ist *ein* Dienst im Internet und erlaubt die Einbindung von multimedialen Daten über das Hypertext Transfer Protokoll (HTTP).

Zum Verständnis der Kommunikation zwischen einzelnen Computern ist das **OSI-Schichtenmodell** sehr hilfreich: Es werden dabei **7 Schichten** hierarchisch „durchlaufen": die Bitübertragungsschicht (unterste Ebene), Sicherungsschicht, Netzwerkschicht, Transportschicht, Sitzungsschicht, Darstellungsschicht, Anwendungsschicht (oberste Ebene). HTTP ist ein Protokoll der Anwendungsschicht, das alle Möglichkeiten zur Übertragung von Hypertext (z.B. über HTML) bildet.

Für die Zusammenschaltung einzelner Computer zu **Netzwerken** werden Leitungen, Netzwerkkarten, Repeater, Bridges und Switches, Hubs, Router, Gateways, Firewalls und verschiedene Netzwerkarchitekturen (Stern, Ring, Bus, Masche) verwendet. Das WWW arbeitet häufig mit einer Client-Server-Architektur. Das Internet stellt auch andere Dienste, wie z.B. ftp, eMail, Newsgroups, IRC und telnet zur Verfügung. Jeder Knoten im Internet besitzt eine weltweit eindeutige Adresse.

Multimediale Anwendungen stehen und fallen mit der **Bandbreite.** Eine Minute AVI benötigen 40 MB; über eine Modem-Verbindung werden dafür rund 2 Stunden zur Übertragung benötigt.

Lösungen können neue **Breitbandtechnologien** wie ADSL (8 Mbit/s), TV-Kabel, Powerline, ATM (155 Mbit/s), Richtfunk, Mobilfunk (UMTS) und Satellitenfunk bringen.

Die Basis im Web stellen **HTML-Dokumente** dar (Text). **Audiofiles** (siehe Modul 3) können entweder *„heruntergeladen"* oder *„gestreamt"* werden (Real Audio, MP 3). Die dominierenden **Bildformate** im Web sind **GIF** und **JPEG** (siehe Modul 4). **Videofiles** können ebenfalls „heruntergeladen" oder „gestreamt" werden (Real Video, MPEG 4, siehe Modul 5). Es gibt auch besondere Übertragungsstandards wie SMIL für Multimedia und VRML für Virtual Reality.

Interaktion, siehe Band 3

Interaktion im Web erfolgt oft über CGI-Programme. Allerdings müssen CGIs so geschrieben sein, dass die Ausführung kein Sicherheitsrisiko für den Server darstellt (unabhängig von möglichen Benutzereingaben). Eine mögliche Alternative zu CGI, besonders für jene, die PERL nicht beherrschen und Microsoft-Web-Server nutzen, sind Active Server Pages (ASP).

4 Modulanhang

4.1 Literatur

4.1.1 Bücher

BALZERT, HELMUT (1999): *Lehrbuch Grundlagen der Informatik: Konzepte, Notationen im UML, Java, C++, Algorithmik und Software-Technik (Lehrbücher der Informatik.* Heidelberg; Berlin: Spektrum.

GATES, BILL (1996): *Der Weg nach vorn: Die Zukunft der Informationsgesellschaft.* 3. Auflage. München: Heyne.

HOFMÜLLER, HELMUT; SEIWERT, MARTIN (1999): *Digital Audio/Video: Digitalisierung, Schnitt und Mastering unter Windows (Edition Screen Multimedia).* München: Addison-Wesley-Longman. 367-375.

KROL, ED (1995): *Die Welt des Internet.* Cambridge (MA): O'Reilly.

LINDEMANN, CHRISTIAN; IMMLER, CHRISTIAN; HARMS, FLORIAN; KÜRTEN, OLIVER; HACKL, YAN; BARG, MICHAEL (1999): *Internet intern.* Düsseldorf: Data Becker.

MAURER, RAINER (1996): *HTML und CGI Programmierung: Dynamische WWW-Seiten erstellen. Mit einer Einführung in Tcl.* Heidelberg: dpunkt Verlag.

SIEGMUND, GERD (1994): *ATM – Die Technik des Breitband-ISDN.* 2. Auflage. Hannover: Decker.

STEINMETZ, RALF (1998): *Multimedia-Technologie: Grundlagen, Komponenten und Systeme.* 2. Auflage. Berlin [et al.]: Springer. 23-46.

4.1.2 Artikel

CARSTENS, MATTHIAS (1999): Musik kompakt: Audio-Kompression mit MPEG Layer-3. *c't, Magazin für Computer Technik,* 21/99, 242-250. Hannover: Heise.

OBERDÖRSTER, ALEXANDER; CARSTENS, MATTHIAS (1999): Frontalangriff: Internet-Audio und -Video: Microsoft contra Apple und MP3. *c't: Magazin für Computer Technik,* 10/99, 52-250. Hannover: Heise.

SCHNEIDER, G. (1995): Eine Einführung in das Internet. *Informatik-Spektrum,* 18, 263-271.

TURAU, VOLKER (1999): Techniken zur Realisierung web-basierter Anwendungen. *Informatik Spektrum,* 22, 3-12. Berlin et al.: Springer.

THIEMANN, UWE (1998): Die individuelle Verbindung von Datenbanken und dem Web: Das Netzwerk ist der Computer. *Byte (D),* Mai 1998, 65.

4.1.3 Books in English

ALVEAR, JOSE (1998): *Web Developer.Com Guide to Streaming Multimedia.* New York: John Wiley & Sons.

BANES, DAVID; WALTER, RICHARD (2000): *Internet for All.* London: Fulton.

BOTTO, FRANCIS (1999): *Dictionary of multimedia and internet applications: a guide for developers and users.* Chichester et al.: Wiley.

FOSTER, IAN; KESSELMAN, CARL, ED. (1999): *The Grid: Blueprint for a New Computing Infrastructure.* San Francisco (CA): Morgan Kaufman.

FURHT, BORIVOJE, ED. (2000): *Handbook of internet and multimedia: Systems and applications.* Boca Raton (FL): CRC Press.

HACKOS, JO ANN T.; STEVANS, DAWN M. (1997): *Standards for Online Communication: Publishing Information for The Internet and the World Wide Web.* New York: Wiley.

HEATH, STEVE (1999): *Multimedia and Communications Technology.* 2nd Ed. Oxford: Focal Press, Butterworth, Heinemann. 148-281.

HILLMAN, DAVID (1998): *Multimedia: Technology and Applications.* Albany [et al.]: Delmar. 193-213.

SPURGEON, CHARLES E. (2000): *Ethernet: The Definitive Guide.* Cambridge (MA): O'Reilly.

THAKKAR, SHREEKANT S. (2000): *Programmer's Guide for Internet Streaming SIMD Extensions.* New York: John Wiley & Sons.

WU, CHWAN-HWA; IRWIN, DAVID J. (1998): *Emerging Multimedia Computer Communication Technologies.* Upper Saddle River (NJ): Prentice Hall. 127-334.

4.1.4 Articles in English

GUNASEKARAN, A.; LOVE, P. E. D. (1999): Current and future directions of multimedia technology in business. *International Journal of Information Management,* Vol. 19, Iss. 2, April 99, 105-120.

JAYANT, NIKIL; JOHNSTON, JAMES; SAFRANEK, ROBERT (1993): Signal Compression Based on Models of Human Perception. *Proceedings of the IEEE, October 1993,* IEEE, Volume 81, Number 10. 1385-1421.

LU, G. (2000): Issues and technologies for supporting multimedia communications over the Internet. *Computer Communications,* Volume 23, Issues 14-15, 1323-1335.

MATHY, LAURENT; EDWARDS, CHRISTOPHER; HUTCHISON, DAVID (2000): Internet: A global telecommunications solution? *IEEE Network,* Volume 14, Issue 4, July 2000, 46-57.

MARKOUSIS, TH.; TSIRIKOS, D.; VAZIRGIANNIS, M.; STAVRAKAS, Y. (2000): WWW-enabled delivery of interactive multimedia documents. *Computer Communications,* Volume 23, Issue 3, 1 February 2000, 242-252.

PEDDIE, JON (2001): Digital media technology: industry trends and developments. *IEEE Computer Graphics and Applications,* Volume 21, Issue 1, January 2001, 27-31.

PRAKASH, CHITRE; FERIT, YEGENOGLU (1999): Next-generation satellite networks: Architectures and implementations. *IEEE Communications Magazine,* Vol. 37, Issue 3, March 99, 30-36.

RADHA, HAYDER; YINGWEI, CHEN; PARTHASARATHY, KAVITHA; COHEN, ROBERT (1999): Scalable Internet video using MPEG-4. *Signal Processing: Image Communication,* Vol. 15, Iss. 1-2, September 99, 95-126.

REID, MARK (1999): Multimedia conferencing over ISDN and IP networks using ITU-T H-series recommendations: architecture, control and coordination. *Computer Networks,* Vol. 31, Iss. 3, February 99, 225-235.

TUNG, BUI (2000): Building agent-based corporate information systems: An application to telemedicine. *European Journal of Operational Research,* Vol. 122, Iss. 2, April 2000, 242-257.

4.1.5 Journals

IEEE ACM Transactions on Networking (ISSN: 1063-6692; electronic: 1063-6692; combined: 1063-6692) | IEEE Institute of Electrical and Electronics Engineering

IEEE Internet Computing (ISSN: 1089-7801) | IEEE Institute of Electrical and Electronics Engineers

IEEE MultiMedia Magazine (ISSN: 1070-986X) | IEEE Institute of Electrical and Electronics Engineers

Inside the Internet (ISSN: 1075-7902) | Ziff Davis Journals

Internet and Higher Education (ISSN: 1096-7516) | Elsevier

Internet Gaming International (ISSN: 1097-4466; electronic:1097-4466; combined: 1097-4466) | Mary Ann Liebert

Internet Magazine (ISSN: 1355-6428) | Tower Publishing Services Ltd.

Internet Magazine – Net (ISSN: 1355-7602) | Future Publishing Ltd.

Internet Research – Electronic Networking Applications and Policy (ISSN: 1066-2243 | MCB University Press Ltd.

Internet Today (ISSN: 1355-5219) | Paragon Publishing Ltd.

Medical Informatics and the Internet in Medicine (ISSN: 1463-9238; electronic: 1464-5238) | Taylor & Francis Ltd.

Multimedia Systems (ISSN: 0942-4962; electronic: 1432-1882) | Springer Verlag KG

Multimedia Tools and Applications (ISSN: 1380-7501) | Kluwer Academic Publishers Group

Theory and Event – Internet (ISSN: 1092-311X; electronic:1092-311X) | Johns Hopkins University Press

4.2 Internet-Links

Aktualisierte Internet-Links zu diesem Modul sind auf der Buchhomepage www.basiswissen-multimedia.at unter Technik – Modul 6: Internet verfügbar!

4.3 Prüfungsfragen

Fragen-Typ 1: Dichotome Ja/Nein-Entscheidungen:

01	Das Internet integriert alle bisher bekannten Kommunikationsformen (Schrift, Sprache, Bilder, Bewegtbilder) und Interaktivität.	❒ Ja ❒ Nein	
02	Die Menge der im WWW angebotenen Informationen steigt linear an.	❒ Ja ❒ Nein	
03	Ein LAN wird durch Netzwerkgröße, Netzwerkelemente und Protokolle bestimmt.	❒ Ja ❒ Nein	
04	Die Kenntniss der eigenen Firewall-Policy ist für den Multimedia-Entwickler wichtig.	❒ Ja ❒ Nein	
05	Die meisten Multimedia-Anwendungen basieren auf dem Peer-to-Peer-Prinzip.	❒ Ja ❒ Nein	
06	1 Minute Video benötigt unkomprimiert eine Größe von etwa 15 MB.	❒ Ja ❒ Nein	
07	Durch die Verwendung von ISDN sind die Übertragungszeiten multimedialer Daten kein Problem.	❒ Ja ❒ Nein	
08	Beim Streaming wird schon während des Herunterladens mit dem Abspielen der Datei begonnen.	❒ Ja ❒ Nein	
09	SMIL ist ein Übertragungsstandard, der sich eng an VRML anlehnt.	❒ Ja ❒ Nein	
10	Jedes Formular in Papierform kann auch im Web interaktiv zur Verfügung gestellt werden.	❒ Ja ❒ Nein	

Fragen-Typ 2: Mehrfachauswahlantworten (Multiple Choice):

01	Das Internet ... ❒ a) ... ist ein Zusammenschluss vieler weltweit verteilter Computernetzwerke. ❒ b) ... basiert auf dem WWW. ❒ c) ... stellt verschiedene Dienste zur Verfügung. ❒ d) ... ist ein zentrales Netzwerk mit dem Zentrum in den USA.	
02	Computernetze können beinhalten ... ❒ a) ... Repeater zur „Auffrischung" der elektrischen Signale. ❒ b) ... Router zur Weiterleitung von Datenpaketen. ❒ c) ... Gateways zur Verbindung heterogener Netze. ❒ d) ... Firewalls zur kontrollierten Datenanbindung.	
03	Bei einer Internet-Verbindung über ... ❒ a) ... MODEM ist eine Datenrate von mehr als 56,6 kbit/s realisierbar. ❒ b) ... ISDN sind Multimedia-Übertragungen kein Problem mehr. ❒ c) ... ADSL werden Bandbreiten bis 8 Mbit/s erzielt. ❒ d) ... ATM kann theoretisch eine Bandbreite von 155 Mbit/s erzielt werden.	
04	Die Speichergröße ... ❒ a) ... von Multimedia-Anwendungen sind stets von der Kompression abhängig. ❒ b) ... von einer Seite Text liegen bei ca. 75 KB. ❒ c) ... einer Minute Video (320 mal 240) liegt ungünstigstenfalls bei 400 MB. ❒ d) ... einer Musikübertragung ist qualitätsunabhängig.	
05	Audioübertragungen im Web ... ❒ a) ... erfolgen hauptsächlich über WAV, AIFF, AU sowie MIDI und MP 3. ❒ b) ... sind abhängig von der verwendeten Lautstärke. ❒ c) ... können benutzerfreundlicher mit Streaming realisiert werden. ❒ d) ... sind vergleichbar mit der Übertragung von ASCII-Zeichen.	
06	Bilder im Web ... ❒ a) ... werden hauptsächlich im TIFF-Format angeboten. ❒ b) ... sollten möglichst eine Auflösung von mehr als 150 dpi haben. ❒ c) ... sollten „klein" sein, damit diese möglichst rasch „geladen" werden. ❒ d) ... mit einer Farbtiefe von 8 Bit sind völlig ausreichend.	
07	Videoübertragungen im Web ... ❒ a) ... erfolgen häufig „gestreamt". ❒ b) ... haben genauso gute Qualität wie Sat-TV. ❒ c) ... stellen die höchsten Anforderungen an die Bandbreite. ❒ d) ... können durch Anwendung von SMIL optimiert werden.	
08	VRML ... ❒ a) ... benötigt hohe Bandbreite, weil Animationen übertragen werden. ❒ b) ... benötigt einen VRML-Viewer. ❒ c) ... setzt jede Szenerie aus Nodes zusammen. ❒ d) ... ist eine Beschreibungssprache.	

4.4 Lösungen

Lösungen zu Fragen-Typ 1:
01 Ja; 02 Nein; 03 Nein; 04 Ja; 05 Nein; 06 Nein; 07 Nein; 08 Ja; 09 Nein; 10 Ja;

Lösungen zu Fragen-Typ 2:
Richtig sind: 01 a) c); 02 a) b) c) d); 03 c) d); 04 a) c); 05 a) c) 06 c) d); 07 a) c) d); 08 b) c) d)

4.5 Übungen

- Erstellen Sie eine einfache Webseite! Verwenden Sie dazu zuerst einen Texteditor und dann einen Webeditor, z.B. GoLive, Frontpage oder ähnliches.
- Testen Sie verschiedene Suchmaschinen mit einem Testwort und vergleichen Sie die Ergebnisse!
- Führen Sie die Online-Quiz-Spiele [W18], [W19] und [W20] aus! Vergleichen Sie die Interaktivitätsform und stellen Sie Vor- und Nachteile gegenüber!

4.6 Diskussionsfragen

- Diskutieren Sie die Vor- und Nachteile bei der Verwendung normaler Texteditoren und Webeditoren (z.B. GoLive, Frontpage usw.)!
- Diskutieren Sie darüber, welche Gründe es für das weit verbreitete Missverständnis geben könnte, dass die meisten Menschen das World Wide Web (WWW) und das Internet gleichsetzen!
- Spekulieren Sie über die Zukunft des Internets! Wie wird es in drei, in fünf und in zehn Jahren aussehen? Welche neuen Technologien sind zu erwarten? Wie wird sich Mobile Computing bemerkbar machen?

4.7 Timeline: Internet

1945: VANNEVAR BUSH veröffentlicht seinen Aufsatz „As We May Think" im Atlantic Monthly.

1965: TED NELSON prägt den Begriff Hypertext.

1972: Erste internationale Konferenz über Kommunikation zwischen Computern (Washington, DC); RFC 318: Telnet Spezifikation.

1974: BOB KAHN und VINTON CERF veröffentlichen „A Protocol for Packet Network Internetworking", das zum ersten Mal das Transmission Control Protocol (TCP) darstellt. Dort mutmaßlich auch erster Gebrauch des Begriffs Internet.

1983: TCP/IP ersetzt NCP und „definiert" das „Internet".

1984: WILLIAM GIBSON erfindet das Wort Cyberspace in seinem Science-Fiction-Roman Neuromancer.

1988: JARKKO OIKARINEN entwickelt den Internet Relay Chat (IRC).

1990: TIM BERNERS-LEE beginnt mit der Arbeit an WWW-Browser/-Editor (für den NeXT).

1991: WWW auf zentralen Rechnern des CERN freigegeben.

1992: Erster Entwurf für HTML.

1993, Februar: NCSA gibt erste Alpha-Version von Mosaic for X frei.

1993, Juli: Erster Internet Draft für HTTP.

1993, Oktober: Zahl der Internet-Hosts: 2056000.

1993, September: NCSA liefert Browser für X11, PCs und MACs.

1994, März: MARC ANDRESSEN und JIM CLARK gründen Mosaic Communications Corporation (später umbenannt in Netscape Communications).

1994, 12. April: Die Anwälte CANTER und SIEGEL verschicken als erste massenhaft E-Mail (Spam) und lösen einen Proteststurm aus.

1994, 25. bis 27. Mai: Erste WWW-Konferenz (Genf).

1994, 1. Oktober: Gründung des World Wide Web Consortium (W3C) am Computer Science Laboratory des MIT.

1994, 5. Dezember: Netscape Navigator 1.0 freigegeben.

1994, 14. Dezember 1994: Erstes Treffen des World Wide Web Consortium (W3C) am MIT.

1994, Dezember: Web-Hosts: 10022.

1995, Februar: VocalTec stellt erste Internet-Telefonie-Softeware vor.

1995, Juni: Web-Hosts: 23500.

1995, Sommer 1995: Internet Explorer 1.0 erblickt das virtuelle Licht.

1995, Dezember: Blue Ribbon Campaign im Rahmen des Digital Be-In in San Francisco gestartet.

1996, Januar: Microsoft hat den Internet Explorer 2.0 freigegeben.

1996, 9. Februar: JOHN PERRY BARLOW veröffentlicht „A Cyberspace Independence Declaration".

1996, 29. Mai: Im Rahmen der JavaOne kündigt Sun unter anderem das JavaOS und RMI (Remote Method Invocation) an.

1996, Juli: Internet-Hosts: 12881000.

1996, 9. September: Keio Universität (Tokio) wird nach MIT und INRIA drittes Standbein des W3C.

1997, 8. Juli: Sun und Netscape liefern JFC (Java Foundation Classes) aus.

1998, 19. Februar: W3C eröffnet bei der GMD ihr Büro in Deutschland.

1998, 29. Juni: IEEE segnet Gigabit-Ethernet ab.

1998: Die bekannte Hobbes' Internet Timeline wird veröffentlicht als RFC 2235 & FYI 32 (http://info.isoc.org/guest/zakon/Internet/History/HIT.html).

1998, Juli: Internet-Hosts: 367390000.

1998, November: Microsoft Internet Explorer 5.0.

1998: Technologien des Jahres: E-Commerce, E-Auctions, Portals.

1999: RFC 2626: Internet und das „Millennium"-Problem (Jahr 2000).

1999, 22. Februar: Die „Erste Internet Bank von Indiana", die nur über Internet erreicht werden kann, eröffnet.

2000: Technologien des Jahres: eTrade, Online Banking, MP 3.

2000, 10.-11. April: In Lissabon findet die Konferenz „eEurope – a Web of Knowledge" statt. Einstimmige Meinung: Multimedia und Internet werden immer wichtiger (eLearning, eScience) und müssen zukünftig in der Basisausbildung der europäischen Jugend verankert werden.

2003: UMTS soll Standard in der Mobilfunktechnik werden und Multimedia am Handy ermöglichen.

4.8 Glossar

@ „at" Sonderzeichen, „Klammeraffe". Bestandteil jeder eMail-Adresse zur Trennung von Namen und Rechneradresse, z.B. andreas.holzinger@uni-graz.at

ADSL Asymmetric Digital Subscriber Line, Übertragungsverfahren, mit 8 Mbit/s Downstream und 768 kbit/s Upstream über normale analoge Telefonkabel (POTS).

ARP Address Resolution Protocol. TCP/IP-Protokoll, mit dem IP-Nummern auf MAC-Adressen übersetzt werden. Die Übersetzung in die andere Richtung heißt RARP (Reverse ARP).

ASP Active Server Page (http://www.activeserverpages.com). Microsofts Konzept für Web-Server-seitiges Scripting, einfache Einbindung eigener Server-Applikationen und Datenbankanbindung. Siehe auch JSP, Servlet, CFML, CGI, SSI, PHP und Web Application Server.

ATM Asynchronous Transfer Mode. Datenübertragungstechnik mit z.B. 155 Mbit/s.

Avatar Virtuelle Figur (digitale Charaktere), z.B. im in VRML codierten 3D-Chat eingesetzt.

Backbone (dt. Rückgrat), schnelles übergeordnetes Netzwerk.

BNC **B**ritisch **N**aval **C**onnector oder **B**ayonet **N**ut **C**onnection. Steckverbinder für Koax-Kabel. Wird z.B. bei 10Base2 verwendet.

CAT 1 ... 7 Category. UTP-Kabel werden in Kategorien eingeteilt. UTP CAT 3 und UTP CAT 5 sind die wichtigsten. UTP CAT 5 ist bis 100 MHz spezifiziert und auch für 100BaseTX und ATM geeignet.

CDMA Code Division Multiple Access.

CGI Common Gateway Interface. Programmierschnittstelle auf Web-Server.

CORBA Common Object Request Broker Architecture, OO-Programmierstandard von der OMG, der über ORB (Object RequestBroker) die Kommunikation zwischen verteilten Software-Objekten steuert.

CSMA/CD Carrier Sense Multiple Access with Collision Detection. Netzwerkzugangsverfahren mit Kollisionserkennung in Ethernet-Netzwerken.

CSS Cascading Style Sheets, siehe http://www.w3.org/Style. Ermöglichen Formatvorlagen für HTML-Seiten, z.B. zur einheitlichen Speicherung von Textattributen.

DHCP Dynamic Host Configuration Protocol. Dynamische IP-Adressvergabe für Clients im TCP/IP-Netz über einen zentralen DHCP-Server.

DIGI Deutsche Interessengemeinschaft Internet e.V. (http://www.digi.de).

DMAP DECT Multimedia Access Profile. Erweitert DECT um Datenübertragung (bis 550 kbit/s).

Ebone European Backbone.

ECMA European Computer Manufacturers Association (http://www.ecma.ch). Standardisierungsgremium.

Einwahlknoten Vom Computer des Endanwenders per Telefonverbindung erreichbarer Einwählrechner zur Verbindung mit dem Internet.

Ethernet Verbreitetste Netztechnologie (IEEE 802.3) mit dem Netzwerkzugangsverfahren CSMA/CD. Schicht 2 (Data Link Layer) im OSI-Sieben-Schichten-Referenzmodell. 10 Mbit/s mit 10Base2- oder 10BaseT-Kabeln.

ETSI European Telecommunications Standards Institute. Europäisches Normungsinstitut für Telekommunikationsstandards (www.etsi.org).

Extranet Abgesicherter Bereich eines Intranets zur Kommunikation mit ausgewählten Benutzern.

Fast-Ethernet Netzwerktechnologie nach IEEE 802.3U mit dem Netzwerkzugangsverfahren CSMA/CD. Schicht 2 (Data Link Layer) im OSI-Sieben-Schichten-Referenzmodell. 100 Mbit/s, 100BaseTX- oder 100BaseFX-Kabel, Stern-Topologie.

FDDI Fiber Distributed Data Interface. Netztechnologie (ANSI X3T9.5) mit Ring-Topologie, Token-Passing, 100 Mbit/s, max. 500 Knoten und max. 100 km Länge. Weniger verbreitet als Fast-Ethernet.

Fibre Glasfaser.

Firewall Security-Gateway-Rechner, der zwischen einem LAN (Intranet) und nach außen gehenden Netzverbindungen (z.B. Internet) geschaltet ist und unerlaubte Zugriffe sperrt.

FTP-Protokoll File Transfer Protocol (RFC 959, 765). Das wichtigste Protokoll zur Dateiübertragung im Internet. Basiert auf TCP/IP.

Gigabit-Ethernet 1000-Mbit/s-Netzwerkstandard ähnlich Ethernet mit dem Netzwerkzugangsverfahren CSMA/CD und 1000Base...-Kabeln.

Glasfaser Kabelart für Netzwerke, z.B. für 100Base... und 1000Base.... Anders als Twisted Pair und Koax-Kabel nicht mit Kupferdraht, sondern mit Lichtwellenleiter (LWL). Während Kupferkabel pro Kabelsegment meistens nur wenige 100 m lang sein dürfen, sind es bei Glasfaser mehrere Kilometer. Bei Glasfaser wird unterschieden zwischen Multimode und Monomode. Steckverbinder gibt es in den Ausführungen MT-RJ, VF-45 Volition, SC und ST.

Hub Netzwerkkabelverteiler und Verstärker (manchmal auch Konzentrator, Verbindungsrechner oder Sternverteiler genannt). Bei sternförmiger Twisted-Pair-Verkabelung (z.B. bei 100BaseTX) laufen die Netzwerkkabel der einzelnen Rechner im Hub zusammen (OSI-Layer 1).

IANA Internet Assigned Numbers Authority (http://www.iana.org). Internet-Organisation, die IP-Nummern vergibt.

ICANN Internet Corporation for Assigned Numbers and Names (http://www.icann.org). Organisiert die Vergabe von Adressen und Domain-Namen im Internet. Siehe auch IANA.

IEEE Institute of Electrical and Electronics Engineers. Definiert u.a. Netzwerkstandards.

ISOC Internet Society. Übergeordnete Koordinationsstelle für das Internet (www.isoc.org).

ISP Internet Service Provider. Anbieter von Internet-Zugängen oder Internet-Dienstleistungen. Siehe auch IPP.

MAC Media Access Control, Zugriffssteuerung auf das Medium. Teil von OSI-Layer 2. Die MAC-Adresse (Quell- und Zieladresse) ist eine 48 Bit lange weltweit eindeutige Netzwerkkartenadresse. Wird von der IEEE vergeben (standards.ieee.org/regauth/oui).

MIME Multipurpose Interchange Mail Extensions (RFC 2045, 2049). Standard zur Kennzeichnung des Formats von Multimedia-Dateien. Z.B. für Multimedia-eMail und zur Codierung einer beliebigen Binärdatei als eMail-Anhang.

NetBEUI NetBIOS Extended User Interface. Einfaches Netzwerkprotokoll in Microsoft-Windows- und IBM-OS/2-Netzen. Schneller als TCP/IP und IPX, aber nicht routing-fähig und deshalb nur für kleinere Netze geeignet.

Netiquette =Network Etiquette. Regeln für korrektes Verhalten im Internet.

OSI Open Systems Interconnection des ISO-Standardisierungsgremiums (ISO 7498).

Port Bei Bussystemen sind I/O-Ports Hardware-Ein-/Ausgabeadressen. Im Internet spezifizieren Port-Nummern Dienste des Servers. Übliche Port-Nummern sind z.B.: 80 für HTTP, 20 und 21 für FTP, 25 für SMTP, 110 für POP3 und 119 für NNTP.

POTS Plain Old Telephone Service, herkömmliche analoge Telefonleitungen.

RFC Request for Comment, Internet-Standards (www.ietf.org).

RJ 45 Auch Western-Stecker genannt. Standard für Steckverbinder im LAN und ISDN.

SGML Standard Generalized Markup Language. ISO 8879. Metasprache, Obermenge von HTML und XML.

SMIL Synchronized Multimedia Integration Language. XML-basierte Sprache zur Synchronisation von Multimedia-Anwendungen wie z.B. Streaming Video.

SSL Secure Sockets Layer. Von Netscape eingeführtes Protokoll zur sicheren verschlüsselten Datenübertragung (z.B. Kreditkarteninformationen) und Authentifizierung in Web-Browsern. Beruht auf RSA. Der Web-Browser zeigt bei Benutzung von SSL in der URL als Protokoll HTTPS (statt HTTP)!

T1, T3 Trunk Line. Geschwindigkeitsklassen im amerikanischen digitalen Telefonnetz, ähnlich den Klassen E0 bis E4 im europäischen Telefonnetz. T1 enthält 24 Basiskanäle mit zusammen 1,5 Mbit/s und T3 enthält 28 T1-Leitungen mit zusammen 45 Mbit/s.

TCP/IP Transmission Control Protocol / Internet Protocol (RFC 793). Verbreitetster sowohl im Internet als auch im Intranet und LAN verwendeter Netzwerkstandard. Transportprotokoll TCP für OSI-Schicht 4 (Transport Layer, korrigiert Übertragungsfehler) und Netzwerkprotokoll IP für Schicht 3 (Network Layer, Fragmentierung/Adressierung/Datenübermittlung).

TDMA Time Division Multiple Access. In Konkurrenz zu CDMA.

T-DSL ADSL-Variante der deutschen Telekom. Ab 768 kbit/s Downstream und 128 kbit/s Upstream (T-ISDN dsl) bis zu 6 Mbit/s Downstream und 576 kbit/s Upstream (T-Interconnect Classic T-DSL).

Telnet Rudimentäre direkte Methode zum Zugriff auf Internet-Ressourcen und mit dem Internet verbundene Rechner über ein Terminal-Programm (RFC 854).

TEN-155 Trans European Network, 155 Mbit/s.

Terminal einfache Geräte mit Tastatur und Bildschirm als Ein- u. Ausgabeeinheit einer EDV-Anlage (z.B. VT100), oft an Großrechner angeschlossen.

Terminal Emulation Programm z.B. für PCs, das ein Terminal emuliert (nachahmt), etwa zum Anschluss an Großrechner.

Thin Client Netzwerk-Computer (NC). Im LAN eingebundene Rechner mit möglichst wenig eigenen Ressourcen (etwa ohne eigene Festplatte), die ihre Software und Daten vom Server beziehen.

Three-Tier-Architektur Drei-Schichten-Modell. Trennung der drei Aufgabenbereiche Client-Rechner/Präsentation, Applikations-Server und Datenbank-Server.

Token Ring Netztechnologie (IEEE 802.5). Schicht 2 (Data Link Layer) im OSI-Sieben-Schichten-Referenzmodell. 4 oder 16 Mbit/s, UTP-Kabel, logische Ring-Topologie, Verkabelung kann ringförmig oder sternförmig (per MAU/MSAU) sein. Weniger verbreitet als Ethernet.

Twisted Pair Standard für Netzwerkkabel mit zwei oder mehr Paaren verdrillter Adern. Siehe UTP.

UMTS Universal Mobile Telecommunications System (http://umts-forum.org). ETSI-Vorschlag für international einheitliche Standardisierung als Nachfolger für GSM. Datenübertragung mobil bis 114 kbit/s und stationär bis 2 Mbit/s.

URL Uniform Resource Locator, eindeutige Identifikation einer Ressource (z.B. Web-Seite) durch die Zugriffsmechanismen (z.B. HTTP oder FTP) und den Standort (Server). Die allgemeine Form lautet: Protokoll://Rechner.Domain/Pfad/Datei.

URN Uniform Resource Name. Einzigartiger Name unabhängig vom Standort, auch URI.

UTP Unshielded Twisted Pair, paarig verdrilltes und nicht abgeschirmtes Kabel für LANs. Wird in Kategorien eingestuft: CAT 1...5. Als Steckverbinder wird üblicherweise der achtpolige RJ-45-Western-Stecker verwendet; konkurriert mit Koax-Kabel und Glasfaser.

W3C World Wide Web Consortium (www.w3.org).

WAP Wireless Application Protocol (http://www.wapforum.org). Schnittstelle für Internet-Anwendungen für GSM-Handys.

Stichwortverzeichnis

A

B

C

C

D

D

E

E

F

F

G

G

H

H

I

I

J

J

K

K

L

L

M

M

N

N

O

O

P

P

Q

Q

R

R

S

S

T

T

U

U

V

V

W

W

X

X

Y

Y

Z

Basiswissen Multimedia
Band 2: Lernen

Kognitive Grundlagen multimedialer Informationssysteme

Modul 0: Einführung

Was ist Multimedia? Wer braucht „Wissen" über Multimedia Lernen? Warum? Wozu Multimedia Lernen? Wozu Multimedia über das Internet?

Modul 1: Informations-Organisation im menschlichen Gehirn

Neuronale Repräsentation von Information (Zentraler Baustein: Neuron – Neuronenetze – neuronale Netze) – Informations-Organisation im Gehirn (Aufbau - Hemisphären) – Gedächtnis (Experimente – Gedächtnismodelle – Einspeicher-Modell – Mehrspeichermodell – Modelle variabler Verarbeitungstiefe) – Vergessen

Modul 2: Wissens-Organisation und Informatik

Wissen versus Information (Wissen - Denken - Können) - Wissensgesellschaft - Wissensmanagement - Theorien des Wissens - Konstruktivistische Wissenstheorie - Vom deklarativen zum prozeduralen Wissen (Deklaratives Wissen (Faktenwissen) - Konzeptuelles Wissen (Konzeptwissen) - Prozedurales Wissen (Problemlösewissen) - Wissensorganisation im Gedächtnis (Assoziationstheorie - Semantische Netzwerke - Schemata und Skripts - Experten versus Novizen) - Problemlösen - Wissensverarbeitung (Künstliche Intelligenz - Expertensysteme)

Modul 3: Lernen und Lerntheorien

Lernen und Computer – Wichtigkeit der Lerntheorien – Hauptströmungen (Behaviorismus – Klassische Konditionierung – Konnektionismus (Übung – Effekt – Lernbereitschaft) – Mathematische Lerntheorie – Operantes Konditionieren (Instrumentelles Lernen) – Kritik am Behaviorismus (Vorteile versus Nachteile) – Anwendungen – Kognitivismus – Kritik am Kognitivismus (Vorteile versus Nachteile) – Anwendungen – Vom Kognitivismus zum Konstruktivismus – Konstruktivistische Settings – Kritik am Konstruktivismus (Vorteile versus Nachteile) – Anwendungen – Intentionales versus inzidentielles Lernen

Modul 4: Lernen mit dem Computer

Entwicklung des computerunterstützten Lernens – Teil I: 3000 v. Chr. bis 1945 (Frühe Informationssysteme – Gutenbergs Revolution – Lernmaschinen (Ramelli) – Mechanische Lernhilfen (Aikins – Pressey)) – Teil II: 1945 bis 1975 (MEMEX – die Revolution von Vannevar Bush – Skinners Programmierte Unterweisung – PLATO – Erste Probleme des computerunterstützten Unterrichtes – Futuristische Ideen (Crowder – Sensorama von Heilig – Augment von Engelbart – XANADU von Nelson – Hypertext von van Dam)) Teil III: 1975 bis heute (Intelligente Tutorielle Systeme (ITS) – Dynabook von Kay – Mikrowelten – Constructivists Educational Technology (CET) – HyperCard von Atkinson – HM-Card von Maurer – Virtuelle Universitäten)

Modul 5: Lernen mit Software – Mediendidaktik

Anforderungen an Softwareentwickler – Metaphern der Lerntheorien – Typen von Software (Softwareklassifikationen – Lerntheoretische Paradigmen (Klassifikation nach Hauptströmung)) – Mediendidaktik – Didaktische Konzepte

Modul 6: Arbeiten mit Software – Einflüsse

Motivation (Motivationstheorien – Motive – Emotion) – Aufmerksamkeit (Theorien – Konzentration – Orientierung – Humor) – Arousal – Stress – Soziale Effekte (Einstellung – Interaktion in (virtuellen) Gruppen – soziale Motivation)